古代歷史文化 研究輯刊

二二編

王明蓀 主編

第 16 冊

晚清「蠻防」研究

王振 著

國家圖書館出版品預行編目資料

晚清「蠻防」研究／王振 著 — 初版 — 新北市：花木蘭文化事
業有限公司，2019〔民108〕
目 4+270 面；19×26 公分
（古代歷史文化研究輯刊 二二編：第 16 冊）
ISBN 978-986-485-910-8（精裝）
1. 邊防 2. 清代
618   108011820

ISBN-978-986-485-910-8

9 789864 859108

古代歷史文化研究輯刊
二二編 第十六冊   ISBN：978-986-485-910-8

晚清「蠻防」研究

作　　　者　王振
主　　　編　王明蓀
總 編 輯　杜潔祥
副總編輯　楊嘉樂
編　　　輯　許郁翎、王筑、張雅淋　美術編輯　陳逸婷
出　　　版　花木蘭文化事業有限公司
發 行 人　高小娟
聯絡地址　235 新北市中和區中安街七二號十三樓
　　　　　　電話：02-2923-1455／傳眞：02-2923-1452
網　　　址　http://www.huamulan.tw 信箱 hml 810518@gmail.com
印　　　刷　普羅文化出版廣告事業
初　　　版　2019 年 9 月
全書字數　253485 字
定　　　價　二二編 25 冊（精裝）台幣 63,000 元

晚清「蠻防」研究

王振 著

作者簡介

王振（1985～），男，山東泰安人。2003 年到 2011 年，求學於山東師範大學，獲文學學士學位和中國史碩士學位。2012 年到 2016 年，求學於河北師範大學歷史文化學院，獲中國史博士學位。2016 年 7 月，於商洛學院任教，現為商洛學院思想文化研究所講師。目前，承擔陝西省教育廳課題 1 項，參與河北省和陝西省廳局級以上課題多項，在《蘭州學刊》、《北京檔案》和《中國社會科學報》等刊物發表論文 10 餘篇。

提　　要

　　在清王朝的天下觀念中，「蠻」既指王朝版圖以內的西南各少數民族，也包括傳統習慣線以外的緬甸、越南等藩屬國，故「蠻防」包括內防和邊防兩個層面。清代「蠻防」之邊防則主要是指中越邊防和中緬邊防。1840 年後，中越、中緬宗藩關係趨向終結，清王朝依託宗藩體制構建的「以藩為屏」的邊防體系在「蠻疆」徹底瓦解。隨著中越、中緬勘界工作的進行，清政府不得不面對以強為鄰的地緣安全現實。1885 年前後，清政府依靠雲貴總督岑毓英和廣西提督蘇元春等封疆大吏在「蠻疆」推進綠營裁整，編練練勇及新軍，購置新式槍械，修整邊防炮臺，開辦軍事學校，還大力推進邊疆新政，以移民實邊、興辦近代工業、振興商業、舉辦近代教育和籌建鐵路，將「蠻疆」開發推進到一個新高度。「蠻防」安全應當構建在蠻防建設、蠻疆控制和「蠻疆」開發良性互動的基礎之上。1840 年後，清政府在「改土歸流」中構建的蠻防安全機制在內憂外困的國家頹勢及由此帶來的地緣安全危機中出現問題後，又在 1885 年後的蠻防建設、蠻疆新政和蠻疆開發中在近代化的軌道上進入到一個艱難的重建和調適過程中，對「蠻防」安全和「蠻疆」穩定產生了重大歷史影響。

2011 年國家社科基金項目
「晚清邊防思想政策與制度研究」
項目編號：11BZS056

目 次

緒　論

一、概念界定

為研究晚清「蠻防」問題，首先對如下幾個概念性問題進行界定和說明：

（一）時間界定

華夏族的形成是民族交流和融合的結果，其在發展過程中不僅以中心民族自居，還力求劃清與其他民族的界限，將其他民族稱為「蠻夷」。1840 年後，在西方列強堅船利炮的轟擊下，清王朝天朝夢碎。東方文化開始啟動向西方學習的文化兼容程序，經歷了從器物、制度到思想三個層次。在文化開明者看來，這是中國的近代化進程，在相對保守者看來，則帶有「用夷變夏」的特點。實際上，在 1840 年後中國向西方學習的近代化行程中，始終存在著傳統夷夏之防思維慣性帶來的前進阻力。

學術界一般以 1840 年的鴉片戰爭作為「晚清」的開端，以 1911 年的辛亥革命作為晚清的終點，算起來大約有七十多年的時間跨度。在此期間，面對西方衝擊，清王朝盡力維持傳統夷夏格局並盡力做出調整。然而，當討論某些具體學術問題時，這一時間界定有時並不能完全契合這些具體問題發生、發展的事實邏輯。西方為何於 1840 年以此種形式衝擊中國？中國又為何以此種形式應對衝擊？1840 年發生的某些具體歷史事件顯然無法很好的解釋這些問題的內在因緣。研究晚清「蠻防」問題同樣需要將目光投向 1840 年以前的時間區間。「蠻防」是中國歷代王朝都客觀存在且需正視的邊疆民族問題，清代也不例外。康熙至乾隆年間，西南苗民屢興叛亂。乾嘉年間，苗民再興叛亂，清政府始將苗防問題納入議事日程，並且出現了和琳、姜晟、嚴

如煜、魏源等一批關注和研究「蠻防」問題的官員和學者。因此，本文之論述需立足在對1840年前「蠻防」問題的簡要回顧基礎之上。

1840年後，清政府開始面對嚴峻的地緣安全危機。此種危機在西南不僅客觀存在，且表現非常強烈。19世紀80年代中後期，當越南和緬甸兩個屬國分別被法國和英國據為殖民地後，清王朝不得不結束與兩個國家的傳統宗藩關係，並陸續與英法兩國勘劃邊界。西方殖民者則企圖利用劃界侵蝕中國領土，威脅「蠻防」安全。如光緒末年發生的「片馬問題」直到民國也未得到有效解決，成為影響中英關係的重大懸案。清王朝不得不籌劃西南邊防，推進近代軍事邊防體系建設，「蠻防」也開始具有防範西方殖民強國的國防內涵。

（二）空間界定

對於古代邊防問題，學術界關注的重心多在北方，而對南方的「蠻防」問題，雖有關注，但力度不夠。其實，歷朝歷代「蠻防」問題一直現實存在。上古時，炎帝部落聯合黃帝部落在涿鹿打敗九黎族，殺掉其首領蚩尤，才在黃河流域站穩腳跟。九黎族一部退回南方，一部留在了北方，並與黃、炎帝部落融合形成華夏族。

從地緣政治的角度看，西南地處邊陲，與東南亞山水相連，是連接影響中南半島的重要通道；北接巴蜀，西連西藏，東通華南，是中央王朝控馭番藏，摒禦中南的重要屏障。西南地區地形複雜，多重巒疊嶂，交通極其不便，且處亞熱帶地區，植被茂密。同時，「蠻疆」的自然資源也非常豐富，如雲南盛產銅、錫等礦產。春秋時期，中原政權對「蠻疆」的控制力開始增強。春秋晉文侯始設行政機構管轄南蠻之地，經過秦始皇和漢武帝開拓，中原王朝對「蠻疆」的統治不斷加強。然而，中原王朝雖於「蠻疆」設置行政機構，但其「蠻防」政策基本以安撫羈縻為主，軍事威懾為輔。

對歷代王朝來說，「蠻疆」是一個地緣安全價值重要卻需付出巨大統治成本的區域。若中原王朝不具備相當的統治實力，則很難對該區域施展有效的管轄控制。清政府沿襲明代土司制度，依靠土司統轄該區域。各土司在發展中形成封建割據，成尾大不掉之勢。土司可世襲，職權很大，在所屬領地擁有絕對權力。康熙四十二年（1703年），「邊人之赴訴也。上震怒，免總督郭琇官，詔曰：『三苗自古逆命，今仍虔劉我邊陲，攘擄我人畜，為諸奸宄逋逃藪，豈可令在肘腹地恣行無忌！其發滿、漢兵乘多逼其巢，郡縣之！』」

〔註 1〕。雍正時，清王朝國力漸趨強盛，雍正皇帝遂利用鄂爾泰在「蠻疆」推進「改土歸流」。

「蠻」不僅是個文化概念，還是一個歷史發展的地域概念。隨著長江以南社會經濟的發展和文明開化程度的提高，「蠻疆」範圍也在不斷萎縮。戰國秦漢時期，長江中下游一帶的江右和江左諸地經濟開發程度較低，文化發展水平落後中原，大部尚屬「蠻疆」。魏晉以來，隨著江南一帶開發進程的加速，尤其是北方漢族的大量南遷，其經濟社會發展水平快速提高。到宋代，江南不僅成為我國古代的經濟重心，宋廷南遷後還成為我國的文化堂奧。如南宋之時，昔日偏居東南海隅的福建因學術文化發達而被冠以「海濱鄒魯」之美譽。隨著長江以南經濟開發和文明開化進程的推進，「蠻疆」的地域範圍不斷縮小。清代時，「蠻」的存在地域已主要局限在滇桂兩省腹裏以外的邊疆偏遠地區。

（三）「蠻」與「蠻防」界定

「蠻防」主要包括「內防」和「邊防」兩個方面。「內防」是指清政府採取政治、經濟及文化等綜合政策、措施以維護西南社會安定和統治穩定而進行的各種活動，既包括通過駐防綠營和構建汛塘分防體制以強化西南統治的軍事控馭活動，也包括為促進邊疆開發、優化「蠻防」社會環境而進行的諸多努力。「邊防」則是指清政府為防範鄰國入侵、跨境民族叛亂和邊境匪患而加強邊防軍事安全和防禦能力的活動。

那麼，何謂「蠻」？在西方，羅馬帝國將周邊民族及部落稱為「蠻」。意大利是羅馬帝國的政治文化中心區域，古希臘和古羅馬屬同一語系，可以通過很多通用語交流，而「蠻族」主要是指那些後來在羅馬帝國擴張中被征服及位於羅馬文明中心區域附近的不會講通用語的民族和部落。中國古代也將華夏族周邊各民族分別稱為東夷、西戎、南蠻和北狄。先秦時，「蠻」僅指巴、佘、越、羌等南方的非華夏族群。秦漢後，「蠻」逐漸成為中原王朝對南方少數民族的固定泛稱。

對於「蠻」的起源，學界看法不一。有學者認為「蠻人是四五千年前最早活躍在黃河中下游的偉大人類團體之一，後來在同華夏族以及羌戎族、東夷族的鬥爭中，多次遭到失敗，才分批分別向四方遷徙。」「蠻」起中原的說

〔註 1〕　（清）魏源：《魏源全集・皇朝經世文編》卷八六《湖南苗防錄敍》，長沙：嶽麓書社，2004 年，第 684 頁。

法多與「盤瓠」的傳說有關。至今南方諸少數民族如佘、苗、瑤等仍然廣泛存在具有典型「南蠻」意識的「盤瓠」傳說。「盤瓠」的稱謂還逐漸演化成「盤古」的叫法。

《清史稿》稱，「無君無長不相統屬之謂苗，各長其部割據一方之謂蠻。若粵之僮、之黎，黔、楚之瑤，四川之倮儸、之生番，雲南之野人，皆苗之類」，「曰苗，曰蠻，史冊屢紀，顧略有區別。無君無長不相統屬之謂苗，各長其部割據一方之謂蠻。若粵之侗、之黎，黔、楚之瑤，四川之猓玀、之生番，雲南之野人，皆苗之類。若〈漢書〉：『南夷君長以十數，夜郎最大。其西，靡莫之屬以十數，滇最大。自滇以北，君長以十數，邛都最大。』在宋爲羈縻州。在元爲宣慰、宣撫、招討、安撫、長官等土司。湖廣之田、彭，四川之謝、向、冉，廣西之岑、韋，貴州之安、楊，雲南之刀、思，遠著自漢、唐，近亦自宋、元，各君其君，各子其子，根底深固，族姻互結。假我爵祿，寵之名號，乃易爲統攝，故奔走惟命，皆蠻之類。」〔註2〕魏源也說，「嘗考蠻習俗嗜欲不甚遠，惟蠻峒各一酋，凜然冠履臂指之分；苗則絕無統屬，有貧富，無貴賤；有強弱，無貴賤；有眾寡，無貴賤。」〔註3〕《現代漢語詞典》釋「蠻」爲「我國古代稱南方的民族」〔註4〕。

可見，「苗」與「蠻」的區別主要在於有無「君長」或「酋領」。從人類社會發展的角度看，「蠻」的社會發展形態較「苗」要先進，已進入農奴制社會，「苗」則尚處於父系氏族階段。中國古代，「蠻」是中原王朝對南方少數民族的泛稱。相比中原地區的華夏民族，「蠻」的社會文化發展水平相對不高。隨著歷代對南方地區的持續開發，南方諸民族的文明開化程度不斷加深，而所謂「蠻」的實際存在區域事實上在不斷縮小。到清代，長江以南大部分地區，經濟富庶，文化昌盛，其文明開化程度幾與中原無異。然而，清代的西南地區仍然有諸多民族因地理山川阻隔，其經濟、文化和社會發展水平相對落後於中原和長江以南的大部分地區，尤其是其風俗習慣、宗教信仰和價值認同仍然難以完全融入清朝以儒家文化爲核心的主流意識形態之中。因此，

〔註2〕趙爾巽等撰：《清史稿》（第四十七冊）卷五一二《土司一》，北京：中華書局，1977 年，第 14203 頁。

〔註3〕（清）魏源：《魏源全集·皇朝經世文編》卷八六《湖南苗防錄敘》，第 683 頁。

〔註4〕中國社科院語言研究所詞典編輯室編：《現代漢語詞典》（修訂本），北京：商務印書館，1996 年，第 849 頁。

清朝沿襲歷代稱謂，仍然稱其爲「蠻」。結合我國古代長江以南歷史發展的實際情形，具體到清代，「蠻」的範圍大體應當限於西南地區。

歷史上「蠻」的生存地域及文化形態與華夏族存在差別，經過幾千年的民族遷徙、文化融合，「蠻」作爲中華民族大家庭中不可分割的成員已是不可否認的事實。在此過程中，不僅擁有中原王朝以先進文化對「蠻」勸化和「蠻」主動歸化的和平往來，而且夷夏之防觀念下的「蠻」漢畛域及由此引發的衝突也客觀存在。中原王朝對「蠻」的防禦、攻伐、治理等成爲歷代王朝統治的重要內容。自遠古至清代，「蠻防」問題一直存在。「蠻防」作爲「邊防」的一個組成部分，在 1840 年後，隨著清朝屬國越南和緬甸成爲法國和英國的殖民地，中越、中緬宗藩關係開始被近代國與國之間的關係所取代，傳統「邊防」開始向近代「國防」轉變。「邊防」問題是個系統龐大的綜合體系，涉及對邊境地區的行政管理、軍事控制、經濟開發、文化建設等，本文所謂「邊防」不僅指邊境地區由軍事設施、軍事制度和軍事體系等構成的軍事防禦體系，還包括中央王朝爲實現邊防安全、邊疆開發與邊疆社會控制良性互動而做出的努力。

二、研究狀況的回顧與分析

（一）「苗防」研究

清政府平定「三藩」後，統治秩序漸趨穩定。大批漢族人口湧入苗疆，苗疆人口也不斷滋長。乾嘉時期，苗疆人地矛盾尖銳且以民族矛盾爲導火索爆發了苗民反抗清政府的鬥爭。有清一代，苗民反抗鬥爭在雍乾、乾嘉和咸同之際形成三次高潮。目前，學術界的研究成果主要集中在乾嘉苗民起義後清政府在苗疆構建的「屯防」體系，關注地域多局限在湘西鳳凰一帶。究其原因，是因爲湘西苗疆存世資料較爲集中。乾嘉年間，貴州苗民石柳鄧發動起義，遭到鎮壓後，湖南巡撫姜晟委其幕僚嚴如熤輯成《苗防備覽》一書。之後，佚名者又輯錄成《苗疆屯防實錄》一書。該書反映了清政府在湖南、貴州苗疆的「屯防」政策，分屯防紀略、營汛、碉卡、剿辦苗匪、會剿石硯寨苗匪、均田等目，收集了清政府治理苗疆的大量公牘。

目前，關於苗疆屯防問題的研究論文不下百篇，但從邊防角度研究苗疆問題的文章少之又少，僅有的幾篇文章也多圍繞湘西苗疆邊牆展開。1990 年，石邦彥在《民族論壇》和《吉首大學學報》發表《清代湘西苗區軍事設施建

築考》和《苗疆邊牆試析》兩文，引起學界對苗疆邊牆問題的關注。後來，
吳曦雲《邊牆與湘西苗疆》一文開始將學術界對「苗防」問題的關注引向苗
疆「屯政」。1993 年，巴蜀書社出版《中國野史集成》一書，其中收錄了田英
產的《平苗記》、陳慶年的《同治蜀軍平黔記》、魏源的《屯防論》、貝青喬的
《苗疆師旅考》和韓超的《苗變記事》等涉及苗疆邊防問題的重要資料。2003
年，楊勝勇的博士論文《清朝經營貴州苗疆研究》、馬國軍的碩士論文《對清
朝改土歸流的再認識——以雍正朝開闢黔東南苗疆為例》及孟凡松的碩士論
文《澧州地區衛所變遷初探——明清湖廣衛所變遷個案研究》分別對「苗疆」、
「苗防」問題進行探討，但仍然缺乏從邊防軍事角度分析「苗防」問題的著
作，且研究成果多集中在清代中期的「改土歸流」和苗疆治理等領域。

（二）中越劃界研究

　　中越交往歷史源遠流長。公元前 2 世紀，中越之間就有了交往。秦定中
原後，秦始皇派兵平定越南北部和中部，設「象郡」管轄其地。此後 1000
多年，越南一直以地方行政單位歸中原王朝管轄。直到宋代，越南丁部領統
一越南，建「大瞿越」國，得到宋朝認可。中越間的行政隸屬關係開始被宗
藩關係取代。1885 年以前，中越宗藩關係一直存在〔註5〕。越南是中國傳統
的「以藩固圉」邊防體系中的重要一環，中越之間存在一條傳統的實際控制
線。中國軍隊受邀可進入越南境內幫助越南剿匪和平定內亂。總之，中越在
陸地邊界上「處於一種有伸有縮的彈性或模糊不清的狀態」〔註6〕。中法戰
爭後，清政府與法國陸續簽訂《會訂越南條約》、《續議界務專條》、《續議界
務專條附章》等一系列劃界條約。清政府基於「蠻疆」以強為鄰的地緣安全
形勢，進行邊防安全戰略調整，陸續在廣西「蠻疆」開展邊防建設，推行邊
疆新政，加強「蠻防」安全。與此同時，學術界圍繞中越宗藩關係、中越邊
防及中越劃界問題的研究也陸續展開。

　　1840 年前後，邊疆史地問題成為清代學者關注的熱點，誕生了《蒙古游
牧記》及《朔方備乘》等一批著作成果。19 世紀 80 年代以前，晚清邊疆史地
研究者們大多關注「塞防」，而對「蠻防」關注不多。中法戰爭後，隨著中法
會勘中越邊界工作的進行，中越邊界問題開始受到學界關注。光緒年間，徐

〔註 5〕戴可來：《略論古代中國和越南之間的宗藩關係》，《中國邊疆史地研究》2004
　　　年第 2 期。
〔註 6〕李桂華、齊鵬飛：《中越邊境問題研究述略》，《南陽問題研究》2008 年第 4 期。

廷旭便著《中越交界各隘卡略》一書，對中越邊界卡隘進行了考述。吳愨也在《廣西邊務沿革史》一書中對廣西邊務沿革進行概述。民國時，孟森、王遜志和李紹雄等分別在《廣西邊事旁記》、《廣西邊防紀要》、《廣西邊防》等著作中對廣西邊務問題做出進一步探討。中越邊界分廣西、廣東與雲南段。1949年以前，華企雲的《雲南問題》、雲南省立昆華民眾教育館主編之《雲南邊務問題研究》等著述曾對雲南段中越防務、邊疆管理及對汛制度進行探討〔註7〕。1949年後，中越形成同志加兄弟的友好關係，學界對中越勘界問題關注不多，僅廣西地方曾編輯出版過一部《中越邊界廣西段歷史資料彙編》。20世紀70年代末，中越關係惡化，中越邊界問題開始得到國內學界重視。1983年，中國社科院成立邊疆史地研究中心，陸續形成幾種專業刊物〔註8〕。稍後，西南邊疆史地研究所在雲南大學成立。兩個機構成為研究西南邊務的主要學術陣地，陸續刊發了一大批研究成果。

既有成果對1885年後桂越邊界勘劃、邊防建設和邊疆新政等問題關注較多，卻對1840年至1885年間中越邊防問題研究較少，僅有少量文章簡單涉及。李國強、劉欽麟和孫宏年等學者在《中越陸路邊界源流述略》、《清政府對中越邊界廣西段的管理》和《清代中越陸路邊界桂粵段交涉述論》等文章中將研究重點集中在清代中期的幾次邊界糾紛，對中法戰爭前的中越邊界狀況做出一定探討。尤中在《中國西南邊疆變遷史》、《雲南地方沿革史》兩部著作中對雲南段勘界問題進行概述。其中，《中國西南邊疆變遷史》一書立足中越傳統宗藩關係，在全面分析清代「蠻疆」建制概況和發展沿革的基礎上，披露了安南黎朝曾私自侵佔中國國土及清王朝基於宗藩關係的「賜地」、「讓藩」等基本史實，認為此乃造成1885年後中越劃界問題的重要歷史因緣。

1885年，《中法會訂越南條約》簽訂後，越南成為法國殖民地。隨後兩年間，中法勘界工作依約推進並陸續在中越邊界安設界碑300度塊，中越傳統習慣線為中越邊境線所取代。面對以強為鄰的地緣安全現實，清王朝積極籌劃「蠻疆」邊防建設，開始改變過去宗藩關係下中越邊防的傳統狀態。1991年，木芹《清代中越邊界雲南段述評》一文對周德潤、岑毓英、張凱嵩參與中越雲南段劃界問題做出專題評述，認為清政府在劃界中喪失大片國土，是

〔註7〕李桂華、齊鵬飛：《中越邊境問題研究述略》，《南陽問題研究》2008年第4期。
〔註8〕如《中國邊疆史地研究報告》、《中國邊疆史地研究導報》、《中國邊疆史地研究》、《中國邊疆史地研究通報》等。

一次喪權辱國的賣國行為。龍永行在同年刊發《中越界務會談及滇越段勘定》一文，認為清政府的滇越段勘界談判基本失敗，然卻以當時條件下最小的讓步為滇南邊防安全獲得了一條相對穩固的邊防線。〔註9〕

　　清代，中越分別在雲南、廣西與廣東接壤。中越勘界時，負責廣西和廣東段邊界會勘的中方官員是鄧承修、張之洞和李秉衡等。1991年和1992年，龍永行陸續刊出《中越界務（粵越段）會談及其勘定》及《中越邊界桂越段會談及其勘定》二文，分別對粵越段和桂越段勘界問題做出探討，認為清政府面對嚴峻的地緣安全形勢，只能在妥協中結束戰爭，對於在勘界過程中做出的適當讓步也不可簡單認為屬於「賣國」。〔註10〕2005年，劉啓強碩士的畢業論文《岑毓英與中法滇越界務交涉（1885～1887）》圍繞晚清「蠻疆」大吏岑毓英對滇緬、滇越勘界問題進行探討，認為中越勘界「實際是，得失土地大體相當，但中國得到的土地較優。」〔註11〕1993年，黃錚和蕭德浩主編的《中越邊界歷史資料選編》一書問世，系統搜集並整理秦至民國間關於中越邊界的檔案資料，還匯總了晚清中越沿邊各州縣的建制沿革、邊防設施、邊疆管理及邊防鬥爭史實及資料，還在國內首次公開法國外交部檔案館和法國國家檔案館的相關資料。

（三）中緬劃界研究

　　緬甸同越南一樣曾長期作為中國屬國。清朝繼承歷代王朝政治遺產，對緬甸同樣享有宗主權。19世紀80年代後，英國佔領上緬甸。緬甸開始成為英國殖民地，中國則漸喪失對緬甸的宗主權。19世紀90年代後，中英雙方開始就中緬勘界問題進行談判，分別在1894年所簽《中英續議滇緬界、商務條款》和1897年所簽《中英續議滇緬條約附款》中對中緬邊界勘劃做出規定，在北段、南段和中段卻依然遺留了諸多爭議地區，成為此後滇緬邊防長期存在安全壓力的主要原因。學術界對中緬劃界問題的研究在建國之前就出現了大量學術成果。1961年，《中華人民共和國和緬甸聯邦邊界條約》簽訂後，中緬邊界勘劃基本完成。1949年後，學界對中緬勘界仍有關注，研究的現實關照性

〔註9〕龍永行：《中越界務會談及滇越段勘定》，《中國邊疆史地研究報告》1991年第3～4期。

〔註10〕李桂華、齊鵬飛：《中越邊境問題研究述略》，《南陽問題研究》2008年第4期。

〔註11〕劉啓強：《岑毓英與中法滇越界務交涉（1885～1887）》，廣西師範大學碩士畢業論文，2005年，第50頁。

卻明顯不如中越邊界。整體來看，學界對於中緬勘界的關注主要集中在如下
幾個方面：

1. 片馬問題

1911 年，英國侵入片馬〔註 12〕地區，引發國人強烈反彈，掀起了國人關
注滇緬邊防問題的第一次高潮。齊鵬飛、馮越、宋教仁和錢桐等一批民國學
者分別在《中緬邊界問題研究述略》、《滇西之禍源篇》、《哀片馬》、《說片馬》、
《片馬交涉感言》和《滇緬交涉慟史》等文章中對滇緬分界尤其是片馬問題
進行了初步探討。民國學者關注「片馬事件」的成果多屬於概括性文章，眞
正從學術角度研究片馬問題則是建國後的事情。張子健的《『片馬事件』研究
回顧（1911～2004）》一文對 100 多年來片馬問題的研究做出系統總結和回顧。
朱昭華在《清末片馬事件的發生及其影響》一文中認爲片馬事件之發生，並
不單純是英國出於吞併中國領土之野心，而是英國對中國「蠻疆」新政和所
謂「前進政策」的一種抵制〔註 13〕。

2. 滇緬北段勘界問題

一直以來，學界對滇緬北段邊界問題的關注主要集中在「麥克馬洪線」
〔註 14〕、民國年間的幾次邊界事件、國民政府組織的邊界調查及國民政府與
英國開展的邊界談判等問題，對清末滇緬北段勘界問題卻關注不多。1949 年
後，余繩武在《近代中緬北段未定界問題的由來》一文中認爲除小江上游以
外的尖高山地區在晚清既不屬於中國也不屬於緬甸，即認同薛福成及姚文東
等主張此地既不屬於清朝也不屬於緬甸的說法。

3. 滇緬南段勘界問題

中緬邊界的南段主要是指阿瓦山區的邊界，即南帕河與南定河交匯處至
南馬河與南卡江交匯處一段。清政府與英國在 1894 年所簽《中英續議滇緬界、

〔註 12〕 現今片馬是指雲南省怒江傈僳自治州瀘水縣的一個區，包括片馬、古浪、崗
房三個鄉，位於瀘水縣西部，高黎貢山西坡，恩梅開江支流小江上游偏東。
歷史上的片馬地區包括整個小江流域。
〔註 13〕 朱昭華：《清末片馬事件的發生及其影響》，《史學月刊》2005 年第 12 期。
〔註 14〕 麥克馬洪線（McMahon Line）是英國探險家「麥克馬洪」劃的一條位於英屬
印度與西藏間的邊界，起自不丹與西藏交界地區，沿分水嶺、山脊線至雲南
獨龍江流域，將西藏當局享有管轄權、稅收權和放牧權的約 9 萬平方公里領
土劃進印度。英屬印度政府與印度都堅持以之作爲正式邊界，歷屆中國政府
卻不予承認。1936 年，麥克馬洪線開始出現在英屬印度地圖上，然在中國地
圖上一直注明爲「未標定界」。

商務條款》及 1897 年所簽《中英續議滇緬條約附款》中俱未就此段邊界爭議達成解決意見。中英還曾於 1899 年 12 月至 1900 年 4 月進行過聯合勘界，也未劃定此段邊界。目前，學術界對此段邊界問題關注不多。研究成果主要集中在民國時期的「班洪事件」〔註15〕和「一九四一年線」〔註16〕兩個方面。

4. 滇緬邊界整段研究

學界對滇緬邊界的關注熱潮出現在民國期間。1933 年，尹明德所著《中英滇緬界務交涉史》出版，是系統研究滇緬界務問題的第一部專著。作者對滇緬北段和南段未定界的「五線圖」〔註17〕進行詳細分析，還對中國在領土談判中應當堅持的底線提出建議。張鳳岐《雲南外交問題》一書則是民國時期探究滇緬勘界問題的又一部力作。作者在實地走勘的基礎上參考大量中英檔案資料，是一部非常嚴謹的學術著作。此外，張成孫和劉伯奎分別在《中英滇緬疆務問題》和《中緬界務問題》兩部著述中對滇緬勘界問題做出進一步探討。1949 年以來，學界對滇緬勘界問題少有關注。2004 年，朱昭華博士的畢業論文《中緬邊界問題研究──以近代中英邊界談判爲中心》問世。該文立足 1885 年後中英就滇緬勘界問題開展的歷次談判，大量使用英國政府檔案資料，對中緬劃界的歷史過程進行了系統考究。

5. 薛福成在滇緬勘界中的作用

薛福成是晚清影響頗大的一個人物，不僅積極參與洋務運動及清末新政，還長期擔任駐外公使，並與英國具體交涉中緬界務問題。因此，薛福成成爲研究中緬勘界問題難以迴避的關鍵人物。學界對薛福成在滇緬勘界中作用的關注熱潮同樣出現在民國期間。據統計，民國期間關注薛福成參與中緬勘界問題的文章不下 10 篇。這些文章對薛福成或充分肯定，或完全否定，或持論公允，基本釐清了薛福成參與中緬劃界問題的基本史實。

（四）晚清「蠻疆」開發研究

1840 年後，「蠻疆」和沿海一樣處於與英法等列強直接對抗的最前沿。清

〔註15〕班洪位於中緬南段邊界中方一側的阿瓦山區。1934 年 1 月英軍入侵這一地區，遭到當地佤族人民的英勇抵抗，是爲「班洪事件」。

〔註16〕「一九四一年線」，即 1941 年國民政府爲得到英國對中國抗戰的支持而與英國劃定的中緬南段邊境線。

〔註17〕「五線圖」即中英雙方擬劃定的邊界線，用五種不同的顏色區分形成的五種擬劃邊界。

王朝面對的地緣安全危機在「蠻疆」同樣嚴峻。在此背景下，清政府開始從國家安全角度統籌考慮「蠻疆」安全問題，任命岑毓英、張之洞等幹員參與「蠻疆」邊疆治理及邊防建設。岑毓英等訓練新軍、架設電報、修建鐵路和公路、開辦廠礦、採購軍備，使「蠻防」安全得到一定保障。目前，學術對晚清「蠻疆」新政的研究雖有涉及，涉及面卻較窄，或限於一省，一個地區，或限於蘇元春、張銘岐等幾個人物，且研究重心集中在廣西，對雲南關注較少。據統計，目前涉及晚清「蠻疆」新政的研究文章不下數十篇，主要集中在廣西邊疆新政、蘇元春的龍州開發、滇越鐵路及礦業開發等領域，而立足整個「蠻疆」新政和「蠻防」安全視角的研究成果卻幾乎沒有。目前，學界對晚清「蠻疆」新政的研究成果主要集中在如下幾個方面：

1. 「蠻防」建設與「蠻疆」新政

2003 年，鍾霞碩士在畢業論文《清末廣西新政研究》中對清末廣西邊疆新政問題進行探討，認爲清末廣西新政最重要的指導思想是「建設邊防，鞏固國防」。〔註18〕全文圍繞「邊防」問題即清末廣西新政的主旨對張鳴岐主政前後的各項新政舉措次第展開，並對邊疆新政給廣西近代化進程造成的影響做出分析。2003 年，鍾霞在《張鳴岐與清末廣西近代化》一文中明確認同張鳴岐廣西全域以邊防爲中心的看法〔註19〕，還對張鳴岐編練新軍、設立警政、醞釀鐵路、發展電信、培養軍政人才等活動進行系統介紹。2005 年，鍾霞又在《清末新政與邊疆地區的現代化進程——以廣西爲例》一文中以近代化視角對張之洞和張鳴岐等加強廣西邊防的活動進行分析。2010 年，黎日萃在碩士畢業論文《近代廣西邊防建設與邊疆地區經濟發展探究（1885～1911）》中從國防與經濟互動角度對中法戰爭後清政府「蠻疆」安全戰略的調整情況進行介紹，認爲蘇元春對龍州的經濟開發是一種新的邊防經濟模式。

2. 「蠻疆」鐵路建設

2006 年，朱從兵在《鐵路籌建與清末廣西邊防》一文中從鐵路交通對邊防建設的重要性出發，分析了清末廣西當局醞釀當地鐵路新政的情況，認爲清末廣西新政具有「邊」、「防」互動特性。唐凌是集中關注近代廣西

〔註18〕鍾霞：《清末廣西新政研究》，廣西師範大學碩士畢業論文，2003 年，第 10 頁。

〔註19〕張鳴岐：《撫院張奏廣西邊防關係重要應行籌辦大端摺》，《廣西官報》1908 年第 33 期。

礦業開發問題的學者，陸續刊發過一批相關研究成果。此外，尚有一些學者關注中越鐵路，研究視角卻多集中在中越鐵路的經濟價值及其對「蠻疆」產生的近代化效應上，而從「蠻防」安全角度分析中越鐵路的學術成果尚付諸闕如。

3.「蠻疆」封疆大吏

清末「蠻疆」新政及開發涉及的歷史人物較多。學界關注的重點主要集中在岑毓英、張之洞、張鳴岐、蘇元春、蔡希邠等封疆大吏上，其中尤以對蘇元春的研究最多。1919 年以來，學界對蘇元春的關注不斷升溫。據不完全統計，到目前為止，對蘇元春的研究專著不少於 12 部，學術論文約有數十篇。〔註20〕2005 年以來，周永光的《蘇元春國防思想及其籌邊特點》和黎日萃的《蘇元春與近代龍州邊防建設》是從近代國防角度關注蘇元春的兩篇代表性文章。總體來說，學界對蘇元春參與廣西「蠻疆」開發與邊防建設的研究已頗為深入，對張之洞、李秉衡、岑毓英、張鳴歧等清末「蠻防」安全構劃者或實施者的研究雖有涉及，卻不夠深入。

（五）「蠻疆」邊防建設研究

邊防機制與邊防設施的變革與發展本身就是邊疆新政的一部分，研究晚清「蠻防」問題，必然需對該問題進行探討。從地域範圍來看，學界對廣西「蠻疆」邊防之關注明顯多於雲南。目前，學界對晚清「蠻疆」邊防機制的研究，關注點比較分散，雖缺乏系統整合，卻形成了幾個集中關注點，如 1885 年後清政府的「蠻疆」防務調整、滇桂兩省與英屬緬甸和法屬越南的邊境對汛制度及邊防炮臺、要塞等邊防設施建設等。

1.1840 年後的「蠻疆」地緣安全危機

中國西北背靠高山，東南面對太平洋，地緣安全形勢相對封閉，除北方游牧民族外，基本不會面對來自域外的安全威脅。歷代王朝採取「以藩固邊」的邊防策略，在一定程度上正是基於此種地緣安全現實。傳統邊防的主要任務是以邊境管理維護邊疆穩定，而非防禦鄰國軍事入侵。1840 年後，隨著西方工業文明的進步和生產力的飛躍，西方殖民勢力開始加速全球擴張。19 世紀中後期，西方國家基本完成對中國周遭國家的殖民或半殖民佔領，中國「以藩為屏」的傳統邊防體制被不斷突破，中國邊防開始直接面對西方強國的威

〔註20〕 王曉軍：《1919 年以來蘇元春研究綜述》，《廣西社會科學》2006 年第 9 期。

脅。清政府面對的地緣安全危機不僅來自陸上，更來自海上。學界認為「蠻疆」在中國版圖上有著相對特殊的地緣安全特點。尹海全在《論晚清地緣政治困局》一文中認為英法在中南半島佔領中國屬國成為中國強鄰的目的是「為進一步深入中國腹地開闢地緣通道」〔註 21〕。在此種情形下，中國「以藩為屏」的傳統邊防理念開始發生轉變。吳志剛在《地緣政治危機與晚清政府邊防理念的轉變》一文中認為，嚴峻的地緣安全危機不斷激起清政府對西方的憂患意識，讓其開始統一看待國防及邊防問題，改變傳統的邊防理念，將思維角度自「夷夏之防」轉向「中外之防」。〔註 22〕

2. 廣西邊防研究

中法戰爭後，中法劃定中越邊界，法國沿邊界越南一側屯駐大量軍事力量，中國「蠻疆」開始直接面對法國強鄰威脅。清政府開始調整「蠻疆」邊防。面對西南的地緣安全困局，張之洞認為「以後全桂大勢，注重邊防」〔註 23〕。在張之洞、李秉衡、蘇元春等人主持下，清政府在廣西開展近代邊防建設。目前，學界對中法戰爭後「蠻疆」邊防政策調整、桂越邊界對汛制度、龍州近代化及大小連城建設、邊防炮臺建設、「蠻疆」交通和電報建設及邊疆開發等問題關注較多，卻對雲南尤其是滇緬邊防關注不足。

3. 雲南邊防研究

為鞏固「蠻防」安全，清政府向來重視綠營在「蠻疆」的佈防。清王朝入主中原後，因八旗兵源有限，逐漸認識到僅靠八旗難以長期有效控制關內廣闊國土，於是收編投誠明軍，逐步建立起以漢族軍士為主的綠營。綠營和八旗都是清政府的正規軍隊。八旗主要駐防京畿腹裏以控駕全局，綠營則一般分散駐防各省，主要重點佈防在陝甘、福建、廣東、雲南及浙江等省，是清政府有效控制地方尤其是邊疆地區的重要依託。〔註 24〕清代學者王慶雲的《石渠餘記‧列朝直省兵額表》顯示，有清一代，雲南綠營駐防數量一直保持在全國前 5 位。考慮到陝甘實際包括陝西、甘肅以及新疆三省之地，且浙江、廣東、福建等省還包括水軍兵員，雲南綠營駐防數量實際在全國名列前

〔註 21〕尹海全：《論晚清地緣政治困局》，《史學月刊》2005 年第 7 期。
〔註 22〕吳志剛：《地緣政治危機與晚清政府邊防理念的轉變》，《鄭州航空工業管理學院學報》2008 年第 4 期。
〔註 23〕（清）朱壽朋編：《光緒朝東華錄》（第四冊），臺北：文海出版社，2006 年，第 2077 頁。
〔註 24〕秦樹才：《綠營兵與清代的西南邊疆》，《中國邊疆史地研究》2004 年第 6 期。

茅。〔註 25〕秦樹才在《論清初雲南塘汛制度的形成及特點》一文中不僅對清政府以汛塘分防爲基本形式的基層綠營駐防制度進行了介紹，還詳細說明了汛塘制度在雲南的施行情況及雲南塘汛的發展概況，認爲塘汛制度對加強雲南「蠻防」安全起到了重要作用。

三、基本思路、難點及創新點

（一）基本思路

廣西、雲南地處「蠻疆」，與越南、老撾、緬甸等國山水相連。這些國家曾長期作爲中原王朝的藩屬國而存在，近代以來又面臨抵抗西方侵略、謀求民族獨立的共同命運。1840 年後，中國的地緣安全危機日益嚴峻，以藩爲屏的傳統邊防體系不斷受到西方強國衝擊。隨著周遭鄰國相繼淪爲西方殖民地或半殖民地，幾千年來形成的相對穩定的地緣安全格局被西方強國的堅船利炮擊破。面對地緣安全困局，清王朝中的有識之士呼籲加強邊防建設，邊防任務由應對邊疆民族叛亂、農民起義和邊境匪患等傳統威脅轉向防禦西方強鄰可能出現的軍事入侵。

1840 年後，關注邊疆史地開始成爲一股學術潮流，學界產生了一批頗具代表性的研究成果。祁韻士和徐松所著《新疆識略》、《西域水道記》、《新溝注地理志集釋》、《元史西北地理考》、《藩部要略》、《伊犁總統事略》、《西陲要略》、《西域釋地》等，可算作 19 世紀中國學界關注邊疆史地問題之濫觴。其後，龔自珍、沈垚、俞正燮、程恩澤、李兆洛、張穆、何秋濤和李光廷等一大批學者相繼關注西北邊疆史地問題，逐漸形成邊疆史地研究之熱潮。〔註26〕19 世紀 70 年代，面對更爲嚴峻的地緣安全局勢，清政府開始就「海防」和「邊防」問題展開討論。無論鴉片戰爭前後的邊疆史地研究熱潮還是 19 世紀 70 年代清政府圍繞海防與塞防問題開展的爭論，其關注重心主要集中在「海防」和「塞防」，對「蠻防」之關注卻較少，與近代以來「蠻疆」面對的地緣安全危機及其邊防安全價值不符。在有限的學術成果中，如姚文棟的《滇緬勘界記》、鄧承修的《中越定界圖》和薛福成的《中緬交界圖》等，多與「蠻疆」劃界有關，且研究視角比較狹隘。

〔註25〕 秦樹才：《綠營兵與清代的西南邊疆》，《中國邊疆史地研究》2004 年第 6 期。

〔註26〕 徐松巍：《19 世紀邊疆史地研究的時代精神》，《中國邊疆史地研究》1998 年第 2 期。

民國期間，學界對邊疆史地問題的探究熱情一直持續。「蠻防」問題在邊疆史地研究中所佔比重仍然偏輕，研究方法多以歷史地理學的視角考察某地在中國古代的歷史沿革，對 1840 年以前「蠻防」之關注多於 1840 年以後，從邊防安全角度研究晚清至民國「蠻防」安全問題的學術成果依然很少，而將滇桂二省作爲整體來考察的學術成果卻幾乎是空白。既有成果或關注一省乃至一省內的某些地區，或僅關注劃界、邊疆新政、邊防駐軍、邊境管理與邊疆開發等問題點，卻鮮有學者站在邊防學、民族學、地理學和地緣政治學的多維學科視角去系統考察 1840 年以後的「蠻防」安全問題。

有鑑於此，筆者擬以傳統邊防機制在「蠻疆」的近代形態爲切入點，循著清代以來「蠻防」自「夷夏之防」向「中外之防」轉變和傳統邊防向近代邊防轉變的歷史線索，綜合運用多維學科視角，對晚清以來「蠻疆」的邊防戰略調整、邊防體系演變、邊防軍事建設、邊境管理與邊疆開發等問題置於晚清「蠻防」安全這個歷史時空座標中進行立體考察。

（二）難點

在論文的寫作過程中充分貫徹如上基本思路尚存在諸多難題，主要包括如下幾個方面：

首先，筆者擬從邊防安全和地緣政治的角度研究晚清「蠻防」問題，邊防問題卻是一個涉及政治、經濟、文化等方面的綜合體系，地緣政治則提供了一個以地緣關係綜合考慮問題的大視角，而將如上幾個方面巧妙結合在一起是一個異常複雜的難題；其次，近代史資料浩繁無涯，做近代史必須具備淹博經史的氣度，本選題的大時空跨度決定了筆者必將面對無數的官書檔案、文集日記、地方志等資料。如何在浩繁的史料中挖掘出能夠最有效服務於本選題的有用資料對筆者來說也是一個巨大挑戰；再次，研究晚清「蠻防」安全需要綜合運用民族學、歷史學、邊防學、地理學及地緣政治學等諸多學科的相關知識。如何在論文寫作過程中自然交織並綜合運用如上學科的理論知識，尤其是如何將「蠻」這個民族問題與「防」這個邊防問題有效結合併突出本選題「防」的主題，對筆者來說也是個重大難點。

（三）創新點

一是視角創新。學術界關於「蠻防」研究之既有成果可謂豐碩，然視角或局限於某省、某府之某段，或局限於某領域之某個或幾個具體問題，或局

限於某一特殊時段，本文以 1840 年後之「蠻防」為研究對象，將宏觀概述與微觀探析結合在一起，以呈現出 1840 年後「蠻防」發展、演變的整體進程。

二是觀點創新。在既有研究中，學術界存在宗藩關係導致中國與越南、緬甸等屬國間「有國無邊」和「有國無防」的認識誤區，本文在探討宗藩體制邊防價值的基礎上論證「蠻防」中的中越、中緬之間既有「邊」，亦有「防」，在此基礎上分析藩屬國構成的「第一道防線」和清政府以邊防軍事據點構成的「第二道防線」的各自作用。

三是理論創新。以地緣政治與安全理論分析清王朝與鄰國關係的發展變化對「蠻防」安全局勢發展之影響，探討「蠻防」在清朝國家安全戰略布局中的地位及其發展變化，論證清政府在 1840 年後「蠻防」安全危機中具體策略抉擇中的地緣安全利益考量。另外，還要呈現 1840 年後中越、中緬間自宗藩道義職責到國家利益至上的交往關係模式轉變過程，以近代國家觀念分析清政府在 1840 年後「蠻防」地緣政治及安全危機下構建相關應對機制中的國家利益意識。

四是線索創新。邊防安全得益於邊疆開發、邊疆管理與邊防建設良性互動機制的建立。本文從清代前中期「蠻疆」開發、「蠻疆」控制與「蠻防」建設良性互動機制之構建出發，分析 1840 年後「蠻防」中地緣安全局勢變化對三者傳統良性互動機制的突破，從邊疆新政和近代化角度展示清政府以邊防軍事建設、邊疆經營開發和邊疆社會控制力圖再建三者良性互動機制的努力。

第一章　1840年以前「蠻防」問題的簡要回顧

　　「蠻」既是一個文化性概念，也是一個歷史性概念。古代中國隨著諸地社會經濟發展和文明開化程度的提高，「蠻疆」範圍也在不斷變化。如戰國秦漢時期，長江中下游一帶的江右和江左諸地經濟開發程度較低，文化發展水平大幅落後於中原地區，大部尚屬「蠻疆」。魏晉以來，隨著江南一帶開發進程的加速，尤其是北方漢族的大量南遷，該地區經濟社會發展水平獲得快速提高。到宋代，江南不僅成為我國古代的經濟重心，宋廷南遷後還成為我國的文化奧堂。比江南更加靠南的福建一帶到宋代時因學術文化發達而被稱為「海濱鄒魯」。因而，隨著長江以南經濟開發和文明開化進程的推進，「蠻」的地域分佈範圍逐漸縮小。清代「蠻」的分佈地域已主要局限於以廣西和雲南腹裏以外為主的地區。

　　從地緣安全角度看，「蠻疆」地處西南邊陲，與東南亞山水相連，是溝聯中南半島和我國長江流域腹地的重要通道，其北接巴蜀，西連西藏，東通華南，是中央王朝控馭番藏和摒禦中南的重要屏障。「蠻疆」地形複雜，多重巒疊嶂，交通極不便，且處亞熱帶地區，植被茂密，自然資源卻極其豐富，如雲南是清代銅、錫的重要產地。清政府沿襲了歷代關於中國古代地緣安全的主要威脅來自北方的戰略判斷，在國防安全布局中長期存在重北輕南的戰略認識。即便如此，「蠻防」問題依然是清王朝國家安全戰略布置中無可迴避的重要問題。清代「蠻防」安全問題數度凸顯，導致清政府的「蠻防」安全策略逐漸改變過去以羈縻安撫為主的傳統做法，在開發經略「蠻疆」的基礎上

還積極開展了成效顯著的邊防建設。從消極走向積極，從被動走向主動，成為清代「蠻防」與歷代王朝的重要區別。在此背景下，清政府在「蠻疆」「平定三藩」，推進「改土歸流」，實行移民實邊，開發礦產和改良交通，進行屯墾，變革明朝的衛所制度，構建起以綠營為主的地方駐屯體系，將「蠻防」安全與「蠻疆」開發引上良性互動軌道。有鑑於此，本章擬以「蠻疆」少數民族地區文明開化程度的增進展現「蠻」的歷史布局，探究「蠻防」問題的歷史發展規律，對 1840 年以前的「蠻防」問題進行簡要回顧，為進一步分析晚清「蠻防」問題提供一個基本的歷史背景依據。

第一節　1840 年以前「蠻疆」統治的加強

　　1840 年以前的「蠻疆」因交通地理阻隔和社會經濟發展水平較低，自秦漢以至唐宋，曾廣泛存在大量以民族頭領為首的地方性民族政權。這些政權與中原王朝若即若離。當中原王朝強盛之時，便以羈縻政策將其納入宗藩體制之內，使之在名義上服從中央統治。當中原王朝式微之時，尤其在改朝換代之際，「蠻疆」民族政權便處於割據狀態，不再服從中原王朝管轄。元明時期，隨著中原王朝在「蠻疆」統治的加強，以土著大姓世襲傳承為主的地方民族政權開始發展為土司制度。在土司制度下，大小土司仍然名義上從屬中原王朝管轄，實際上卻維持割據分立狀態。實際上，土司制度不過是歷朝歷代羈縻安撫政策的延續。同時，元明以來，在中原王朝經營下「蠻疆」地區由中央直接管轄的腹裏地帶逐漸擴大，土司直接管轄的區域卻開始萎縮。自明代開始，中央王朝刻意在土司絕嗣之時廢土歸流，使得「蠻疆」土司數量開始減少。到明朝末年時，「蠻疆」的大小土司已大多位於邊疆及偏遠山區。明末清初，「蠻疆」土司數量仍然很多，控制地域雖非交通相對便捷、經濟發育程度較高的腹裏地帶，地域卻相當遼闊。大小土司的存在是「蠻疆」乃至國家的離心勢力，是「蠻疆」穩定和「蠻防」安全的重要威脅。土司不除，中央政府便無法有效控制「蠻疆」，並將邊疆開發、邊疆治理與邊防安全引上良性互動的發展軌道。

　　「蠻防」建設是個系統而複雜的宏大工程，需要加強「蠻疆」的防控實力，更需要將「蠻疆」在行政、經濟和文化上最大限度地納入王朝的統一模式之下。只有廢除土司，對其屬地進行有效的行政統治及社會管控，才能通

過經營開發及風俗易化,為「蠻防」安全奠定根基。土司制度下土司、土目的割據分離傾向、對經濟社會發展的阻滯及給「蠻防」安全構成的威脅正是清政府決定推進「改土歸流」主要原因。首先,「蠻疆」土司分立妨礙了國家統一,是王朝國防安全戰略布局中的盲點和邊防安全的重要隱患。「改土歸流」前,各大土司實力強大,危害地方,名義上歸屬朝廷,實際貌合神離,稍有不妥,即擁兵反叛。土司所轄民眾只知有土司而向來不知有朝廷,其目無官法,殘暴自為,轄地「漢民被其摧殘,夷人受其荼毒」;〔註1〕其次,「蠻防」的強化必須立足「蠻疆」社會經濟之發展。土司的存在阻礙了「蠻疆」的經營開發。大小土司,劃地而治,各自為政,使屬地人口稀少、交通窒礙的情狀長期無以改善,成為大一統王朝中的封閉滯後之區。土司的存在還阻礙了正常的人口遷徙,使掌握先進生產技術和經營開發能力的漢族人口難以遷入,導致屬地豐富的礦藏、成片的荒山和適宜耕種的土地等資源長期閒置,無以利用。如滇東北擁有大片荒地,卻因烏蒙、芒部和東川三大土司長期盤踞而難得開發。魏源在《聖武記》中稱:「東川雖已改流三十載,仍為土目盤踞,文武長寓省城,膏腴四百里無人敢墾。」〔註2〕;再次,「蠻防」還需構建在穩定的社會秩序之上。土司在領地我行我素,目無王法,荼毒民眾,導致中央王朝無法將屬地資源整合為邊防建設和「蠻防」安全的有效力量。對土司的暴戾恣肆,雍正皇帝擁有較為清醒的認識。雍正皇帝看到「蠻疆」數省土司罔顧朝廷法紀,隨意科派徵收,甚至搶奪民眾的牛馬、子女,對民眾隨意殺罰,而廣大「土民受其魚肉,敢怒而不敢言。」〔註3〕同時,土司之間或為爭奪領地、人口,或為攀比權勢,處於頻繁的相互紛爭與仇殺之中。動盪紛爭、支離破碎的社會局面不利於「蠻防」的安全、籌劃和建設。「改土歸流」以實現對「蠻疆」諸省的資源整合和開發經營成為清政府鞏固「蠻防」安全必須面對的重要課題。

清初,「蠻疆」地區戰亂頻仍。清政府為迅速實現統一,剷滅「蠻疆」政敵,暫時沿襲歷代的羈縻安撫政策,依然沿用明朝的土司、土官制度。凡土司表示臣服者,清政府即保留其職位、領地。清初對「蠻疆」土司的羈縻懷

〔註1〕（清）魏源:《魏源全集·皇朝經世文編》卷八六《改土歸流疏》,第 696 頁。
〔註2〕（清）魏源:《聖武記》卷七《土司瑤苗回民·雍正西南夷改流記上》,北京:中華書局,1984 年,第 284 頁。
〔註3〕《清世宗實錄》卷二十,雍正二年五月,北京:中華書局,1985 年,第 226 頁。

柔不過是收復「蠻疆」、穩定「蠻防」的權宜之計。康熙二十年（1681 年），清政府「平定三藩」後，自明代中期開始的「改土歸流」問題又重新成為其經略「蠻疆」的重要議題。康熙年間，清政府便開始考慮在「蠻疆」推行「改土歸流」。康熙二十五年（1686 年），有地方大員懇請在「蠻疆」推行「改土歸流」。康熙皇帝認為「蠻疆」勘定不久，滇桂腹裏經濟民生尚未恢復，暫時無力經略更為偏遠的土司轄地。然而，土司作為「蠻防」安全的主要威脅並未消除。隨著「蠻疆」社會秩序的漸趨穩定，到雍正時，推進「蠻疆」「改土歸流」，大力開發經營「蠻疆」以鞏固「蠻防」安全的時機已經成熟。在此背景下，雍正初年，清政府開始在滇桂等「蠻疆」推進大規模的「改土歸流」。雲貴總督鄂爾泰即是雍正年間「改土歸流」的積極倡議者和主要推動者。

在「改土歸流」中，鄂爾泰既措置得體，且講求策略。為推進桂西「改土歸流」，鄂爾泰認為應當首先對當地最大的土司即泗城土司岑映宸進行「改土歸流」。嘉慶《廣西通志》稱，雍正五年（1727 年），「廣西泗城土司，甚屬不法，素為民害」，「原任廣西州判程且控告羅文剛一案，羅文剛統眾肆惡，吞噬十一處村落，竟敢與官兵相抗，不容設立塘汛」。為安靖地方，雍正皇帝在批覆中稱「若泗城土司怙惡不悛，有應行用兵之處，交與鄂爾泰調度，廣西巡撫、提督、總兵官，俱聽鄂爾泰節制」。〔註4〕雍正六年（1728 年），鄂爾泰為震懾泗城岑氏，命清軍屯駐在「安籠鎮」，以威逼泗城岑氏交出印信。岑映宸懾於鄂爾泰兵威，自覺無力抵抗，遂上繳土司印信，並奉旨遷歸祖籍浙江餘姚。岑氏交權後，清政府在廣西西北部紅水河上游一帶的崇山密林之間設置泗城府，委派流官管轄，對該地域進行有效統治。《清史紀事本末》稱，泗城岑氏被鄂爾泰降服後，廣西各地土司、土目相繼上繳土司印信及各式軍器等超過二萬件。〔註5〕泗城土司「改土歸流」的成功極大震撼了廣西各地大小土司。桂省各地土司懾於朝廷兵威，紛紛呈納土司印信，上繳兵械，大大加速了桂省「改土歸流」的步伐。雍正五年（1727 年）到雍正十一年（1733 年），廣西境內的泗城土府岑氏、恩城土州趙氏、下龍長官司趙氏、歸順土州岑氏及東蘭土州韋氏等相繼被革職外遷或降職留用。雍正七年（1729 年），清政府在右江上游除設置百色廳外，還為加強對苗疆的管理設置理苗同知一

〔註4〕（清）謝啟昆修，胡虔纂：《廣西通志》卷一《訓典一》，雍正五年二月二十九日，南寧：廣西人民出版社，1988 年，第 40 頁。

〔註5〕（清）黃鴻壽編：《清史紀事本末》卷三十《苗族及金川之征剿》，上海：上海書店出版，1986 年，第 215 頁。

職。雍正十年（1732年），清政府開始在康熙時因土司絕嗣暫歸通判代為管理的鎮安府設置流官，統管當地土目，有效加強了桂西統治。雍正末年，「改土歸流」的成效已相當顯著。廣西全境不僅在府一級上全部完成流官改革，而且基本實現縣級政權的「改土歸流」。顯然，「改土歸流」後的廣西「蠻疆」與歷史上羈縻政策下大小土司割據分立的情景相比是一個巨大的歷史進步。

在廣西推進「改土歸流」的同時，雲南的「改土歸流」也在鄂爾泰等主持下開展起來。鄂爾泰看到土司禍邊是「邊疆大害，必當剪除」，認為雲南的「改土歸流」應當以「計擒」為主，「兵勦」為輔，以威懾其主動「投獻」為主，出兵討伐強制「投獻」為輔。〔註6〕在此方針下，鄂爾泰將雲南「改土歸流」的矛頭指向滇東北的彝族之地。明代滇西北三府〔註7〕歸四川管轄，分屬東川、烏蒙和芒部三個彝族土府。然而，三府遠離四川腹裏地帶，官府鞭長莫及，內地人民更是懾於土司勢力不敢擅自進入，三地事實上長期處於分據狀態。為加強滇西北統治，尤其是出於維護西藏統治的需要，康熙以來，不斷有地方官員提議將三府劃歸雲南就近統理。雍正初年，地方官鄧渼向雲南巡撫上書指出：「蜀道二千，鞭不及腹」，「向來隸蜀，僅同羈縻」，懇請雲南巡撫「兼制東川」。〔註8〕雍正四年（1726年），清政府把原屬四川之東川府劃屬雲南管轄，在巧家營設置會澤縣。「改土歸流」後，該地土目爭雄鬥勝的現象逐漸停止。雍正五年（1727年），時任雲貴總督兼廣西總督鄂爾泰與川陝總督岳鍾琪上疏歷陳烏蒙土府祿萬鍾和鎮雄土府隴慶侯種種不法罪狀，建議清政府「改土歸流」。「改土歸流」後，清政府將二府劃歸雲南管轄，還在原米貼一地新置永善縣，在大官屯一地設置大關廳等。雍正八年（1730年），清政府改烏蒙府為昭通府，下設魯甸廳。經此整飭，滇東北完全劃歸雲南管轄，地方行政建制得到進一步完善。滇東北作為溝通四川的門戶，對於維繫雲南統治至關重要。滇東北「改土歸流」的成功有效優化了雲南的「蠻防」安全格局。

滇南作為傣族、彝族等少數民族聚居地，主要包括地處元江以外的普洱、思茅和西雙版納等地，與緬甸和老撾接壤。此地居哀牢山和無量山等大山之中，歷代多以「蠻荒煙瘴」之域漠然視之，且清代以前中原王朝並未對該地

〔註6〕（清）魏源：《魏源全集·皇朝經世文編》卷八六《改土歸流疏》，第696頁。
〔註7〕即東川、昭通和鎮雄三府。
〔註8〕（清）鄂爾泰，尹繼善修：《雲南通志》卷二九（一）《藝文二》《請巡撫兼制東川疏》，乾隆元年（1736年）刻本，第36頁。

形成有效控制。明代曾在雲南大興屯墾並廣置衛所，也未對元江以南的廣闊
地帶著力經營。順治十七年（1661 年），清廷始在滇南推進「改土歸流」，於
普洱設通判，隸元江府管轄。然而，普洱等地仍處元江以南數百里外，山高
林密，溝通聯絡仍屬不便。爲加強對滇南邊陲之地的控制，雍正七年（1728
年），清廷於寧洱地方設置普洱府，置通判﹝註 9﹞分駐思茅，於攸樂一地設同
知。自此之後，江內六版納、六大茶山和橄欖壩等地全歸普洱府轄治。瀾滄
江以南六版納一帶雖仍屬車裏宣慰司管轄，卻須「歲納糧於攸樂」。﹝註 10﹞普
洱府的設立極大加強了清政府對元江以南的控制，車裏宣慰司雖仍統轄瀾滄
江以南的六版納地區，實際上已歸屬普洱府統轄。滇南既是「蠻族」聚居之
地，又是地接鄰邦緬甸和老撾的邊陲門戶，清政府對滇南行政統轄的強化，
無疑是「蠻疆」邊防建設的重要成就。

　　清政府在滇西北和滇東南的「改土歸流」雖不若滇東北和滇南那樣系統
完善，卻同樣對當地行政建制做了一番調整。在滇西北，清政府於雍正四年
（1726 年）將原屬四川卻遠離四川統治中心的維西和阿墩子等地﹝註 11﹞劃歸
雲南。﹝註 12﹞雍正五年（1727 年），清政府又將明代著名的麗江木氏土府改爲
麗江府，將原鶴慶府通判駐維西，於中甸新設劍川州州判，大大加強了對包
括德欽在內的滇西北一帶的管控。明朝時，滇東南之廣南、開化二府都屬土
司轄地。順治十八年（1661 年），清政府始於廣南府改設流官，還於康熙五年
（1666 年）在廣南之西新設開化府﹝註 13﹞，並設安平廳輔助管理。雍正七年
（1729 年），清政府設文山縣以爲開化府治所。

　　至此，除滇西南文昌府尚在府一級維持土司統治外，雲南全省通過行政
建制調整和增置流官行政機構，一改歷代羈縻鬆散的統治形態，顯著提升了
「蠻疆」的安全防控能力。雲南是溝通西藏的重要門戶，具有配合四川維繫
西藏安定的地緣安全價值。同時，雲南作爲「蠻疆」邊陲，與緬甸、老撾等
域外土司直接接壤。清政府雲南土司轄地行政控制能力的強化顯然具有維護
邊防安定並優化國防戰略布局的重要價值。「蠻防」建設絕非僅僅強化軍力建

﹝註 9﹞清代「通判」又稱「分府」，轄地爲廳，多配置於地方建制中的京府或府，以
　　　　輔助知府政務，分掌鹽、糧、都捕等事務，正六品。在實際運用中，清代「通
　　　　判」多半設於邊陲地帶，以彌補知府管轄能力的不足。
﹝註 10﹞（清）鄂爾泰，尹繼善修：《雲南通志》卷四《建置》，第 28 頁。
﹝註 11﹞「維西」和「阿墩子」即今雲南省德欽藏族自治州德欽縣一帶。
﹝註 12﹞《清世宗實錄》卷四三，雍正四年四月，第 627 頁。
﹝註 13﹞「開化府」即今雲南文山壯族苗族自治州和紅河州屏邊苗族自治縣一帶。

設，必須構建在穩定的社會根基之上。只有形成運轉有力的社會機制，「蠻防」建設所需的各種資源才能實現系統整合，形成對防禦對象的有效威懾。清代的「改土歸流」並非簡單將土司和土官改爲流官並進行一定的行政機構調整，而是一個涉及政治、經濟、軍事和文化等諸多方面的全面改革與系統調整。清政府還非常注意強化對「蠻疆」「改土歸流」之後的社會控制。對此，鄂爾泰在諸多方面做出了嘗試，且取得了顯著成效，從而使「蠻防」建設得以立足在一個比較穩固的社會基礎上。

一是整飭軍備，強化軍事實力。清朝在「蠻疆」推行「改土歸流」的目的之一便是加強對邊疆的控制。鄂爾泰認爲鞏固「蠻防」安全的關鍵在於對諸「蠻」進行有效控制，以「蠻疆」的經營開發爲「蠻防」安全提供保障。〔註14〕在此過程中，鄂爾泰發現「三藩」平定後「雲南兵丁，不減內地。即貴州兵弱，亦猶勝江南」，軍隊戰鬥力低下的問題卻一直存在。鄂爾泰分析原因後認爲：「武員因循成習，惟事逢迎，群聚省城，鑽營朋比，有累升至副參，而未一到營者。營伍何賴？臣受事後，首經嚴示通飭，非奉文調，不許赴省。今此風已熄，而盔甲、帳房，鑼、鍋、斧、橛等項，大半不備，即火槍、弓刀，操練必需者，亦多殘缺。至於空糧、夥糧，種種名色，倒馬、朋馬，種種勒侵，相沿已久，視爲常例。即有努力自愛之員，亦未免避嫌從眾。」〔註15〕爲在「改土歸流」中貫徹「以安撫爲主，以兵剿爲輔」的策略，整頓軍備，強化軍力，成爲「改土歸流」順利推進的關鍵。爲此，鄂爾泰在推動「改土歸流」的同時，開始整頓「蠻疆」綠營駐防，「確訪嚴飭，寬其既往，勉其將來，業據各屬陸續稟報，軍器俱現修整，糧馬俱現頂補，然猶未敢深信。臣自滇赴黔，已經由各鎮逐加整飭；仍擬明歲親歷雲南各標協營，查勘軍裝，考驗兵馬，則既可以知營伍虛實，以便經營，又可以知地方形勢，以資調度。庶胸有定見，而事免欺蒙矣。」〔註16〕

二是調整地方駐防，加強「蠻疆」邊防。鄂爾泰在「改土歸流」中非常重視依靠綠營駐防加強對土司屬地的控制。鄂爾泰在收服滇東北東川法戛土目祿天祐與烏蒙迷貼土目祿永孝兩大土司後，在小金沙江以外直到建昌的呑

〔註14〕（清）魏源：《魏源全集・皇朝經世文編》卷八六《雲貴事宜疏》第 699 頁，。
〔註15〕（清）魏源：《魏源全集・皇朝經世文編》卷八六《雲貴事宜疏》，第 698 頁。
〔註16〕（清）魏源：《魏源全集・皇朝經世文編》卷八六《雲貴事宜疏》，第 698～699 頁。

都、沙馬和雷波等地，普遍設置營汛，以加強對土司舊地的控制。對於毗鄰藩屬國的沿邊土司，鄂爾泰在講求因俗而治的同時，認為有些應該實行「改土歸流」，有些則不必，有些可以進行「改土歸流」，有些則並不具備推行「改土歸流」的條件，有些須立即進行「改土歸流」，有些則可以稍緩進行。〔註17〕顯然，鄂爾泰在看待沿邊土司「改土歸流」問題時非常理性，且注意以綠營駐防將清政府的控制能力及時推進到「改土歸流」之地。如鄂爾泰收服瀾滄江以東的孟養、茶山等土司後便在思茅、橄欖壩駐防綠營，以加強對藏緬及南掌門戶的控制。〔註18〕

　　三是以保甲法加強對基層社會的控制。保甲制度是中國古代長時期推行的一種基層社會控制制度，淵源於秦漢的鄉里制度，定型於北宋。保甲制度構建了一個基層控制的嚴密網絡，寓兵於農，平時組織壯丁進行軍事訓練，可以有效加強國家的安全防禦力量，是古代國防建設的重要依託。鄂爾泰對保甲制度的作用擁有比較深刻的認識，認為保甲法「一遇有事，罰先及之。一家被盜，一村干連。」〔註19〕鄂爾泰希望通過推行保甲制度在「改土歸流」後的蠻荒之地構建起嚴密的基層控制網絡，為「蠻防」建設構建起比較穩固的社會根基。

　　四是布置捕快、汛兵，維護社會安定。「改土歸流」後，土司舊地必然要在新統治模式下經歷一定時間的轉軌過程。在此期間，其舊地難免出現反抗暴亂和盜匪猖獗等安全問題。為打擊盜匪現象，鄂爾泰主張在改流之地設置捕快。捕快作為催租、抓丁和捕人的「應捕人」，肩負逮捕罪人之責，是維護一方安定的得力幫手。捕快之外，清政府還在土司舊地駐防綠營，以千總、把總和外委統領，負責巡邏「汛地」，故稱「汛兵」。「汛兵」作為清政府駐防地方的正規軍事力量，是維繫基層社會安定的重要保障。鄂爾泰在《分別流土考成疏》中稱：

> 至於保甲之外，最重者莫如嚴責捕快與汛兵。蓋內地之盜，捕快多有知情；外來之盜，塘兵且為通氣。平時緝盜之捕快，皆宜分定鄉村。某方失盜，罪在某捕快。而捕快之中，亦有奸良不一，能否不齊。又須每十人立一快頭，如緝盜不獲者，捕快與快頭一同治

〔註17〕（清）魏源：《魏源全集‧皇朝經世文編》卷八六《正疆界定流土疏》，第703頁。
〔註18〕趙爾巽等撰：《清史稿》（第四十七冊）《土司三》，第14257頁。
〔註19〕（清）魏源：《魏源全集‧皇朝經世文編》卷八六《分別流土考成疏》，第698～699頁。

罪，大抵盜情未有能欺捕快者。其塘兵之設，原以晝則盤請，夜則巡防。伊等平日毫無所事，每晝則看牌賭錢，夜則飲酒酣睡。甚或乘空偷竊，出入不意，種種非爲。又或夥衆結強，唆使劫掠，陽防陰助，其惡不可勝言。必須嚴加號令，定爲成法，使不得不留心盡力，盤潔稽查。〔註20〕

可見，鄂爾泰認爲僅靠保甲法無法保證「蠻疆」改流之地實現快速而平穩的轉軌，主張在設置捕快的同時盡快完善基層「汛兵」駐防體系。

清政府在「蠻疆」推進「改土歸流」說明中原王朝開始改變以羈縻安撫爲主的傳統政策，統治方式開始自被動走向主動。「改土歸流」將中央王朝的直接控制範圍由傳統腹裏地帶向昔日的「蠻荒煙瘴」之地大大拓展。土司制度醞釀於元代以前，元政府正式確立，明代中期後走向衰落，至清代基本消亡。土司的存在有其歷史必然性，曾是在交通不便、開發不足的歷史條件下維持「蠻疆」社會統治秩序的必然需要，然其在明清的漸趨消亡卻符合歷史發展趨勢。中原王朝爲鞏固「蠻防」安全在「蠻疆」推行的「改土歸流」始於明代，雍正以前多爲被動開展，或因土司叛亂，或因土司絕嗣。鄂爾泰主持的大規模「改土歸流」卻是對「蠻疆」的積極經營，完成了對地方行政體制的變革調整，加強了對基層社會秩序的管控，還通過邊疆開發使「蠻防」在政治、經濟、軍事和文化資源的全面整合中得到加強。鄂爾泰在改流之地設置流官，通過綠營駐防、布置汛兵、設置捕快和施行保甲等措施構建起一個全方位的立體化社會管控網絡。

第二節 1840年以前的「蠻疆」駐防體系

在實行近代化軍事變革以前，清王朝的正規軍分爲八旗和綠營兩種。八旗兵作爲滿清問鼎中原所依仗的主要軍事力量，分滿族八旗、蒙古八旗和漢軍八旗三種。滿清入主中原後，原有八旗被劃分爲禁衛八旗與駐防八旗。禁衛八旗又稱京旗，駐防北京周邊，以拱衛京畿安全，是八旗的精銳主力。駐防八旗則分散駐防在全國各主要城市和重要軍事要點，以控馭地方，一般設將軍統轄，下設副都統。將軍與副都統都屬軍隊將領，無權干涉民政。綠營兵作爲清代正規軍，地位不及八旗，卻隨著王朝秩序的穩定事實上成爲全國

〔註20〕（清）魏源：《魏源全集・皇朝經世文編》卷八六《分別流土考成疏》，第698～699頁。

衛戍力量的中流砥柱。據統計，八旗兵入關時大約有 20 萬人，清末尚有 12 萬人，而綠營兵隨著清朝平定三藩、鎮壓準格爾等戰事興起獲得極大擴充。乾隆五十年（1875 年），綠營兵人數接近 60 萬人。平定苗疆叛亂後，嘉慶十七年（1813 年），綠營人數達到 66 萬人。綠營兵依照各地在國防戰略布局中的地位分散駐防。防務較重、地緣安全價值較高的地方，駐防數量較多，反之較少。「蠻疆」距離清朝統治腹心較遠，不屬於對清王朝具有生死攸關安全價值的要害之地。所以，綠營是清代「蠻疆」各省駐防之主力。滇桂二省的地方駐防基本由綠營承擔，並兼用土兵。

一、1840 年以前的「蠻疆」安全形勢

在清王朝的國防戰略布局中長期存在重「塞防」而輕「蠻防」的防禦傾向。北方的游牧民族對歷朝歷代構成頻繁而嚴重的安全威脅。滿清王朝雖以盟旗體制在大漠內外的蒙古地區建立了非常穩固的統治，且以聯姻、結親等方式將蒙古王公貴族納入滿清貴族統治體系，從國防戰略布局和邊防兵力配置來看卻依然長期沿襲歷朝歷代關於中原王朝安全威脅主要來自北方的慣性思維。從清代前期的歷次邊疆危機來看，「塞防」的邊防壓力確實要大於「蠻防」。康熙年間，隨著沙皇俄國向東擴張步伐的加速，清王朝北疆尤其是東北龍興之地直接處於沙俄東進擴展的矛頭之下，以致引發了清朝與沙俄間的數次戰事。清代前中期，北方還出現了噶爾丹和大小和卓叛亂等邊疆危機。清王朝在「塞防」與「蠻防」的戰略考量中必然將國防資源向「塞防」大幅傾斜。「蠻防」所在的廣大南疆，主要包括廣西、雲南和貴州等地，距離清朝統治中心較遠，基本不存在足以與中央王朝抗衡的分離實體，或有少數民族頭目、土司主叛亂，其規模不大且多為偶發事件。歷朝歷代在「蠻疆」沿用的安撫羈縻政策在清朝前中期的「蠻防」安全維繫中依然有效。「改土歸流」以後，清政府在「蠻疆」面對的內防壓力大為減輕。隨著越南、緬甸等國被陸續納入宗藩體制，在清王朝「以藩為屏」的國防戰略布局中滇桂諸省事實上成為鞏固「蠻防」安全的第二道防線。因為，在實際管轄的傳統習慣線以外，清王朝還將安南、緬甸和老撾等鄰國納入宗藩體制，組建了一條「以藩為屏」邊防屏障。

非但如此，綠營兵在「蠻疆」諸省的駐防布局、駐防人數、駐防機制也依據各地防禦任務和邊防價值進行了通盤考量與系統規劃。要理解綠營在「蠻

疆」諸省佈防的安全價值，應當對綠營的軍事建制有所瞭解。「標」是綠營中最大的軍事建制，分督表、撫標、提標及鎮標。「標」又分「營」，「營」是綠營的基本軍事建制。綠營亦因之得名。綠營作爲地方守備部隊，多以「營」爲單位分散駐防全國各地。只在省城及提、鎮駐地駐防數營，以「標」的建制存在。此外，清代在一些駐防要地還會以一種大於「營」而小於「標」的「協」駐防，其非一種嚴格的軍事建制，地位非在「營」之上，只是在數量上多於「營」卻達不到「標」的規模。「標」和「協」既是清代駐防地方的守備部隊，也是地方行政長官的警衛部隊，還帶有野戰部隊的性質。其中，督標和撫標常駐省城，作爲總督和巡撫的警衛部隊，只在個別情形下以「游擊之師」使用。爲此，提督、總兵、副將等統領的標、協及營往往實際擔負一省各地的駐防職責。總體來看，「蠻疆」諸省中防戍價值較高的省城一般以提督或總兵統帥的「標」駐守，而防戍價值次之的府、縣、廳、州，則由該提督或總兵統領之「標」所屬之「營」或「協」駐守，駐防「營」、「協」往往以駐防府、廳、州、縣之名命名。「蠻疆」各省綠營以此種建制和駐防層次分散駐防在闔省防戍要點，與其他省份駐防綠營一起構成清王朝基本的安全防禦體系。駐防一省諸地的「標」、「協」及「營」僅能控制各要塞城市及防戍要點，爲實現對闔省腹地的網絡化控制，清政府還將駐防各地之「協」、「營」以「汛」、「塘」、「關」、「哨」等更小的軍事建制單位分散駐防轄內各地。「汛」是「營」以下的軍事建制，每營所轄各「汛」常以駐防地命名。「塘」是「汛」以下更小的分防駐守單位，也是最小的駐守單位，同樣以地名稱爲某某塘、哨、卡或隘。

　　在清政府長期面對的地緣安全局勢中，「蠻防」壓力雖小於「塞防」，卻不意味著「蠻防」不需設防。滇桂二省不僅與緬甸、越南等領國毗連，且甫經改流，內防與邊防壓力共存。爲此，清政府在滇桂兩省駐防之綠營兵數量並不少。據統計，乾隆年間，清政府在雲南駐防綠營兵 41353 人，在廣西駐防 23588 人，在貴州駐防 37769 人〔註21〕，共計 102710 人，約占同期全國綠營兵總數 60 萬人的 17%。若將八旗兵力 20 萬人統計在內，則「蠻疆」三省的綠營駐防兵力約占全國兵力總量大約 80 萬人的 12%，而當時山東、河南和江西等內地省份的軍隊駐防人數一般不超過兩萬人。如乾隆年間，山東額定駐防人數僅爲 17504 名。可見，在清朝的國防安全考量中，「蠻防」壓力雖小

〔註21〕趙爾巽等撰：《清史稿》卷一三一，第 3924～3926 頁。

於「塞防」乃至「山防」與「苗防」，卻仍然是清政府分兵駐防、重點把守和積極防控的重要區域。清代雲南綠營的駐防數量一直位居諸省前列。

二、綠營駐防的「蠻防」價值

清王朝爲控制全國，將綠營在全國分散佈置。綠營作爲地方守備部隊，一直存在難以在突發事件發生時快速集結並形成大規模作戰單元的體制弊端。平定「三藩」且經大規模「改土歸流」後，即便與緬甸存在領土糾紛，在乾嘉年間中緬重建宗藩關係後，中緬邊境緊張氣氛驟消，故在 1840 年以前「蠻防」的安全壓力實際不大。在相對優良的地緣政治及安全環境下，綠營駐防的主要任務在於維護「蠻疆」穩定。順治十六年（1659 年），在統一「蠻疆」時，洪承疇便認爲雲南地勢險要，面積廣大，與腹裏相比多少數民族聚居之地，要有效控制絕非「三路大兵」所能做到，建議清政府增加駐防規模。兵部對洪承疇的建議認眞討論後認爲可將吳三桂一部留駐雲南。順治皇帝同意兵部建議，以平西王吳三桂鎭守雲南。平定「三藩」後，雲貴總督蔡毓榮認爲雲南東連東川彝地，西面毗鄰緬甸，北面接通蒙藏，南面以安南爲鄰，境內多少數民族聚集之地，「無在非險要之地，無地不需控馭之兵」，需「量地設防，從長布置」，「務使無事分扼要害，有事犄角相援，然後可經久而無患」〔註22〕。蔡毓榮還結合雲南的「蠻防」安全形勢，在《酌定全滇營制疏》中對滇省綠營駐防做出統籌部署和調整，認爲「永順一鎭，守在天末，地交緬甸，並屬要區，自應復設，仍駐永昌」，而「永順鎭兼轄之騰越一協，順雲城守一營，今遵部議覆設，勿庸更議」，再如「鶴麗鎭江汛綿邈，關隘甚多，設兵兩千四百僅足濱江守禦，二郡彈壓，其他要汛，勢難兼顧」，應於「劍川州逼近石鼓一帶地方」，「設協守副將一員，守備一員，千把總六員，兵一千名」，以「壯鶴麗之聲援」〔註23〕。

其後，雲貴總督張允隨也看到雲南地處「蠻疆」邊陲，轄內多「蠻族」，與緬甸、安南相接，地域遼闊而漢人較少，建議加強綠營駐防和邊防守備。張允隨依據「蠻防」安全形勢的發展對雲貴兩省綠營駐防進行了更爲周密的調整。到乾隆末年，「蠻疆」綠營在駐防建制、駐防人數和地域分佈上漸趨穩

〔註22〕 （清）鄂爾泰，尹繼善修：《雲南通志》卷二九之二《藝文三》《酌定全滇營制疏》，第 4～5 頁。
〔註23〕 （清）鄂爾泰，尹繼善修：《雲南通志》卷二九之二《藝文三》《酌定全滇營制疏》，第 5 頁。

定，成為控扼「蠻族」和維繫「蠻防」安全的重要保障，促進了「蠻疆」開發。綠營駐防與汛塘分防在「蠻防」安全維護中的作用，主要體現在如下兩個方面：

一方面，清王朝主要依靠綠營兩度勘定雲南，維持「蠻防」安全大局，捍衛國家主權統一和領土完整。清代前期，清政府在「蠻疆」的大規模用兵及駐防調整主要圍繞肅清明末反清勢力和平定「三藩」兩個問題展開。順治四年（1647 年），明末農民起義軍餘部與南明政權殘部在雲南組成最後的反清堡壘。反清活動雖具有反抗滿族壓迫之進步性，卻在清王朝完成天下一統幾為定局的形勢下對推進多民族國家發展和維護主權統一及領土完整構成威脅。為此，清政府曾持續對雲南反清勢力進兵討伐。順治十六年（1659 年），清王朝基本平定雲南反清勢力。此時，清政府在雲南的綠營兵駐防總量出現第一次高峰，包括三標、六鎮、二協、一營〔註 24〕及吳三桂所屬之四鎮、十營〔註 25〕，共計 52000 多名。清政府認為雲南平定不久，各地反清氛圍依然濃鬱，故雲南綠營駐防的主要職責應是維持大局。清初，雲南綠營主要駐防在雲南、大理、曲靖、楚雄、臨安及澄江等腹裏地帶。同時，雲南穩定與否還與整個「蠻防」安全格局休戚相關。作為「蠻疆」省份，雲南的穩定只有獲得內地的戰略協同和物資支撐才能維持。有鑑於此，清政府在重點駐防滇省腹心的同時，還以綠營兵重點防守該省與四川、貴州、湖廣等鄰近省份的通道安全。如清政府在羅平設廣羅鎮以保障雲南到貴州、湖廣一線的通道安全，還在宣威和尋甸設尋沾營以保障滇東北到四川的通道安全。康熙末年，駐防滇省腹心及交通要衝的綠營兵人數達到 44990 名，占當時雲南通省綠營總數的近九成。

與此同時，南明政權在江南一帶失利後，「蠻疆」成為明末反清勢力的最後堡壘。康熙元年（1662 年），南明政權殘部在清軍追擊下逃到緬甸阿瓦，大西軍餘部也在李定國帶領下逃遁到滇緬邊境。兩股反清勢力的匯流不僅威脅著滇省安全，且對尚未穩定的邊境秩序造成衝擊。為加緊肅清滇省反清餘黨，穩定邊防秩序，清政府調撥雲南綠營各提標、永順鎮及騰越協屬兵員共計 7300

〔註 24〕「三標」指雲貴總督所轄「督標」、雲南巡撫所轄「撫標」及雲南提督所轄「提標」；「六鎮」指臨沅澄江鎮、曲尋武沾鎮、大鶴麗永鎮、景蒙楚姚鎮、廣羅鎮和永順鎮；「二協」指沅江協和騰越協；「一營」指新習營。

〔註 25〕吳三桂之「四鎮」包括援剿前、後、左、右四鎮，「十營」包括忠勇和義勇中的前、後、左、右等十營。

人駐屯滇西南的永昌、騰越一帶,以加強對滇緬邊境的控制。康熙六年(1667年),蒙藏和碩特部侵擾維西、中甸和麗江等地,滇西北安全形勢急劇惡化。〔註26〕清政府開始在滇西北駐防綠營,相繼設大鶴麗永鎮與北勝營,駐兵3400人,以強化對該地的控制。

圖1:清代雲南綠旗兵駐防圖〔註27〕

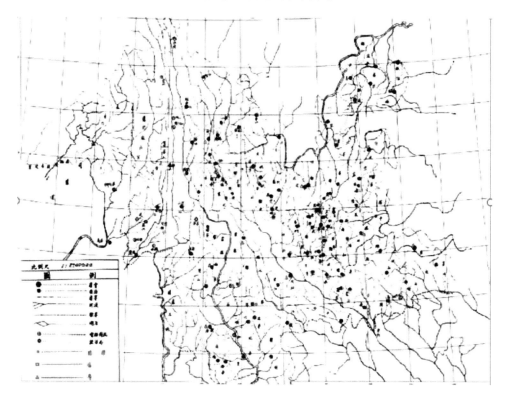

南明和李定國勢力肅清後,久鎮雲南的吳三桂勢力日漲且割據分立傾向凸顯,成為「蠻防」安全的腹心之患。吳三桂叛亂期間,雲南綠營大多尾隨倒戈或四散奔逃,建制幾至無存。三藩平定後,恢復綠營建制、重建滇省綠營成為「蠻防」的重要任務。邊疆甫定,為維持「蠻防」大局,清政府依然將綠營駐防腹裏和把控要道,以收居中控馭之效。據統計,當時雲南綠營中駐紮腹裏地帶及交通要道的兵員總額為27480人,占闔省駐防綠營總數之六七成。可見,吳三桂勢力剪除後,在清政府的積極經營下,雲南的地緣安全

〔註26〕 王恒傑:《迪慶藏族社會史》,拉薩:中國藏學出版社,1995年,第102頁。
〔註27〕 龍雲主修;周鍾岳,趙式銘等纂:《新纂雲南通志》卷七《清代雲南綠旗兵駐防圖》,昆明:雲南人民出版社,2007年,第33頁。

形勢較順治年間大為改善。此後，清政府駐防腹裏的綠營兵數開始減少，比例自近九成降至六七成。

　　另一方面，清政府以綠營分散駐防，構建汛塘體制，將統治實力自腹裏推向邊疆，自漢族推向「蠻族」，由居中部署推向社會基層，既拓展了統治廣度，也強化了控制強度。即便在邊防壓力不大的情況下，維持一個偌大省份的安定依然需要妥善處理好民族問題。星羅棋佈的大小土司、土目依然控制著除狹窄腹裏以外廣闊的山河溝谷和叢林密菁之地，成為繼南明殘部、大西軍餘部和吳三桂「藩兵」割據勢力後威脅「蠻防」安全的主要對象。「蠻疆」地處邊遠，在交通溝通和信息傳遞速度有限的情況下，即便在高度集中的中央集權統治模式下也很難對之形成有效控馭。秦漢以至明代，中央王朝在探索中依次對「蠻疆」採用過邊郡〔註28〕制度、羈縻州〔註29〕制度和衛所制度〔註30〕，卻俱未超脫安撫羈縻的政策窠臼。明朝曾在雲南廣置衛所，對比前代，對「蠻疆」之控制大大加強。總體來看，明朝在衛所制度下能夠有

〔註28〕「邊郡」最早為西漢在邊疆少數民族地區設置的行政區劃。西漢在政區設置方面，將郡縣制在邊陲少數民族聚居地方廣泛推行，將一些原來未納入管轄的區域納入王朝版圖，有助加強內地與邊疆間的聯繫。如《漢書‧丙吉傳》稱：「（丙吉）嘗出，適見驛騎持赤白囊，邊郡發犇命書馳來至。」南朝梁時的江淹在《別賦》一文中提到：「或乃邊郡未和，負羽從軍。」宋代趙與時《賓退錄》卷三提到：「惟元帝永光三年，歲比不登，京師穀石二百餘，邊郡四百。」清初炎武《秀州》詩云：「將從馬伏波田牧邊郡北。」西漢邊郡遍佈邊疆各地，包括東北邊郡、北方邊郡、西北邊郡、西南邊郡和南方邊郡。

〔註29〕「羈縻」一詞，《史記‧司馬相如傳‧索隱》中的解釋為：「羈，馬絡頭也；縻，牛蚓也」，故引申為籠絡控制之義。中國古代羈縻州之設始自唐朝。唐政府在一些邊遠少數民族地區推行羈縻政策，承認土著貴族權力，封之為王侯，納入朝廷管理。羈縻，《史記‧司馬相如傳‧索隱》解釋說：「羈，馬絡頭也；縻，牛蚓也」，引申為籠絡控制。中國設羈縻州，始於唐朝。唐朝對一些邊遠少數民族採用羈縻政策，承認當地土著貴族，封以王侯，納入朝廷管理。唐之羈縻制度分三中情形：一是處在唐朝軍力籠罩下的羈縻州、縣，長官由部族首領世襲，實行自治，須進貢，負有忠於中央、提供軍隊物資等責任。朝廷將之視為領土，文書用「敕」；二是指內屬國，如南詔、回紇等，封可汗或郡王，有自己領土，首領政治合法性來自中原政府冊封，中原政權視之為臣下，文書用「皇帝問」；三是所謂「敵國」與「絕域之國」，如吐蕃、日本等，或有冊封，多為事後追認，首領合法性不依賴中原政權冊封，文書常用「皇帝敬問」。

〔註30〕衛所制為明太祖所創，構想來自隋唐之府兵制。明朝軍隊編制實行「衛所制」，分衛、所兩級。一府設所，幾府設衛。衛設指揮使，統兵5600人。衛下設千戶所，統兵1120名，千戶所下設百戶所，統兵112名。府縣衛所歸指揮使司、都指揮使管轄，都指揮使歸中央五軍都督府管轄。

效控制的地域卻依然限於傳統腹裏地帶，對土司、土目統轄的邊疆及偏遠地區尚難有效控制。據統計，有明一代，中央政府派往雲南的軍隊數量接近 30 萬人，超過清代。從地域分佈來看，明朝衛所在東北方向達到沾益州一帶，在東面到達與貴州接壤的地區，在東南方向到達廣南衛及新安守禦千戶所一帶，在西南方向到達金齒地區〔註31〕，在滇南方向到達蒙化和景東地區，西北方向達到北勝州一帶。從圖 1 可知，清代雲南綠營駐防範圍在明朝基礎上得到大大拓展。順治十七年（1660 年），為應對蒙藏勢力對滇西北侵擾而設置的大鶴麗永鎮〔註32〕開始分兵駐屯麗江。清政府還在滇南沅江府設置沅江協，駐防綠營兵 1000 人，以加強對滇南邊境一帶的控制。康熙六年（1667 年），清政府開始在教化山及王弄地區實行「改土歸流」，相繼設立開化府及開化鎮，在此駐防綠營 2400 人，還於翌年（1668 年）在峨縣及新平地區設置流官，佈設新營，派駐綠營兵 500 人。康熙二十一年（1682 年），清政府在順寧府成立順運營，派駐綠營兵員 500 人。以上地方俱為「改土歸流」之地，是歷朝歷代中原王朝地方駐防兵力未及的腹裏以外之地。相比前代，清朝雲南綠營駐防人數雖非最多，其駐防範圍卻得到極大拓展。

表1：順治、康熙年間雲南綠營新闢腹裏以外駐防統計〔註33〕

年　份	地　點	名　稱	人　數
順治十七年（1660 年）	麗江	大鶴麗永鎮分防	1000 名
康熙六年（1667 年）	開化府	開化鎮	2400 名
康熙七年（1668 年）	新平縣、峨山一帶	新營	500 名
康熙二十一年（1682 年）	順寧府	順運營	500 名

「三藩」平定後，雍正皇帝開始在雲南、廣西及貴州等省大規模推行「改土歸流」。清政府在「蠻疆」的統治模式開始由維繫大局向全面控制轉變，統治力量開始由腹裏的漢族聚居地帶向腹裏以外廣闊的少數民族聚居地區拓展。在「改土歸流」過程中，雍正皇帝和鄂爾泰高度重視綠營兵的作用，針對大小土司、土目盤踞的情狀，為保障「改土歸流」順利推進，制定了「以撫為主，以兵剿為輔」的改流策略。綠營兵不僅為「改土歸流」提供了基本

〔註31〕「金齒」即今雲南德宏、保山一帶。

〔註32〕「大鶴麗永鎮」於康熙七年（1668 年）後更名為「鶴麗鎮」。

〔註33〕（清）范承勳，吳自肅纂修：《雲南通志》卷十三，北京：北京圖書館，1998 年，第 236 頁～239 頁。

安全保障，還對其後維繫「蠻防」安全起到關鍵作用。另外，在「改土歸流」過程中，綠營在「蠻疆」的駐防範圍也得到相應拓展。清政府每於一地改流，必在該地設置流官，設置相應建制的綠營駐防單位。清政府在「改土歸流」中設置流官也即意味著要在該地給相應職銜的地方長官配置相應建制的綠營防兵。一地流官之設也即意味著該地綠營駐防之出現。在「改土歸流」中，一些地方的行政建制由「土司」改爲「府」，那麼駐防該地的綠營建制與規模也應與府的級別相當。「改土歸流」意味著綠營在雲南駐防範圍向土司轄地進行推進。流官之設與綠營駐防的及時跟進賦予改流之地以統治之實。二者互相促進，相得益彰，將「蠻防」安全推進到一個新的歷史高度。雍正年間，清政府不僅爲消弱蒙藏勢力，始將滇西北之中甸劃歸雲南，還相繼於滇西北的維西廳、中甸廳、滇東北的昭通府和東川府到普洱府之間的地區及鎮沅直隸廳等過去的「蠻荒之地」設置流官、駐防綠營。除滇東南外，基本實現了對腹裏外廣大蠻荒偏遠之地的直接管轄。

表 2：雍正年間雲南府、廳、州綠營駐防及駐防統計〔註34〕

行政單位	數量	首次駐防	數量	所佔比重	駐防單位
府	14	麗江府、順寧府、東川府、昭通府、開化府、開化府、普洱府	6	43%	
直隸廳	6	鎮沅直隸廳	1	17%	
直隸州	3	鎮雄直隸州、元江直隸州	3	100%	
廳	12	中甸廳、維西廳	2	17%	

自表 2 可知，雍正年間清政府在雲南改流之地駐防綠營地方所佔比例不低，多分佈於少數民族聚居的邊疆偏遠之地。藉由綠營駐防的調整和展拓，清政府對雲南腹裏以外的控制廣度和深度得以增強。在「改土歸流」中，流官僅設置和駐守在相應的行政中心，配置的綠營也擁有相對固定的駐防地域。流官和綠營可對一地形成居中控馭，然「改土歸流」後的土司舊地，行政統轄範圍一般比較遼闊，其多屬少數民族聚居地。若不能將綠營駐防推向基層，清政府對新闢「蠻疆」的控制能力依然有限。明朝衛所一般設置在平壩地帶，設置在腹裏以外偏遠地區的很少。如天啓年間，明

〔註34〕趙爾巽等撰：《清史稿》（第九冊）卷七四《志》四十九《地理》二十一《雲南》，第 2321～2348 頁。

政府在雲南設置的軍哨及依託漢族民戶設立的民哨共有 551 處。〔註35〕數量雖多，分佈卻不盡合理，腹裏及平壩地區過度集中，而山區叢林之地鮮有分佈，故對少數民族聚居之地難以形成有效控馭。清政府吸取明朝教訓，在將綠營兵推向雲南各地的同時，還將該地相應建制的綠營兵除留出一部駐守防地外，還以分防汛塘方式將剩餘部分布置在「蠻族」聚居的高山峽谷以至叢林密菁之間。

清政府在「蠻疆」推行汛塘體制時還非常注意區分腹裏之地和新闢之地。新闢之地的汛〔註36〕、塘〔註37〕防兵占相應建制綠營駐防兵力的比重要高於腹裏地區。清政府在楚雄府、雲南府、澄江府及大理府等腹裏地帶，往往在每州、縣僅設置一汛，各汛又將建制內相當一部分兵力分塘駐守在轄內險要之地。在「改土歸流」後的新置府、縣，清政府除在州、縣設汛〔註38〕外，還常在少數民族集中居住的偏遠地區額外加汛〔註39〕，還在該汛下繼續分塘。清政府在「蠻疆」的汛、塘分佈，除小部分位居平壩地區外，大部分已推進到明代衛所未及的偏遠山區。尤其是少數民族聚居的昔日「蠻荒之地」。如清政府在滇南普洱府一帶所設汛、塘多位居離營盤、城鎮較遠的偏遠地區。1840 年前後，清政府在雲南設置之汛、塘分別達到 308 處和 1830 處〔註40〕，比明朝之軍哨、民哨大爲增多，在腹裏以外的分佈更爲普遍。

從「蠻防」安全的角度看，汛塘體制具有控馭少數民族和維護「蠻疆」

〔註35〕 陸韌：《交融與變遷——明代雲南漢族移民研究》，昆明：雲南教育出版社，2001 年，第 141 頁。

〔註36〕 清代兵制，千總、把總、外委統率之綠營兵均稱「汛」，其駐防巡邏地稱「汛地」。「汛」有「防守」之義。《三國演義》稱：「大軍汛黃河而角其前，荊州下宛、葉而犄其後」。明清時稱軍隊駐防地段爲「汛」。清代孔尚任在《桃花扇》中提到：「三鎮各釋小嫌，共圖大事，速速回汛，聽候調遣」。在此基礎上，清代常稱防守之地爲「汛地」，防守之兵爲「汛弁」。此外尚有與之相關的「汛守」（汛地防守崗位）、汛防（巡邏防守）、汛兵（汛地士兵）、汛房（汛地營房）等稱謂。

〔註37〕 明清駐軍警備的較小轄地，比「汛地」小，故「塘」在清代常用來泛指驛站關卡。與之相關的稱謂如「塘報」，即緊急情報，清代又稱「邸報」，是由各省駐京堤塘武官抄錄上諭送往本省之通報。又如「塘卒」即驛站兵，「塘汛」即關卡。

〔註38〕 常稱「大汛」。

〔註39〕 常稱「小汛」。

〔註40〕 （清）阮元等修，王崧，李誠纂：《雲南通志·關哨汛塘》，道光十五年（1835年）刻本。

穩定的作用。漢唐以至明代，歷朝歷代在雲南實行的邊郡制度、羈縻州制度及土司制度，基本理念是儘量保持「蠻族」固有的統治模式、社會狀態和文化信仰，依靠「蠻族」頭領統轄「蠻荒之地」，通過宗藩關係將其納入「內藩」體制，進而將所謂「蠻族」納入王朝統治體系中。應當說，羈縻政策在特定歷史條件下是中原王朝維持「蠻疆」統治的有效方式。在此體制下，中原王朝卻難以對腹裏外的「蠻荒之地」形成直接而有效的行政管轄。明清以來，隨著國家統治能力的加強，剪除「蠻疆」土司、土目，推進國家統一、領土完整和民族融合的條件基本成熟。雍正年間清政府在雲南推行的「改土歸流」使土司制度僅在腹裏以外的狹小地域繼續存在。清政府以流官之設、綠營駐防和汛塘體制對歷朝歷代統治觸角難及的腹裏外廣闊「蠻荒之地」形成直接而有效的管轄。

表 3：雍正年間未改流而存在綠營汛塘的土府、土司和土州統計〔註41〕

未改流行政單位	名　稱	數量（個）	設綠營汛塘名稱	數量（個）	占未改流比例
土府	孟定土府、永寧土府	2	永寧	1	50%
宣撫司	耿馬宣撫司、隴川宣撫司、干崖宣撫司、南甸宣撫司、孟連宣撫司	5	隴川宣撫司、干崖宣撫司、南甸宣撫司	3	60%
土知州	富州、灣甸、鎮康、北勝州	4	北勝州、富州	2	50%

自表 3 可知，為加強對「蠻荒之地」的控制，清政府還在雍正年間開始將綠營駐防和汛塘體制推向那些未改流之地。在清政府的「蠻防」戰略布局中，綠營駐防和塘汛體制已開始突破蠻漢民族界限。清政府在「蠻疆」的統治能力得到切實強化。自雍正年間開始，清政府在超過半數未改流的土府、宣撫司和土州中駐防綠營並構建起汛塘體制。實際上，經過雍正年間大規模的「改土歸流」，清政府僅在滇西南一隅之地尚保留一定數量土司。該地綠營駐防一度薄弱。乾隆年間中緬之間爆發三次邊境戰爭，清政府及時調整闔省綠營駐防，重點加強中緬邊防實力。滇西南綠營駐防相對薄弱的問題隨之得到解決。滇西南跨境土司的存在卻在 1887 年後中英勘劃滇緬邊界過程中造成諸多懸而難決的邊界糾紛。自表 4 可知，清政府不僅在雲南各地駐防綠營，

〔註41〕　（清）鄂爾泰，尹繼善修：《雲南通志》卷二九之二《藝文三》《酌定全滇營制疏》，第 4～8 頁。

布置汛塘，且隨時依據「蠻防」安全形勢的發展需要對綠營駐防及汛塘體制做出調整，以綠營駐防與汛塘佈設實現「蠻防」安全的再平衡。

表 4：道光前雲南綠營駐防及汛塘調整概況

時　間	調整原因	調整內容
康熙三十七年（1689年）八月	「兵部議覆雲貴總督王繼文疏言，魯魁山賊首擦捏雖滅，然餘黨還在，新嶧營孤懸在外，經常遭受襲擾，所以加強楚姚鎮防禦非常緊要，於是決定在該地區增設汛塘，增加兵力，並加強對擦捏餘黨的圍堵。	「江內慢干壩乃新平縣適中之地」，可於此間增設千總一名，在新平江外的「跨果、舊哈、大口、三家坡等處增設四汛，增兵三百五十名」；從援剿左右二協各調撥千總一員，分別帶兵 200 名，分駐安南州界碑和景東府福都，以資防守堵截。〔註42〕
康熙五十七年（1718年）	雲貴總督蔣陳錫認為，雲南蠻夷地居山野密林，土司土目多有不法，互相殘殺，政府雖勒令解散，可武定府的祿勸州屢遭蠻夷襲擾。為此，應當於此增設一汛，增強衛戍，相機。	將武定營馬兵抽調 30 名，步兵抽調 220 名，將松山營兵 150 名一起抽調，加強該地汛守。
乾隆七年（1742年）	張允隨鑒於東川府的蒙居租地區是防禦當地二十一個夷寨的緊要之地，「應設汛彈壓，安兵六百名」。	「以東川營千總、外委各一員移駐該處，並移則捕巡檢同駐於漢羅、紅著、古途、都革、頭道河、者那等六處」，抽調兵丁 100 名，設汛駐守，每塘 10 人。〔註43〕
嘉慶十七年（1812年）	雲南邊外野夷猓匪肆擾，而緬寧、騰越各隘，皆瘴癘之地，難駐官兵。	清政府決定在緬寧和騰越設土練兵一千六百人，以八百人駐緬寧之丙野、山梁等處，八百人駐守騰越之蠻章山等處，省官兵徵調之勞。〔註44〕

〔註42〕 《清聖祖實錄》卷一八九，康熙三十七年七月至八月，北京：中華書局，1985年，第 1011 頁。

〔註43〕 《清高宗實錄》卷一六二，乾隆七年三月上，北京：中華書局，1985 年，第 45 頁。

〔註44〕 趙爾巽等撰：《清史稿》（第十四冊）卷一百三十七《志》一百十二《兵八》，第 4072 頁。

　　綜上,清政府不僅在「改土歸流」中設置流官、駐防綠營和布置汛塘,且在超過半數的未改流土司轄地推進綠營駐防及汛塘分防。清代基層汛、塘數量雖少於明代,分佈範圍卻相對合理。尤其是清政府刻意加強對腹裏外偏遠「蠻荒之地」的汛塘布置,將「蠻防」安全推進到一個全新的歷史高度。綠營駐防及汛塘體制爲「蠻疆」的「改土歸流」和經營開發提供了強大而現實的安全保障。乾隆中後期,綠營在諸多軍事行動中表現出戰鬥力下降和不堪其用的弊端。雲南綠營駐防尤其是分防汛塘向基層及「蠻荒之地」的推進卻爲清政府有效控制「蠻疆」和鞏固「蠻防」安全提供了一個全新平臺。

　　對「蠻防」安全來說,構建體制化和常態化的軍事駐防機制並形成嚴密的基層安全控制體系非常重要。1840 年以前,「蠻疆」的地緣政治和安全環境相對優良,雖屬邊疆,卻基本不存在嚴重的邊防壓力。除卻乾隆年間與緬甸間爆發的三次邊境衝突外,「蠻防」安全基本不存在邊防壓力。乾隆末年中緬宗藩關係建立後,滇緬邊防壓力也大爲減輕,「蠻防」外防壓力驟消。在如此優良的地緣政治安全格局下,清政府不需在「蠻防」中傾注過多精力,即便綠營存在將官貪腐、員額不足和戰力下降等問題,綠營駐防及汛塘體制亦非完美無缺,雲南綠營駐防及其汛塘分防體制在應對基本無甚重大安全壓力的「內防」之需時卻足堪其用。故而,當「蠻防」安全經歷重大安全事件衝擊後,清政府在善後維穩中首先想到的依然是重建綠營。同治十一年(1873 年),雲南巡撫岑毓英爲加強「蠻防」安全,在鎮壓杜文秀起義後不久便著手整頓雲南潰散不堪的綠營兵丁,便是這個道理。岑毓英在給慈禧太后的奏摺中認爲,鎮壓杜文秀起義後,善後工作的首要任務在於招撫流民、恢復生產和整頓綠營。〔註 45〕可見,綠營駐防及汛塘分防體制是「蠻防」安全的基本保障。在 1840 年以前「蠻防」邊防壓力不大的情況下,其雖有弊端,卻足以滿足「內防」之需。

第三節　1840 年以前的「蠻疆」邊防

　　清代,不同地區的邊防體系可能擁有不同的稱謂,且在邊防建制、駐防規模等方面略有不同,其基本任務卻基本在於通過構築軍事邊防線防禦和威

〔註 45〕秦樹才:《綠營兵與清代的西南邊疆》,《中國邊疆史地研究》2004 年第 2 期。

儷鄰國，並加強對邊境地區的控制與管理。清朝官方習慣將北方邊防稱爲「塞防」，將南方邊防稱爲「蠻防」，將海疆邊防稱爲「海防」或「洋防」。此外，依防禦對象或性質不同還有「苗防」、「山防」和「河防」等稱謂。地域不同，邊防據點稱謂也不盡相同，如「塞防」據點被稱爲「卡倫」、「鄂博」，而「蠻疆」邊防據點則分爲「邊關」、「邊卡」、「邊隘」和「邊峒」等。清王朝雖尙無正式且獨立的邊防軍建制，卻在邊境地區駐防綠營，布置汛塘，擇要地構築軍事據點，沿傳統習慣線中國一側形成一條漫長的軍事邊防線，還制定了比較完善的邊境巡防、會哨制度。「蠻防」的邊防任務實際由邊境地域所屬之府、廳、州、縣駐防之相應建制綠營承擔。沿傳統習慣線中國一則擇要地修築的「關」、「卡」、「隘」、「峒」等軍事據點則是對「內防」汛塘分防體制在「蠻疆」邊防中的延伸運用。清代的「蠻疆」邊防是對明代衛所邊防軍事體系的繼承與發展。探討清代「蠻防」邊防，應對明朝的「蠻防」邊防體制有所瞭解，否則清代中越、中緬邊防的諸多問題將難以釐清。

一、明代的衛所軍制與「蠻防」

明朝建立後，明政府基本繼承了歷代對「蠻疆」少數民族的安撫羈縻政策思路，土司制度得以在「蠻防」確立、發展和完善。明政府在以土司制度延續安撫羈縻政策的同時，對「蠻疆」的控制能力也在增強。隨著駐軍數量的增加和衛所軍制的建立，明政府對「蠻疆」的控制力得到顯著改善。爲加強「蠻疆」控制，明王朝設置了「三宣六慰」〔註46〕。元末明初以來，中緬邊境傣族土司麓川思氏日漸強大。思氏的統治中心在今瑞麗和隴川一帶，曾控制過東到景東，西到戞單，南到八百媳婦，北到西藏的廣闊地區，囊括了當今除車裏、景東外中緬邊境兩側所有的傣族地區。麓川王朝南征北討，對中原王朝的「蠻防」安全構成挑戰。正統年間，王驥「三征麓川」後，思氏有生力量被基本消滅，其後裔也被控制在大金沙江〔註47〕以西的狹窄範圍。

〔註46〕「三宣」指南甸宣撫司、干崖宣撫司和隴川宣撫司；「六慰」指車裏軍民宣慰使司、緬甸軍民宣慰使司、木邦軍民宣慰使司、八百大甸軍民宣慰使司、孟養軍民宣慰使司和老撾軍民宣慰使司，大致包括當今雲南和緬甸的那加山脈、親敦江及伊洛瓦底江以東地區。

〔註47〕即今伊洛瓦底江。

　　為對全國領土進行有效控制，明政府在全國推行衛所軍制。明政府規定衛所兵士子孫都歸入軍籍管理，世代當兵，兵民合一，永世定居戍守固定區域。〔註48〕明政府在各地設置的衛所需自行解決軍糧供給問題。「蠻疆」擁有大片荒地且外來轉運困難，衛所屯田對「蠻防」來說無疑是一種行之有效的防禦體制。有明一代，明政府在雲南的軍隊駐防規模頗大。洪武十四年（1381年），傅友德等帶領 30 萬明軍收復蒙元控制的雲南。翌年（1381 年），朱元璋下令，命傅友德等於翌年統兵回內地駐防，以沐英部軍士留防雲南。洪武十八年（1385 年），緬北麓川王朝統治者思倫發率部侵入景東等地。隨後，滇東北之越州、芒部及東川等土司發動叛亂。明政府再次調兵入滇。自洪武二十一年（1387 年）到洪武二十二年（1388 年），明政府自各省調赴雲南的軍隊達到 20 萬之多。雲南復定後，其除一部返回原駐屯衛所外，大部留防雲南，以鞏固「蠻防」。

　　洪武二十六年（1393 年），明政府定全國都司衛所數量，規定在雲南設立 15 衛，隨後增加到 20 衛，共擁有 133 個千戶所建制。〔註49〕明軍建制中每衛約有 5600 人。雲南 20 衛的駐軍人數約有 11.2 萬人。若以明軍每所 1120 人的規模估算，明政府在雲南的駐軍人數則接近 15 萬人。清代雲南駐防綠營人數雖名列各省前茅，卻基本維持在 40000 人左右。顯然，明政府在雲南的軍隊駐防規模要遠大於清代。在收復雲南、防杜麓川及東籲王朝的同時，明政府不僅在滇西地區駐守數量可觀的軍隊，還推行衛所屯田制度，構築起一條大致清晰的軍事邊防線。明政府在靠近中緬邊境的滇西設置「五衛」，即騰沖衛〔註50〕、永昌衛、景東衛、蒙化衛和大理衛。〔註51〕其中，緊鄰麓川的騰沖衛是明政府設置的位置最靠西的衛所。騰沖衛與位置稍靠東的永昌衛相互照應，互為應援，成為防禦緬北麓川及東籲王朝侵入襲擾的邊防前沿。景東衛、蒙化衛和大理衛則沿中緬邊境與腹裏間的過渡地帶自北而南縱向排列，成為可隨時增援騰沖衛和永昌衛的機動二線，還能保障雲南腹裏到滇緬邊境的邊防通道安全。

〔註48〕 （清）張廷玉：《明史》卷九十《兵志二》，北京：中華書局，1974 年，第 2193頁。

〔註49〕 （清）張廷玉：《明史》卷九十《兵志二》，第 2198 頁。

〔註50〕 初名「金齒衛」，後相繼被改稱金齒都指揮使司、騰沖軍民指揮使司和騰沖衛。

〔註51〕 （清）范承勳、吳自肅纂修：《雲南通志》，第 230 頁～236 頁。

　　明代滇緬邊防因麓川思氏和東籲王朝侵擾長期存在不小的邊防壓力，滇西因之成爲明軍在雲南駐防的重心之一。如正統七年（1442 年），雲南右副都御使丁璿曾提到，金齒衛地居西南之邊，洪武年間在當地屯墾戍防的明軍尚有 2 萬人，當地的僰人土軍也超過千名。明政府在金齒衛駐防軍士超過 2 萬人表明雲南衛所駐軍中相當一部分被布置在防禦緬甸入侵的滇西前沿。明代中期後，衛所軍士逃亡、人口隱匿等現象日益嚴重，衛所屯田制度趨於馳廢。洪武年間屯防人數 2 萬有餘的金齒衛，到正統七年（1442 年）軍士僅存 4000 人。後來，爲「三征麓川」和反擊東籲王朝，滇西戍軍有所增加。騰越州州城的西南角有個名爲四夷莊的村莊，居民俱爲當年王驥帶兵討伐麓川王朝時隨行軍士留居者的後裔。雲南巡撫陳用賓主持修建八關時不僅曾在蠻哈和隴川兩地設立二守備，在猛卯開設 21 處屯所，還修建平麓城，調兵長期駐守。天啓年間，處於滇緬邊防前沿的騰沖和永昌等 5 衛共有 45 個千戶所。〔註 52〕若以每所 1120 人估算，駐兵人數高達 50000 人，約占明代雲南軍隊駐防總量的三成。

　　嘉靖以後，在葡萄牙殖民者支持下建立起來的緬甸東籲王朝日漸強大，開始向臨近國家和地區擴張。東籲王朝在莽瑞體、莽應龍和莽應里經營拓展下統一緬甸中南部後將侵略擴張矛頭指向中國「蠻疆」，不斷在中緬邊境挑起糾紛，吞併「蠻疆」國土，甚至將戰火燒至滇西南的車裏、施甸和順寧，對永昌、騰越、蒙化、景東和大理等地構成安全威脅。萬曆十一年（1583 年），爲維護「蠻防」安全，明政府命南京坐營中軍劉綎擔任騰越游擊，武靖參將鄧子龍擔任永昌參將，協同當地土司軍隊，在姚關攀枝花一地〔註 53〕大破緬軍，乘勝攻下阿瓦城〔註 54〕，收復被緬軍佔領的大片失地。此時，明王朝已江河日下，且在「蠻疆」的政治、軍事和民族政策失當，故「蠻防」邊防實力大幅衰退。當東籲王朝再來騷擾時，明政府只能收縮防線，轉攻爲守。萬曆二十二年（1594 年），在雲南巡撫陳用賓主持下，明政府在騰越州西北到西南一帶分別修築虎踞、漢龍、萬仞、鐵壁、巨石、銅壁、神戶和天馬等八關，駐防明軍，嚴密防守。隨後，在麓川思氏與東籲王朝崛起和明王朝衰落的實

〔註 52〕（清）張廷玉：《明史》卷九十《兵志二》，第 2211 頁。
〔註 53〕今雲南施甸縣以南。
〔註 54〕今緬甸曼德勒附近。

力轉換中，中緬邊境逐漸自明代前期的「三宣六慰」〔註55〕一線萎縮至「八關」〔註56〕一線。

　　綜上，明代前期「蠻防」的主要任務在於防禦麓川思氏侵擾。明代中後期，「蠻防」的中心任務在於防堵東籲王朝擴張。爲此，明政府長期在滇西防線屯戍重兵，構置邊防衛所，形成了一條大致清晰的軍事邊防線。明政府還以土司制度對滇緬邊境的跨界民族實行羈縻統治。伴隨中緬實力消長，跨境土司在中緬兩個政治實體間搖擺不定，導致滇緬之間難以形成長期穩定的傳統習慣線。與前代相比，在維護「蠻防」安全的戰略博弈中，即便明政府在滇緬邊境廣置衛所，屯防重兵，其「蠻防」邊防外沿卻處於不斷收縮中。自明初的「三宣六慰」到明中後期的「八關」，明政府「蠻防」的軍事邊防線大幅收縮。然而，我們應當看到即便在國運頹勢中，明政府依然相當重視「蠻防」安全。在明政府悉心經營下，明代「蠻防」安全得以顯著加強，不僅以衛所駐屯制度形成了滇緬間大致清晰的軍事邊防線，還爲滇西開發提供了安全保障。明代長江中下游諸省民眾開始移居滇西，不僅推進了滇緬邊境一帶的開發進程，還在一定程度上優化了雲南的「蠻防」安全格局。

二、1840年以前的中緬邊防

　　明代以衛所制度構築的「蠻防」邊防體系形成了中緬傳統習慣線的大致走向。早在漢代，「蠻疆」即被納入中國版圖，卻因距離統治中心較遠，導致中央政權難以有效控制該區域。明代滇西南蒙化、景東、永昌和金齒等地衛所之設不僅有效抵制了麓川王國的東進侵擾，還形成了長期重兵戍屯的滇西防線。從地域範圍來看，明代「蠻防」在滇西一帶得到強化。在滇南和滇西北等其他廣大邊疆偏遠地區，明政府卻基本未設衛所，只是憑藉土司制度維繫著歷朝歷代對相關地區的羈縻控制。清朝在統一進程中爲控制廣袤國土基本繼承了明代的衛所制度。直到康熙年間清政府才裁撤衛所，以綠營駐防和塘汛分防體製取而代之。爲鞏固「蠻防」安全，清政府不僅在立國之初繼承明代的衛所制度，還立足綠營駐防及汛塘分防體制將之發展成更爲完備的「蠻防」邊防駐防機制。

〔註55〕大至在緬甸那加山脈、親敦江和伊洛瓦底江以東一帶。
〔註56〕大至在騰越州西北至西南一線。

表5：1840年前「蠻防」滇段邊防佈防及調整概況統計〔註57〕

區域範圍	時　間	駐防地點	駐防建制及名稱	駐防人數	備　註
滇西南地區	順治十七年（1660年）	永昌（今保山）	永順鎮	2400名	
	順治十七年（1660年）	騰越州	騰越協	1000名	吸取中緬衝突教訓，加強對緬甸的防範。
	乾隆三十五年（1770年）	騰越（今騰沖）	騰越鎮	3000名	
	乾隆三十五年（1770年）	龍陵	龍陵協	1328名	
滇東南地區	順治十七年（1660年）	阿迷洲、蒙自縣	臨元鎮	不詳	
	康熙六年（1667年）	開化府（王弄、教化等地）	開化鎮	2400名	
滇南地區	康熙四年（1665年）	順寧府	順雲營	不詳	雍正年間順雲營500名官兵，400名駐駐順寧府，100名分防雲州
	康熙二十一年（1682年）	順寧府	重置順雲營	500名	
	雍正十年（1732年）	普洱府	沅威鎮	2700名	
	乾隆二十七年到乾隆四十七年（1762年～1782年）	順寧府	順雲營	增至1292名	
	乾隆二十七年到乾隆四十七年（1762年～1782年）	普洱府	沅威鎮	增至2866名	
	嘉慶五年（1800年）	順寧府	順雲營	繼續增加，人數不詳	
	道光二十九年（1849年）	順寧府	將順雲營升格爲順雲協	增至1796名	分防21汛

〔註57〕康熙前數據參見（清）范承勳，吳自肅纂修：《雲南通志》，第 236 頁～239頁；順寧府數據參見（清）朱占科修，周宗洛等纂：《順寧府志》卷十六《武備志一》《兵志》，臺北：成文出版社有限公司，1975年，第 475～477 頁。

　　道光前，清代「蠻防」大規模的邊防建設活動主要分為三個階段：一是順治、康熙時期。雲南統治秩序穩定後，清政府開始籌劃「蠻防」，構建邊防軍事體系；二是雍正時期。清政府在「改土歸流」後為優化「蠻防」安全環境，推進「蠻疆」開發，開始在雲南進行邊防軍事體制調整；三是乾隆時期。清政府圍繞中緬邊境問題及中緬關係發展開始在中緬邊境進行駐防調整。由表5可見，自順治十七年（1660年）至雍正十年（1732年），清政府在滇西南、滇南和滇東南沿邊一線陸續駐防綠營汛塘，在東起開化，西至騰越的數千里邊境上構建了一條軍事駐防線，還在鄰近邊境一線附近陸續構築開化、寧洱、思茅、順寧、緬寧、龍陵、騰越和永昌等邊防駐防重鎮。乾隆年間，清政府為應對中緬邊界糾紛及軍事衝突帶來的邊防威脅開始重點加強滇西及滇南防線的力量部署。從1840年前雲南「蠻防」中邊防駐防力量的布局及調整中可看到，清政府將「蠻防」的邊防重心集中在滇南順寧府一線。康熙四年（1665年），清政府於此設置順雲營，三藩平定後旋即復置順雲營。乾隆至道光年間，清政府陸續增加順雲營額設兵員數量，還在道光二十九年（1849年）將之升級為協。至此，滇南邊防順寧府一線綠營駐防數量達到歷代峰值。

　　道光二十九年（1849年），清政府在雲南邊防一線的駐防人數分別為開化鎮2400名、永順鎮2400名、龍陵協1328名、騰越鎮3000名、普洱鎮2700名及順寧府1796名。其中，臨元鎮駐防人數不詳。若從清代「鎮」的建制規模來估算，當在2000人左右。截至道光二十九年（1849年），清政府在雲南邊防一線駐防的綠營兵約有15600人，幾乎占到當時雲南綠營駐防總數的四成。

　　為加強「蠻防」邊防力量，清政府不僅在「蠻疆」邊境的傳統習慣線中國一側所屬行政單位內駐防綠營，形成一個個邊疆駐防重鎮，還將綠營駐防體制中的汛塘分防體制應用到對邊境地區的巡防、戍守和管理之中。順治、康熙年間，清政府開始在雲南邊境府縣駐防綠營，其主要任務在於維持邊境大局，防範反清勢力對「蠻防」安全的威脅，尚無多餘精力將相關綠營駐防單位發展為更為嚴密細緻的邊防汛塘體系，故而依然沿用明代衛所駐防體制。雍正年間大規模「改土歸流」完成後，隨著清政府在雲南控制能力的加強及「蠻防」安全環境的改善，在邊防一線構建汛塘分防體系，推進邊境管理的制度化，成為「蠻疆」開發和「蠻防」建設的必然需要。

表6：雍正至道光年間清政府雲南邊防汛塘設置與調整概況〔註58〕

所屬府治	時　間	汛塘名稱及駐防人數	數量	備註
開化府	雍正年間（1722年～1735年）	始設江那汛、牛羊菁汛、八街汛（177名）、馬街子汛、老寨汛、新現汛和壩灑汛〔註59〕	7個	
	乾隆初年	增加牛羊菁汛兵員153人，加強該汛附近磨山、桂皮樹、瑤人寨、上下藤橋和馬達等崗哨的巡防；將天生橋、牛羊坪二哨人數由16人增至26人；募土兵56人，增至壩灑、八寨等汛。	7個	
順寧府	嘉慶四年（1799年）	增設天生橋汛、南柯汛、坡頭汛、寧安汛、猛脫汛、圈內汛、臘東汛及分水嶺汛，增設猛准、昔本等塘	8個	
	嘉慶十八年（1813年）	增加天生橋汛兵員數量，增加薩馬廠汛、萬年椿汛、霧露寨汛、丙野汛、三岔河汛〔註60〕	增設5汛，此時順寧府共計13汛	背景爲鎮壓李文明、李小老和張輔國等的反清活動後，亟需加強當地汛防。
普洱地區	雍正時期（1722年～1735年）	設立慢顙汛、猛養汛、抱母井汛、三家坡汛、猛爲汛、攸樂汛、通關哨汛、思茅汛、依邦汛、猛旺汛、等閣汛、慢林汛、整董汛	13個	

〔註58〕 趙爾巽等撰：《清史稿》（第十四冊）卷一百三十七《志》一百十二《兵八》，第4070～4072頁。

〔註59〕 據《雲貴史料叢刊》，《張允隨奏稿》上卷「乾隆六年八月十六日奏」，雲南總督張允隨「敕行開化鎮臣王大受密敕沿邊各汛，於一應通交（趾）隘口加緊巡查，毋得稍懈」；另據《清高宗實錄》卷234「乾隆十年二月丁未」載，張允隨又著手調整了「開化沿邊各隘」之巡防事務，並鑒於開化一線多遠駐瘴地，實與出兵無異，請求清廷加恩照貼防之例，各給鹽菜日糧。

〔註60〕 （清）朱占科修，周宗洛等纂：《順寧府志》卷十六《武備志一》《邊防》，第484頁。

	嘉慶十一年（1806年）	增置小江邊汛和那莫田汛〔註61〕	增置2汛，此時共計15汛	到道光時,普洱府所屬一縣三廳,共設置16汛,98塘卡
騰越地區	雍正時期（1722年～1735年）	修設虎踞關汛、馬面關汛、漢龍關汛、大塘汛、明光汛、天馬關汛、猛卯汛、滇灘關汛、銅壁關汛、古勇汛、鐵壁關汛、止那汛、盞西汛、巨石關汛盞達汛、神戶關汛、分水嶺汛、萬仞關汛	18個	
	嘉慶二十五年（1815年）	於騰越鎮增設馬鹿塘汛和大壩汛（兩汛置千總一員,駐兵170名）	增置2汛,此時共計20汛	應時任雲貴總督伯麟湊請
	道光二年（1822年）	增置柵油房汛（80名）和平山汛（外委一員,統兵70名）	增置2汛,此時共計22汛	應時任雲貴總督史志光所請

　　從表6可知,在邊境所屬行政單位的相應綠營建制中,清政府將各鎮、協或營的綠營兵丁分為戍守、巡防兩部。戍守兵丁駐防營盤,居中應對,巡防兵丁則被佈防於所屬府、廳、州、縣的邊境線上,分段設立汛塘,修建邊關和邊卡等邊防據點。邊防軍事據點一般位居傳統習慣線中國一側的易防守之地,主要任務在於緝捕流亡,嚴禁私越,打擊盜採亂墾,維護邊境秩序穩定。到道光時,清政府在雲南邊防一線共設汛57處,分塘數百處,在沿傳統習慣線中國一側容易防守的邊防要地形成大量關、卡、隘、峒等軍事據點,在東起開化府,西到騰越州的漫長邊境上形成一條比較清晰的軍事邊防線。據統計,到道光末年,清政府在雲南邊防一線設置的汛、塘、關、哨等邊防軍事據點超過3500餘處。其中,很多軍事據點選址在邊境線附近的高山峽谷或叢林密菁之中。

　　清政府以關、卡、隘、峒等軍事據點構建的軍事邊防線與傳統習慣線既不重合,也不平行,且其在滇西南孟連長官司、耿馬宣撫司、猛麻土巡檢、猛猛土巡檢所和車裏宣慰司等尚未「改土歸流」的地區尚未駐防綠營並設置

───────────────

〔註61〕據《清仁宗實錄》卷一六七「嘉慶十一年」載,經時任雲貴總督伯麟奏請,清廷決定於普洱府增加七汛,其中普洱府所屬之小江邊汛和思茅廳所屬之那莫田汛屬於沿邊一帶。

汛塘防線。在滇西，清政府構建的軍事邊防線僅止於怒江一線，與怒江以外的傳統習慣線尚存在一定距離。因而，清政府將綠營駐防及分防汛塘體制推進到邊境一線所形成的軍事邊防線既不等同於現代意義上的邊防線，更非邊境線，只是內地綠營駐防機制在邊疆行政單位中推廣應用與自然連綴而形成的一條事實上並不存在的防線。這條軍事邊防線更多存在於後來從事相關研究的學者的學術視野中，清政府作爲該防線的締造者，在當時並沒有刻意以之成線的主觀意識。

三、1840 年以前的中越邊防

1840 年以前，清政府在廣西駐防的綠營數量少於雲南。廣西作爲邊疆少數民族聚居省份，雖頻鄰安南，在中越宗藩體制下「蠻防」邊防壓力卻相對不大。安南政局雖偶有動盪，可與緬甸相比基本長期維持著統一局面。廣西邊防相對優越的地緣政治環境決定了清政府不需在腹裏及邊防一線駐紮過多兵員。即便廣西駐防綠營數量少於雲南，也非意味著中越之間不需設防。清政府同樣將綠營駐防及分防汛塘體制應用到廣西「蠻防」邊防建設中，以邊關、邊卡、邊隘和邊峒形成了一條比雲南邊防還要清晰的軍事邊防線。

1. 1840 年前中越軍事邊防線的形成

清初，清政府於中越沿邊構築了由 3 關、104 隘、53 卡及 2 峒構成的軍事邊防線。廣西沿邊各府、廳、州、縣的駐防綠營以分防汛塘派兵分段把守，定期巡邏會哨。清政府除開放三關一隘與安南溝通外，其餘邊境全部封禁。清政府在中越邊境構築軍事防線的一個重要目的在於查禁私越，稽捕流亡，防範私開濫墾。凡違犯以上諸項者，一經發現，必置重罪。除嚴禁私越外，清政府還規定邊關哨卡要做到「以稽查止奸匿，凡軍器、硝、硫磺、牛角、綱、鐵諸違禁之物，勿許私挾出關」〔註62〕。

〔註62〕（清）程嘉謨等修：《欽定大清會典》卷六十五《兵部·職方清史司·關禁》，乾隆二十九年（1764 年）版。

圖 2：越南北圻行政區劃結構圖〔註 63〕

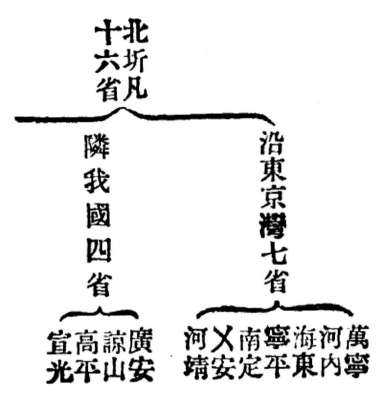

　　從上圖可知，越南北圻之宣光、高平、諒山和廣安四省與我國直接接壤。中越邊境多高山峻嶺、原始叢林，許多地方形成了既難戍守也難逾越的天然屏障。中越邊境僅龍州、憑祥一帶地勢較爲平坦，故清初廣西邊防的防禦重點主要集中於龍州、憑祥一線。爲加強該段邊防力量，清政府在該區域駐防左江鎮所轄之龍憑營，大營駐防龍州，有戍守兵丁 114 名。清政府還以該營其餘兵丁 276 人分防平而關、水口關和上龍土司三汛。每汛除巡查駐汛防地外又分出塘、卡、隘、峒若干，每個邊境軍事據點的駐防人數爲 3 到 10 人不等。其中，清政府在平而關汛設置塘、卡 6 座，在水口關汛設置塘、卡 11 座，在上龍土司汛設置塘、卡 8 座。〔註 64〕可見，早於清初清政府即在毗鄰安南的龍州、憑祥一帶構建了嚴密的邊防駐防體系。龍州、憑祥以外的中越邊境東、

〔註 63〕梁啓超：《飲冰室專集》（十八）《越南小志》，上海：中華書局，1941 年，第
　　　　1 頁。

〔註 64〕（清）謝啓昆修，胡虔纂：《廣西通志》卷一《訓典一》，雍正五年二月二十
　　　　九日，第 4735～4736 頁。

西段，邊關、邊卡、邊隘和邊峒的設置則相對鬆散，且因地形崎嶇、叢林密佈而難以長期固守。中越邊境中段以外的邊防軍事據點多處於旋設旋廢之中。很多邊防關、卡、隘、峒因年久失修而廢棄，或荒沒於原始叢林中而無從尋覓。

隨著雍正年間「改土歸流」的推進，廣西「蠻疆」內防的社會基礎得到明顯改善。清政府開始將更多精力投放到廣西「蠻防」邊防建設中，開始對廣西邊防綠營駐防略作調整並適當加強。雍正九年（1731年），廣西巡撫金鉷在《歸順土州請設流官疏》中指出：

> 該州接壤交趾，前經督臣鄂爾泰會疏，准添設游擊一員，把總一員，兵二百四十名駐紮，現估建衙署、營房，但查歸順地方，上勾隘之龍邦村，離州八十里，枕近交夷，左接屯隘，頻峒右環四邦，婁勞為緊要之區。今州城既設流官，又有游擊駐紮，止帶兵一百二十名，足資防範。應令把總駐紮上勾隘之龍邦村，帶兵五十名巡防。更於頻峒、屯隘、婁勞三隘各設百隊一名，帶兵十名。四邦設百隊一名，帶兵十名。兼用土兵防守。庶首尾聯絡，控制得宜。〔註65〕

雍正十三年（1735年），兩廣總督鄂彌達在《酌改協營以謹邊防疏》中指出，要鞏固「改土歸流」後廣西的邊防安全，需對「廣西右江地方」綠營駐防略作調整。鄂彌達鑒於「鎮安一營與交趾毗連，安設十四隘，在在緊要，又係改流未久之府，內而土民，外而邊界，地方遼闊」之情形，向雍正皇帝提議該地「必須大員駐紮，方足以威外夷而謹邊防」，建議「將裁去之思恩副將移設於鎮安，改營衛寫，將思恩協改為思恩營」。〔註66〕雍正年間，清政府對中越邊境綠營駐防體系的調整在一定程度上彌補了中越邊防東、西段防禦力量薄弱的情形。

18世紀中期，安南北圻〔註67〕處於黎朝統治下，社會矛盾比較尖銳，農民起義頻發，導致中越邊境「匪患」迭起。黎朝宗室和官員不滿鄭氏篡權，

〔註65〕（清）何福祥攥：《歸順直隸州志》卷五，臺北：成文出版社，1968年，第88頁。
〔註66〕（清）何福祥纂：《歸順直隸州志》卷四，第89～90頁。
〔註67〕道光十四年（1834年），越南阮朝明命皇帝分越南分為「三圻」。北方寧平省以北各省統稱為「北圻」，北圻以南至北緯20度之間各省稱「中圻」，中圻以南各省稱「南圻」。其中，「北圻」意為「北部國土」或「北部地域」，包括越南北部十六省。

不斷起事，安南北部社會局勢長期動盪。乾隆四年（1739 年），廣西提督譚行義奏稱：「安南國故王黎維祹寵任妻舅鄭氏，後又削奪鄭姓之意。反為所害。三子俱逃入清化潛住。鄭姓立黎氏族姪維祐。維祐卒，又立族人維禕。三世以來，不過空名。本年三月內，維祹次子黎驚遣弟回國，搬接母親家眷，又被鄭姓一併殺害。是以清化鎮臣邵郡公同黎驚起兵報仇。佔據三府，連敗鄭兵。黎驚現已稱王。」〔註68〕

面對安南內部紛爭，乾隆皇帝要求廣西「通省官兵，勤加操練，以觀動靜」，「即使俱係實情，亦只可嚴謹疆宇」〔註69〕。兩廣總督馬爾泰上奏建議，若黎朝向廣西請援，將會同廣西提督譚行義出關助黎朝剿滅鄭氏。乾隆不僅果斷回絕其建議，還強調只可「整備預防」，嚴守邊卡、邊隘，斷不可輕言出擊。〔註70〕在廣西「蠻防」安全告警的同時，雲南總督慶覆奏稱：「安南土人勾結土目假號奪地，其勢頗橫」〔註71〕。對此，乾隆皇帝批覆稱：「事關外藩封疆大吏，惟有嚴飭牟兵稽查防範，以徐觀其動靜」，即便安南請援，「亦為便輕舉」，「惟有以具奏請旨為言，將情形緩急詳悉奏聞，候朕酌量指示」〔註72〕。乾隆十六年（1751 年）後，安南局勢漸趨穩定，中越邊境「匪患」亦逐漸熄滅。在此背景下，兩廣總督陳大壽奏請撤除中越邊防中無關緊要之卡、隘，將所裁卡、隘以木石培修堅固牆柵後封存，讓留存隘卡兵丁巡哨附近。

2. 1840 年前的中越邊境「匪患」

清朝統一「蠻疆」後，抗清勢力殘存「蠻疆」，與清政府對抗長達 20 多年。康熙時，清政府為平定「三藩之亂」在「蠻疆」進行了長達 8 年的戰爭。安南北圻地區則有高平莫氏和安北武氏長期對抗黎朝。鄭氏操縱黎朝，長期致力於圍剿北方割據勢力。對於清王朝的宗主國地位，無論越北割據之高平莫氏還是企圖統一全越的黎朝不僅不予認可，還企圖伺機北上侵佔中越邊境。在此背景下，直到 17 世紀中後期，中越邊境地區戰亂頻仍，動盪難安。順治十六年（1659 年）後，黎朝和高平莫氏等開始與清政府接觸，陸續建立

〔註68〕《清高宗實錄》卷一百，乾隆四年九月上，第 510 頁。
〔註69〕《清高宗實錄》卷一百，乾隆四年九月上，第 511 頁。
〔註70〕《清高宗實錄》卷一百，乾隆四年九月上，第 511 頁。
〔註71〕《清高宗實錄》卷一百，乾隆四年九月上，第 511 頁。
〔註72〕《清高宗實錄》卷一百，乾隆四年九月上，第 511 頁。

宗藩關係。清政府與安南黎朝開始在宗藩體制內協同配合，協助對方消除邊疆反叛勢力或割據政權，使「蠻疆」統治秩序逐漸穩定下來。

　　順治十八年（1661年），安南黎朝幫助清政府「剿賊」，抓獲所謂「僞王」。同時，安南黎朝爲統一北圻多次對高平莫氏用兵。康熙六年（1667年）〔註73〕，莫氏後裔「莫敬宇復竊據高平」，安南黎朝令鄭柞等統兵撻伐，「敬宇聞大兵至，竄於清小鎮安州，諸軍拿獲其賊黨及器械無算」〔註74〕。康熙七年（1668年）〔註75〕春正月，清政府遣使安南討論莫氏問題。清政府鑒於「此前莫鏡耀降於清，未受封而死。子敬宇襲僭號順德，假名元清，清授安南都統使，乃登庸舊封號也。至是官軍收復高平，敬宇奔於清，哀訴乞援。兩廣督臣以事聞清帝受其降，命暫移敬宇於南寧，特遣內院侍讀李仙根、兵部主事楊允傑往諭令，以高平地還莫氏」，黎朝官員鄭柞等要求「以理辯折，遷延十餘日，始宣敕覆議許莫氏石林一州」，然清使李仙根「亦堅執不聽，相持四十餘日」後，鄭柞「以事大爲恭奏帝勉從之，乃棄高平四州地貢敬宇」〔註76〕。

　　康熙八年（1669年），幫助黎朝討伐莫氏有功並「世襲宣光鎮」的武文密後裔武公悳「恃其險遠，遂黨於莫，僭稱王爵，僞立朝署，朝廷含忍不問。至是公悳與部屬麻福長不平，內懷疑懼，赴京歸款，行至東蘭巡夜爲盜所殺。人皆遺福長謀使之也」，黎朝「以公悳祖有功不忍絕，乃以其子公俊襲爵」，卻趁機攻取宣光，將武公俊等「留之京師」，「又以福長不忠所事下於獄」，結果激發麻武二氏強烈反抗。〔註77〕黎朝政權與世襲貴族間的割據和反割據鬥爭主要發生在北圻宣、光一帶，二地俱與滇、桂接壤。爲維護「蠻疆」穩定和「蠻防」安全，清政府不得不做出反應。高平莫氏餘部遁入「蠻疆」後，首領莫元清上疏清政府請求支持。清政府認爲莫氏早前已經接受冊封，遂派遣官員前往調解。康熙八年（1669年），黎朝接受清政府調解同意莫元清等回到安南。康熙九年（1770年）六月，「宣光土酋麻福長之子福蘭、弟福澂聚眾劫掠，方民騷擾」，安南遣官軍「分道進擊，拿獲福蘭斬之，福澂奔於清」。

〔註73〕即黎玄宗景治五年。

〔註74〕〔越〕潘清簡等纂：《欽定越史通鑒綱目‧正編》卷三十三，黎玄宗景治五年，第22～23頁。

〔註75〕即黎玄宗景治七年。

〔註76〕〔越〕潘清簡等纂：《欽定越史通鑒綱目‧正編》卷三十三，黎玄宗景治六七年，第25～26頁。

〔註77〕〔越〕潘清簡等纂：《欽定越史通鑒綱目‧正編》卷三十三，黎玄宗景治七年，第28～29頁。

翌年（1771 年）八月，「清總管雲南平西親王吳三桂委開化鎮標游擊曹、知府劉解送福澱並其黨到界交割，與麻福長立誅之」〔註78〕。

　　康熙十一年（1672 年）六月，此前被黎朝軟禁於京師的武氏後裔武公俊趁安南鄭柞篡亂之機「遁歸宣、光，京兵追之不及，公俊遂抄掠州民，一方為之騷動」〔註79〕，後「公俊竄入雲南，依土司儂先來，自稱小交崗王」，暗中與莫氏餘黨「嘯聚土兵及儂人，劫掠宣興邊地」，安南官府屢興兵進討未能剿平，「累致書於雲南開化府」求援卻「不為之達」〔註80〕。直到康熙十八年（1679 年），安南「以布絹、土銀厚結蒙自土司李世屏轉達雲督，乃令開化、臨安、廣南三府清查交還人口一百二十餘人，遂約藩臣農文剛會境上，執武公俊以歸，誅之。其黨皆散，乃撤並還」〔註81〕。康熙十六年（1677 年），清政府要求黎朝在中越邊境協助堵截，以防「三藩」叛軍遁入安南。黎朝將此視為消滅北圻莫氏實現國家統一的寶貴機遇，向清政府侮稱「吳三桂反於雲南」時，莫敬宇曾「從其偽號，資之兵糧」。「三藩」平定後，黎朝遂「乘機進剿，先遣書於清將軍賴塔利，罪狀敬宇」，後遣安南官兵「破敬宇於高平，敬宇奔龍州，餘黨潰散」〔註82〕。至此，安南黎朝徹底收復了被莫氏世襲割據捌拾伍年的高平。

　　康熙二十一年（1682 年），廣西巡撫郝浴上疏稱：「安南都統使莫元清同弟莫敬光為安南鄭柞攻逼，投奔內地，並無從逆助惡擾害地方之跡。但先經原任將軍莽依國疏稱，莫元清棄高平，敗奔富州。」〔註83〕同年，清政府拿獲遁入廣西境內的莫氏餘黨莫敬僚等。廣西巡撫郝浴報知安南後，安南「遣副都御使武惟斷、諒山鎮守宦者申德才同赴關上受俘」。清政府委派之官員南寧通判王國禎「欲於高平水口交割」。安南官員認為「高平非交領之所，不肯

〔註78〕　〔越〕潘清簡等纂：《欽定越史通鑒綱目・正編》卷三十三，黎玄宗景治九年，第 31～32 頁。

〔註79〕　〔越〕潘清簡等纂：《欽定越史通鑒綱目・正編》卷三十三，黎玄宗景治九年嘉宗陽德元年，第 33～34 頁。

〔註80〕　〔越〕潘清簡等纂：《欽定越史通鑒綱目・正編》卷三十四，黎熙宗正和九十年，第 21～22 頁。

〔註81〕　〔越〕潘清簡等纂：《欽定越史通鑒綱目・正編》卷三十四，黎熙宗正和九十年，第 22 頁。

〔註82〕　〔越〕潘清簡等纂：《欽定越史通鑒綱目・正編》卷三十四，黎熙宗永治元二年，第 3～4 頁。

〔註83〕　《清聖祖實錄》卷一零二，康熙二十一年四月至五月，第 24 頁。

從」，結果王國禎大怒，「勉至鎮南關，縱土兵圍毆刺透」安南官員鄧廷相「重裘」，又索銀「五千五百兩」後歸還「莫俘大小三百五十人」，申德才查閱後將其「分遣諒山安插」〔註84〕。事後，安南國王認為「廷相給銀過多，貶值一次」，並「達書於清，言國禎要索無禮之狀，兩廣總督吳興祚以獄上國禎，竟坐斬候，收銀髒入官」〔註85〕。其實，在移送「莫俘」前，清政府便已默許黎朝統一北圻，決定將莫氏餘部解送安南，還囑託黎朝妥為安插，不可加害。〔註86〕另外，清政府還對滯留廣西「蠻疆」之莫氏遺族給予妥當安置。至此，安南黎朝在清政府協助下基本剿平越北割據勢力，統一全國。

安南黎朝雖控制北圻，然北圻對黎朝的離心傾向卻長期存在。18世紀中期，北圻社會矛盾交織，各民族的反黎活動頻發。部分黎朝宗室、官僚企圖以北圻為基地利用社會局勢動盪之機反抗鄭氏篡權。另外，前述北圻各割據勢力雖經平定，此時卻紛紛伺機恢復故地。北圻各地「反叛者」為加強自身力量常常招募華僑加入，鄭氏黎朝也大量招募華僑前往北圻鎮壓叛亂。北圻動盪局勢必然波及中越邊境，威脅到「蠻疆」穩定和「蠻防」安全。

乾隆四年（1739年），慶復和張允隨奏稱，「安南奸人自稱交江王」，「捏稱天朝有兵相助」，在北圻打羅州起事滋亂，佔領乾塘、小都竜等地且造成安南邊民越境滇省宣化府一帶流亡。在清政府圍剿下，安南「奸人」「現今棄眾投誠，傾心向化」，清政府認為「彼在交國雖有應得之罪，而天朝固無不偏之仁，投訴既難盡信，輸情自由可矜。除安插頭目，解散兵眾，招撫乾塘餘黨及諮安南等一應事宜」俟「審明」再奏請聖訓。〔註87〕為平息滇越邊境的本次匪亂，慶復等「出具榜文，開賊生路，賊遂連遣兵頭求降，董芳照以榜文計以不死，並邀賊首釋眾親來。交賊遂解散餘黨，止留親兵三百在馬郎，三百屯馬鞍山，一百到界河，率領頭目十二人，親赴邊營叩懇投誠，並呈其上世圖冊。董芳等犒以酒食，並安置營內」〔註88〕。乾隆皇帝在批覆中認為本次安南匪患離中越邊境尚遠，且「計算奸人糾集不及千人」，安南完全可以依

〔註84〕〔越〕潘清簡等纂：《欽定越史通鑒綱目‧正編》卷三十四，黎熙宗正和四年，第13～14頁。

〔註85〕〔越〕潘清簡等纂：《欽定越史通鑒綱目‧正編》卷三十四，黎熙宗正和四年，第14頁。

〔註86〕《清聖祖實錄》卷一零二，康熙二十一年四月至五月，第25頁。

〔註87〕《清高宗實錄》卷九七，乾隆四年七月下，第472頁。

〔註88〕《清高宗實錄》卷九七，乾隆四年七月下，第472頁。

靠自己的兵力進行圍剿,「安南爲我朝外藩,素常恭順,與內地無異」,慶復等在處理此次事件中示以安南國王「天朝必無助奸人以兵,而加於百年臣服藩封之理」的做法「辦理甚是」,認爲「天朝既容其投降,則安南自不能過問」的想法「於情於理,均屬不合」,要求慶復等「就現在辦理情形,悉心妥議,務有以服安南國王之心,而不失統馭外藩之大體,不可希圖省事,苟且完結也」〔註89〕。實際上,慶復發出檄文並許其投誠原本只是應付黎朝的表面文章,不料矣長等當眞帶領部下30多人向清營投誠。其後,黎朝派遣邊境官員都竜土目翁貴前往雲南,請求移交矣長一干人等。最終,慶復請示清政府且經黎朝同意後「將矣長等押解到省」審訊,將8名華人發遣原籍,將矣長等23名安南人在滇、粵及川省安插。〔註90〕

乾隆四年(1739年),乾隆皇帝還接到廣西官員奏報,內稱鄭氏隨意廢立,戕殺黎氏王族,激起黎氏王室貴族反抗,黎驚和越北清化鎮臣邵郡公舉兵復仇。乾隆皇帝諭令廣西邊防將領「只可嚴謹疆宇」觀其動向,嚴令所屬兵員加強防禁,即便鄭氏借王室之名請援,也要認眞查探虛實,「未便輕舉」,確保「無傷國體,亦無誤邊事」〔註91〕。不久,大學士鄂爾泰等議覆署廣西巡撫安圖奏:「安南國祿平州土官。兵破諒山府城一案。既以除貪官污吏爲名,則屬一時鼓譟。即所稱會同七州,同殺鄭王等語。在鄭姓叛逆尚未顯著。」〔註92〕對此,乾隆皇帝在批覆中指出,「封疆大吏,值邊界有事,惟應整備豫防,俟得確情,然後布置」,至於「安南國王叩關求救,臨時請旨策應恐緩不濟急。是竟欲急速援進。且既爲準援,原爲誅叛。若復張示招降,許免其罪,將來如何歸結」,「自應派兵守隘,至文淵州州目,既來關外,應予撫恤。該國王如何貪污,鄭姓如何專擅,應令備細查奏。」〔註93〕

乾隆五年(1740年)初,兩廣總督馬爾泰奏稱,「上年安南匪亂,初則有矣長自號爲交江王後裔,與鄭姓對敵。占奪該國興化地方,未久即投誠滇省。後復有祿平州土官韋福琯,攻略諒山,欲去鄭姓,旋聞該國已與講和,漸俱寧帖,原非犯我邊疆」,現已命廣西邊防「密加巡防,內俱布置,外示鎮靜」,然「恐兵民以爲邊疆有警,轉生疑慮。應於二三月間以巡閱兩省沿邊沿海各鎮

〔註89〕《清高宗實錄》卷九七,乾隆四年七月下,第472頁。
〔註90〕《清高宗實錄》卷九七,乾隆四年七月下,第480頁。
〔註91〕《清高宗實錄》卷一百,乾隆四年九月上,第511頁。
〔註92〕《清高宗實錄》卷一零六,乾隆四年十二月上,第585頁。
〔註93〕《清高宗實錄》卷一零六,乾隆四年十二月上,第585頁。

官兵為辭，先往左江地方，料理此事，似為妥便。」〔註94〕當年夏，馬爾泰在
奏報中還提到：「安南國王黎氏，世稱恭順，近聞為鄭姓權臣撥弄逞奸，致啟內
亂。匪目韋福瑄因有會合黎維燁攻打黎京之意。此交夷世有之事。現在該國既
未請救，亦惟有巡我疆圉，嚴加防範而已。臣現在查閱邊兵，密探交夷聲息。
途次忽接提撫二臣諮箚，楚粵苗猺，勾結煽動，即星赴桂林。」〔註95〕可見，
與「苗猺」「煽動」造成的「內防」危機相比，安南內亂對中越邊防安全造成的
影響相對有限。清政府對安南內亂依然秉持不加干涉的傳統原則。

乾隆六年（1741 年），安南人韋福瑄於處東、處北、牧馬等七州反叛，攻
逼諒山，鄭氏遣兵平叛。不久，廣西提督譚行義奏稱：「安南逆臣韋福瑄已就
誅，現在彼國將韋福瑄族人韋福玉管理祿平州事務，將處東、處北兩路兵，
悉行撤回，止留牧馬之兵一千名在諒山駐紮，今七州各處地方俱以寧帖，夷
疆寧謐，邊境肅清。」〔註96〕乾隆八年（1743 年）春，兆曉在中越相接洋面
「行劫」，聯合「洪水賊」余襄攻打保樂、牡丹、者良等地。「交江王」矣揚
「紮念臺，招安原管地」，擊退黎朝官兵數次。黎朝宗室黎維禰與清化邵郡公
合力攻取山南府，致安南「惟有山西、山南、山北、海洋四郡服黎京轄，其
清化、廣化二郡為黎維禰所據」。其中，「交江王」攻佔興化和宣光一帶，茹
氏盤踞諒山及太原地區，阮氏在安廣和易安一帶割據。乾隆皇帝得知安南近
況，諭令邊防將領「謹寧邊疆，以安地方」，以「慎我邊防為要」。乾隆九年
（1744 年），乾隆皇帝再次在上諭中強調：「交趾乃在化外，固我邊隅，示彼
大義，毋輕動，毋喜功」。越南北圻局勢持續動盪導致「蠻防」安全受到威脅，
清政府不得不增加開支以固「蠻防」。

乾隆九年（1744 年），軍機大臣議奏稱：

> 安南連年不靖，奸徒乘機亂發，其中順逆曲直難以剖析，然揆
> 厥形勢一時斷難寧息，今復糾眾侵逼，都竜賊勢頗盛。查滇南開化
> 地方臨邊僅百餘里，雖奸徒賊夷從未敢稍犯內界，但都竜廠內地人
> 民聚集甚眾，賊兵進攻，廠民驚避，若使一擁入關，辦理殊費周章，
> 防範更易嚴密。〔註97〕

〔註94〕《清高宗實錄》卷一零九，乾隆五年正月下，第 629 頁。
〔註95〕《清高宗實錄》卷一一九，乾隆五年六月下，第 750～751 頁。
〔註96〕《清高宗實錄》卷一五七，乾隆六年十二月下，第 1256 頁。
〔註97〕《清高宗實錄》卷一九六，乾隆八年七月上，第 518 頁。

另據雲貴總督張允隨奏稱：

> 交賊溝通攻打，土目翁貴棄城先遁，廠民恼懼，一面刊發告示，不許賊眾傷害商民，並敕令文武整肅軍紀，不許賊匪擅入界內，而交夷亦一一尊奉，不敢稍違。」〔註98〕開化鎮總兵賽都在奏報中認爲，鑒於「防邊與出師費用相等」，建議清政府「調集官兵，用彰天討」。乾隆皇帝批覆稱：「交夷小鬼，仰視天威，莫不震疊，若敢於侵邊，自應立加翦滅。乃該國素無逆命之端，又無仰觀救援之請。忽焉越境撻伐，師出無名。即使傳檄可定，亦非國家柔遠之意，此萬不可行者。」乾隆皇帝認爲直接出師安南甚爲不妥，然「開化一鎮逼近賊氛，逃竄民夷紛紛不一，自應防守彈壓。

其實，雲貴總督張允隨已在奏報中提到：

> 調撥廣羅協兵三百名，臨元鎮兵三百名，星往貼防」，還認爲「交夷必不敢犯界」，兵數似已足用。倘添防添汛仍或不敷，廣羅、廣南兵仍可酌調，內地土兵亦可派撥。止須於我界聲威。蓋交地炎蒸瘴癘甚盛，我兵駐紮，恐不免損傷。既無關要害，且易啓驚疑，故不如添兵加防，鎮靜俟之之爲得也。〔註99〕

乾隆皇帝諭令中越邊防嚴加防守有兩個目的：一是爲防範安南「夷匪」竄擾中越邊境；二是爲禁絕清人私越、參與安南「叛亂」。清政府此舉並非多餘，此前受清政府冊封且被妥爲安插之莫氏後裔一直伺機潛歸安南規復舊土。北圻持續動盪的社會局勢無疑爲之提供了絕佳時機。早於雍正八年（1730年），雲南富州與廣西鎮安一帶便有自稱「莫王」者，糾集莫氏後裔及從眾企圖入越規復舊土。經雲南官方查明，此人乃前朝安置在廣西泗城的莫氏後裔莫敬曙，且富州土知州沈肇乾也參與了此事。清政府在查清案情後及時制止了莫氏之舉。乾隆六年（1741 年）到乾隆八年（1743 年），「莫王」莫康武聯合「莫三王」莫保在安南保樂舉兵反黎，多次遣人到廣西泗城聯絡同族舉事。廣西拿獲聯絡者後查明莫康武原是莫敬曙之女婿岑際康，莫保竟是莫敬曙之侄。奏報清政府獲得同意後，廣西方面懲辦了參與舉事的滇桂邊民，將泗城莫氏後裔中 18 名參與者強制遷往安徽安插。乾隆九年即黎顯宗景興五年（1744年），《欽定越史通鑑綱目》稱，「莫氏」在安南官軍追剿下「挈眷奔寓廣西，

〔註98〕《清高宗實錄》卷一九六，乾隆八年七月上，第518頁。
〔註99〕《清高宗實錄》卷一九六，乾隆八年七月上，第518頁。

至是遺孽乘方內有警，遂糾眾犯邊，朝廷累命攻討」，「粗有克捷，而撫馭乖方，蠻民旬復應，賊勢復大振，往來興、太、高、宣間，人情搖動」〔註100〕。對於仍在安南作亂的岑際康和莫保，清政府要求安南自行剿辦，若二人潛回國內，則立即懲辦。

此後，莫氏後裔繼續活躍在北圻各地，於乾隆十年（1745年）圍攻高平，與安南官軍僵持近兩個月。安南無奈之下「致書鎮安、龍憑諸土官以重賞召之，約為外應」。在廣西沿邊土司幫扶下，高平之圍得解。〔註101〕乾隆十一年（1746年）初，兩廣總督策楞奏稱：「安南夷匪莫康武，初猶止竊踞夷境之文淵、驅驢等處。茲據沿邊稟報，夷境之處東、處南、宣光、清化、安廣、太原等郡俱為莫康武所有，以莫登庸子孫復仇為名，所到並不殺戮，凡拿獲夷目，即令招安所管之民，追逐時或稍近內地邊隘，立置於法，條教文詞，俱遵天朝法度。安南僅有處西、處北力漸不支。」〔註102〕乾隆皇帝批覆稱：「安南連年以來，構兵不已。在內地惟有嚴我兵防，示以鎮靜，並嚴飭加緊防範各隘，亦酌量添兵，總期外匪內奸不致一人潛出竄入。米穀等項以及違禁貨物，悉力稽查。」〔註103〕此外，莫氏叛亂華人一直有所參與。乾隆八年（1743年），清政府在中越邊防拿獲參與莫氏叛亂和在安南為匪的黃漢和周道南等人並予以懲戒。另外，參與安南叛亂活動的還有中越邊境的跨境民族。

乾隆八年（1743年），雲貴總督張允隨密箚稱：

> 安南自矣長投誠之後，復有矣揚更名武賢卿及莫正豹等在該國安邊、保樂等地方嘯聚。並稱莫正豹原名莫能仁，係泗城府人，手下人等亦俱係廣西人居多。臣查泗城地方從前原有安插莫姓之事。其子孫現居凌雲境。已照單行司，根查稽究。再該國牧馬、諒山等處，連年用兵，將來飢饉薦臻，或至仍有盜匪竊發之事。現在不時嚴飭沿邊文武各官，加緊防禦稽查。〔註104〕

不久，廣西巡撫楊錫紱奏稱：

〔註100〕〔越〕潘清簡等纂：《欽定越史通鑑綱目·正編》卷四十，黎顯宗景興五年，第3頁。

〔註101〕〔越〕潘清簡等纂：《欽定越史通鑑綱目·正編》卷四十，黎顯宗景興五年，第11~12頁。

〔註102〕《清高宗實錄》卷二五五，乾隆十年十二月下，第314頁。

〔註103〕《清高宗實錄》卷二五五，乾隆十年十二月下，第314頁。

〔註104〕《清高宗實錄》卷一九九，乾隆八年八月下，第560~561頁。

前將拿獲在安南附逆爲匪之黃漢及在内招人出安南爲匪之周道南、抱重、亞項等嚴加羈禁，俟再有拿獲漢奸，一併從重定擬具奏。奉硃批。此等即應重處以示警，何必令其輾轉偷生耶！臣等即行令鎮安、泗城二府，將黃漢、周道南、亞項三犯即提出當眾杖斃。至抱重即係亞項之父，尚未出交爲匪，且其子已罹重法，應姑貸其生，另行枷責完結。〔註105〕

從中可見，清政府對於越境爲匪的華人處置相當嚴厲，重則「杖斃」，輕則「枷責」。然而，乾隆皇帝認爲楊錫紱此案的處置過於草率，其中案情似乎並未完全查明，「似有任其輾轉案情之意，故批示即應重處之旨，所以令汝等速結此案，題明正法也。豈有錯會爲立斃之理，實屬紕繆之至。」〔註106〕

旋即，張允隨奏稱：

拿獲僞武氏王矣揚差往都竜之僞尚書盧英，詢係開化夷人。現飭按察使將該犯及前次所獲之僞宣光道林鵬鳴嚴行收禁，俟有續獲黨羽一併研審定擬具題。又於木蘇菁内盤獲自交趾逃回沙匪〔註107〕一百四十六名。木阿賽坡頭拿獲沙夷三百二十九名，收穫刀弩弓槍等二百三十六件。查安南國内矣揚、莫正豹，一稱交崗武氏後裔，一稱高平莫氏子孫，以恢復舊封爲名，内外夷匪群相附和。經臣令地方文武設法招擒，計前後拿獲僞官二名，招回及盤獲夷匪一千餘名。現將僞官監禁嚴審，各沙匪按名給予口糧，分解黔粵各原籍，交地方官嚴加收容安插。其兩次盤獲之逃難交民，酌給養贍，俟安南賊勢稍戢，遣歸復業。〔註108〕

自北圻動盪以來，兩廣陸續增添邊防兵勇嚴防滋擾。兩廣總督陳大受奏稱，安南莫氏在傳統習慣線附近舉兵反叛之時，廣西邊防曾調兵 350 名到歸順、鎮安等邊隘增防。乾隆九年（1744 年），莫氏叛亂造成的動盪局勢逐漸平息。清政府決定調回當時增防歸順等地的 100 名兵丁。乾隆十四年（1749 年），清政府決定將增防歸順的兵丁全部調回原防。乾隆十六年（1751 年）後，清政府開始裁減廣西邊防一線兵員數量。對此，兩廣總督陳大受奏稱，「廣西鎮

〔註105〕《清高宗實錄》卷一九九，乾隆八年八月下，第 561 頁。
〔註106〕《清高宗實錄》卷一九九，乾隆八年八月下，第 561 頁。
〔註107〕「沙匪」即「沙人」爲匪者。「沙人」是當今布依族或壯族的分支，爲中越跨境民族。
〔註108〕《清高宗實錄》卷一九九，乾隆八年八月下，第 562～563 頁。

安府歸順州，界連交趾，前因交匪竄入滋事，先後撥兵三百五十名貼防，添設子隘、子卡百餘處，嗣邊疆寧謐，陸續全撤」，然「邊防不可不慎」，「除無甚緊要應撤外，請存十五隘、十五卡及各塘並怕懷子隘、坡利卡等處，地俱扼要，應抽撥內汛兵丁防守」〔註109〕。

　　此後，滇越邊境社會秩序依然動盪。乾隆十八年（1753年），雲南查獲「匪犯何聖烈等與徭匪盤道鉗等交通不法」一案。乾隆皇帝得悉該案後諭令「內地民夷出交助匪，自宜嚴治其罪」，下令將何聖烈等處死。對於逃遁到安南的盤道鉗，乾隆皇帝要求雲南與黎朝溝通，「作速自為追捕，務期悉就殲除，毋致再行勾徒滋事」。〔註110〕乾隆十九年（1754年）底，安南「沙匪」阮鎮忠率部攻擊滇越邊境的猛梭寨城。清軍尚未趕到，阮鎮忠聞訊即「由慢毛、猛勒一帶遁入交趾地方」〔註111〕乾隆皇帝接報後斥責官軍打草驚蛇，有意「縱容出境」，以虛借剿匪之功邀功冒賞，諭令再有「沙匪攻殺之事」，僅調遣土兵「追逐擒捕，無煩遽動官兵」，若調動官兵須務盡「從實辦理」。〔註112〕乾隆二十六年（1761年）春，安南「沙匪」滾尋竄入雲南滋擾，清政府在督促安南國王調兵圍捕的同時，還調遣清兵到壩灑邊境「巡查堵禦」。不久，安南官兵將滾尋拿獲，隨即押送移交給清政府法辦。〔註113〕此時，安南北部反對黎氏統治的鬥爭依然零星存在，如黃公舒、黃公纘父子曾立足猛天寨開展反黎鬥爭。乾隆三十四年（1769年），黃公纘等在黎朝官兵追擊下率領所部越境逃入雲南。清政府對黃氏反黎鬥爭並不知情，然黃氏自稱高平莫氏後裔。清政府考慮到高平莫氏曾受冊封，將黃公纘安置到新疆。

　　乾隆四十四年（1779年），安南飛諮清政府稱黃文桐在都竜「聚從滋事」，「抗欠廠稅」，請求協剿。乾隆皇帝諭令廣西邊防「悉心察捕」。〔註114〕直到乾隆五十四年底（1789年）乾隆皇帝才撤銷該諭令。此時安南西山軍已佔領北圻大部，黎朝王室、官員不得不來華避難，請求幫助。清政府從來華避難的安南官員口得知乾隆四十四年黃文桐聚眾抗稅一事實際是鄭氏加害，不是黎朝國王的本意，並且黃氏早經安南國王寬赦，只是安南不知體例，未經稟

〔註109〕《清高宗實錄》卷三九五，乾隆十六年七月下，第186頁。
〔註110〕《清高宗實錄》卷四四一，乾隆十八年六月下，第742頁。
〔註111〕《清高宗實錄》卷四七六，乾隆十九年十一月上，第1151頁。
〔註112〕《清高宗實錄》卷四七六，乾隆十九年十二月上，第1178頁。
〔註113〕《清高宗實錄》卷六四五，乾隆二十六年九月下，第225頁。
〔註114〕《清高宗實錄》卷一一零七，乾隆四十五年五月下，第817頁。

報即停止追捕，黃文桐本人正在爲黎朝效命，招兵準備攻取宣光。眞相大白後，乾隆皇帝不僅下令停止追捕黃氏，還甚爲嘉許黃氏的忠義之舉。

乾隆四十年（1775 年），安南又生叛亂。乾隆皇帝得知後認爲該國黎、阮相仇，阮岳趁機覬覦，可置之不問，命廣西左江接壤安南一線邊防將領，加強巡防並留心防堵，嚴禁「夷民竄入滋事」。〔註 115〕乾隆十三年（1788 年），黎朝王室攜同部分官員進入廣西尋求避難，黎維祁還派人入華請求援助。清政府對入越助黎猶豫不定，只願爲黎朝北圻官員統帥各廠「廠徒」進攻「叛軍」提供資助。十月上旬，乾隆皇帝看到僅靠北圻「廠徒」無力抵禦西山軍。在黎氏一再懇請下，清政府本著「以大字小」的宗藩大義，派遣軍隊入越助黎。清軍進入北圻後，清政府對是否繼續南下進攻阮惠舉棋難定。西山軍此時抓住戰機大敗清軍。乾隆皇帝接報後諭令廣西和雲南嚴守邊防。阮惠鑒於中越實力懸殊數次來華「乞降」，懇請冊封。〔註 116〕清政府承認並冊封阮惠爲安南國王，中越宗藩關係得以延續。隨後，清政府將來華避難的黎朝王室及隨行官員予以安插，還禁止其返越從事顛覆西山朝的活動。

清代常有廣東、廣西等沿海諸省漁民在海上遇風漂流至安南等國，稱爲「漂民」。嘉慶元年（1796 年），爲救「漂民」和避免「漂民」與阮福映集團接觸以引發西山朝不滿，嘉慶皇帝諭令避免與西山朝「輕開邊釁」，指示「安南、農耐盜匪或聞風來投者，即當送回本處，不獨農耐之人應行拒絕，即安南之人亦不當收留」。〔註 117〕嘉慶六年（1801 年）夏，廣東奏報稱華僑楊勝達爲逃避西山朝征討逃回廣東後又潛回安南芒街。〔註 118〕嘉慶皇帝認爲安南內部爭端與我國無關，可不必過問，只需命沿邊將士「實力巡防，以杜往來勾結」。隨後，清政府得報阮福映集團攻取富春。對此，嘉慶皇帝再三諭令「安南與農耐彼此構釁交兵，原與內地無涉」，「當持以鎭靜，不必過問」〔註 119〕。嘉慶七年（1802 年），安南西山朝被阮福映推翻。鑒於阮光平（即阮惠）父子曾縱容「海盜」滋擾中國沿海，清政府隨即下令革除阮光纘爵位，冊封阮福

〔註 115〕《清高宗實錄》卷一三一四，乾隆五十三年十月上，第 742 頁。
〔註 116〕《清高宗實錄》卷一三一四，乾隆五十三年十月上，第 754 頁，第 759 頁〜760 頁，第 761〜763 頁。
〔註 117〕《清仁宗實錄》卷五二，嘉慶四年九月下，北京：中華書局，1985 年，第 674 頁。
〔註 118〕《清仁宗實錄》卷八四，嘉慶六年六月，第 103 頁。
〔註 119〕《清仁宗實錄》卷五八，嘉慶五年正月下，第 760 頁。

映爲安南王。西山朝滅亡後，中越邊境因安南內部紛爭與改朝易代造成的動盪局面隨著阮朝的建立得以緩解。

3. 乾隆年間的中越邊境私越事件

嚴防私越滋擾向來是邊防管理的重要內容。清政府雖於中越傳統習慣線內側構建了嚴格的邊防駐防機制，然中越傳統習慣線東、西段多高山峽谷，且密佈原始叢林，邊防軍事據點不易補給，難於長期固守，故邊防卡、隘或旋設旋廢，或廢棄湮沒於熱帶叢林之中。中越東、西段邊境線上難以計數的叢林小道成爲中越邊民私越往來的主要通道。在中越宗藩體制下，中越間擁有查禁、處置私越事件的成熟機制。凡私越事件，一經發現，必置重罪。清政府規定：「凡邊關出入，禁令以印票達，行旅、旗人由都統，札薩克、蒙古由理藩院，伐木、燒炭工人由工部，商販、民人由該管官，各諮部給票出口。征戍、屯種之人由將軍及各該管官給票入口。以旗員專司鎖鑰按名驗票放行，每季按出入人數匯冊報部查覆。無票私越者，禁守官兵失察賄縱，各論如法」〔註120〕。可見，清政府依託邊防關卡構建有比較完善的邊境管理體制，出入邊關必須憑「票」，且不同人等出入邊關需要不同的部門給「票」。中越邊境同樣存在比較完善的邊境管理機制，出入中越邊境同樣需要驗「票」。如乾隆四十年（1775年）四月，兩廣總督李侍堯上奏乾隆皇帝稱：「安南爲天朝屬國，與廣西之南寧、太平、鎮安等府所屬土司地方壤地毗連，犬牙相錯。乾隆九年（1744年），前督臣馬爾泰條議沿邊關隘事宜案內，奏請開放山村隘口，以通商旅客貨，出入由寧明州給發印票，明江同知驗給腰牌。其明江管轄之五十三寨，無業貧民、挑擔營生者，亦准就爲商榷雇覓，至從前在彼置有產業不願回籍者，聽其自便。無故逼留及貨本用盡者，給以半年期限，概令吏官查明，陸續驅回安插。」〔註121〕即便如此，清代中越邊境地區的邊境私越事件依然頻發，如乾隆年間中越間便曾發生過幾起比較典型的邊境私越事件。

一是李仕爵和李光擾亂安南事件。乾隆二十七年（1762年），湖南新田差役李光和李仕爵以查捕逃犯爲藉口進入安南敲詐勒索，被安南官兵拿獲後解往廣西。乾隆皇帝聞報後諭令依照擅自闖入苗疆欺壓敲詐之罪判處兩人「斬決」。隨後，清政府把二人押解到中越邊境接壤之地，在當地土司、土目目睹

〔註120〕（清）程嘉謨等修：《欽定大清會典》卷六十五《兵部・職方清史司・關禁》。
〔註121〕《明清史料・庚編》（第一本），《戶部等部題本五》，引自郭振鐸，張笑梅主編：《越南通史》，北京：中國人民大學出版社，第575頁。

下將之正法。事後，監斬官右江道王錦向越南邊民宣稱皇恩浩蕩，惠及藩屬，絕對不允許本國民人入越滋擾，並把李光等「所索銀絹發還」安南民人，保證凡在安南爲非作歹的華人一經發現，必遭嚴懲。安南方面黎仲桂也認爲處決二犯表明天朝上邦體懷屬國，絕對不讓屬國受到滋擾，是天高地厚的巨大恩情，安南不勝感激。

二是姚國欽入越滋事案。乾隆三十六年（1771 年），廣西博羅監生姚國欽私越水口關進入安南境內，在越北順州拿到憑照並招攬工人開礦謀利，逐步在當地華人中建立威信。乾隆三十七年（1772 年），華商黃文鼎在安南經商時被安南人殺害。黃氏熟人黃秀浩和李日高到其投宿的客店拿回黃氏遺留的錢財時，店主竟然告官並將兩人抓走。此案發生後，當地華人礦工群情激奮。姚國欽認爲黃氏在安南被殺害一案案情不明，安南官府不該將黃秀浩二人捉走。姚國欽遂帶領黃成瑞等 6 人去順州官府理論。姚國欽等在前往順州路上正好碰到兩名安南土兵押送黃、李二人前往順州官府。姚國欽等要求安南土兵釋放二人。土兵不從，雙方發生衝突。土兵勢薄遁去。黃、李二人得救。餘眾遂散去，照舊開礦貿易。〔註122〕

乾隆三十八年（1773 年）初，黃文鼎的族弟黃文詳等攜同鄉黨韋仕洪等到安南順州理論，要求殺人償命。順州州官不僅將之收押，還將姚國欽等拿獲後一起解往中國。兩廣總督李侍堯和廣東巡撫德齡瞭解案情後不顧是非曲直將黃、李二人替黃氏索回錢財的行爲視爲敲詐，還把姚國欽等要求安南土兵釋放二人的行爲視爲搶奪人犯，主張依律判處絞刑，認爲其以監生身份入越滋事，案情嚴重，需「請旨正法」。清政府認爲黃文詳等 8 人屬私越外夷趁機敲詐勒索，都是不安分守己的人，應當依照私通土苗互相買賣之罪發遣邊地充軍。乾隆皇帝認爲該案「案犯」多屬私越出境，不僅贊同嚴懲，還斥責地方官查禁不嚴，致生事端，要求將相關地方官革職問罪。〔註123〕

三是黎奇珍入越滋擾案。乾隆三十九年（1774 年），廣東高明人黎奇珍與陳嘉拔、潘廷斯、馬亞二等私越邊境到安南涼山經商。三月，黎奇珍經人介紹娶在國內不堪丈夫打罵偷越來到安南的華人林亞妹爲妻。不久，林亞妹同鄉、華僑商販謝幹儒遇到林亞妹夫婦，斥責黎奇珍拐帶民婦，要求二人一同歸國並將林氏送歸。黎奇珍聽後大怒，與陳嘉拔等把謝幹儒殺害後攜帶其財

〔註122〕《清高宗實錄》卷九四八，乾隆三十八年十二月上，第 844 頁。
〔註123〕《清高宗實錄》卷九四八，乾隆三十八年十二月上，第 845 頁。

貨逃遁。當年秋，黎奇珍等被安南官兵拿獲後押解回中國。清政府不僅判處
黎奇珍斬首、林亞妹與馬亞流放，還聲稱其餘人等待安南拿獲押回後要一併
治罪，並要懲辦與該案相關的邊防官員。

　　四是陳廷暄、阮文富的竄華滋擾事件。乾隆四十三年（1778 年）二月，
安南人陳廷暄與阮文富剃髮易服，自稱是隨安南使臣胡士棟入華朝貢的僕從
和門役，因仰慕中華繁榮且能借機賣貨歸國出售謀利，於是趁入貢之機跟隨
主人進入中國。胡士棟卻未將二人列入使團名單，其便自小道私越來華，結
果被廣西邊防擒獲。〔註 124〕同年八月，乾隆皇帝知道該事後下令將兩人移交
安南，令安南國王依法定罪。隨後，安南黎朝向清政府回覆稱，感念皇上寬
容大度之德，將二人各杖一百後發配到安南南方的煙瘴之地，而胡士棟約束
手下不嚴，待其回國後也要依律懲戒。〔註 125〕

　　從以上私越事例可見，其參與者可謂三六九等，既有國內政治生活不如
意的基層官員和知識精英，又有民間家庭生活不幸福的良家婦女，還有私越
安南經商創業的華人、華僑，也有思慕中國繁華、欲一睹清國花花世界的安
南朝貢使臣僕役。中越雙方在邊境私越事件處置中依託宗藩體制密切協同，
全力配合，不僅擁有成熟完善的應對機制，且體現了「以大字小」和「以小
事大」的宗藩名分。無一例外的是以上私越人員一經查處，或被斬首，或被
流放，咸被處以重罪，乃至還要追究相關官員責任。可見，清政府將邊境私
越視為關乎「蠻防」安全和「蠻疆」穩定的重要威脅。

第四節　1840 年以前的「蠻疆」開發

　　「蠻疆」地處荒遠，交通阻隔，經濟社會發展水平相對落後，每省每歲
正賦之所入不及內地大省之一府。加之，「蠻疆」遠離清朝政治統治腹心，在
清代前中期重「塞防」而輕「蠻防」的傳統邊防思維中，其地緣安全價值相
對有限。隨著中越、中緬宗藩關係的建立，「蠻防」的地緣安全環境更趨優化。
「改土歸流」、綠營駐防及汛塘分防體制和「蠻防」安全體系的構建為「蠻疆」
開發提供了強有力的安全保障。邊疆開發為「蠻防」安全和「蠻防」建設提
供了堅實的物質保障和日趨優化的社會環境。「蠻防」建設本來就是個系統工

〔註 124〕《清高宗實錄》卷一零六五，乾隆四十三年八月下，第 244 頁。
〔註 125〕《清高宗實錄》卷一零六五，乾隆四十三年八月下，第 244 頁。

程，既需要加強邊疆防戍力量，以流官之設、綠營駐防和分防汛塘形成對「蠻疆」腹裏以外的立體控制，還需不斷推進整個「蠻疆」的開發進程，促進其社會經濟發展和文化進步，以將邊疆管控、邊疆開發和「蠻防」安全納入良性互動發展的軌道之中。爲此，1840 年以前，清政府在「蠻疆」開展了一系列卓有成效的開發經營活動。

一是長江中下游各省移民爲「蠻疆」腹裏之外偏遠之地開發提供了所需勞力。內地向「蠻疆」有組織的移民始於明代。明政府曾組織長江流域諸省漢民移民雲南，以加強對滇池、洱海腹裏地帶的開發。清代，伴隨人口增殖，內地有些地方人地矛盾愈益突出，遼闊的「蠻疆」除少量腹裏地帶外卻基本處於洪荒未墾狀態。「改土歸流」後，「蠻防」安全的強化和社會秩序的穩定爲長江中下游諸省漢民移居「蠻疆」提供了基本的安全條件。

在此背景下，大量內地漢民移居「蠻疆」，尤其是傳統腹裏外的邊遠山區，使滇桂等省人口數量顯著增加。《嘉慶重修一統志》載，康熙二十五年（1713年）廣西戶籍登記有 206104 丁，以每丁對應一個五口之家計，約合人口不過 100 多萬，雲南戶籍登記僅有 185865 丁，約合人口 90 多萬。嘉慶二十五年（1820年），廣西人口數量達到 740 多萬，雲南人口也接近 450 萬。「蠻疆」人口在 100 多年間增長了四五倍。康熙時中國人口總量約在 1 億左右。到乾隆末年，中國人口總量達到 3 億左右，100 多年間增長了 3 倍。依此全國平均增幅推算，康熙末年雲南 90 多萬的人口基數即便在社會基本穩定的情況下自然增量也僅爲 180 萬人，廣西 100 多萬的人口基數，自然增量亦不超過 200 萬人。顯然，雲南自康熙末年至嘉慶末年高達近 360 萬的人口增量和廣西同期高達 542 萬人的人口增量中至少有一半是同期移民及其後裔。美國學者李中清指出，18 世紀以來大量長江中上游移民來到西南數省經營開發的事實可從廣西和雲南當地許多方志中找到明確證據。〔註 126〕

「改土歸流」後歷經乾隆、嘉慶兩朝大量移民湧入，「蠻疆」人口增幅達五六倍之多，且大量新增人口主要集中於腹裏之外。例如，滇西北重鎮麗江府康熙末年時編戶人口不足 12000 人，嘉慶末年其人口已接近 32 萬人，100 多年間人口數量激增近 30 倍。鄰近安南的廣西柳州府康熙末年時人口不足 6 萬，嘉慶末年其人口數量已經高達 94 萬人，100 多年激增 16 倍之多。人口不僅爲「蠻疆」開發提供了充裕的勞動力，還爲「蠻防」建設奠定了兵源基礎。

〔註 126〕〔美〕李中清：《1250～1805 年西南移民史》，《社會科學戰線》1983 年第 1 期。

人口數量的增加不僅意味著「蠻防」安全更為穩固，且可為邊疆開發與社會發展提供充足的勞動力。大量漢民的到來極大促進了「蠻疆」的民族融合和文化交融，優化了「蠻防」的社會文化環境。

二是清代「蠻疆」的農業開發進程大大加速，「蠻防」物資自給能力加強。清代前期大量內地漢民到來後，「蠻疆」腹裏外大量山坡河谷得到開墾，大大增進了當地的農業開發進程。然而，清政府卻將移民視作「流民」和「蠻防」安全之威脅，除防範其作亂生事外，對其農業開發活動不予過問。嘉慶《廣西通志》載，自雍正十年（1732 年）至嘉慶四年（1799 年）廣西「編徵新墾升科並清出共田五百四頃九十畝二分五釐五毫六絲三」，每年新增耕地約為 7 頃左右。實際上，偌大一省，實際墾田規模一定遠不止此數。究其原因，主要是因為清政府官方統計未對「不成熟田」和「磽确瘠薄」的零碎「免升科田」予以統計。〔註 127〕其實，清政府在「改土歸流」後的廣西邊疆偏遠地區對移民墾田「不予過問」和實行並不嚴格的升科制度恰對內地漢民移居「蠻疆」形成了強大吸引力。

與廣西相比，清代官方文獻對雲南移民的開發活動記載較多。如地處峨山之南的元江府，清初尚為土司領地，漢人絕少進入。雍正年間「改土歸流」時臨元府抽調綠營駐防於此，長江流域數省民人開始往來貿易，後大量定居於此。道光時此地已是人煙密集、農田成片景象，文明開化程度幾與內地無異。又如地處元江以南的墨江縣，道光時漢民已多，且皆為外地移民，基本由省內新興、黔安等地和四川、廣東等外省遷來，其開發及開化景象也與內地相差無幾。該地「漢民」皆係戶籍登錄者，而那些未入版籍的「流民」當應更多。再如滇東南及滇南的開化、普洱、廣南向被清政府視作煙瘴之地，過去漢人很少前來經營。「改土歸流」後三地開發進程顯著加快。道光《廣南府志》稱：「廣南向止夷戶，不過蠻、獠、沙、儂耳。今國家承平日久，直省生齒尤繁，楚、蜀、黔、粵之民，攜挈妻孥，風餐露宿而來，視瘴鄉如樂土，故稽煙戶較當年倍蓰，教訓而約束之，德威並用，寬猛兼施，惟在賢守令馭之有道而已。」〔註 128〕嘉慶臨安知府江濬源也在著述中提及臨安以南的廣南和開化一帶每年遷來經商貿易的內地客商往來如梭，其中湖北、貴州、四川

〔註 127〕（清）謝啓昆修，胡虔纂：《廣西通志》卷一五五《經政略五·田賦一》，第4390 頁。

〔註 128〕（清）林則徐等修，李希玲纂：《廣南府志》卷二《民戶》，臺北，成文出版社，1967 年，第 54 頁。

和廣東等省在此定居民眾約占當地人口的三四成。〔註129〕道光年間原產美洲的高產糧食作物玉米已在滇南和滇東南一帶大量種植。玉米的引進、推廣無疑大力推進了「蠻疆」的農業開發進程，增加了糧食產量，有助促進「蠻疆」社會安定並加強「蠻防」建設中的糧食自給能力。

　　三是清代「蠻疆」礦業開發的迅速發展在一定程度上改善了其地方財政狀況。廣西移民不僅從事農業開發，經商、採礦者也不在少數。如乾隆年間廣西西部有大量「貧無籍業，來去不一」的外省流民在南丹錫廠等礦山中從事採冶生產。除南丹錫廠外，柳州府容城縣的鉛礦開採冶煉也得以迅速發展。乾隆三十一年（1766年），廣西巡撫宋邦綏上疏稱：

> 柳州府屬榮縣四頂山，開採白鉛礦砂抽課各事宜。一，四頂山產白鉛礦砂，因無煤炭不能煎煉成鉛。查羅城縣屬冷崗山，躍有煤路可以運往，就煤煎煉。自乾隆二十九年四月詩煎起至三十年十一月止，共抽正課撒散白鉛十四萬七千餘斛，請准開採煎煉，照例每煉鉛一百斛，抽正課二十斛，撒散三斛。一，冷崗廠陸續起爐四十四座，煤壟三十二處，工丁及買賣人等漸眾。其鉛礦自榮縣運至牛鼻墟，另換小船撥運抵廠，稽查、巡防、登記、造報，在在需人。應添設書記二名，巡攔八名，巡役四名，照依律架廠之例，支給工食。……一，該廠雖開採有效尚未大旺，應招募殷商協辦，將採煤、煉鉛抽收課撒，調幾商爐事務。責成羅城知縣就近監管督察。其四，頂山採煉工丁、水陸腳夫船戶，責成容縣知縣彈壓稽查，不必令設廠員，俟大旺日再設專員，管理均應如所請從之。〔註130〕

　　可見，清代乾隆年間廣西礦業開發已具備一定規模，既有錫鉛開採冶煉，也有煤炭開採。各礦廠往往成為廠徒人丁聚齊之所和商賈雲集之地，且給清政府帶來了比較客觀的「課撒」收入。

　　與廣西相比，「滇省山多田少，水陸可耕之地，俱經墾闢無餘，惟山荒河濱，尚有曠土。向令邊民墾種以供口食」〔註131〕，然該省富藏五金，不但本省民眾以此營生，江西、貴州和廣東等省民眾也多來雲南開礦設廠，賴以謀生。雲南礦產開採歷史較為久遠，大規模開發卻自清代開始。乾隆年間，「滇

〔註129〕方國瑜：《彝族史稿》，成都：四川民族出版社，1984年，第332頁。
〔註130〕《清高宗實錄》卷七六四，乾隆三十一年七月上，第391頁。
〔註131〕《清高宗實錄》卷七六四，乾隆三十一年七月上，第393頁。

銅」開採一度成爲清代「蠻疆」開發的重要任務，而農業、商業及交通建設等開發活動，亦大凡與之相干。有人認爲整個 18 世紀及 19 世紀上半期，長江流域諸省大量漢民湧入「蠻疆」的一個重要原因在於雲南礦業開發之吸引。〔註 132〕

圖 3：滇銅京運路線圖〔註 133〕

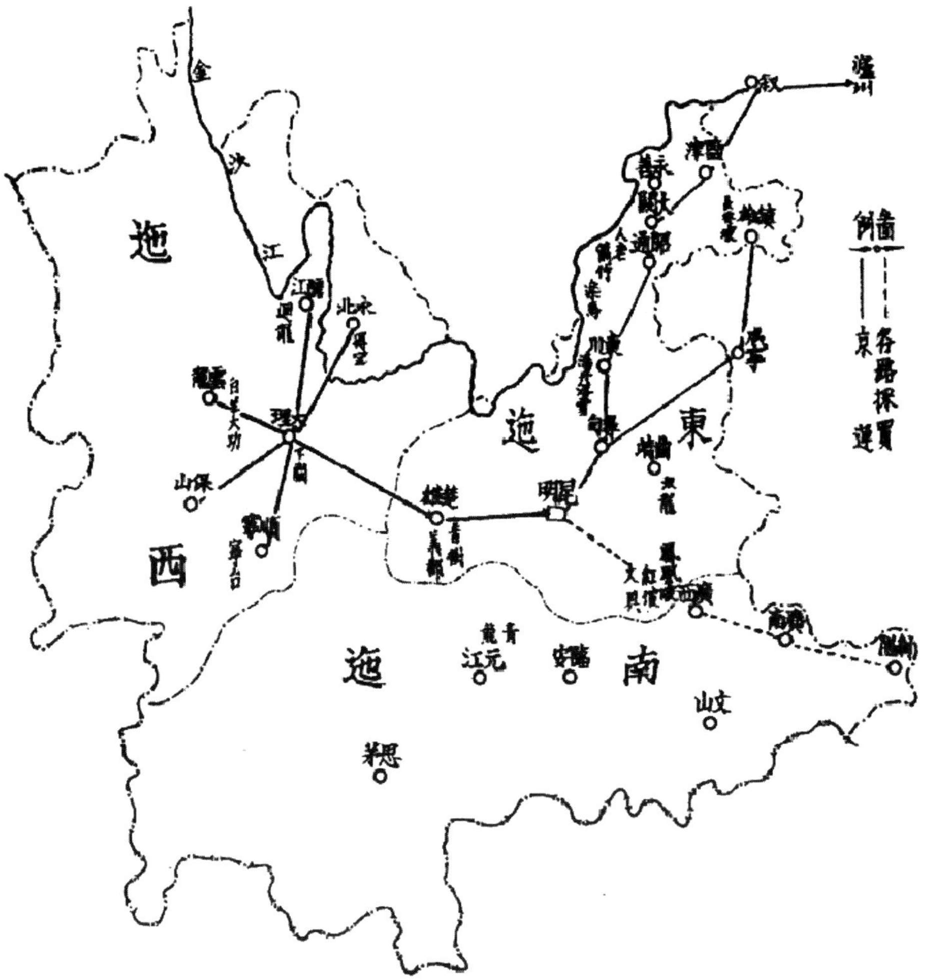

〔註 132〕〔美〕李中清：《1250－1805 年西南移民史》，《社會科學戰線》1983 年第 1 期。
〔註 133〕龍雲主修：周鍾岳，趙式銘等纂：《新纂雲南通志》卷一四六《礦業考二·銅礦》，第 139 頁。

如乾隆三十年（1766 年），雲貴總督楊應琚奏稱：

> 滇省礦廠甚多，各處聚集砂丁人等不下數十萬，每省流寓之
> 人，聞風來至，以致米價日昂，請嗣後示以限制，將舊有之老廠、
> 子廠，存留開採。只許在廠之周圍四十里以內開挖矸硐，其四十里
> 以外不准再開，庶客戶課長砂丁人等，不致日漸加增。再現在滇省
> 各廠，每年約可辦獲銅一千二三百萬斤，內解赴京局及本省鼓鑄，
> 並外省採買滇銅共約需一千二百餘萬斤，所餘不過數十萬斤。若外
> 省盡數加買，勢必入不敷出。請將各省採買滇銅，除乾隆十九年奏
> 定之額，仍聽按年買運外，如有請豫買一運，以及加買並借買數十
> 萬斤之處，概不准行。又舊廠既有界限將來開採年久，難保無衰竭
> 之處，更應留有餘以補不足。查省城、臨安、東川新舊各局，除正
> 鑄之外，又經奏准加鑄。將餘息銀兩為湯丹、大碌等廠加添銅價，
> 及永順、普洱防邊之用，共歲需銅一百七十餘萬斤。〔註 134〕

從楊應琚奏疏和圖 3 可知，「滇銅」開採在乾隆年間已達到相當規模，不
僅供給本省之用，還負責供給「京局」，且各省每年採買數量都有確定之額。
同時，每廠聚集人丁「數十萬」的規模也給滇省糧食供給帶來困難，使得「米
價日昂」。為保護銅礦資源，留備長久之用，楊應琚主張適當限制流民湧入，
控制新廠數量及新舊銅廠的開採規模。顯然，「滇銅」開採無論在規模上還是
產量上都非廣西錫、鉛開採所能比。

清代雲南礦業開發主要集中於「改土歸流」後新闢之腹裏以外以至邊境
地區。如清代頗具盛名的茂隆銀廠地處永昌府班洪一帶，毗鄰滇緬邊境。清
代中期後，大量內地移民來到茂隆銀廠務工營生。雍正年間「改土歸流」大
規模推進時，鄂爾泰決定在茂隆銀廠所在的瀾滄江以外佤佤地區照舊實行土
司制度，禁止內地漢人擅自前往。事實上，內地「流民」在開發江內的同時
並未因清政府禁止而停卻前往江外開礦墾殖的步伐。

對此，乾隆十一年（1746 年），雲貴總督張允隨稱：

> 臣等以卡瓦遠居檄外，吳尚賢越境開礦，似屬違例，並有無內
> 地民人，前往蠻地滋事之處。行令該督查明具奏。茲據覆稱，滇省
> 山多田少，民鮮恆產，惟地產五金，不但滇民以為生計，即江、廣、
> 黔各省民人，亦多來滇開採，至外夷雖產礦硐，不諳煎煉，多係漢

人赴彼開採，食力謀生，安靜無事，夷人亦樂享其利。查定例止禁內地民人，潛越開礦，而各土司及檄外諸夷，一切食用貨物，或由內地販往，或自外地購來，不無彼此相需。向來商賈貿易，不在禁例。惟查無違禁之物，即便放行。〔註135〕

瀾滄江以外阿瓦土司轄地漢人大量前往開礦設廠，與夷民相處安然，當地夷人也賴此盈利謀生。〔註136〕其實依照清代律例，漢人進入土司轄地經商貿易並不受到限制，即便鄂爾泰擔心漢人進入土司轄地影響邊疆穩定，清政府對漢人進入江外土司轄地開礦設廠行為基本採取默認態度。

乾隆十一年（1746年）後，茂隆銀廠迅猛發展，「今在彼打硐開礦及走廠貿易者不下兩三萬人，其平常出入，莫不帶有貨物，故廠民與商賈無異，若概行禁止，此二三萬人生計攸關」〔註137〕。嘉慶年間，清政府擔心聚眾生事，遂以「硐老山空」為由關閉茂隆銀廠。因該地地曠人稀，尚有大片荒地未予墾殖。茂隆銀廠被清政府解散後，大量廠民流寓阿瓦山區及其附近就地開荒，安家立業，繁衍生息。民國年間，國民政府調查滇緬南段未定界附近班洪之狀況並在《班洪區域概況》一文中稱，「數百年來，邊地因地方之紛擾，漢人之舉家遷至班洪境內者不少，尤以鎮康籍最多，皆成家立業，大有樂不思蜀之概。現焦山南臘、糯茨一帶，漢人聚族而居者，約數百家，且礦區附近，至今仍留有吳尚賢開礦之後裔。漢人既入班洪者眾，流風遺澤，影響於班洪土人之開化者甚大。」〔註138〕可見，茂隆銀廠的存在一定程度上加強了清政府在阿瓦山區一帶的控制。即便此種存在更多來自民間，其對「蠻疆」開發和「蠻防」安全的作用卻不容小覷。茂隆銀廠只是清代「蠻疆」礦業開發的一個縮影。由移民聚集、開發且受到清政府重視的礦廠在雲南可謂星羅棋佈。隨著礦業開發的發展，過去的「煙瘴之地」開始出現商賈往來穿梭和移民不遠千里遷來定居經營的繁榮景象。

雲南大小礦廠所產以東川「滇銅」和箇舊「滇錫」最為著名。銅和錫都是清代鑄幣必需的原材料。丁文江在《雲南東川府銅礦》一文中提到，雲南東川銅礦之開採始於清朝入關30年後，主要得益於「那些來自湖南和湖北的

〔註135〕《清高宗實錄》卷二六九，乾隆三十一年六月下，第505頁。
〔註136〕《清高宗實錄》卷二六九，乾隆三十一年六月下，第505頁。
〔註137〕《清高宗實錄》卷二六九，乾隆三十一年六月下，第505頁。
〔註138〕周光倬：《滇緬南段未定界調查報告》，臺北，成文出版社，1967年，第43頁。

礦工」，康熙三十六年（1697年），「東川銅礦」第一次「出現於官方的記載中」〔註139〕。雍正初年，東川一帶自四川劃歸雲南且進行了系統的「改土歸流」。社會秩序的安定和「蠻防」安全環境的優化吸引大量內地漢民到來。湯丹等廠隨之更爲興旺。《清史稿》稱：「百餘年來，雲、貴、兩湖、兩粵、四川、陝西、江西、直隸報開銅鉛礦以百數十計，而雲南銅礦尤甲各行省。蓋鼓鑄鉛銅並重，而銅尤重，秦、鄂、蜀、桂、黔、贛皆產銅，而滇最饒。」〔註140〕「滇銅」官辦始於康熙二十四年（1685年），雍正初年，每年產銅「八九十萬，不數年，且二三百萬，歲供本路鼓鑄。及運湖廣、江西，僅百萬有奇。乾隆初，歲發銅本銀百萬兩，四五年間，歲出六七百萬或八九百萬，最多乃至千二三百萬，戶、工兩局，暨江南、江西、浙江、福建、陝西、湖北、廣東、廣西、貴州九路，歲需九百餘萬，悉取給焉。礦廠以湯丹、碌碌、大水、茂麓、獅子山、大功爲最。寧臺、金釵、義都、發古山、九度、萬象次之。大廠礦丁六七萬，次亦萬餘，近則土民及黔、粵，仰食礦利者，奔走相屬」，「滇省銅政，霮棄程功，非他項礦產可比」。〔註141〕

在清代雲南礦業開發中「滇銅」和「滇錫」幾乎齊名，其開發進程卻並不一致。清代前中期「滇錫」開採尚無法與「滇銅」相提並論，然其開採活動業已展開，規模亦不容小覷。「滇錫」開採主要集中於滇南臨安府蒙自縣所屬的箇舊一帶。該地在明成化年間尚爲蒙自千戶所轄內一所偏僻山鄉。康熙年間流民趙天爵在此發現錫礦，開創箇舊錫廠。當時蒙自屬臨安府管轄，屬腹裏地帶，社會秩序比較穩定，安全環境相對優良。康熙年間設廠後，箇舊錫礦開採業發展迅速。康熙年間編撰又於乾隆年間重修的《蒙自縣志》稱，「蒙有寶山箇舊稱最，其地環抱形勢如帶，發源極長，聚天地之英華，結而爲銀、爲銅、爲錫，四方之人多開採於斯，統名之爲箇舊廠」，「箇舊爲蒙自一鄉，戶皆編甲，居皆瓦舍，商賈貿易者，十有八九。土著無幾，其俗尚淳，奸宄不能隱匿，易於訓治」〔註142〕。除箇舊廠外，「越三十餘里即芭蕉菁也」，「再進六七里許龍樹一帶，舊係荒山，並無村落，初因方連硐興旺，四方來探者

〔註139〕黃汲清，潘雲唐，謝廣連編：《丁文江選集》，北京：北京大學出版社，1993年，第53頁。

〔註140〕趙爾巽等撰：《清史稿》卷一二四《志》九十九《食貨五·礦政》，第3666頁。

〔註141〕趙爾巽等撰：《清史稿》卷一二四《志》九十九《食貨五·礦政》，第3666頁。

〔註142〕（清）李焜撰：《蒙自縣志》卷三《廠務》，臺北：成文出版社，1967年，第61頁。

不下數萬人，楚居其七，江右居其三，山陝次之，別省又次之」〔註143〕。

乾隆年間，安陸人餘慶長也在《金廠行記》一文中稱：「澗南入蒙自界，又四十里抵箇舊廠，商賈輻輳，煙火繁稠，視摸黑迴勝，地產銀、錫、鉛，白錫質良，甲於天下，又南五十里爲龍樹銀長，又附近七八里爲蒙自新銅廠」〔註144〕。可見，箇舊早於乾隆年間已成長爲一個「商賈輻輳，煙火繁稠」的礦業市鎮，遠遠大於距離臨安府三日路程的「摸黑銀廠」，然箇舊錫業的眞正繁榮卻是清末之事。「蠻疆」地處西南極邊，經濟社會發展水平落後內地，田賦收入也相對有限，尚不及內地大省之一府。故「蠻疆」諸省地方財政收入有限，無力獨自承擔行政俸祿、綠營餉需等財政開支，不得不長期依靠外省「協餉」維持。「滇銅」和「滇錫」的開採不僅極大活躍了礦區的社會經濟，帶動了臨近地區諸業發展，且增加了清政府的地方財政收入，增強了「蠻防」建設的財政供給能力。

由上文可知，清政府在1840年以前的「蠻防」建設可分爲兩個階段：一是順治元年到康熙末年（1644年～1722年）。此時「蠻疆」屢遭戰禍，持續動亂達40多年。清政府平定「三藩」前，「蠻疆」開發和「蠻防」建設尚無從談起。清政府此時可有效控制的區域僅限於腹裏地帶。腹裏以外廣闊的邊疆偏遠地區基本沿襲明代的土司、土官制度，名義上歸順朝廷，實際處於割據分立狀態。然而，清政府依然在「蠻疆」構築起綠營駐防與分防汛塘體系。「蠻防」建設雖集中於腹裏地帶，卻奠定了「蠻防」安全的基本格局；二是雍正初年到道光末年（1723年～1850年）。雍正初年，清政府鼓勵雲貴總督鄂爾泰在「蠻疆」推進「改土歸流」，調整綠營駐防及分防汛塘體制，將該體制推向腹裏外的改流之地和邊防一線，有效鞏固了「蠻防」安全。在清政府看來「蠻防」雖不若「塞防」重要，然其在1840年以前對「蠻疆」的開發不僅優化了「蠻疆」邊防的地緣安全環境，還在邊疆管理、邊疆開發和「蠻防」建設的良性互動中改善了「蠻疆」的內防狀況，形成了邊防與內防、邊疆開發、邊疆控制和「蠻防」建設的良性互動。1840年以前的「蠻防」建設在「改土歸流」中走上正軌。清政府在「蠻防」建設中構建的內防與邊防體制在1840年後相當長的一段時期內依然在維護「蠻防」安全中發揮作用。

〔註143〕（清）李焜撰：《蒙自縣志》卷三《廠務》，第62頁。
〔註144〕（清）王錫祺撰：《小方壺齋輿地叢鈔》第八秩《金廠行記》，光緒十七年（1891）上海著易堂鉛印本，第39頁。

第二章　1840年後宗藩體制下的「蠻防」

　　邊防政策之確定與該國所處的地緣政治及安全環境息息相關，而一國地緣政治安全環境在很大程度上取決於該國與鄰國的雙邊關係狀態。總體來看，得益於東亞大陸相對封閉的自然地理形勢，中國古代地緣政治安全環境相對優越。中原王朝還與邊疆少數民族或鄰國建立宗藩關係，進一步改善了國家安全的地緣政治因素。除長期存在北方游牧民族威脅外，在自然地理稟賦和宗藩體制影響下，中原王朝的地緣政治安全環境整體較好。滿蒙聯盟關係建立後，清王朝基本不再面對北方游牧民族威脅。西北和西藏等地雖偶有民族叛亂發生，卻難以形成與清政府抗衡的強大勢力。「蠻疆」鄰國越南和緬甸等實力弱小，且與清王朝存在宗藩關係，基本不會對「蠻防」邊防安全造成威脅。整體來看，蒙古方向防禦壓力雖驟然減輕，清王朝面對之安全威脅卻依然主要來自北方。清政府基本繼承了重「塞防」而輕「蠻防」的傳統邊防安全思維。即便如此，清政府不僅在「蠻疆」駐防綠營，構置汛塘，在中越、中緬邊境的中國一側構建了軍事邊防線，還在宗藩體制中將傳統習慣線以外的「蠻夷」納入「以藩為屏」的邊防體系。在此背景下，1840年後，維護「蠻疆」統治秩序穩定及「以藩為屏」的傳統「蠻防」體製成為清政府「蠻防」的重要任務。

第一節　「以藩為屏」的中越邊防

　　中法戰爭以前，清政府對法國侵略越南引發的「蠻防」危機有所警覺。中越之間以關、卡、隘、峒等邊境軍事據點構築的軍事邊防體系所承擔的主

要任務在於嚴防私越、緝捕盜匪、打擊走私等。越南問題帶來的「蠻防」安全威脅在中越宗藩體制下尚未引起清政府足夠重視。在東亞朝貢秩序中，越南地位僅次於朝鮮，中越宗藩關係的存在使中越邊防具有一定特殊性。越南是繼琉球後清王朝失去的第二個屬國。越南淪陷後，「蠻疆」邊防第一次直接暴露於西方強國威脅下。清政府對邊防安全的認識及中越宗藩關係的存在決定了中越邊防在清政府的國家安全戰略布局中處於次要位置。中越邊境不須重兵設防，然中越之間既非無界，亦非無防。中越邊防在傳統邊防向近代邊防的轉型嬗變中既特殊又典型，梳理、明確中法戰爭以前中越邊防的傳統狀態對增進中國邊防近代轉型的相關研究不無裨益，尤其是有助糾偏學界關於中法戰爭以前中越之間因存在宗藩關係而處於「有邊無界」和「有國無防」狀態的一般看法。

一、中越宗藩關係溯源

宗藩思想的出現與西周時期的宗法分封制有關。春秋時期，在「華夏中心主義」影響下，宗藩思維在「夷夏之辯」思想薰陶下得以形成。在漢唐民族大融合及「夷夏秩序」的重建中，宗藩體制逐漸成為宋代以後歷代中原王朝處理涉外關係的基本制度模式。從文化角度看，宗藩關係主要體現了儒家的宗藩思想及華夏中心思想。宗藩關係中以進貢、冊封為主要內容的上下之別和君臣之義等禮儀名分正體現了儒家「華夏中心」和「夷夏之防」理念下「天朝上國」與藩屬國間等級尊卑的君臣名分。儒家文化影響所及的「天下」需在禮儀和名分的規範下融為一體。同時，儒家「以和為貴」、以「王道」安天下的價值體系使此種國際關係模式充滿了默默溫情。因此，儒家文化中「華夷之辨」和「天下一統」兩種觀念的調和互補形成了以華夏民族為中心或說以儒家文化為中心的國際秩序觀念，進而生成了東方式的宗藩關係外交模式。

「宗藩」一詞與西周的分封制有關。「宗」即宗族或宗室之意。「藩」即藩屏或藩衛之意。「宗藩」意指通過分封或冊封周邊地區的首領以拱衛周王室的安全，即冊封藩屬，拱衛王室。對於西周分封之目的，《春秋》講得非常明確，其謂：「捍禦侮者莫如親親，故以親屏周」。〔註1〕《國語‧周語》也提到：「甸服者祭，侯服者祀，賓服者享，要服者貢，荒服者王；日祭，月祀，歲

〔註1〕王伯祥選注：《春秋左傳讀本》，北京：中華書局，1957 年，第 132 頁。

貢，終王，先王之訓也。」〔註2〕可見，周朝爲維護王室安全依據「五服制」明確了方國捍衛國家安全的義務層次和應遵守的禮儀名分。淵源於西周分封制的宗藩體制將「以藩爲屏」的國家安全理念與「五服制」的「親親」關係融爲一體，具有以藩屬國拱衛國家安全的基本內涵。

越南「之地勢，東南一帶皆海。南與占城接壤，西南與老撾毗連，西與雲南接界，北與廣西相連，東北與廣東接界。沿境皆係重巒深澗，林等彌菱。再大小落靠嶺、鬼門關、羅堡嶺、羅翁嶺、麗嶺等地，皆係該國要塞。」〔註3〕越南自北宋始擺脫中原王朝的郡縣統治，成爲一個獨立的政治實體，開始與中原王朝形成宗藩關係。在宗藩關係下，越南作爲下國要對作爲上國的中國王朝「以小事大」，定期朝貢，示以臣服。越南新王登基只有向中原王朝請表冊封才可稱爲「正統」。中國作爲上國也要本著「以大字小」的原則對「列藩」越南之朝貢「厚往薄來」，「不圖利，唯嘉其誠」。康熙五年（1666年），安南王黎維禧上繳永曆敕印。康熙帝冊封其爲「安南國王」，清越正式建立宗藩關係，「照例該國三年一貢，康熙七年（1668年）改定六年兩貢並送」。〔註4〕除安南需定期朝貢外，當安南王室每有婚喪嫁娶、新王登基等國家大典時，清王朝也要不時派遣使臣出使安南，履行「上國」職責。康熙五年（1666年）清王朝與安南重新確立宗藩關係後，到康熙二十二年（1683年），清王朝共向安南五次派出使臣，分別爲：「康熙三年欽派正使、內閣編修昊光，副使、禮部司務朱志遠諭祭黎維禔。五年欽命正使、內閣侍讀學士程方朝，副使、禮部郎中張易賁冊封黎維禧爲安南國王。七年欽命正使、內閣中書、晉一級李仙根，副使。兵部主事、晉一級楊兆傑諭安南，著將高平地方歸還莫氏。今冊封、諭祭二事一併欽派，一次即係二次，故爲五次。」〔註5〕可見，在中越宗藩體制下，清王朝與越南間的宗藩往來比較頻繁。

從中越宗藩關係在清王朝諸藩屬國中的地位看，越南原需「三年一貢」，「兩貢並送」後實際爲「六年一貢」，地位次於「三年一貢」的朝鮮，卻遠高於「十年一貢」的緬甸。康熙年間出使安南的使臣鄔黑等稱：「九州內外，承

〔註2〕左丘明撰，鮑思陶點校：《國語》，濟南：齊魯書社，2005年，第2頁。
〔註3〕（清）鄔黑，明圖，周燦等撰：《使交紀事·雜記》，中國第一歷史檔案館編《清代檔案史料叢編》（第十一冊），北京：中華書局，1982年，第28頁。
〔註4〕（清）鄔黑，明圖，周燦等撰：《使交紀事·正文》，第17頁。
〔註5〕（清）鄔黑，明圖，周燦等撰：《使交紀事·補遺》，第32頁。

受天恩者頗多，然自朝鮮以下，恐未有能及之者。」〔註6〕依照《周語》「五服制」的「親親」次序，越南屬於「要服」範圍，需承擔「歲貢」及「拱衛王室」義務。不僅如此，受中越宗藩關係影響，越南在政治、經濟、文化等諸多方面受中國影響明顯，「其地與廣西、雲南接壤。風俗、時令亦較相似。秦、漢、唐朝，設立郡縣後，名人鴻儒為官者不少，而彼處之人於中國出名者亦有之，故彼處之文字、官職皆與中國相似，惟語音有異。」〔註7〕

中越邊防在融聚「親親」之義的宗藩體制下也呈現出一種相對弱化、似無卻有的特殊狀態。隨著英法對緬甸、越南等藩屬國侵略之加劇，清政府與藩屬國都有意強化宗藩關係。對清政府來說，維護宗藩體制有助維持「以藩為屏」的傳統邊防體系，避免邊境防線直接暴露在西方強國侵擾之下，對「蠻疆」形成屏蔽效應。對於緬甸和越南等藩屬國來說，維持宗藩關係有助其仰仗清王朝聲威阻滯西方列強的侵略進程。1840年後，對於清王朝來說，乾嘉盛世榮光不再，然經歷兩次鴉片戰爭炮火洗禮後，其依然是地區範圍內最強大的國家。當面對西方強國衝擊時，清王朝及其藩屬國都自覺將宗藩關係作為凝聚地緣實力以抗衡西方的救命稻草。

二、宗藩體制下的中越邊防

1840年以前，立足發達農業文明的大清王朝，疆域非常遼闊，東、南濱海，北控大漠，西依雪山，南鄰小國，地緣環境相對封閉。在東亞範圍內，中國的經濟、政治、軍事和文化實力處於絕對優勢地位。因而，中原王朝的傳統安全威脅或來自北方游牧民族襲擾，或來自內部社會動亂及民族紛爭。優越的地緣政治安全環境為中華文明之傳承提供了相對安定的發展環境。「蠻疆」所鄰之越南、緬甸及南掌等不僅是「天朝」藩屬，且國力弱小，難以對中原王朝形成實質威脅。清王朝既繼承了中越宗藩關係，也在延續著國家安全威脅主要來自北方的傳統思維。因而，中越邊防在清政府的國防戰略布局中處於相對次要位置。在中越宗藩關係下，越南作為藩屬需承擔代天子守邊的義務，履行「以小事大」之名分。中越邊境存在一條基本明確的傳統習慣線，清政府尚無獨立邊防軍建制，卻依靠沿邊府、廳、州、縣所屬綠營駐防以分防汛塘形式分段駐守於傳統習慣線中國一側的關、卡、隘、峒等軍事據

〔註6〕 （清）鄔黑，明圖，周燦等撰：《使交紀事・補遺》，第32頁。
〔註7〕 （清）鄔黑，明圖，周燦等撰：《使交紀事・補遺》，第32頁。

點，定期巡防、會哨，不僅形成了赫然存在的邊防軍事體系，還構建了比較
完善的邊防管理體制。

嘉慶七年（1802年），阮朝取代黎朝與清政府再度確認宗藩關係。嘉慶
九年（1804年），嘉慶皇帝賜改「安南」爲「越南」。直到1885年越南滅亡，
中越宗藩關係一直延續。19世紀初，清代中期在大規模推進「改土歸流」在
「蠻疆」引發的社會動盪漸趨穩定，越南政局也在改朝換代後趨向安定。鑒
於中越邊防相安無事的安全形勢，清政府開始裁汰邊防兵勇。道光年間，中
越邊防兵力空虛的情形愈發凸顯。道光十三年（1833年），當越北保勝和保
樂發生黎氏後裔黎維良叛亂和農文雲匪患之時，清政府爲防禦越南匪患滋擾
邊防不得不雇募鄉勇，依仗土練。兩廣總督盧坤在奏疏中稱：「其與越南毗
連龍憑、馗纛二營，地廣兵單，現檄署新太協副將周應麟會同慶吉親赴各關
查看，相機愼防，實力堵禦，以期嚴密。其龍憑營所屬各隘水陸塘汛，長三
百餘里，與越南犬牙相錯，各隘防兵，僅止二百八十餘名。」〔註8〕《百色
廳志》載，該廳所屬「右江鎮標中左右三營，額設馬步守兵一千七百九十七
名，除乾隆五十四年裁撥兵一百名，嘉慶二十年裁撥兵七十五名，道光十三
年裁撥兵三十名，道光二十二年裁撥兵十五名，同治四年裁汰兵六百七十七
名外，實存馬步守兵九百名。光緒六年八月，挑入練軍四百九十名，實存底
營馬步守兵，四百一十名。」〔註9〕同治前，駐防和巡守中越邊防的主要爲
龍平營官兵及沿邊土司的土兵。如歸順一代，有10隘12卡。其中，馱野隘
設隘目一名，領35名土勇。四邦隘僅有隘丁22名，卻需把守23條邊境小
道，難度可想而知。

除邊境一線防軍外，清政府沿邊府、廳、州、縣所屬綠營駐防也是維護
「蠻疆」邊防安全的重要力量。光緒前，歸順州有綠營駐防800多人，光緒
十六年（1900年）時已裁減至290人。光緒初，小鎮安的額定綠營駐防人數
爲705人，到光緒末已裁減至473名。乾隆末年以來，駐防於中越邊防一線
的綠營駐防人數不斷萎縮。百色廳右江鎮標所屬三營額定兵勇近1800名，到
光緒六年（1875年）時已萎縮至不足500名。隨著清朝國力下降，1840年後，

〔註8〕《清宣宗實錄》卷二四五，道光十三年十一月，北京：中華書局，1985年，
　　　第690頁。
〔註9〕（清）陳如金修，華本松纂：《百色廳志》卷五《兵制》，臺北：成文出版社，
　　　1968年，第73頁。

在中越邊防一線承擔駐防和巡邏任務的兵勇開始主要依靠沿邊土司的土兵、土勇，所需軍械錢糧也要靠土司自行籌措。可以說，1840 年以後的中越邊防在清王朝國勢危殆下已累年廢弛，不斷萎縮。

　　有清一代，得益於中越宗藩體制下相對優越的地緣政治安全環境，中越邊防的主要任務在於管控邊境，維持秩序，而非防禦越南軍事入侵。即便出使安南的清朝使臣，在出關進入安南時同樣需要接受邊卡盤查。如康熙二十二年時，鄔黑等清朝使臣奉命出使安南諭祭故王黎維禧、黎維定並冊封嗣王黎維禎，「思明府同知命隆平營守備清點隨行人員額數及隨身行裝，嚴查有無夾帶等弊，隨後陸續出關。」〔註 10〕中越邊境關、卡、隘、峒眾多，除中段龍州、憑祥一帶稍微平坦外，東、西段邊境地形複雜，叢林密佈，即便封禁也難以做到禁止私越。1840 年後，清政府為應對內外危機，在相當長的一段時期內無暇顧及「蠻疆」和「蠻防」，導致中越邊防餉需節減，管理鬆懈，駐軍萎縮，裝備陳舊，基本喪失戰鬥力。中越傳統習慣線長達 1000 多公里，沿邊多崇山峻嶺、原始森林，故鎮南關至龍州一帶成為中越交通的主要通道。清政府在此段邊境設關 109 處，分卡 66 處。清政府一般於關設「汛」，駐兵幾十人，於「卡」設「塘」，駐兵一般不會超過 10 人。以 100 多處駐防關、卡的數千兵勇管控 1000 多公里地形複雜、叢林遍佈的中越邊境，難度可想而知。如清初歸順州四邦隘僅有隘丁 16 名，且以土司土兵為主。該隘負責巡防之邊境地段地形複雜，山徑縱橫交錯，有幾十條之多，僅靠 16 名土兵查禁，顯然難以做到。再如崗隆隘，乾隆四十七年（1782 年）便發生過比較嚴重的邊境私越事件。熊學鵬在上奏中稱：「崗隆隘有安南廠徒擁入共三百二十名，稱係內地廣東民人，在送星廠傭工度日。今因廠眾星散，奔回逃生，形同乞丐。」〔註 11〕乾隆皇帝在批覆中稱，「此等游手無藉之徒，擅越外夷地界，日積日多，最易滋生患端，為患邊境」，「該省督撫」應「會同商辦，設法禁防，勿許再有竄越」〔註 12〕。乾隆皇帝從中看到了中越沿邊隘卡邊境偷越「辦理不善」的弊端，要求廣西巡撫李侍堯「即行切實查訊」，若「訊無別項為匪情節，自當分別安插」，可「分起發往烏魯木齊等處」〔註 13〕。

〔註 10〕　（清）鄔黑，明圖，周燦等撰：《使交紀事・正文》，第 18 頁。
〔註 11〕　《清高宗實錄》卷九八六，乾隆四十七年七月上，第 159 頁。
〔註 12〕　《清高宗實錄》卷九八六，乾隆四十七年七月上，第 159 頁。
〔註 13〕　《清高宗實錄》卷九八六，乾隆四十七年七月上，第 159 頁。

在中越宗藩體制下，清政府與越南之間長期維持著「親親」敦睦之誼，且中越實力懸殊，越南主動入侵清朝的概率很低。中越之間存在的一些邊境領土糾紛基本可在宗藩體制下予以暫時凍結或協調解決。只要越南謹守宗藩名分，清政府既不會入侵越南，也不會主動干預越南內政。在如此優良的地緣政治安全環境下，中越邊防基本不需重兵設防。然而，不需重兵設防非「有國無防」。中越之間不僅存在歷史形成的傳統習慣線，清政府還沿傳統習慣線中國一側則險要之地修築邊關、邊卡、邊隘和邊峒，構成了一條赫然存在的軍事邊防線。清政府雖無獨立的邊防軍建制，然中越邊境所屬沿邊府、廳、州、縣之駐防綠營卻基本充當著邊防軍的角色。在清政府設關置隘管理邊境的同時，越南一方也在中越邊境設卡築塞，管控邊境地區。康熙年間出使安南的清朝使臣稱，安南「有馬而無騎兵。兵分水陸，不分戰守。兵以象為重，每象額兵二百五十名，有正像奴一人，副象奴二人，其餘兵丁分別手持火器、刀槍。行軍則前後序進。戰則左右排列。凡交界之處、隘口要塞及衝要府、州、縣，皆撥大象鎮守。」〔註 14〕可見，即便在中越宗藩體制之下，越南作為屬國，其邊防也非完全虛設。

第二節　1840 年後廣西的「內防」危機

「蠻防」包括「邊防」和「內防」兩個層次。清政府不僅在「蠻疆」構築軍事邊防線，構建綠營駐防及汛塘分防體系，形成成熟有效的邊防體制，且在「蠻疆」腹地及腹裏以外的偏遠地區採用政治、經濟及文化等綜合措施加強邊疆社會控制，促進邊疆經營開發，以維護「內防」穩定。「內防」與「邊防」相互影響，相互作用。「邊防」需構建在有力的「內防」之上。邊防作為國防之外延，離不開邊疆穩定。邊疆社會秩序失控必然危機邊防安全，消弱邊防實力。穩定的「蠻疆」「內防」可有力保障邊防體系正常運轉，有效拓展邊防前沿的戰略縱深，保障邊防物資運輸通道安全。清政府「蠻疆」「內防」的主要任務在於防杜邊疆土司叛亂。「改土歸流」後，「蠻疆」土司數量驟減。在土司制度框架下，土司不僅需要承擔一定的稅負義務，還負有應召出征之責。土司由中央冊封，經中央政府同意可以世襲，與藩屬國一樣要嚴格遵守「以小事大」之名分。同時，土司領地相對封閉，政治統治模式與經濟、社會

〔註14〕 （清）鄔黑，明圖，周燦等撰：《使交紀事‧雜記》，第 30 頁。

發展自成體系，處於一定程度上的割據狀態。因而，「蠻疆」的大小土司、土目與清政府之間實際是一種藩屬關係，即「蠻疆」大小土司、土目構成了清政府的「內藩」。「內藩」同樣是清政府「以藩爲屏」邊防政策中的重要一環。「內藩」既是清政府「蠻防」建設依賴的對象，也是「蠻防」的「內防」對象。

除土司外，「蠻疆」「內防」的另一個重要任務在於防範各族人民的反抗，打擊盜匪，維護「蠻疆」社會穩定。「改土歸流」後，廣西境內大小土司數量驟減，土司對「蠻防」安全之威脅基本消除。1840 年後，廣西自然災害頻發，社會矛盾、民族矛盾交織，民無生計，轉而爲「匪」，成爲「蠻防」安全的主要威脅。源自廣西的太平天國運動，起事之初主要活動於廣西一帶，對「蠻疆」的社會秩序和「蠻防」安全造成了極大衝擊。太平軍遁出廣西北上後，「蠻疆」社會秩序有所恢復，然「匪患」迭發的社會根源依然如故。廣西依然處於「匪患」侵擾之中。1840 年後廣西迭發之「匪患」對「蠻防」安全構成極大威脅，不僅加重了「蠻疆」的「內防」壓力，且在一定程度上消弱了桂越邊防實力。

一、道光、咸豐年間廣西的「剿匪」活動

早於雍正初年，廣西一帶便出現會黨活動。清朝官方文獻記載，「粵西賊匪爲患，自道光初年，各府州縣已有結盟聯會匪徒。」〔註 15〕道光末年，廣西境內各地土匪蜂起，「通省群盜如毛」。各種會黨、盜匪「幾於無地無之，無時無之」〔註 16〕。據著名史學家謝興堯先生統計，金田起義前後流竄作亂於廣西各地的會黨、土匪多達 120 多股〔註 17〕。其中，李沅發起義是廣西地區在太平天國運動前夕發生的較大規模的一次農民起義。

道光二十九年（1849 年），湖南省新寧縣一帶暴雨成災，穀價高昂，鄉紳趁機盤剝至天災人禍橫行。當地人李沅發在民怨沸騰之下打起「劫富濟貧」旗號，成立「把子會」，發動起義並攻佔縣城後轉戰於湖南、廣西和貴州之間。道光三十年（1850 年）四月，清軍將其引回新寧瑤區後剿滅。然而，李沅發

〔註 15〕中國社會科學院近代史研究所近代史數據編輯室編：《太平天國文獻史料集》，北京：中國社會科學出版社，1982 年，第 94 頁。

〔註 16〕嚴正基：《太平天國史料叢編簡輯》（第一冊）《論粵西賊情兵事始末》，北京：中華書局，1961 年，第 3 頁。

〔註 17〕謝興堯：《太平天國前後廣西的反清運動》，北京：三聯書店，1950 年，第 47 頁。

起義對湖南與廣西交界地區的社會統治秩序造成一定衝擊。道光二十九年（1849年）十月廿八，廣西巡撫鄭祖琛在奏摺中提到，「現在湖南新寧匪徒滋事，膽敢人城戕官，猖獗已極，亟應多派官兵，星馳前往防堵，借爲楚省之聲援，即以防竄越之後路。」〔註18〕李沅發起義之初，清政府便擔心其竄入鄰省廣西的深山密林，成爲難以剿滅的「貓匪」。道光二十九年（1849年）十二月初四，湖廣總督裕泰在奏摺中稱：「新寧地方近接粵西，山徑叢雜，且訪聞已有與雷再浩報仇，並前往廣西勾結匪黨之語，尤不可不嚴密防範。是此時不急於收復城池，而在於堵截廣西去路。又查新寧縣之南四十里爲溢溪澳市，又三十里即名八十里山，林深菁密，最易藏好；縣池西九十里爲深衝，可通貓洞而入廣西。此皆極要隘處所，設使竄入深山，或勾結貓匪，則曠日持久，轉難收拾。」〔註19〕雖經嚴密佈防和設卡圍堵，李沅發起義軍最終依然竄入廣西境內。道光二十九年（1849年）十二月二十八日，湖廣總督裕泰奏稱：「乃現經馳奏新寧破城之後，廣西貓兒山及新寧羅遠桐各地方，又有另股匪徒潛匿滋擾，且訊據現獲各犯供稱，有廣西五排人李沅寶，聽聞李阮發已被焚殺，定期分股前往新寧爲李沅發報復等語。」〔註20〕到道光三十年（1850年）正月三十時，李沅發起義軍已「由城步之蓬峒、黃茅坪逃赴廣西之地林頭山石一帶地方，復竄入龍勝屬之馬蹄、李孟、江口，距廣西義寧縣之芙蓉隘數里，距城步之橫水隘十三里。」〔註21〕直到道光三十年（1850年）二月，廣西巡撫臣鄭祖深和廣西提督臣閔正鳳奏稱：「爲楚匪竄至黔粵交界之水口，經粵省官兵攻剿，大獲勝仗，生擒匪犯四十餘名，殲斃二百餘名，奪獲旗幟、炮械、馬騾、藥鉛百數十件，賊鋒已挫，仍飭官兵乘勝追擒，協同楚黔兩省剿捕。」〔註22〕在湘、桂、黔三省官軍合力圍剿下，李沅發起義軍最終被徹底剿滅。李沅發被檻送京師後凌遲處死，梟首示眾。

　　1840年後，曾有不少西方傳教士到廣西傳教，從其日記、報告、書信及著述中可看到廣西「匪患」到底有多麼嚴重。鴉片戰爭後數年之間，廣東、

〔註18〕軍機處錄副奏摺：《鄭祖琛奏派兵防堵新寧義軍摺》，中國第一歷史檔案館編《清代檔案史料叢編》（第二冊），北京：中華書局，1982年，第6頁。
〔註19〕宮中朱批奏摺：《裕泰奏新寧義軍戕官據城及剿堵情形摺》，中國第一歷史檔案館編《清代檔案史料叢編》（第二冊），第14頁。
〔註20〕宮中朱批奏摺：《裕泰奏新寧義軍進人廣西摺》，第47頁。
〔註21〕宮中朱批奏摺：《裕泰奏義軍進人廣西交界及辦理情形摺》，第58頁。
〔註22〕宮中朱批奏摺：《鄭祖琛等奏官兵得獲勝仗並添調兵勇摺》，第79頁。

湖南等省大批破產的農民、手工業者及被裁汰的義勇流向廣西，多落地爲匪。
〔註23〕19 世紀 40 年代後，廣東鎮壓海盜，導致大量海盜遁入廣西各河道爲匪。
同治四年（1865 年），《廣西新聞》上的一則消息提到：「有英人偉烈亞力、普
魯士人公孫二位先生在省城雇船載書上西江，至梧州復雇船欲上桂平境派
書。詎料離梧後，在蒙江白馬問十二磯狹隘之地，遇賊突跳過船將書箱拆開。」
〔註24〕可見，西江流域成爲傳統土匪和遊勇活動的重要地區，其不僅打劫過
往華人，亦對過往洋人毫不手軟。

　　道光、咸豐年間，廣西「匪患」呈愈演愈烈之勢，對「蠻疆」社會穩定
和「蠻防」安全構成極大衝擊。爲維護「蠻疆」穩定和「蠻防」安全，咸豐
皇帝即位不久即著手布置圍剿廣西各地「匪患」。道光三十年（1850 年）正
月十五，正在安排道光皇帝葬禮事宜的咸豐皇帝接到廣西巡撫鄭祖琛奏報
稱，去年冬天在湖南新寧一帶流竄之「楚匪」，「結會糾黨，戕官據城」，前
不久已竄入廣西，「東突西衝，勢甚猖獗」，在官軍圍剿下「已無路可奔，逃
回深峒，尙復據險以守」。咸豐皇帝立即做出批覆，認爲「賊勢窮蹙，正可
乘勢追剿，以期淨絕根誅」，要求鄭祖琛「嚴飭文武員弁，會同楚兵分路兜
剿」，希望廣西方面在「其要隘處所確探路徑，奮力夾攻，不難一鼓成擒，
克期奏捷」〔註25〕。五月初六，咸豐皇帝自湖廣總督裕泰、廣西巡撫鄭祖琛
及湖南提督向榮聯名發出的奏報中得知「楚匪」已於四月廿二被徹底肅清，
匪首李沅發被生擒。

　　然而，此後廣西「匪患」發展之勢卻大出咸豐皇帝所料。廣西之「匪」
越剿越多。剿滅「楚匪」不久，咸豐皇帝即接到廣西方面奏報稱，前度「楚
匪」擾亂，近來「各府匪徒乘間四起。」〔註26〕接報後，咸豐皇帝大爲震驚，
在批覆上諭中指出，「果如此等情形，賊之害民已極」，嚴斥鄭祖琛「奮力嚴
拿，分路掩捕，不得任其裏脅勾結，坐使滋蔓難圖」〔註27〕。五月十九日，

〔註23〕嚴正基：《太平天國史料叢編簡輯》（第一冊）《論粵西賊情兵事始末》，第 3
　　　　頁。
〔註24〕〔英〕湛約翰：《中外新聞七日錄》，《廣西新聞》，同治四年（1865）五月初
　　　　一日。
〔註25〕《清文宗實錄》卷一，道光三十年正月上，北京：中華書局，1985 年，.第 70
　　　　～71 頁。
〔註26〕《清文宗實錄》卷九，道光三十年五月上，第 167 頁。
〔註27〕中國第一歷史檔案館編：《清政府鎮壓太平天國檔案史料》（第一冊），北京：
　　　　光明日報出版社，1990 年，第 1 頁。

來自廣西的一封奏報令咸豐皇帝對該省「匪患」有了更爲深刻的認識。接報後，咸豐皇帝再次嚴斥鄭祖琛「按照摺內所指賊匪姓名，實力查拿，盡法懲辦」〔註 28〕。爲加強剿匪力量，咸豐皇帝恩准鄭祖琛的增兵建議，要求其會同廣西提督閔正鳳「實力捕拿」〔註 29〕，不留「餘孽」。

咸豐皇帝繼位之初即對廣西「匪患」給予高度關注，頻發指示，一再督促，然廣西「匪患」不僅難以根除，且愈成加劇之勢。不久，鄭祖琛奏報稱，七月十九當天「匪徒」一股自象州流竄至修仁縣城，「拒傷委員兵壯人等」大量，旋即「竄至荔浦地方」。廣西匪患開始由圍城打劫的「盜匪」發展成敢於抵抗官府的「會匪」。考慮到此前承擔廣西剿匪重任的向榮部此時已折返湖南，咸豐帝認爲僅靠廣西力量難以根除「匪患」，諭令前任雲南提督張必祿自四川本籍迅即前往廣西協同幫辦會剿。咸豐皇帝依然不放心，兩日後命留防湖南的向榮部回調湘粵交界處「督同防剿」〔註30〕。

然而，廣西的「匪患」形勢依然在持續惡化。八月十一，鄭祖琛奏報稱荔浦失陷，「右江各屬盜風四起，股數甚多」。鑒於廣西全域大有糜爛之勢，咸豐皇帝於九月初八諭令湖廣總督裕泰遴選精兵 2000 名馳援廣西，還命湖南巡撫駱秉章提供協餉 10 萬兩，連同戶部撥銀 20 萬兩一併解往廣西。九月廿四，咸豐皇帝再次諭令雲貴總督程矞調遣滇兵 2000 名增援廣西。另外，咸豐皇帝還啓用林則徐爲欽差大臣主持廣西剿匪事宜，希望林則徐「迅速奏功，毋致勞師糜餉」〔註31〕。風燭殘年的林則徐不久病逝於廣西剿匪的欽差任上。咸豐皇帝調兵遣將，大力加強了廣西的剿匪力量，且取得了一定成效。然廣西「匪患」依然嚴重，一股剿滅，一股旋生。如九月十六日，咸豐皇帝接到在官軍和團練追剿下巨魁陳亞貴在賓州就擒捷報的同時，還接到了「太平、慶遠各屬賊匪股數眾多，現復竄入永康州劫獄」〔註32〕的新告警。

〔註28〕　中國第一歷史檔案館編：《清政府鎮壓太平天國檔案史料》（第一冊），第 1 頁。
〔註29〕　中國第一歷史檔案館編：《清政府鎮壓太平天國檔案史料》（第一冊），第 2 頁。
〔註30〕　中國第一歷史檔案館編：《清政府鎮壓太平天國檔案史料》（第一冊），第 22 頁。
〔註31〕　中國第一歷史檔案館編：《清政府鎮壓太平天國檔案史料》（第一冊），第 65 ～66 頁。
〔註32〕　中國第一歷史檔案館編：《清政府鎮壓太平天國檔案史料》（第一冊），第 80 ～81 頁。

二、清政府對「金田會匪」的早期圍剿

　　咸豐皇帝布置廣西「剿匪」近一年，然廣西「匪患」如故。「金田會匪」發展壯大並北上後，廣西「剿匪」事宜因鎮壓太平天國運動暫時擱置。中法戰爭後，清政府裁汰軍隊，因安置不當，大量被裁兵丁流竄廣西邊境落地成匪，進一步加劇了廣西「匪患」。直到清末，廣西「匪患」依然未得根除。1840年後，海防和塞防頻頻告警，在內憂外困中奮力掙扎的清政府對基層社會之控制相對減弱。廣西作為邊疆民族省份，基層控制機制更容易失靈。「匪患」迭發之勢不僅加大了「蠻防」的「內防」壓力，且在一定程度上消弱了「蠻疆」的邊防實力。尤其是造成 1840 年以前圍繞「改土歸流」所形成的邊疆管控、邊疆開發與邊防建設良性互動的「蠻防」安全機制被打破，導致廣西「蠻防」的地緣安全環境日趨惡化。

　　在對廣西「匪患」進行清剿的同時，一股長期未得到清政府重視的「匪患」逐漸發展成後來動搖清朝統治根基的大規模農民起義。太平天國運動發源於廣西，初稱「拜上帝會」，永安建制後改稱「太平軍」。咸豐皇帝對廣西「匪患」疲於應對之時，「拜上帝會」領導的「金田起義」已經發生。道光三十年（1850 年）冬月初五，鄭祖琛在奏摺中第一次向咸豐皇帝提及「金田會匪」稱：「桂平縣屬之金田村、白沙、大洋，並平南縣屬之鵬化、花洲一帶及鬱林州屬，現據該州縣稟報，均有匪徒糾聚，人數眾多。」〔註 33〕此時，前任廣西提督鄭必祿與同署周鳳岐督率貴州鎮遠鎮官兵 1200 名到達柳州。鑒於桂平一帶「匪患」之重，鄭祖琛「飛諮該提督親行統帶，馳赴桂平、平南相度機宜，督傷剿辦。」〔註34〕

　　此時，鄭祖琛尚不知曉「拜上帝會」為何物，僅將「拜上帝會」視作勢力較強的一般「土匪」，更不會料到「金田會匪」會發展成強烈衝擊王朝秩序的疾風暴雨。從調兵規模來看，鄭祖琛其實未對該股「土匪」等閒視之。其調兵規模達到了 3000 名，其中包括前來馳援的貴州精兵 1200 名。鄭祖琛關於「金田會匪」的奏報起初亦未引起咸豐皇帝重視。因為，咸豐皇帝在給鄭祖琛的回覆中對潯州一帶「匪患」隻字未提。不久，鄭祖琛在奏報中再次提到桂平、平南等地「訪聞匪徒糾聚拜會，人數眾多，內有老

〔註33〕中國第一歷史檔案館編：《清政府鎮壓太平天國檔案史料》（第一冊），第 94 頁。
〔註34〕中國第一歷史檔案館編：《清政府鎮壓太平天國檔案史料》（第一冊），第 96
　　　～97 頁。

幼婦女被其誘脅從行」，且鬱林之「匪」有與金田之「匪」合流之勢〔註35〕。
可是，鄭祖琛的再次奏報仍然未引起咸豐皇帝對「拜上帝會」的特別關注。
咸豐元年（1851 年）初，咸豐皇帝在暫署廣西巡撫勞崇光的奏摺中再次看
到了金田村「匪徒」「糾聚拜會，人數眾多」的奏報，依然僅批覆「知道了」
三個字〔註36〕。

　　直到咸豐元年臘月初三（1851 年 1 月 4 日），咸豐皇帝才在徐廣縉的奏
摺中看到「拜上帝會」的嚴重性。隨後，咸豐皇帝在給徐廣縉的批覆中做出
部署，要求「廣西平樂、柳州一帶自陳亞潰（貴）就擒，漸見安哉，惟潯州、
慶遠、思恩等府賊數眾多，兵力較單，自應擇要並力攻圍，以期迅速蕆事」
〔註37〕。咸豐元年臘月初十（1851 年 1 月 11 日），「拜上帝會」在金田誓師，
由「會匪」發展成爲以顛覆清政府統治爲目標的武裝集團，正式拉開了太平
天國南征北戰的大幕。然而，從批覆中可看出，咸豐皇帝與鄭祖琛一樣仍然
僅將潯州之「匪」看做同慶遠、思恩等處差不多的一般「匪患」。直到向榮
和勞崇光等將「柳州、慶遠諸賊殲除殆盡」，咸豐皇帝才開始將廣西剿匪重
心移向潯州之「拜上帝會」。咸豐元年臘月十八（1851 年 1 月 19 日），咸豐
皇帝首次對潯州「匪患」下達圍剿批示，要求廣西方面「得集兵力，分路兜
捕」〔註38〕，以求將潯州「匪患」一鼓殲滅。

　　在李星沅和向榮依照咸豐皇帝最高指示積極籌劃潯州剿匪事宜之時，冬
月十六（12 月 27 日），金田「會匪」3000 餘人對駐守平南思旺虛以阻遏其向
西江下游發展的清軍發起了進攻，逼迫清軍退守平南縣城。咸豐元年正月初
五（1851 年 2 月 5 日），咸豐皇帝在上諭中指出，「廣西潯州府屬金田村之賊
首韋正、洪秀全等，恃眾抗拒，水陸鴟張」，「聚集精兵，全力攻剿」，不僅全
面肯定了李星沅集中三省援兵重點清剿潯州「會匪」的做法，且冀望李星沅
等取得「掃穴擒渠，餘匪聞而膽落」的戰績。爲迅速剿滅金田「匪患」，咸豐
皇帝「著由內務府廣儲司給發內帑銀一百萬輛，做速解往大營備用。」〔註39〕
得到咸豐皇帝全力支持的李星沅，爲不孚聖望，命陛見出京的貴州鎮遠鎮總

〔註35〕中國第一歷史檔案館編：《清政府鎮壓太平天國檔案史料》（第一冊），第 103 頁。
〔註36〕中國第一歷史檔案館編：《清政府鎮壓太平天國檔案史料》（第一冊），第 108 頁。
〔註37〕中國第一歷史檔案館編：《清政府鎮壓太平天國檔案史料》（第一冊），第 121 頁。
〔註38〕中國第一歷史檔案館編：《清政府鎮壓太平天國檔案史料》（第一冊），第 128 頁。
〔註39〕內務府奏銷檔：《內務府奏遵旨動撥內帑銀兩給發廣西軍需摺》，中國第一歷
　　　史檔案館編《清代檔案史料叢編》（第一冊），第 1 頁。

兵秦定三接報後「迅赴廣西,協同向榮督兵分剿」,再次要求「揀派得力將棄管帶」貴州精兵1000名前來援剿。

咸豐二年冬月十一(1852年1月1日),貴州副將伊克塔布率領增援廣西之黔兵一部進剿金田「賊巢」,萬餘「會匪」傾巢而出。黔兵「眾寡不敵,力難抵禦」,致伊克塔布斃命,戰死千總、把總和外委多員。在總兵周鳳岐的「竭力援應」下,清軍「拒戰一日一夜之久」,「槍斃賊匪數十人」,「賊始遁去」〔註40〕。面對廣西各處「匪患」,李星沅在「輕重緩急之間」經過仔細權衡認為「以金田村大股會匪相提並較,自應先其所急」〔註41〕。李星沅隨即對金田剿匪事宜做出緊急部署,將尚在廣西各地「剿匪」的2000滇兵悉數調往潯州。從兵力投入看,此時參與會剿金田「會匪」的清兵已達6000人之多。與此前廣西「剿匪」相比,對「金田會匪」之圍剿顯然超出了一般的「匪患」範疇。

即便清政府為鎮壓「金田會匪」調集了數省兵力,乃至後來還調動遠在安徽的兵員前來增援,此時清政府的國家機器依然在應對廣西「內防」危機中運轉得力。從清政府圍剿「金田會匪」的軍事部署看,即便在「拜上帝會」發展初期亦難憑藉廣西一省兵力予以剿除,不得不調集臨近之廣東、湖南、貴州和雲南諸省兵力增援。在各省援兵陸續赴桂過程中,金田「會匪」已發展成一股實力強大的武裝集團。「金田會匪」對廣西近一年的攻伐不僅嚴重消弱了清政府對廣西的社會控制能力,還嚴重消弱了廣西的邊防實力。尤其是「金田會匪」發展成為與清朝抗衡十幾年的獨立政權後,在大江南北與清軍相互攻伐,極大消弱了清政府的國家實力與國防力量,導致廣西邊防陷入日益空虛而無力加強的困境。從「蠻防」安全角度看,「金田會匪」及其他各地所謂「匪患」的存在都使廣西邊防不得不面對秩序失控的戰略後方,不僅使廣西「內防」壓力驟增,且在一定程度上加重了其邊防危機。19世紀70年代後,法國之所以加速侵越步伐,在相當程度上便是看到了清政府忙於鎮壓太平天國而廣西邊防相對空虛帶來的戰略機遇。

〔註40〕中國第一歷史檔案館編:《清政府鎮壓太平天國檔案史料》(第一冊),第117~118頁。

〔註41〕中國第一歷史檔案館編:《清政府鎮壓太平天國檔案史料》(第一冊),第131~132頁。

第三節　中法戰爭前的中越邊境管理事件

　　有清一代，中越陸路邊境雖存在由關、卡、隘、峒構成的軍事邊防線及以巡邏、會哨爲主的邊境管理機制，然中越間地形複雜，山高林密，故邊境「匪亂」及偷越國界等邊境管理事件時有發生，乃至引起中越間的政府交涉。1840年後，越南逐漸成爲法國的侵略目標。隨著法國對越南侵略步伐的加速，越南國內民族矛盾和階級矛盾相互交織，社會秩序日趨動盪。在此背景下，越南北圻「匪患」迭發，對中越邊境構成滋擾。中法戰爭以前，爲清除邊境匪患，維護邊防安全，清政府曾應越南請求數次入境越南剿匪。在邊境管理事件處置中，清政府作爲「天朝上國」往往本著不干涉屬國內政之原則，履行「以大字小」之本分，而越南政府也非常注意維護中越宗藩關係之大局，恪守「以小事大」之名分。故而，中越間的「匪患」及偷越等邊境管理事件往往能在宗藩體制內得以協調解決。

　　中越之間不僅在宗藩體制下存在傳統習慣線和軍事邊防線，而且擁有各自的邊境管理體制。中越邊防駐防官兵平時巡邏邊境，定期會哨，對除東、西段以外的其他邊境地段進行有效管控。其中，中越邊境管理中一個重要任務在於嚴禁私越，打擊盜匪。清政府繼承了歷代依託邊防哨卡等管理邊境的基本模式，對私越國境者和流竄過境的盜匪往往予以嚴懲。中越之間除龍州、憑祥一帶中段邊境地勢稍平坦外，東、西段邊境地形複雜，山高澗深，叢林密佈。中越兩國在東、西段設防既少，且難長期固守，以致很多邊關、邊卡、邊隘和邊峒等軍事據點或旋設懸廢，或年久失修而勉強爲用，或荒棄廢置於熱帶叢林高山峽谷的叢林密菁之中。

　　嘉慶七年（1802年），阮朝取代黎朝與清政府再度確認宗藩關係，嘉慶皇帝賜改「安南」之名爲「越南」。直到光緒十一年（1885年），清政府與越南的宗藩關係在名義上結束爲止，雙邊宗藩關係在1840年後維持了40多年。在此過程中，清朝和越南俱在西方列強欺凌下陷入嚴重的內憂外患中，兩國依託宗藩體制所營造的地緣政治安全格局受到西方列強的強烈衝擊。爲鞏固「蠻防」安全，清政府需維護中越宗藩關係。越南也需在抗擊法國入侵中得到清政府的幫助，也希望維持中越宗藩關係。爲此，清政府與越南在宗藩體制內開展合作，清剿邊境匪亂，處理邊境管理事件。整體來看，受地緣政治安全環境變化影響，嘉慶七年（1802年）後中越邊境以「匪患」爲主的邊境管理事件依性質種類及發生頻度可分三個階段。

　　嘉慶七年（1802年）到嘉慶二十五年（1820年）為第一階段。中越邊境此時相對平靜，見諸史籍的邊境事件很少。即便偶有事端，也很快被勘定。如嘉慶十四年（1809年），越南太原地區群盜蜂起，且有中國人參與其中。越南官軍前往鎮壓，「斬匪左將趙文清（清人）、右將農亞內及其部屬百餘人，俘18人」〔註42〕。嘉慶二十三年（1818年），越南匪徒高羅衣在雲南臨安府所屬藤條江一帶為非作歹，清政府迅速調兵將其鎮壓。其侄高老五逃脫後在藤條江以外糾集餘眾搶掠邊境土司，僭越稱王，封官賜職，窺伺臨安城。聞報後，清政府迅速調集附近官軍圍剿，要求南掌（老撾）和越南告誡各自「邊目嚴防邊界」〔註43〕。翌年（1819年），清軍生擒高老五及其部下，將之全部處決，此事遂平。〔註44〕可見，嘉慶年間，中越邊境相對安定，即便偶有邊境匪徒及私越事件騷擾，清政府亦能依託「蠻防」機制予以迅速剿除。

　　道光元年（1821年）至道光三十年（1850年）為第二個階段。此時，中越邊境「匪患」數量趨多。1840年以後，清政府裁減廣東水師義勇不當，導致大量義勇兵丁流落廣西等地內河，落地為匪。其中，一些兵匪流竄滋擾於中越邊境地區。同時，越南北圻地區的匪患也日趨嚴重，在越南政府的清剿下，偶有遊匪私越出境，遁入中國邊境。如道光七年（1827年），越南「夷匪巴榮等在該國水陸地方肆行劫掠」。兩廣總督李鴻賓接報後立即上報清政府，嚴命水陸提督派管帶精兵在中越沿邊隘口「防範堵禦」嚴防匪徒「竄入界內」，擾亂「蠻防」，等越南完全將其剿除後，「再行撤回」。接到奏摺後，道光皇帝諭令雲南方面水路並重，嚴防要隘，要求邊防將兵「不可稍涉大意」，「不准喜事貪功，致生邊釁」〔註45〕。

　　道光八年（1828年）春，雲南方面在中越邊境同時破獲了兩個「謀逆」團夥」。一個是以王世林為首的「謀逆」團夥。該團夥與徐敖、王受常等人籌備竄逃到越南小潮一帶舉事抗清，自封為王，打算刻一顆「受命於天，既壽永昌」的玉璽。另一個是以趙應隴為首的「謀逆「團夥。道光七年（1827年），趙應隴與李映川諸人籌劃舉事稱王，打算「自小潮糾惑眾夷，搶為巢穴，至內地開化舉事」。雲貴總督阮元得報後，立即遣兵拿獲王士林和李映川一干人

〔註42〕〔越〕阮朝國史館官修：《大南實錄·正編》第一紀卷三七，日本慶應義塾大學影印版。

〔註43〕《清仁宗實錄》卷三四零，嘉慶二十三年三月，第495～496頁。

〔註44〕《清仁宗實錄》卷三四三，嘉慶二十三年六月，第532～533頁。

〔註45〕《清宣宗實錄》卷一二一，道光七年七月上，第1036頁。

等，從速審訊定罪。趙應隴卻在逃未獲，阮元除下令繼續搜捕外還要求越南方面協同查捕。〔註 46〕阮元考慮到越南小潮地方跟「內地邊界接近，難保無匪類潛蹤」，本打算「照會該國王查辦」，然此時屢經雲南沿邊各處嚴查搜緝，「邊界已可靜肅」，決定不再照會越南方面，「以當簡便」。道光皇帝在上諭中高度認同阮元主張，還強調中越邊境要做到「鎮靜而有防」，切忌「邀功肇釁」〔註 47〕。

阮朝取代黎朝後，黎朝貴族及官員對阮朝的反叛活動一直存在，也對中越邊防產生了一定影響。其中，以黎維良和農文雲為首的反阮活動對中越邊境影響最大。道光十三年（1833 年）秋，道光皇帝得報「越南所管之水尾土州。於四月間夷匪蜂起。土州帶練攻逐探係越南黎維祁之族人黎維煥、先受封職被殺。黎維良、黎維然等、與北勝土司郭必功、郭必在等要結土民。由清化地方起事。直趨興化富春因之各處土夷煽惑」後，鑒於「開化沿邊，與越南水尾及都竜等處接壤，臨安府亦與越南相接」的形勢，要求「分飭文，酌撥弁兵目練協同汛卡。巡查要隘。督率邊民。互為防範」，還考慮到「廣南府亦通越南，並令一體巡防」，而「開化臨安。邊地廣袤。均與該國犬牙相錯。廣南亦路徑相通。必應嚴密巡防勿令竄越」，以防「黎維良等夥黨」，「事敗潰散。逃入邊疆」，要求伊里布等「督率兵練稽查要隘。小心防範嚴防漢奸乘間煽惑。如有夷匪及越南兵練追逐至境。立即驅逐攔截。不准一名竄入。亦不准妄殺一人。倘該地方員弁邀功妄殺。以致另滋事端。定當從重治罪，如有叩關請兵情事即應正詞拒絕」，因為「天朝撫御萬邦一視同仁。斷無相助之理」〔註 48〕。

是年底，兩廣總督盧坤得知「越南國黎氏後裔黎維良，糾合北勝土司，勾結土民，在清化地方起事」〔註 49〕。與此同時，越南國諒平巡撫黃文權向盧坤稟報稱：「有保樂州農文雲，聚黨謀匪，國王派兵征剿，誠恐奔竄，請乞拿究。」〔註 50〕得報後，盧坤立即「飭署太平府知府慶吉前往巡查，探聞該國保樂州阮有魁帶兵攻打牧馬。九月初，諒山鎮夷官黃文權帶兵救援敗績，沿途雖設有排柵，地方遼闊，兵力少單，已飭龍州地方雇募鄉勇，並派兵前

往隘口，嚴密防禦」〔註 51〕。道光皇帝得悉越北局勢後要求中越邊防嚴查邊隘，禁止「夷匪」竄入，禁止「越境妄殺，致滋釁端」。〔註 52〕隨後，盧坤在上奏中認爲，若越南國王請求支持，本應「正詞拒絕」，然鑒於「該國王恭順」，亦不便完全回絕，可以清軍多北人不習越南水土爲由婉言回覆，明確表明清軍「整旅境上，遙爲聲援，該國王當臥薪嚐膽，招集本國忠義匡復，而天朝之兵斷不爲出」的支持立場。道光皇帝在批覆中認爲盧坤此舉「深識大體」。越南阮朝剿平黎維良「叛亂」後，派大軍深入保樂，逼迫農文雲帶領部下及餘眾要麼逃匿山林，要麼私潛中國「蠻疆」。農氏部屬中一部被清軍堵獲後再三央求入境避難。中越邊防清軍對此斷然回絕。〔註 53〕

道光十四年（1835 年），軍機大臣祁貢奏稱：「署太平府慶吉等於上年十一月二十八日，巡察至水口關，忽有百餘人偷爬關旁柵牆，意圖潛入，經該員等攔阻盤詰，傳令客民認識，始知悉皆夷人。該客民顧大利並指稱其中一人，即係七泉夷州知州阮克和。投順保樂，帶兵交戰，因被劫情急，商同詐稱內地民人，求放入關，全活性命。」〔註 54〕慶吉等不僅「示以大義，告伊爾等夷人自相內構，與天朝無涉，斷難放進」，而且「嚇以若久纏不去，只可綁交夷官」〔註 55〕。聽此，阮克和等悻悻而去。道光十四年（1835 年）正月，祁貢奏稱，「上年十一月間」，肆虐越南「保勝州夷匪農文雲等」已被越南國基本蕩平，然農文雲意圖「攜挈妻小夥匪百餘人，向雲南邊地投竄」，故越南國來文請求清政府協同「拿解」。〔註 56〕道光皇帝接到奏報後，在道光十四年（1835 年）二月發出諭令，要求中越邊防「一體堵緝」，一旦拿獲即將農文云「縛交該國自行懲辦」。〔註 57〕道光十五年（1835 年）四月，兩廣總督盧坤奏稱，越南國農文云「叛亂」「將及兩年」終於被越南官方徹底剿平，現將「拿獲該國夷匪八十八，均已解交該國辦理」，同時令此前「添防弁兵」，「分別撤回」，「雇募鄉勇」及「調集土兵」亦「均照所議辦理」〔註 58〕。

〔註 51〕《清宣宗實錄》卷二四五，道光十三年十一月，第 690 頁。
〔註 52〕《清宣宗實錄》卷二四五，道光十三年十一月，第 690～691 頁。
〔註 53〕《清宣宗實錄》卷二四五，道光十三年十一月，第 691 頁。
〔註 54〕《清宣宗實錄》卷二四八，道光十四年正月，第 738 頁。
〔註 55〕《清宣宗實錄》卷二四八，道光十四年正月，第 738 頁。
〔註 56〕《清宣宗實錄》卷二四九，道光十四年二月，第 750 頁。
〔註 57〕《清宣宗實錄》卷二四九，道光十四年二月，第 750 頁。
〔註 58〕《清宣宗實錄》卷二六五，道光十五年四月，第 76 頁。

　　咸豐元年（1851 年）到光緒十一年（1885 年）爲第三階段。此時，中國和越南在西方侵略下內憂外患的地緣安全危機日趨嚴峻。中越邊境亦深受影響，邊境私越、匪徒越境等邊境管理事件不僅頻度呈現多發之勢，且種類亦呈多樣。咸豐元年（1851 年）初，「拜上帝會」在廣西「謀反」。即位不久的咸豐皇帝立即謀劃鎮壓，命新任欽差大臣李星沅等及廣西地方官員通告越南，做到「自行保衛，以免越境滋擾」〔註 59〕。與此同時，清代中期以來，廣西邊境一帶一直存在活動頻繁的「會匪」。咸豐皇帝繼位後在廣西大力「剿匪」，導致廣西境內一些「會匪」竄入越南。越南稱其爲「客賊」。在咸豐皇帝大力清剿「金田會匪」時，越南方面「客賊廣義堂、六勝堂、德勝堂」等「騷擾太原」，越南阮朝派員前往將其招降。從該處「客賊」「堂」之稱謂看，其應爲活動於廣西邊境一帶「天地會」餘黨。

　　越南北圻與中國兩廣土地相接，氣候相近，自古便是蝗災多發地區。咸豐初年，因蝗災頻發，越南北圻相繼發生了「蝗賊」〔註 60〕之亂和「奉賊」〔註 61〕之亂。「蝗賊」與「奉賊」之亂幾乎與太平天國運動同時發生，直到咸豐十一年（1861 年）才被阮朝剿滅，持續滋擾長達 6 年之久。越南國內局勢持續動盪並對「蠻防」安全構成滋擾。爲防止越南北圻「匪患」影響廣西邊防安全，迅速恢復廣西社會統治秩序，清政府認爲「蠻觸相爭，惟當防其內寇，著瑞麟等飭令欽州沿邊文武，遴撥兵弁及五峒各團練丁，扼要嚴爲之備，以期自固藩籬」〔註 62〕。

　　同治六年（1867 年）後，隨著太平軍在全國範圍內被基本剿平，清政府開始加強對「捻軍」等農民起義的清剿。廣西方面則加強了對轄內天地會等「會匪」的清剿力度。在清政府圍剿下，廣西、廣東的天地會餘黨大量遁入越南。如劉永福和吳亞忠等天地會餘黨此時先後遁入北圻。甫經叛亂且面臨法國步步進逼的阮朝此時無力清剿流竄越北的「天地會」，於是籲請清政府派兵助剿。清政府爲「保護藩封」，「懷柔遠人」，前後五次進入越南助其剿匪。此時中越之間還發生了廣東地方官員李揚才的叛亂擾越事件。光緒五年（1879 年），「糾眾出關，肆擾越南」的李揚才被清軍在越南拿獲後押解桂林。清政

〔註 59〕《清文宗實錄》卷二八，咸豐元年二月下，第 294 頁。
〔註 60〕「蝗賊」指蝗災引發的農民叛亂。
〔註 61〕「奉賊」指越南人謝雯奉冒充黎朝後裔發起的叛亂活動。
〔註 62〕《清穆宗實錄》卷一三三，同治四年三月中，北京：中華書局，1985 年，第 146 頁。

府認為「逆首李揚才以武職謀叛，輒敢糾眾出關，肆擾越南，奪隘踞險，抗拒官軍，實屬罪大惡極。現在既經拿獲」，應將「該犯」押解「廣西省城正法」〔註63〕。光緒六年（1880年）後，法國對越南之侵略加劇，給中越邊防帶來的壓力也日趨增大。隨著中越邊防危機的加深，清政府為貫徹「保藩固圉」的邊防政策不斷增加在越南北圻的駐軍。中法戰爭結束後相當長的一段時間內，中越邊境一直處於戰亂頻仍的動盪之中，「匪患」頻發的狀況長期存在。

第四節　中緬宗藩關係下的中緬邊防

　　清政府在宗藩體制下通過貫徹「以藩為屏」的邊防策略將屬國構築為維護邊防安全的第一道防線，而將沿傳統習慣線中國一側構建的軍事邊防線作為維護「蠻防」安全的第二道防線。依託宗藩體制形成的第一道防線可對軍事邊防線形成的第二道防線構成有效的屏蔽與保護。1840年以後，西方強國欲進入「蠻疆」時，需首先突破清政府依託宗藩體制構築的第一道防線。因此，宗藩體制的「蠻防」價值彌足珍貴。即便緬甸、越南等屬國國力有限，無法對西方侵略形成有效抵抗，然宗藩關係之存在依然能在一定程度上起到屏蔽第二道防線的作用。正因如此，為維護「蠻防」安全和「蠻疆」穩定，清政府向來重視維持與越南、緬甸等鄰國的宗藩關係。中越、中緬宗藩關係也是清政府在「蠻疆」及「蠻防」中實施「以藩為屏」邊防策略的戰略基石。

一、中緬宗藩關係溯源

　　緬甸地處亞洲東南部，中南半島之西，在北部和西部分別與中國西藏和雲南接壤。史料記載，中緬兩國交往至遲始於漢代。東漢稱緬甸為撣國。永平二十年（69年），東漢明帝設置永昌郡後中原王朝對雲南的統治大大加強，中緬關係始獲迅速發展。東漢永元九年（97年）、元初七年（120年）和永建五年（130年），撣國國王先後三次遣使來華，帶來珠寶、音樂、魔術和雜技。東漢政府回贈以「金印紫綬」。此為中緬建立正式邦交關係之始。此後，歷朝歷代對緬甸之稱謂時有變化。如唐政府稱緬甸為「驃國」，宋政府稱其「蒲甘」，元政府稱之「緬國」，明政府始稱其「緬甸」。中緬歷史關係與中越存在較大

〔註63〕《清德宗實錄》卷一零三，光緒五年十一月上，北京：中華書局，1985年，第532頁。

不同。越南在宋代以前曾長期處於中原王朝統治下，而緬甸除元政府曾短暫設置過緬中行省〔註64〕外長期維持獨立狀態。

　　緬甸接壤雲南，故中緬關係受中原王朝對雲南統治情形影響很大。明代以前，無論在秦漢邊郡制度下，還是在唐宋羈縻州制度中，中原王朝對雲南之施治終未超出羈縻安撫範疇。受此影響，中原王朝遲遲未與緬甸建立起如中越那般成熟而緊密的宗藩體制。另外，中原王朝長期未將緬甸納入宗藩體制也在一定程度上表明中原王朝對雲南之控制相對弱於廣西。故而，中緬邊防因無宗藩體制庇護而面對相對較大的壓力。清代中緬宗藩關係之建立可以說是經歷長期隔膜、戰爭、對立及觀望後雙邊關係發展的里程碑。

　　清代前期，清緬宗藩關係因李定國攜桂王朱由榔入緬長期中斷。順治十八年（1661年），「李定國走孟良，不食死。緬酋莽應時縛由榔以獻，遂班師。緬自是不通中國者六七十年。」〔註65〕此種情形到緬甸雍籍牙王朝（1752年～1885年）建立後發生變化。雍籍牙王朝企圖恢復東籲王朝時對緬北土司的統屬。然而，經雍正年間大規模「改土歸流」後，清政府對邊境跨境土司及其轄地控制明顯加強。清政府鞏固「蠻防」的經營必然阻礙雍籍牙王朝的北向戰略。清緬間的戰略矛盾在乾隆年間變得難以調和，最終在乾隆三十年（1765年）到乾隆三十四年（1769年）間爆發了四次較大規模的邊界戰爭。清緬暫時達成「老官屯協議」〔註66〕後，戰事甫告結束。此後，清朝忙於應對大小金川之亂，而雍籍牙王朝則忙於與暹羅的戰爭。於是，清緬雙方自乾隆三十五年（1770年）至乾隆五十三年（1788年）維持了近二十年的相互觀望狀態。

　　緬王孟雲繼位後中緬關係始現轉機。緬甸開始主動向清王朝靠攏，希望被納入宗藩體制。之所以出現此種情況，原因是多方面的。除清王朝聯合暹羅等國對緬甸進行軍事威懾和經濟封鎖導致緬甸面對的地緣安全壓力加大外，西方殖民勢力對緬甸的滲透和威脅也是促使緬甸向清政府靠攏的重要因素。18世紀以來，隨

〔註64〕元至元二十三年（1286年），元政府置「緬中行省」，亦稱「征緬行省」，至元二十七年（1290年）撤銷。

〔註65〕趙爾巽主編：《清史稿》卷五二八《屬國三・緬甸》，第14661頁。

〔註66〕「老官屯協議」又稱「老官屯和約」，是清緬雙方為結束邊境衝突於乾隆三十四年（1769年）在緬甸老官屯簽訂的和平協約。此前，清緬間因邊境領土糾紛相繼爆發了四次較大規模的邊境戰爭，然雙方俱有和平願望，在戰事難分勝負的情形下，前方將帥開始和談，最終締結以恢復雙方傳統友好關係、遣返戰俘、尊重領土主權及恢復貿易等為主要內容的協議，即為「老官屯協議」。

著工業革命的推進，英國東印度公司開始從純粹的貿易組織成長為遠東一股極具
侵略性的軍事政治勢力，對緬甸國家安全之威脅與日俱增。面對英國的侵略擴
張，緬甸為維護國家安全不得不重新審視並希望迅速改善中緬關係。在此背景
下，乾隆五十二年（1787年），「緬酋孟雲遣大頭目葉渺瑞洞、細哈覺控、委盧
撒亞三名」抵達北京，「懇求進貢」〔註67〕。乾隆五十三年（1788年），緬甸進
貢使團抵達北京。翌年（1789年），逢乾隆「八旬萬壽」，緬王孟雲遣使來賀。
〔註68〕清政府與緬甸再度確立宗藩關係。

　　緬甸被清政府納入宗藩體系的時間雖較晚，雙方宗藩關係一經確立卻迅
即步入正常軌道。直到徹底淪為英國殖民地前，緬甸基本按照「十年一貢」
定制履行屬國義務，清政府也本著「以大字小」之原則厚往薄來。有清一代，
緬甸與暹羅間一直存在領土爭議。兩國同為藩屬，當兩國興兵邊界時清政府
往往保持中立態度。乾隆皇帝曾明確指示，兩國「爭界興兵，由來已久，事
關外夷，只可置之不問也」〔註69〕。嘉慶皇帝在緬甸與暹羅的領土爭端中基
本秉承了乾隆皇帝不干涉屬國相爭的原則。嘉慶十二年（1807年），緬甸與暹
羅再起戰端，「緬甸遣使投文，懇求援助」。清政府認為「天朝扶綏外藩，一
視同仁，斷無偏助之理。緬甸與暹羅同列藩服，彼此稱兵構釁，蠻觸相爭，
惟當置之不問。若此時允緬甸之請，遽為出兵援助，設暹羅亦復遣使啓關求
救，彼時又將何以處之？」〔註70〕

　　道光二年（1822年），雲貴總督史致光奏稱，「雲南普洱府屬車裏宣慰司
地方，界連暹羅、南掌、緬甸，該處土司刀繩武向與各外藩禮文往來。本年
二月有暹羅所部戛於臘頭目召喇鮓布同南掌目練，來至車裏邊界，聲稱暹羅
國王因聞前代辦土司刀太康，所送緬甸禮物係將南掌送給之物轉送，並有將
南掌地土投送緬甸國之事，欲與講理」，後經查明並無此事，「戛於臘復縱脅
南掌目練潛由土司籠戶地方進至慢滿，經防練驅逐。退走緬甸被蟒子攻擊敗
潰」，後來「該鎮道會稟查有召士鼎故父，曾充土目，領有土司鈐印空白未
繳，為召士鼎收存，茲於南掌敗練老撾內，挖出宣慰司印信緬文一張，內係
刀繩武召約南掌，同害刀太康並有欲攻緬屬孟艮之語。孟艮緬目來至打洛，
即將刀繩武及土弁刀燦星誘出邊界，前往緬屬孟艮地方，欲令與擒獲老撾質

〔註67〕趙爾巽主編：《清史稿》卷五二八《屬國三·緬甸》，第14680頁。
〔註68〕趙爾巽主編：《清史稿》卷五二八《屬國三·緬甸》，第14680頁。
〔註69〕《清高宗實錄》卷一四二二，乾隆五十八年二月上，第32頁。
〔註70〕《清仁宗實錄》卷一八五，嘉慶十二年九月，第443頁。

封」〔註71〕。清政府得悉後認爲「邊外夷人，蠻觸相爭，係屬常有之事，原可不必過問，此次戞於臘夷人，造言生釁，並將撤離土司刀繩武等誘往孟艮，自應令其速行送回，所擬照會緬甸、南掌、暹羅，各該國王令其知悉此事原委」，並要求史致光等「務當督飭土司土舍，多派練勇將各要隘嚴切堵禦」〔註72〕。可見，緬甸從來沒有完全放棄對滇緬邊境的領土求索，清政府與緬甸之間即便在宗藩體制下也存在一定防範心理，滇緬邊防的地緣安全環境並未因中緬宗藩關係之確立得到根本優化。

二、1840年後中緬宗藩關係的終結

　　與越南相比，中緬宗藩關係確立時間較晚，且緬甸在清王朝宗藩體系中的地位不如越南高。入清以來，中緬關係因緬甸容留南明反清勢力及中緬邊境領土糾紛等問題而長期無法實現正常化，乃至在乾隆年間發生了四次大規模的邊境衝突。直到乾隆五十四年（1789年），緬甸國王孟云「遣使賀（乾隆皇帝）八旬萬壽，乞賜封，又請開關禁以通商旅，帝皆從之。」〔註73〕中緬宗藩關係才得以延續確立。此後，在西方侵略勢力壓迫之下，緬甸希望依託中緬宗藩關係以圖自存，一直熱心經營並竭力維持中緬宗藩關係。1840年以後，中國「蠻疆」的地緣安全危機日益加深，清政府也希望維持中緬宗藩關係，將緬甸維繫在「以藩爲屏」的「蠻防」體制中，讓之繼續發揮「守藩籬」的邊防作用，將藩屬國緬甸作爲抵禦西方滲透和入侵雲南的第一道防線，以在國力下降且無力加強「蠻防」建設的情形下儘量減輕滇緬邊防壓力。

　　嘉慶到咸豐年間，緬甸基本依照「十年一供」定制按期向清朝朝貢。中緬宗藩關係迅速走上制度化和規範化軌道。隨著英國侵緬步伐的加快，中緬宗藩關係受到衝擊，最終隨緬甸淪亡而事實終結。受中緬宗藩關係影響，中緬邊防與中越邊防相比具有一定特殊性。清代中緬關係是在經歷長期隔膜、對抗和觀望後方走上正常軌道。受此影響，中緬邊防呈現出明顯的階段性特徵。中緬宗藩關係建立前，中緬邊境領土糾紛長期存在並導致中緬邊防壓力較中越邊防大得多。爲鞏固「蠻防」，清政府沿中緬傳統習慣線中國一側在西

〔註71〕《清宣宗實錄》卷三九，道光二年八月上，第699～700頁。
〔註72〕《清宣宗實錄》卷三九，道光二年八月上，第700頁。
〔註73〕趙爾巽主編：《清史稿》卷五二八《屬國三・緬甸》，第14680頁。

起騰越東至開化的範圍內以沿邊府、廳、州、縣綠營駐防和分防汛唐構築了一條由關、卡、隘、峒等邊防軍事據點組成的軍事邊防線。1840 年後，隨著中緬宗藩關係的成熟，清政府在中緬邊境面對的邊防壓力在英國勢力滲透到「蠻疆」前的一段時間內相對不大。清代前中期清政府爲加強「蠻防」安全而構建的中緬軍事邊防線仍然存在。面對英侵緬甸造成的邊防壓力，清政府對中緬邊防有所加強，然直到緬甸淪爲英國殖民地前，改變無多，其人員建制不斷萎縮，裝備日趨陳舊。整體來看，光緒十一年（1885 年）以前，中緬邊防基本保持著乾隆末年的基本狀態，乃至有所消弱。

工業革命後，英國打開遠東市場的欲望日漸強烈，對中緬兩國的滲透、侵略不斷增強。中緬宗藩關係在英國侵略下經歷了一個始而加強、繼而終結的發展過程。英國在印度站穩腳跟後逐步加快對緬甸的侵略步伐，「1774 年至1891 年爲英國的商業擴張時期，以打開中國的後門爲主旨，提出貫通滇緬、貫通藏印的對華貿易戰略。通過軍事的、外交的手段，強加不平等條約，達到其目的」〔註 74〕。英國在從東南亞方向侵擾中國、終結中緬宗藩關係的過程中始終堅持「實現連結英屬印度與長江的對華貿易戰略」〔註 75〕。道光二年（1823 年），英國發動第一次英緬戰爭，於道光五年（1826 年）初強迫緬甸簽訂《楊達波條約》〔註 76〕。1840 年後，英國企圖迅速打開中國市場的願望並未如願。有學者曾指出：「鴉片戰爭結束後，英國企圖以緬甸作爲進一步打開中國大門」〔註 77〕。可見，爲眞正打開中國市場，英國除繼續通過發動第二次鴉片戰爭進一步拓寬中國開放程度外，還企圖借道緬甸打通中國「蠻

〔註 74〕呂昭義：《英屬印度與中國西南邊疆（1774～1911 年）》，北京：中國社會科學出版社，1996 年，第 2 頁。

〔註 75〕呂昭義：《英屬印度與中國西南邊疆（1774～1911 年）》，第 89 頁。

〔註 76〕《楊達波條約》簽訂於第一次英緬戰爭（公元 1824 年～1826 年）後，是緬甸歷史上第一個不平等的條約，是緬甸開始淪爲英國殖民地的標誌。該《條約》共有 11 款，主要內容如下：1. 放棄對阿薩姆及克車的領土訴求，不得干預其事務；承認曼尼普爾（現歸印度）過去統治者之地位；2. 割讓阿拉幹、蘭里島、曼翁島和實兌給英國；3. 賠款 1000 萬緬元，4 次償清；在付清賠款前，暫時割讓德林達依及沿海島嶼給英國。緬甸支付 250 萬緬元後，英軍撤出卑謬，再支付 250 萬緬元後，英軍撤出仰光及下緬甸；4. 英國派遣使臣留住緬甸國都阿瓦，使臣可帶一支 50 人的衛隊，有權參加緬王早朝；5. 英國船隻自由出入緬甸各港口，商船免稅。

〔註 77〕梁英明，梁志明等著：《近現代東南亞（1511～1992）》，北京：北京大學出版社，1994 年，第 184 頁。

疆」腹地，「英國的意圖顯然是一方面由東向西逆長江而上，另一面又由西南向東北從緬甸進入雲南，兩路在長江上游匯合，同時由印度進入西藏，從面實現貫通英屬印度與長江流域的設想」〔註78〕。

　　面對英國之擴張滲透，抵禦英國勢力介入成為滇緬邊防的主要任務。隨著西方列強對清王朝的步步進逼，清政府頹勢日顯，無力加強「蠻防」建設。同時，雲南「蠻疆」相繼經歷太平天國運動和杜文秀起義掃蕩，在清代前中期長期經營下形成的邊疆控制、邊疆開發和「蠻防」建設良性互動的發展格局被逐步打破。咸豐二年三月（1852 年 4 月），英國趁清政府忙於鎮壓太平天國之機對緬甸不宣而戰，將緬甸的殖民化進程推向一個新高度。在英國成為中緬國家安全共同敵人的背景下，雙方都存在相互靠攏以共同應對英國侵略的戰略需要。即便此時清王朝已陷入內外交困之中，對緬甸來說在遠東範圍內清政府不僅是最具實力的國家，還是自己的宗主國。於是，中緬雙方在宗藩體制內迅速靠攏。中緬宗藩關係在道咸時期，不僅得以有效維持，且與前期相比呈現出明顯的制度化、規範化特徵。

表 7：道光、咸豐年間中緬交往事件統計表

年　份	事　件
道光三年（1823 年）	「緬甸國王（孟既）遣使恭賫表文，呈進方物，情詞出於至誠，所有該國王例貢，著准其呈進」〔註79〕
道光五年（1825 年）	緬王孟既應清朝要求遣返車裏土司〔註80〕。
道光九年（1829 年）	雲貴總督阮元上奏：「緬甸國王孟既遣使表賀生擒逆裔張格爾，恭上皇太后徽號，照例宴賫」〔註81〕
道光十四年（1834 年）	緬王孟既遣使團表現方物，清廷照例賫賞。〔註82〕
道光二十三年底（1844 年）	「緬甸國使磊繆那、牙瑞凍等四人於神武門外瞻觀」〔註83〕。
道光二十四年（1844 年）	緬王孟坑「遣使呈貢方物」，清朝「賞賫筵宴如例」。〔註84〕

〔註78〕 呂昭義：《英屬印度與中國西南邊疆（1774～1911 年）》，第 4～5 頁。

〔註79〕 《清宣宗實錄》卷五七，道光三年八月下，第 1016 頁。

〔註80〕 《清宣宗實錄》卷八七，道光五年八月，第 397 頁。

〔註81〕 《清宣宗實錄》卷一六三，道光九年十二月，第 520 頁。

〔註82〕 《清宣宗實錄》卷二四八，道光十四年正月，第 741 頁。

〔註83〕 《清宣宗實錄》卷四百，道光二十三年十二月，第 1154 頁。

〔註84〕 《清宣宗實錄》卷四零一，道光二十四年正月，第 11 頁。

咸豐三年（1853 年）	緬甸曼同王〔註 85〕繼位後，鑒於蒲甘王〔註 86〕在位時一直未向清朝遣使表貢，登基不久後便派遣使團到達北京。〔註 87〕

　　從表 7 可知，道光、咸豐年間中緬宗藩關係不僅在乾嘉年間基礎上得以延續，且宗藩往來日趨頻繁。緬甸基本按照「十年一供」之規定如期向清政府朝貢。可以說，1840 年後中緬宗藩關係日趨制度化、規範化。雙方面對英法強國入侵都希望通過宗藩體制優化自身的地緣政治安全環境。

　　對清政府來說，維持對緬甸宗主權可讓緬甸繼續在「以藩爲屏」的邊防體系中發揮維護「蠻防」安全和屏蔽第二道防線的邊防作用。與越南一樣，中緬宗藩關係的存在事實上爲清政府提供了防範英國對「蠻疆」滲透的第一條防線，可在一定時期內和一定程度上避免讓清政府構築的中緬軍事邊防線直接暴露在英國勢力威脅之下。面對西方侵略，清政府傳統的地緣政治安全環境日趨惡化。爲加強國防實力，清政府力圖通過興建近代軍事工業、籌建海軍等增強實力。洋務運動卻未從根本上改變清政府國防空虛、邊防落後的狀況，也未能從根本上扭轉清政府地緣安全局勢持續惡化的趨勢。清王朝作爲遠東區域的實力中心，面對西方入侵時不斷落敗，也讓緬甸等藩屬國逐漸意識到僅僅依託與中國的宗藩關係不能有效保障國家安全，維持宗藩關係的熱情亦不斷冷卻。

　　早於乾隆末年，清王朝作爲東方權利中心的實力便在內部白蓮教起義的動盪中受到消弱。英國人對此早就心知肚明。乾隆五十八年（1793 年），馬嘎爾尼使團訪華後得出結論稱：「清帝國好比是一艘破爛不堪的頭等戰艦。它之所以在過去一百五十多年中沒有沉沒，僅僅是由於一班幸運的、能幹而警覺的軍官們的支撐，它勝過其鄰船的地方只在於它的體積和外表。但是一旦一個沒有才幹的人在甲板上指揮，那麼就不再會有紀律和安全了。」〔註 88〕面對內亂迭生的現實，清王朝自嘉慶皇帝後開始注重解決威脅王朝安危的農民起義等心腹之患，而對於作爲「藩籬」的屬國則只求保持天朝名分，面對屬國的內外紛爭，只能以「蠻觸相爭」的託詞去推卸宗主國責任，既無心也無力與屬國一起肩負起抵禦外侮的使命。

〔註85〕咸豐三年（1853 年）至光緒四年（1878 年）在位。
〔註86〕道光二十六年（1846 年）至咸豐三年 1853 年在位。
〔註87〕《清文宗實錄》卷一零二，咸豐三年八月上，第 504 頁。
〔註88〕〔俄〕納羅奇尼茨基等：《遠東國際關係史》（第一冊），北京：商務印書館，1976 年，第 68 頁。

　　19 世紀 50 年代後，清政府內有太平天國等農民起義造成的持續動盪，外需面對西方列強的持續侵略，根本無暇顧及緬甸安危。恰在此時，英國趁機逐漸加緊了侵緬步伐。面對英國步步進逼，緬甸無法指望宗主國為之提供安全保護，對清政府漸生失望。據統計，自咸豐三年（1853 年）緬甸曼同王遣使向清朝朝貢後，因國內戰爭緣故，清政府諭令暹羅、緬甸等屬國暫停同治二年（1863 年）的朝貢。直到光緒元年（1875 年），再未見緬甸向清政府朝貢之官方記載。

　　面對英國的侵略，緬甸曼同王朝在自己力所能及的範圍內進行了諸多努力。與清政府一樣，曼同王朝也希望通過自主改革改變淪為英國殖民地的命運。咸豐三年（1853 年），緬甸明頓王子繼位後與加襄王子一起發起曼同改革，革新軍隊，創辦近代工業，廢除采地和服役地制度，改良政治，發展文教，力圖有所振作。曼同王與加襄王子進行的近代化嘗試與清政府的洋務運動頗為相似，遇到的困難及存在的問題也大致相同。毫無疑問，此種改革在當時的歷史條件下無法從根本上改變緬甸淪為英國殖民地的宿命。在推進國內變革的同時，緬甸再次將希望寄託在中緬宗藩關係之上。光緒元年（1875 年）八月，「緬甸國納貢使臣直也馱紀、們臘們甸沮阿素，在神武門外瞻覲」〔註89〕。可以說，緬甸與清政府繼續接觸不過是其無力改變淪亡命運的無奈之舉。在重新恢復中緬宗藩交往的同時，緬甸還嘗試通過聯法外交制衡英國。然而，跟寄希望於中緬宗藩關係一樣，在當時的歷史條件下此種嘗試不過是聊勝於無的自我安慰罷了。

　　19 世紀 80 年代後，英國改變過去在遠東維持均衡狀態的政策，加緊侵略中國和緬甸。此時，英國看到「別的國家也在拼命找尋工業品市場，整個歐洲都受到了物價暴跌的影響。……中國四周那一環為之作屏障的屬國，到八十年代初已告瓦解」。〔註90〕英國在與俄國爭奪中國北方的同時，還加強了與法國爭奪東南亞尤其是緬甸和中國「蠻疆」的步伐。英國外交官威妥瑪曾向李鴻章露骨指出：「緬甸這個地方，我們英國人甚歡喜，英國若得他的地方，頗為有益。」〔註91〕對此，李鴻章卻回應稱：「緬甸自同治末年進貢後，迄今

〔註89〕《清德宗實錄》卷十五，光緒元年八月上，第 262 頁。
〔註90〕〔英〕季南：《英國對華外交（1880～1885 年）》，北京：商務印書館，1984 年，第 9 頁。
〔註91〕（清）李鴻章：《李文忠公全集・譯署函稿》卷十八，第 10 頁。

並未進貢，我們現在不管他的事」〔註92〕。李鴻章頗不恰當的表述使得緬甸連依託中緬宗藩關係迷惑英國的機會都沒有。即便清政府沒有實力或並無出兵援緬的想法，中緬宗藩關係的存在也可在一定程度上制約英國對緬甸的覬覦，至少可以適當延緩緬甸的淪亡進程。

得到李鴻章所謂「暗示」後，英國在完全佔領緬甸問題上所剩的唯一障礙便是法國了。1840 年後，法國在對越南侵略順利推進的同時對緬甸的侵略欲望也日漸高漲。法國對緬甸的企圖在一定程度上得到緬甸聯法制英外交策略的配合。法緬的外交接觸的確給英國侵緬戰略造成一定恐慌。光緒十年（1885 年）十一月，法國和緬甸私密簽訂《法緬條約》。該《條約》之簽訂極大刺激了英國。英國稱：「法緬訂約之訊傳來，（英）印度政府之政策乃亦決定。」〔註93〕光緒十年（1885 年）八月，出使英國大臣曾紀澤便曾致電總理各國事務衙門稱：「英久占南緬，今圖其北，防法取也」〔註94〕。此前，英國趁中法戰爭之機問詢法國《法緬條約》的真實性，結果法國背信棄義，以認可英國佔領緬甸換取英國對法國佔領越南之認可。至此，英國佔領緬甸面對的兩大障礙已完全消除，緬甸淪亡之命運已注定，中緬宗藩關係也將隨緬甸淪亡而終結。光緒十一年（1885 年）十月，英國在中法戰爭結束不久即不失時機地發動了第三次侵緬戰爭。光緒十一年（1886 年）十一月，英國宣佈整個緬甸成為英國屬地，與清政府維持了一個世紀宗藩關係的雍籍牙王朝宣告滅亡。

三、1840 年後雲南的「內防」危機

雲南不僅是一個邊疆省份，還是一個少數民族聚居的省份。跨界民族在雲南邊境地區大量存在。鞏固雲南「蠻疆」邊防，爭取腹裏外廣大少數民族支持非常必要。然而，邊境匪患的存在不僅對腹裏外少數民族的生產生活造成影響，且在一定程度上消弱了清政府對邊境的控制，是「蠻防」安全的重大威脅。

咸豐三年（1853 年），在太平天國影響下雲南爆發了各族人民大起義。該起義雖主要活動在雲南一省，持續時間卻比太平天國運動還長。各族起義軍

〔註92〕 （清）李鴻章：《李文忠公全集・譯署函稿》卷十八，第 10 頁。
〔註93〕 〔英〕戈・埃・哈威：《緬甸史》，北京：商務印書館，1973 年，第 526 頁。
〔註94〕 （清）王彥威輯：《清季外交史料》卷六一，北京：書目文獻出版社，1987 年，第 16 頁。

迅速彙集成兩股力量，一支由滇西杜文秀帶領，另一支由滇東南的馬復初和馬如龍率領。杜文秀帶領所部攻陷大理，建立政權，還自稱「總統兵馬大元帥」。杜文秀聯合滇東南起義軍在咸豐四年（1854年）到咸豐九年（1859年）三次圍攻昆明，因清軍頑抗而未克。同治元年（1862年），馬如龍投降清朝，聯合岑毓英共同圍剿杜文秀的大理政權。大理政權在清軍圍攻下奮力維持近10年之久。直到同治十一年（1872年），大理政權才被剿滅，其存在時間前後長達18年之久，致雲南闔省糜爛，邊疆開發陷於停滯，「蠻防」實力受到消弱。

各族大起義平息後，雲南「蠻疆」旋即被捲入中法戰爭漩渦，滇越邊防壓力陡增。戰爭期間，滇越邊境社會秩序遭到衝擊，戰後清政府裁汰勇營、整飭綠營。大量散兵遊勇流落「蠻疆」，有些聚集邊境一帶成為「遊匪」，成為「蠻疆」內防安全的主要威脅。

中法戰後，雲南各地匪患頻發，其中滇越邊境一帶是土匪活動比較猖獗的地區之一。土匪趁中法戰爭剛剛結束正在進行劃界談判、社會秩序未穩之機趁亂打劫，襲擊往來商隊，搶劫邊民財物，焚毀村莊，殺人越貨，嚴重擾亂了滇越邊境各族人民正常的生產、生活秩序。為保境安民，安撫人心，中法戰爭結束後，岑毓英積極緝拿邊境匪徒，力圖將雲南「蠻防」建設的社會環境恢復到正常軌道。為平肅邊境匪患，岑毓英積極整頓邊境防務，嚴密通緝邊境匪徒，命令邊防將士擇要設防，以高壓威懾防範越南散兵遊勇越境侵襲。

蒙自開埠後商業等漸次發展，外國人前來遊歷、經商和傳教者漸多，其既是滇南邊境一帶的商業、文化和軍事中心，也是滇南邊防需優先提供安全保障的地區。岑毓英認為「蒙自為由越入滇之咽喉要隘」。為加強防衛，岑毓英在此佈設的防營「棋布星羅，越南遊勇雖多，不敢偷越進犯」〔註95〕。另外，岑毓英還嚴命滇越邊境所屬府、廳、州、縣地方官嚴密緝拿境內匪徒，切實強化社會治安。如岑毓英曾責令地方官緝拿自越南竄入中國境內的盜賊王明魁等匪徒要犯。經岑毓英大力整肅，滇越邊境匪患猖獗之狀況得到大力改善，不僅有助穩定「蠻疆」社會秩序，還贏得邊境少數民族支持，進而優化了「蠻防」的社會基礎。

〔註95〕 （清）岑毓英：《岑襄勤公遺集》卷二八，武昌督糧官署光緒二十三年（1897年）刻本，第33頁。

　　在緝拿盜匪、保境安民以爭取民心的同時，岑毓英還注意加強對腹裏外少數民族尤其是跨境民族的控制。1840 年以來，清王朝國勢危殆，對雲南等「蠻疆」省份尤其是邊境地區的控制力相對減弱。一些少數民族上層趁機犯亂。英法勢力介入越南和緬甸等鄰近地區後，清政府面對的邊防壓力陡增，且西方對跨境民族上層的引誘也助長了一些少數民族上層勢力的叛亂野心。爲加強對「蠻疆」控制，清政府在雲南腹裏外的一些民族地區推行了一些新措施。一些政策在執行中的操作不當成爲引發少數民族叛亂的重要原因。

　　在籌劃雲南邊防的同時，岑毓英深知雲南作爲少數民族聚居省份，民族問題是關係「蠻疆」穩定和「蠻防」安全的中心問題之一。籌劃雲南邊防應當加強對邊境少數民族的控制。如早於同治十三年（1874 年），岑毓英便考慮到「盞達土司所屬蠻匪，順寧邊境猓匪，具分連越、緬，慮資敵人而貽後患，皆以時遣將勘定」〔註96〕。光緒七年（1882 年），岑毓英意識到隨著英法勢力介入越南、緬甸等臨近地區，雲南「蠻防」中的民族問題將更爲凸顯。岑毓英在給清政府的奏摺中指出：「滇省臨安、開化、廣南三府，處處與越接壤，其間民人有漢、回、夷三種，各分黨類，尤易生釁。當此外患未息，若彼族潛與勾結，爲害不小。」〔註97〕中法戰爭結束後，岑毓英對於跨境土司及跨境民族頭人在「結以威信，籠絡爲用」的同時，還嚴厲打擊伺機叛亂的部分少數民族上層勢力。光緒十四年（1888 年），滇南跨境民族猓黑頻繁反叛。猓黑「以種人而名，其地分爲上下改心，在順寧府之西南隅，普洱府之正西，以瀾滄江爲限，正北、東北均界緬寧，東界威遠，東南界思茅，南界孟連土司，西南界緬甸，西界卡瓦野山，西北界猛猛土司。猛猛之外屬耿馬土司，東西四八九十里，南北一千五十里，皆山深菁密，爲極邊險阻煙瘴之區」〔註98〕，「該猓夷恃其險遠，叛服靡常，自嘉慶年間三次擁兵，皆未能擒渠掃穴」〔註99〕。19 世紀 80 年代以來，隨著滇緬邊疆危機和滇省內防危機的加深，猓黑不斷滋事反叛，「張炳權、張登發父子作亂，猶藉口復仇，煽惑夷眾」〔註100〕。光緒

〔註96〕清朝國史館：《清史列傳》卷五九，北京：中華書局，1987 年，第 4623 頁。

〔註97〕（清）岑毓英：《岑襄勤公遺集》卷十八，第 19 頁。

〔註98〕（清）朱壽朋：《光緒朝東華錄》卷八十九，光緒十四年四月，北京：中華書局，1984 年，第 39 頁，總第 2445 頁。

〔註99〕（清）朱壽朋：《光緒朝東華錄》卷八十九，光緒十四年四月，第 39 頁，總第 2445 頁。

〔註100〕（清）朱壽朋：《光緒朝東華錄》卷九十，光緒十四年八月，第 79 頁，總第 2485 頁。

十年（1884 年），岑毓英「督師出關」，決定予以剿撫，以安定邊防。光緒十三年（1887 年），在岑毓英等圍剿下，「猓目李芝祥等咸來受撫，逆目張秉權經雷擊斃後，其子張登發仍誘脅夷眾，並力死拒」，後經雲南提督蔡標帶兵「一鼓蕩平」〔註101〕。蔡標蕩平猓黑時還將「先年潛往越南，佔據猛蘇州地方，屢糾匪黨回內地掠奪滋事」的「他郎廳屬木戛寨土匪陳定邦等」以「得勝之師」順手剿滅〔註102〕。平定猓黑後，爲有效加強對該地的控馭，岑毓英還派人在其地「擇定一處建設城池衙署，名曰鎮邊撫夷廳，設直隸同知一員，隸轄於迤南道」，爲加強防戍，還設「鎮邊參將營，歸普洱鎮統轄」〔註103〕。

英國侵佔緬甸後，隨著中緬勘界的開展，加強對滇緬跨界民族之控制不僅關係到滇緬勘界中諸多爭議問題的解決，且成爲鞏固雲南「蠻防」的重要問題。滇緬交界一帶以騰躍地方爲衝途。傳統上，騰躍民人入緬路徑共有 6 條，其中以經蠻允一地沿滇緬邊界自西向南、再折向東最爲便捷。此路需經野人山寨，位於九隘以外，延伸散佈在八個關口和七個土司之間。經蠻允入緬路徑又分爲三路，路程分別爲二百里或一百七八十里，俱爲跨境民族地區。岑毓英認爲「該野人言語不通，衣服飲食異制殊嗜，向不歸中地約束，亦不受緬人管轄。英人常以利餌，亦未深得其心。若不乘時撫綏籠絡，一旦爲外人煽惑，隱患不可勝言。」〔註104〕

面對英緬當局的壓力，滇緬邊防兵力不足的問題更加突出。爲加強對跨境民族的控制，岑毓英飭令南甸、野人山和干崖三地少數民族頭領帶領民族武裝 500 人駐防蠻允，徵調各族青壯及騰越廳所屬 78 卡的 1300 名守兵與滇軍協同駐防在銅壁、鐵壁和虎踞三關，以防禦英軍進犯。岑毓英還善於利用滇緬跨境民族守土衛國、抵禦英國侵略的愛國熱情和守土責任感，曾令永昌府龍陵廳地方官員爲少數民族抗英武裝撥發口糧及槍支彈藥。英國侵佔緬甸後企圖進窺滇緬邊境一帶，面對岑毓英等構築的軍事邊防線卻一直未能得逞。

宣統末年，清政府依然非常重視「蠻疆」的邊防安全問題。如宣統三年

〔註101〕（清）朱壽朋：《光緒朝東華錄》卷九十，光緒十四年八月，第 79 頁，總第 2485 頁。

〔註102〕（清）朱壽朋：《光緒朝東華錄》卷九十，光緒十四年八月，第 79 頁，總第 2485 頁。

〔註103〕（清）朱壽朋：《光緒朝東華錄》卷九十，光緒十四年八月，第 79 頁，總第 2485 頁。

〔註104〕（清）岑毓英：《岑襄勤公遺集》卷二五，第 33～34 頁。

（1911 年），越南境內苗匪作亂並竄入滇桂二省境內。清政府為維護滇邊及桂邊安全下令圍堵。宣統三年（1911 年）二月，廣西巡撫沈秉堃電奏稱：「越南苗匪聚眾竄擾滇邊，聲言將攻廣西鎮邊屬地，請添兵團防堵，並將前路左路巡防隊四隊緩裁。」〔註 105〕巡防隊是滇越邊境擔負駐防、管理職責的主要力量。清末以來，清政府財政危機持續惡化，不得不在滇越邊境地區裁減巡防隊員。為防堵越南苗疆匪患竄入廣西、雲南，清政府決定接受廣西巡撫沈秉堃建議，「緩裁巡防隊」前左兩路，而緩裁「應需餉項前准該撫漾電內開，先行撥款挹注」〔註 106〕。隨後，雲貴總督李經羲和蒙自關道道尹王廣齡電奏清政府稱，「越苗於正月二十七日國界圍攻馬江，佔據馬林，經營攻擊退回越。二月初三日復撲江岸花村寨、石了口、田蓬等處，亦經擊退。惟華苗多被脅誘，現正設法解散」，然「苗匪散後仍聚越境竜蘭、達嚴地方」，「查龍蘭、達嚴距滇邊甚近，距廣西鎮邊縣亦只數十里。探聞法人現添重兵扼要駐紮，惟並不切實搜捕。龍州關道照章照會法領，電越督嚴飭法員勿得釀亂。」〔註 107〕廣西巡撫沈秉堃向清政府稟報稱：「已嚴飭沿邊營縣一律加意防堵，惟邊防前左兩路汛地計一千數百餘里，防營不敷，分佈法兵，若行剿補，內竄自在意中。而內地付莽尤多，亦需兵隊鎮壓，本年預算前路、左路應裁，巡防隊四隊已定期二月裁遣。頃據該兩路統領電請緩裁，並請召集團練助守。」〔註 108〕

　　從中可知，中越沿邊本就存在防營兵力不足難以有效巡防千里汛地的問題，限於財力，清政府不得不部分裁撤邊境防營及巡防隊。為平息此次邊防危機，清政府決定「現行旨撥銀五萬兩」，以解決廣西邊防「預算不敷甚巨」的難題。〔註 109〕即便在內憂外患極其嚴重的宣統末年，行將壽終正寢的清王朝依然高度重視「蠻防」安全問題。面對嚴峻的財政危機，清政府果斷決定暫緩裁撤邊境巡防隊並及時撥付款項應付潛在的邊防安全威脅。

〔註 105〕清陸軍部檔案：《陸軍部軍需司等文件》，《清陸軍部檔案資料彙編》（第一冊），
　　　　　北京：全國圖書館文獻縮微複製中心，2004 年，第 255～256 頁。
〔註 106〕清陸軍部檔案：《陸軍部軍需司等文件》，第 256 頁。
〔註 107〕清陸軍部檔案：《陸軍部軍需司等文件》，第 262 頁。
〔註 108〕清陸軍部檔案：《陸軍部軍需司等文件》，第 264 頁。
〔註 109〕清陸軍部檔案：《陸軍部軍需司等文件》，第 265 頁。

第三章　1840 年後「蠻防」對象的轉變

　　清政府不僅沿「蠻疆」邊境府、州、廳、縣駐防綠營，且沿傳統習慣線中國一側以邊關、邊卡、邊隘和邊峒等軍事據點構築一條軍事邊防線，定期巡邏、會哨，管控邊境，形成了比較嚴格的邊防體系。清政府還在「蠻疆」腹裏布置綠營駐防體系，以分防汛塘構建駐防網絡對「蠻疆」腹地施行有效控制，形成嚴密的內防體系。在西方勢力影響未及「蠻疆」前，中國傳統的地緣政治安全形勢相對優越。「蠻疆」邊防在中越、中緬宗藩體制下面對的壓力不大，主要任務在於查禁私越，稽捕流亡，打擊邊境「匪患」，而「蠻疆」內防的主要任務在於防範各民族反抗，打擊轄內匪徒，維護社會穩定。1840年後，中國邊疆危機頻發。法國侵略越南和英國侵略緬甸導致「蠻疆」的地緣政治安全環境惡化，邊防壓力驟增。「蠻防」的防禦對象和主要任務開始發生轉變。英法侵略勢力成為「蠻防」的主要對象。故而，1840 年後，在英法侵略勢力介入並導致地緣政治安全形勢發生極大改變的背景下，傳統「蠻防」開始從以邊境管理為主向以防禦外敵入侵為主的近代邊防轉變。隨著「蠻疆」邊防危機的加劇，「內防」形勢雖不容樂觀，然防禦英法入侵成為「蠻防」的中心任務。

第一節　1840 年後中越邊防對象的轉變

　　18 世紀末 19 世紀初，世界各主要資本主義國家相繼完成工業革命，開闢產品市場和原料產地的願望比早期原始資本積累階段更迫切。法國作為當時世界上第二號工業強國在歐洲受到新興強國德意志的挑戰，在海外開拓殖民

地的活動又受到英國的抑制，侵略擴張的欲望因受壓制而更加強烈。從世界範圍看，當時全球尚可侵佔的地盤所剩無幾，主要集中於以中國爲中心的東亞及中南半島等地。在與英國爭奪印度等殖民地的「七年戰爭」[註1]失敗後，法國便將殖民侵佔的目光轉向遠東，著手制定侵佔越南、進圖中國的戰略計劃。乾隆五十二年（1787年），法國天主教駐越南大主教百多錄在呈法王路易十六的信中稱：「吾等倘於交趾支那建造殖民地，洵達此目的最穩妥、最有效之辦法」。[註2]可見，侵佔越南是法國溝通「中國中部」的遠東政策的重要一環。

一、法國對越南與「蠻疆」的戰略意圖

1840年前，清政府頹勢已顯，國力卻依然強大。在中越宗藩體系下，越南作爲中國「以藩爲屏」邊防體系的重要一環，其國家安全在一定程度上受到清政府保護。爲此，法國對越南之早期侵略多具有試探性，少有實質性進展。1840年後，清朝國防力量的不堪一擊得到英國堅船利炮的檢驗，且其實力在第二次鴉片戰爭和鎮壓太平天國中遭到巨大損耗。此時，法國認爲侵佔越南、進圖中國的時機已成熟。同治六年（1867年），法國佔領越南南圻地區。此後，繼續北上並打通中越貿易通道成爲法國的主要任務。經勘察，法國人發現由元江入紅河可溝通雲南入海。於是，法國加快了北上步伐。同治十二年（1873年），法國交趾支那總督指派安鄴侵佔北圻、河內諸省，未得逞。在法國步步進逼北圻過程中，中越宗藩體制下清政府「以越爲屏」的邊防價值逐步消弱，中越邊防逐漸暴露在法國侵略勢力的直接威脅之下。

1.1840年後法國對「蠻疆」的考察活動

1840年後，法國在加緊侵越步伐的同時還在積極籌劃吞併中國「蠻疆」。企圖以越南爲基地開闢一條通向「蠻疆」乃至長江流域的通道。早在19世紀末，法王路易十六便依據天主教駐越南大主教百多祿之奏議擬定了「法蘭西東方帝國」戰略規劃，擬以越南爲據點向以中國爲主的遠東地區滲透。爲貫徹該戰略，法國在醞釀吞併越南的同時不斷派遣使團、官員和傳教士等以遊

〔註1〕「七年戰爭」（Seven Years' War）：1756～1763年間，因英國與法國、普魯士的侵略政策與奧地利及俄國的國際政治利益發生衝突，歐洲主要國家組成兩大交戰集團，在歐洲、北美洲、印度等廣大地域、海域進行的一場爭奪殖民地及領土的戰爭。

〔註2〕張雁深：《中法外交關係史考》，長沙：史哲研究社，1950年，第143頁。

歷、經商、傳教爲名考察「蠻疆」商業，勘探「蠻疆」對越通道。若將 1840
年後法國對「蠻疆」的考察與其以越南爲據點進圖「蠻疆」的戰略聯繫起來可
以發現，法國對「蠻防」安全之威脅在其對「蠻疆」的窺探中便已顯現。同治
元年（1862 年）第一次法越戰爭〔註3〕結束後，法國基本在交趾支那〔註4〕站
穩腳跟。此時，勘探湄公河航道，開闢越南到中國「蠻疆」腹地的商道成爲
法國開拓「蠻疆」市場以拓展侵越成果的現實需要。同治五年（1866 年），法
屬越南總督 Admiral La Grandiere〔註5〕授權組建「湄公河勘探隊」，委派
Doudart de Lagree〔註6〕和 Francis Garnier〔註7〕率領。同治六年（1867 年）正
月，該勘探隊自越南西貢啓程，經柬埔寨和老撾，於當年九月進入雲南邊境。
此時，滇西杜文秀起義正如火如荼。探險隊欲結交杜文秀起義軍未得逞。隨
後，勘探隊經四川敘州府，自長江乘船到達上海。考察結束後，勘探隊主要
成員 Francis Garnier〔註8〕和 Louis de Carné〔註9〕先後出版《印度支那 1866、
1867 和 1869 年的勘探旅行》及《從印度支那到清帝國的旅行》兩部旅行記，
詳細記錄此次考察經過。從中可見，法國勘探隊既對「蠻疆」的經濟物產、
風俗習慣、政治建制及社會情形留心觀察，還對「蠻疆」的山河形勢、地質
情況尤其是礦產資源進行了細緻的勘測與分析。

　　繼「湄公河探險隊」之後，同治七年（1868 年）5 月，Francis Garnier 重
溯長江經雲南折返越南途中，在漢口碰到法國商人 Jean Dupuis〔註10〕。此人
因武器貿易與湖廣總督李翰章素有交往。雲南巡撫岑毓英和提督馬如龍爲剿
平杜文秀起義軍需購置一批武器、彈藥，因而特地將 Jean Dupuis 請到雲南。

〔註3〕「第一次法越戰爭」指 1858～1862 年法國爲將越南變爲殖民地發動的侵越戰
　　　爭。該戰爭是法國侵略越南之開端。拿破崙三世政府將越南看作可供其進一步
　　　向亞洲尤其是中國滲透的戰略陣地。1858 年 9 月 1 日，法國海軍上將里戈‧
　　　德熱努亞率領遠征軍約 3000 人，在 14 艘戰艦支持下侵佔土倫（即峴港）要塞
　　　及港口。隨後，法軍主力被調往奪取越南南方主要糧產地交趾支那，僅派少量
　　　守備部隊駐守峴港。經 3 天激戰，法軍在 1859 年 2 月 18 日攻佔西貢。直到
　　　1862 年，法國停止對越攻勢，「第一次法越戰爭」結束。
〔註4〕即越南南方。
〔註5〕中文材料中常稱「格郎提愛」。
〔註6〕中文材料中常稱「拉格里」。
〔註7〕中文材料中常稱「加尼耶」。
〔註8〕中文材料中常稱「安鄴」。
〔註9〕中文材料中常稱「卡爾內」。
〔註10〕中文材料中常稱「讓‧迪皮伊」。

同時，「湄公河探險隊」經湄公河可達「蠻疆」及中國腹地的驚人發現讓
Jean Dupuis 發現了其中商機。受邀後，Jean Dupuis 立即欣然前往，借機勘探
經紅河到雲南之航道。同治七年（1868 年）到同治八年（1869 年）間，Jean Dupuis
不僅幫助雲南官方籌辦了一家兵工廠，還在法國人 Rocher〔註 11〕配合下迅速
製造出一批在當時來看比較先進的武器。爲此，Jean Dupuis 跟岑毓英等雲南
官員建立了很好的個人關係。

　　同治十年正月（1871 年 2 月），Jean Dupuis 爲給雲南官方採購一批武器彈
藥離開雲南回往越南。Jean Dupuis 到達滇南紅河岸邊之曼耗後，乘船沿紅河
順流到達越南。同治十一年（1872 年），Jean Dupuis 回到法國後立即開始說服
法國政府相信紅河航道對於打開中國「蠻疆」腹地的戰略價值。同治十一年
（1872 年）到同治十二年（1873 年）間，Jean Dupuis 在法國軍艦護送下自西
貢抵順化，後自香港啓程將一批軍火經海口、海防運抵紅河岸邊，將這批軍
火沿紅河航道成功運抵雲南。雲南官方撥送一船銅、錫以爲酬謝。Jean Dupuis
對此並不滿足，還想私自運一船鹽到越南銷售。此時，法國尚未佔領越南北
圻，食鹽在越南屬統制商品，不准私賣私運。Jean Dupuis 的鹽船在中越邊境
被越南官方查獲。Jean Dupuis 及手下武力攻取河內一部後向西貢請援。交趾
支那總督迪普雷海軍上將接報後認爲 Jean Dupuis 的求援是法國干預東京事務
進而向北發展的一次機遇。於是，其命安鄴統領一隊由 188 名法國士兵和 24
名越南土兵組成的戰鬥部隊進軍河內。法越雙方調解失敗後，安鄴率兵佔領
越南河內和海防等地。越南政府請來黑旗軍〔註 12〕助戰，將安鄴擊斃，沒收
了 Jean Dupuis 的船隻。

〔註 11〕中文材料中常稱「羅傑」。
〔註 12〕「黑旗軍」是 19 世紀末中國的一支地方武裝，以七星黑旗作戰旗，故得名。
　　　　黑旗軍原爲太平天國運動期間廣東、廣西一帶的一支農民起義軍。首領劉永
　　　　福，來源主要是粵西和桂南歸順、龍州、上思、寧明和欽廉一帶的貧苦農民。
　　　　1851 年，劉永福帶領黑旗軍參加廣西農民起義。1865 年，劉永福帶領黑旗軍
　　　　加入以吳亞忠爲首的天地會起義軍。1867 年，清軍進攻迫使黑旗軍退駐保勝
　　　　（今越南老街）。中法戰爭期間，黑旗軍接受清政府和越南阮朝招安，協同老
　　　　將馮子材部隊屢立戰功，曾在鎮南關大捷中發揮重要作用，聲名鵲起。劉永
　　　　福曾被越南國王授予三宣副提督一職。回國後，黑旗軍被清政府下令解散。
　　　　甲午戰爭期間，黑旗軍奉命重組，由劉永福率領進駐臺灣，後在反割臺鬥爭
　　　　中發揮關鍵作用。

　　Jean Dupuis 歸國後將在雲南及越南等地見聞以日記體形式出版，即《雲南之旅和開放紅河貿易航運》一書。該書不僅詳述了開闢紅河航道爲雲南官方採購軍火的經歷，且詳細記錄了其在雲南府、沙甸、蒙自、箇舊和曼耗等地見聞及黑旗軍與法軍在河內對峙、交戰之經過。該書還記錄了 Jean Dupuis 在雲南的經商情況。如在蒙自，Jean Dupuis 與當地一名礦主達成以棉花、被單、棉布和鹽等商品交換錫礦石的長期合作意向。又如在曼耗，Jean Dupuis 與紅河商號（Tchong-Ho House）簽訂合作協議，Jean Dupuis 用商號的船從事經紅河往返越南和雲南的商業運輸。

　　在法國武裝探險隊及商人進入「蠻疆」的同時，法國天主教傳教士也積極致力於將「福音」傳到「蠻疆」。1840年以前，法國天主教傳教士的身影已出現在「蠻疆」土地上。《北京條約》和《天津條約》簽訂後，法國天主教獲得前往中國內地傳教之權。於是，法國天主教會積極利用該權利在「蠻疆」大地傳播「福音」。與此同時，大量西方傳教士陸續來到「蠻疆」。其中，頗爲著名的如法國天主教傳教士保祿・維亞爾〔註13〕。光緒二年（1876年），法國人保祿・維亞爾被巴黎外方傳教會晉升司鐸後遣往中國「蠻疆」佈道。爲佈道方便，保祿・維亞爾取名「鄧明德」。光緒六年（1880年），鄧明德到達雲南昭通府鹽津縣龍溪一帶，在此接受傳教訓練及漢語培訓後被分遣至漾濞縣協助 Terrasse〔註14〕神父傳教。光緒十一年（1885年），鄧明德被分遣至嵩明縣得子村一帶的彝族和撒尼人村寨傳教。鄧明德很快在撒尼人中打開傳教局面，並在路南縣〔註15〕至路美邑村附近的彝族區域先後建立10幾所天主教堂，還組建2所教會學校和1個天主教診所，教授學生天主教知識、西方文化並給人看病。傳教之餘，鄧明德撰寫了許多反映彝族社會狀況的文章，以西方社會學、民族學視角對彝族歷史、宗教、習俗、語言及文字等進行了深入探討。

　　從1840年後對中國「蠻疆」的勘探、考察和傳教來看，中法戰爭前法國對中國「蠻疆」的政治、經濟和社會情形已有非常詳細的瞭解。傳教士的傳教活動中存在一定有助「蠻疆」文化及教育發展的積極因素。從「蠻防」安全角度看，西方在「蠻疆」的佈道對「蠻疆」各族固有文化造成衝擊，不利

〔註13〕即 Paul Vial，中文名鄧明德。
〔註14〕中文材料中常稱「特拉斯」。
〔註15〕今雲南省石林縣。

於「蠻疆」社會秩序穩定。安鄴和堵布益勘察湄公河及紅河航道的探險活動則有相當明顯的軍事商業背景。考察中涉及的航道情形、山川地勢、沿途險要、社會狀況及礦產資源等內容都是事關「蠻防」安全的寶貴情報。隨著越南危機步步加深，法國對中國「蠻疆」的勘探、考察既帶有侵略滲透色彩，也說明清政府的「蠻防」體系早已暴露於法國視野中。以越南爲跳板進圖「蠻疆」雖是法國早於路易十六時代便形成的既定戰略，然安鄴等人的探險活動無疑在一定程度上刺激了法國加速侵佔越南並進窺「蠻疆」的步伐。湄公河及紅河航道的開通則爲法國侵佔北圻提供了航道。經紅河直達雲南的航道則使法國將屯駐在越南腹地的軍隊運抵中越邊境變得相對容易，從而大爲加重了「蠻疆」的邊防壓力。

2. 1840 年後法國突破中越宗藩體制的努力

在法國加緊侵佔越南過程中，清政府「蠻防」所依存的傳統地緣政治安全環境開始被打破。越南作爲「蠻防」體系的重要一環，其安危存亡關乎「蠻疆」邊防安全。其實，南圻的陷落及越南被消弱本身就是對清政府「蠻防」體系的突破與消弱。然而，中越宗藩關係及中越邊防的存在依然是法國北上完全佔領越南的主要障礙。爲此，結束中越宗藩關係，突破清政府「以越爲屏」的邊防體系成爲法國擴大在越侵略的重要任務。

同治十三年正月廿七日（1874 年 3 月 15 日），法國對越南國王施加壓力迫之簽訂《法越和平同盟條約》。其第一款規定：「法國大皇帝嗣後以越南國王係操自主之權，並不遵服何國。」〔註16〕顯然，法國之目的在於阻斷中越宗藩關係，以避免清政府干預法國的侵越進程。另外，其第十一款規定：「越南國因欲便於各國通商互市，故特開平定省施耐汛、海陽省寧海汛，並該汛上溯哈泥河一帶，已達大清國雲南邊境，凡一應外國商船可以隨意往來。」〔註17〕對此，梁啓超在《越南小志》中評論稱：「其第十一款則我雲南有關，法人之汲汲經營越南，其最後之目的，實在我國也。」〔註18〕

同治十四年四月（1875 年 5 月），法國駐華署理代辦公使羅淑雅趁「馬嘉里案」發生導致中英關係緊張之機照會總理衙門，要求中國承認越南爲獨立國，敦促清政府盡快消除中越邊境匪亂。恭親王奕訢對法照會稱，越南「久

〔註16〕梁啓超：《飲冰室專集》（十八）《越南小志》，第 6 頁。
〔註17〕梁啓超：《飲冰室專集》（十八）《越南小志》，第 6 頁。
〔註18〕梁啓超：《飲冰室專集》（十八）《越南小志》，第 6 頁。

列藩封，不能漠視」，「俟匪類剿平，自然凱撤」。〔註19〕從羅淑雅照會中可看到，法國要求清政府主動結束中越宗藩關係，賦予越南獨立國家地位，要求改變中越邊防現狀，以消除清政府對越南的軍政影響力。恭親王奕訢雖在照會中重申了清政府的對越宗主權，似乎未能領會羅淑雅的實際意圖。實際上，恭親王奕訢和越南阮朝當時對國家和主權概念之認知尚較模糊。只要越南繼續向清政府朝貢，維持宗藩關係之禮儀名分，清政府對越南獨立與否尚不甚關心。其實，越南阮朝對是否獨立和擁有主權也漠不關心。

中法戰爭前的中越宗藩關係並未受到《法越和平同盟條約》明顯影響。越南依然向清政府「三年一貢」，中越邊防依然維持傳統狀態。反而，中越兩國在法國侵略和威脅下進一步明確了雙邊的軍事互保義務。從宗藩關係的傳統慣例來看，清朝雖為「上國」，一般不會干涉「屬國」越南內政。即便越南改朝換代，清政府也不會直接出兵干涉。只要越南新王朝確認並維持宗藩關係，清政府往往給予冊封確認。也就是說，在傳統的中越宗藩體制下，清政府實際並不負有保護越南國家安全的明確責任。清政府後來全面介入法國侵佔北圻導致的越南戰爭，實際有違中越宗藩交往的常規慣例。這說明清政府內部部分有識之士雖不具備嚴格的近代主權國家意識，卻對法侵越南帶來的邊防威脅有切膚之感，將之視為嚴重威脅國家安全的重大事件。

從近代國際關係理論角度看，羅淑雅要求清政府承認越南為一個獨立主權國家本質是要求解除中越宗藩關係，劃定中越邊界，主導越南邊防建設。近代主權國家的一個顯著特徵便是擁有明確的邊界及自主的邊防。法國要求越南獨立必然對中越宗藩關係和中越邊防構成衝擊。清政府「以越為屏」的邊防政策及中越邊防的現實狀態必然成為法國貫徹既定侵越政策的重要障礙。光緒五年五月（1879年6月），法國駐海防領事土爾克宣稱：「法國必須佔領北圻，因為有了這個軍事基地，一旦歐洲列強開始瓜分中國的時候，法國將是第一個到達中國腹地的國家」。〔註20〕光緒五年九月（1879年10月），法國海軍殖民部長尤列居伯利指出：「對於越南問題，中法之間談判解決已無濟於事，訴諸武力才是唯一的解決辦法。」〔註21〕也就是說，法國侵佔越南

〔註19〕 郭廷以，王聿均主編：《中法越南交涉檔》（第一冊），臺北：精華印書館，1962年，第11～12頁。

〔註20〕 〔越〕陳輝燎：《越南人民抗法八十年史》卷一，北京：生活‧讀書‧新知三聯書店，1973年，第41頁。

〔註21〕 Henry MoAleavy："Black Flags in Vietnam（The Story of a Chinese Intervention）", London, 1968, P182～P183.

的戰略意圖與中越宗藩體制及中越邊防存在難以調和的矛盾，中法戰爭之爆發存在必然性。光緒七年二月（1881 年 3 月），法軍調遣海軍上校、交趾支那海軍艦隊司令李威利將軍統帥法軍進軍北圻。光緒九年（1883 年）三月二十日，法國內閣向議會提出增加 530 萬法郎軍費以支持法軍在北圻的軍事行動。光緒九年四月初九（1883 年 4 月 26 日），法國議會批准內閣要求增加軍費的議案。至此，法國企圖通過外交途徑突破中越宗藩體制和結束清政府「以越為屏」邊防體系的努力宣告失敗，開始訴諸武力。

二、清政府對中越宗藩關係的新定位

　　越南與中國山水相連，久列藩屬，是清王朝「蠻疆」的重要安全屏障。在清政府「以藩為屏」的邊防體系中，越南以藩屬身份替「天朝」守邊。因雙方實力懸殊，中越邊境除偶有私越、「匪患」等邊境管理事件發生外，越南基本不會對「蠻防」安全構成威脅。清政府雖於傳統習慣線內側構築軍事邊防線，其主要任務卻不是防範越南侵略，而在於嚴禁私越、防杜遊匪等，以加強邊境管理，維護邊疆穩定。法國希望將越南變成殖民地，進而以越南為基地在東亞和東南亞範圍內獲取更大侵略權益。打開中國「蠻疆」門戶並溝通中原腹地是法國佔領越南所預期的最大地緣戰略收益。然而，法國侵佔越南北圻的步伐卻遭遇了劉永福黑旗軍的強力阻抗。隨著法國加快侵越步伐，尤其是當法軍進入北圻與清軍和黑旗軍展開對峙後，中越邊防危機陡然加深。

　　在清政府的藩屬體系中，越南地位非常特殊。越南與當時廣西、廣東及雲南直接接壤，是清王朝的「蠻防」安全屏障。越南自漢代以來便長期作為郡縣歸中國王朝直接管轄。顯然，中越宗藩關係超越一般的藩屬關係。事實上，從中越宗藩關係實質來看，清政府不僅對越南負有安全保障之責，且對越南國王擁有完全廢立之權。邵循正認為：「越南對中國之地位，嚴格言之，與蒙古藩部亦差相等」，「越南王之地位法律上等於為中國守土之牧伯」。〔註 22〕隨著「以藩為屏」的傳統邊防體系中的「蠻疆」環節逐漸裸露在法國的侵越炮火下，清政府不得不直接面對這樣一個現實，即中越邊防要從主要從事邊境管理的傳統狀態向重點防禦法國入侵轉變，擔負起維護「蠻疆」穩定和「蠻防」安全的重任。在此背景下，清政府開始重新認識「蠻疆」的地緣安全價值，進而思考如何應對法侵越南帶來的「蠻防」安全危機。總體來看，1840

〔註 22〕邵循正：《中法越南關係始末》，石家莊：河北教育出版社，2002 年，第 49 頁。

年後，隨著「蠻防」安全危機的加深，清政府對「蠻疆」地緣安全價值和中越邊防重要性之新認識主要包括如下幾點：

一是清政府開始認識到越南安危不再是事不關己的纖芥小事，而是關乎「蠻疆」穩定和「蠻防」安全的重大安全問題。從中越宗藩體制慣例看，清政府雖有「以大字小」的道義責任，卻一般不直接干涉屬國與其他國家間的戰事糾紛。光緒七年（1881年）底，法國議會通過250萬侵越經費議案後，總理衙門官員在給慈禧的奏摺中便不無憂慮地指出：「越之積弱，本非法故，若任其全占越土，粵西唇齒相依，後患堪虞」〔註23〕。清政府在發給總理衙門的上諭中承認：「該國積弱已久，若滇、粵藩籬盡為他族逼處，後患不可勝言」〔註24〕。

可見，光緒七年時清政府最高統治層已認識到越南長期積弱無力抵擋法國侵略，若朝廷堅持不干涉屬國糾紛原則，越南亡國是早晚之事。清政府還意識到法國侵佔越南的另一目的在於打開「蠻疆」門戶。在法國步步進逼北圻過程中，清政府高層對「蠻疆」邊防危機之感觸日趨深刻，充分認識到若放任法國侵佔北圻不僅無法保障「蠻防」安全，且「環伺而起者，不止一法國，相逼而處者，不止一越南」〔註25〕。總之，中法戰爭爆發以前，清政府高層已深刻體會到越南淪陷對「蠻疆」帶來的地緣安全危機，並對列強交相侵逼可能引發的多米諾骨牌效應有所警覺。

二是清政府對法國在越南的侵略活動進行外交抗議，明確表達嚴重關切立場。清政府感受到法國駸駸北向給「蠻防」安全帶來的巨大壓力後曾直接通過駐英、法欽差大臣曾紀澤到法外交部交涉，向國際社會申明越南的屬國地位，表示無法承認「法越前訂之約」。清政府在給曾紀澤的上諭中對其據理力爭之言行大為褒獎，認為「曾紀澤屢與法國外部辯潔，仍著堅持前議，相機辯論，期於大局有裨」〔註26〕。曾紀澤就越南危機在外交層面上的折衝樽俎在一定程度上將法國陷於外交被動局面，阻滯了法國侵佔北圻的步伐。與

〔註23〕張振鵾主編：《中法戰爭資料叢刊》（五）《總理各國事務衙門奏法人謀占越南北境並欲通商雲南現擬豫辦法摺》，北京：中華書局，1996年，第87頁。

〔註24〕張振鵾主編：《中法戰爭資料叢刊》（五）《軍機處寄直隸總督李鴻章等上諭》，第91頁。

〔註25〕張振鵾主編：《中法戰爭資料叢刊》（五）《總理各國事務衙門奏法越兵端已起亟宜通籌邊備摺》，第104頁。

〔註26〕張振鵾主編：《中法戰爭資料叢刊》（五）《軍機處寄直隸總督李鴻章等上諭》，第91頁。

此同時，清政府還明確照會法國駐華公使：「越南久列藩封，歷經中國用兵剿匪，力爲保護，爲天下各國所共知。今乃侵陵無已，豈能受此蔑視？倘竟侵及我軍駐紮之地，惟有開仗，不能坐視」〔註27〕。可以說，在中法戰爭前夕的對法交涉中，清政府亮明了底線，即：若法軍進攻清軍北圻防地，清軍將立即還擊。

三是歷經兩次鴉片戰爭洗禮，清政府意識到若無強大軍力爲之後盾，國際公理在戰爭來臨時只會顯得蒼白無力。爲此，清政府在與法國開展外交溝通的同時還暗中整飭「蠻防」，積極調兵備戰，將雲南、廣西及廣東三省軍隊抽調部署在中越邊防前沿，以防不測。清政府認爲法國之最終目的在於經富良江溝通雲南。如此一來，保勝〔註28〕成爲保障「蠻防」安全之戰略要地。於是，清政府諭令雲貴總督劉長祐調遣精兵嚴守維防，相機應變，力爭將法國防堵在「蠻疆」邊境之外。清政府還諭令廣西巡撫倪文蔚統帥駐防涼山之桂軍力保北圻，爭取將北圻作爲「以藩爲屏」的「蠻防」體系的最後一道藩籬。

光緒九年（1883年），法軍攻取南定後，清政府認識到在駐防北圻的同時，加強中越邊境的軍事防禦力量十分迫切，在接受李鴻章、左宗棠和張樹聲建議「著左宗棠敕令提督吳宏洛統帥所部淮勇五營，即行前赴廣東」〔註29〕的同時，飭令雲貴及兩廣督撫在練軍中精選勁旅沿中越邊境扼要駐守，命駐防廉、瓊之廣東水師移近越南洋面巡防，積極籌備以應不測之需。清政府還意識到一旦開戰，法國可能騷擾中國沿海。光緒九年（1883年），當李鴻章與法國駐華公使脫利古在上海談判之時，清政府觀察到脫利古「以中國是否助越爲言，意在挑釁，甚爲叵測，亟應先事籌防以杜狡謀」，於是諭令兩江總督曾國荃依據海防情形「切實妥辦，務臻周密，以期緩急可恃。敕令吳全美、方耀認眞巡防」於「瓊廉洋面及欽州邊境」，「勿稍疏謝」。〔註30〕左副都御使張佩綸也在上奏中認爲「交廣形勢，陸軍當委重南寧，水師當委重瓊、廉」，建議「將廣東水師改用兵輪，募瓊、廉蠻戶，粵海舵工，以爲管駕，駐瓊駐廉，均足牽制敵軍。並請將廣西提督改駐南寧，移左江鎭總兵改駐龍州，以與提

〔註27〕張振鵾主編：《中法戰爭資料叢刊》（五）《軍機處寄密署直隸總督李鴻章等上諭》，第223頁。
〔註28〕清代又稱「舊街」，今稱「老街」。
〔註29〕《清德宗實錄》卷一六六，光緒九年七月上，第326頁。
〔註30〕《清德宗實錄》卷一六六，光緒九年七月上，第325頁。

標犄角」〔註31〕。可見，清政府在中法戰爭全面爆發前已認識到中越邊防危機可能同時要演變成一場威脅海疆安全的海防危機，是一次海防與陸防的全面危機。另外，清政府還密切關注著法國人的一舉一動，要求廣西和雲南在應對法侵越南造成的邊防危機中密切配合。光緒九年（1883年），清政府得知廣西布政使徐延旭所探「關外軍情」與「莫文蔚前奏大略相同後」，在批覆中告誡徐延旭「現聞法人有添兵報復之信，尤應先事籌備，該藩司務當聯絡滇軍，隨時相機防守，勿稍鬆動」〔註32〕。

　　四是1840年後清政府對傳統宗藩體系與近代國家觀念之認識愈發深入，在應對越南問題時的國家利益訴求更為明確。近代國家的顯著特徵是擁有獨立主權且空間存在非常明確。中國傳統的國家觀是一種「積家成國，積國成天下」的「天下觀」。天下邊緣隨王朝實力消長，相對模糊，處於歷史性的動態變化中。清王朝與鄰國之分界與前代相比漸趨明確。清政府在中越邊境、中緬邊境的內側修建大量的邊防據點及形成的較為嚴格的邊境管理制度使中越傳統習慣線日趨明晰。然而，清政府「天朝上國」之觀念卻依然根深蒂固。1840年以來，西方近代國家在大清「天下」的強勢嵌入不僅損傷了清王朝的「天下國家」形象，且讓清政府對傳統宗藩關係和近代國家觀念之體認逐步深入，使其在應對邊疆危機時開始擺脫傳統宗藩思維，立足「國家」而非「天下」立場考慮問題。中法戰爭前夕，清政府最終就越南危機達成「寧失藩服，毋損郡縣」的「保藩固圉」策略，說明此時的清王朝已開始對近代國家觀念擁有懵懂體認。因為，就當時清朝實力而言，其只能在「國家」安全利益與屬國存亡間選擇前者。在應對中越邊防危機中形成的「保藩固圉」的方針既是清政府站在「國家」安全高度在應對地緣安全局勢變化時做出的戰略調整，也是其傳統「天下觀」在面對強大地緣安全壓力時開始向近代國家觀轉變的一種表現。

　　清政府務實派對越南阮朝的上述變化可謂歷歷在目，於是奕訢和李鴻章等在應對越南危機時更加明確地將國家利益置於首位，而非真正關心阮朝之生死存亡。清政府在越南危機中被捲入中法戰爭，絕非是出於保護屬國社稷安危的宗藩職責，而是為了避免面對與法國直接為鄰的地緣安全結果，以維護「蠻疆」穩定和「蠻防」安全。恭親王奕訢曾經明確指出，「阮氏事我不專」，

〔註31〕《清德宗實錄》卷一六六，光緒九年七月上，第328頁。
〔註32〕《清德宗實錄》卷一六六，光緒九年七月上，第327頁。

法若執意吞併越南，「中國即應派兵救援」，「此不特邊疆之患，抑亦大局之憂也」〔註33〕。李鴻章也擔心日本對朝鮮和臺灣的覬覦可能帶來更為嚴峻的地緣安全危機，故在越南危機中主張必要時放棄越南，認為「法人既得越南，形隔勢阻，豈能避入滇粵，但使妥訂約章，畫界分守，當能永久相安」〔註34〕。中法開戰後，清政府對阮朝首鼠兩端之行徑依然耿耿於懷。光緒十年（1884年），清政府在上諭中指出：「為保護該國計，因以為屏蔽邊境計也。乃該國昧於趨向，始則首鼠兩端，繼且縱令教民抗我顏行，肆意侵逼，山西弱寧之失，皆係該國民人紛紛內應所致，辜恩悖義，莫此為甚」〔註35〕。在宗藩體制內擔負起保衛阮朝安危的道義責任，對清政府來說既無此實力，也無該必要。在現實的地緣政治安全博弈中選取有利清朝「蠻防」安全的介入方式無疑是最佳選擇。

19世紀60、70年代「中外和局」開啟後，隨著中西交往的加深，以奕訢、李鴻章等為首的洋務派官員在應對屬國存亡危機時開始注重在「和局」框架內訴諸國際公法，而非直接以履行宗主國義務的方式去捍衛清朝的國家主權。是否武力干預則主要取決於國家安全利益考量。一方面，清政府開始在邊疆危機發生時綜合權衡中外實力狀況和內外政治形勢變化去靈活取捨。如清政府主動放棄了琉球、暹羅及緬甸等屬國宗主權。清政府知道自身並無實力去捍衛上述屬國安全，其生死存亡與清朝安危之關涉也相對不大。因而，當清朝宗主權與列強殖民霸權在「天下」發生衝突時，清政府會因時制宜地採取放棄宗主權方式去維護更加契合實際利益的國家安全。另一方面，在列強殖民霸權與清政府的宗主權衝突中，清政府並非一味放棄，而是要綜合考慮屬國的地緣安全價值靈活決定干預方式及干預力度。如在越南危機及朝鮮危機中，清政府鑑於朝鮮和越南重要的地緣安全價值，從國家安全利益角度出發決定出兵干預。實際上，越南危機發生時清政府正面臨嚴峻的財政危機。為應對越南問題，清政府在「由四川及粵海關撥銀二十萬兩」的基礎上，不惜「於廣東應解京餉項下，截留銀二十萬兩，解交廣西應用」，且「迭次特撥銀兩」〔註36〕。當越南危機發生後，清政府不僅予以密切關注，

〔註33〕中國史學會主編：《中國近代史資料叢刊・中法戰爭》（第六冊），上海：新知識出版社，1955年，第105頁。

〔註34〕沈雲龍主編：《清光緒朝中法交涉史料》，臺北：文海出版社，1966年，第1017頁。

〔註35〕《清德宗實錄》卷一八一，光緒十年四月上，第524頁。

〔註36〕《清德宗實錄》卷一六六，光緒九年七月上，第324頁。

且鑒於「越軍能否久持，難以預料」的局勢從「粵西邊防緊要」的地緣安全利益出發〔註37〕，決定在「目下部庫款項夷不寬裕」〔註38〕的財政困局中出兵干預。這說明清政府自傳統宗藩觀念到近代國家觀念的轉變非一蹴而就，而是一個相當複雜的過程。中法戰爭前後，中法圍繞越南問題明爭暗鬥，時戰時和，直至公開宣戰，既是地緣安全利益的爭奪過程，也是清政府天下國家觀念的一個自我調適過程。

三、「保藩固圉」邊防政策的確定

有史以來，中國王朝安全的主要威脅多來自北方。1840年後，中國傳統的地緣安全格局在西方強國衝擊下出現變化。英國開其端，其他西方國家隨其後，以堅船利炮、不平等條約打開中國國門。中國傳統的地緣政治安全局勢開始出現「千年未有之變局」。在此背景下，中國傳統的邊防對象也開始發生改變。邊防性質也由「夷夏之防」向「中外之防」轉變。19世紀70年代前，對清朝國家安全構成威脅的西方國家主要來自兩個方向：一是來自北方陸路的俄國，其強迫清政府簽訂一些列不平等條約，侵吞大量中國國土；二是英法等來自海上的西方強國，其過去與中國並不存在共同邊界，卻通過侵佔周遭國家逐步向中國與鄰國間的傳統習慣線靠攏。

19世紀70年代後，中國西部和南部陸路鄰國相繼淪為西方國家殖民地。英法等西方強國帶來的海防危機開始向海防危機與陸防危機共存的狀態轉變。在「蠻疆」，英國完全佔領印度和錫金、尼泊爾、不丹等國後逐步加緊侵緬步伐，進圖西藏，以威脅雲南。法國在交趾支那站穩腳跟後也在不遺餘力地向北圻拓展侵略鋒芒，不僅打通了自紅河到雲南的內河航道，還積極致力於終結中越宗藩關係，對「蠻防」安全乃至中國國家安全構成重大挑戰。在此背景下，清政府開始重視「蠻疆」的地緣安全價值，關注「蠻防」安全問題，逐步在應對越南危機中形成「保藩固圉」的邊防政策。

1. 中法戰爭前清政府對中越邊防危機的認識

在中越宗藩體制下，清政府長期貫徹「天子有道，守在四夷，王者不勤遠略」的邊防政策，謹守「唯德動天，無遠弗屆」的道德信念，除關注宗藩關係下的禮儀名分外，一般不會主動干涉越南內外事務。1840年以前，清朝

〔註37〕《清德宗實錄》卷一六六，光緒九年七月上，第325頁。
〔註38〕《清德宗實錄》卷一六六，光緒九年七月上，第324頁。

歷朝皇帝確立的不輕易干涉屬國內政的原則 1840 年後依然在清政府應對中越邊防危機中得到貫徹。只要中越宗藩關係得以維持，清政府基本不會干涉越南內政外交的慣例直到中法戰爭前依然在清政府處理中越關係時發揮重要作用。

　　歷經兩次鴉片戰爭並面對太平天國運動的強烈衝擊，19 世紀 60、70 年代，清政府在處理「邦交」問題時基本形成以和為主的外交方針，以儘量避免與列強發生衝突。「馬嘉里案」發生後，中英關係正趨緊張。清政府此時更無膽量與法國交惡，只能對法國侵佔交趾支那的行為忍氣吞聲。故此，在中外「和平」氣氛中，面對第一次法越戰爭及「南圻六省」之陷落，清政府態度溫和，姿態超然。只要法侵越南未威脅到阮朝根本存亡和中越宗藩關係，清政府對越南危機既不會干涉，也不會過問，更無心無力加強「蠻防」建設。

　　然而，清政府的態度在同光之際開始發生轉變。光緒初年，清政府內部一些務實之士對世界大勢瞭解既深，也看到法侵越南威脅到「蠻疆」穩定和「蠻防」安全之事實，開始轉變在面對越南危機時的態度。早於同治十二年（1873 年），廣西巡撫劉長祐便指出，「越南之患，法國為最，黎裔次之，白苗與黃崇英等似無足深慮」，而「黎裔之患，越南受之，法國之患，不獨越南受之」。〔註39〕中越邊防的傳統職責在於防禦「蠻疆」叛亂，管控跨境土司。劉長祐認為「法國之患，不獨越南受之」，實際已意識到中越邊防對象正在改變。故而，光緒七年（1881 年），當法國侵佔越南東京〔註40〕時，劉長祐從「蠻防」安全角度出發建議興兵南下，援越抗法。為未雨綢繆，鞏固「蠻防」，劉長祐還與馮子材等通力合作，嚴厲打擊越南北圻匪患，修復年久失修的邊關卡隘，對法侵越南帶來的非傳統安全威脅保持高度警惕。

　　劉長祐長期任職「蠻疆」，對中越邊防危機的出現及邊防對象、邊防任務的轉變歷歷在目，其更多立足於「蠻疆」視野去考量法侵越南帶來的「蠻防」壓力。那麼，在 19 世紀 60、70 年代的邊疆危機中，中越邊防危機帶來的「蠻防」安全問題在清政府高層決策者眼中處於何種位置呢？對此，我們可從重臣李鴻章對當時地緣安全危機的戰略分析及謀劃應對中略窺端倪。

〔註39〕 （清）劉長祐：《劉武慎公遺書》（奏稿），臺北：文海出版社，1968 年，第14 頁。

〔註40〕 安南早於黎朝時，即採取複都制，設置「東京」和「西京」。黎朝之「東京」即今之河內。嘉慶七年（1802 年），阮朝取代黎朝改稱越南後，雖遷都順化，「河內」依然沿用「東京」之名。直到 1931 年，「東京」始改名「河內」。

　　同治九年七月（1870年8月），李鴻章繼曾國藩後執掌直隸總督，旋兼北洋大臣，擔綱畿輔輔衛重責，執掌對外交涉大權。面對「歐洲各國百十年來，由印度而南洋，由南洋而東北，闖入中國邊界腹地」的地緣安全危機，李鴻章驚歎「此三千餘年一大變局也」〔註41〕。同治十三年（1874年），日本侵擾臺灣且引發清政府內部關於海防與塞防孰重孰輕的所謂爭論。李鴻章一直積極主張加強海防建設，在同治十三年冬月初二（1874年12月10日）上呈薛福成執筆的《籌議海防摺》。李鴻章堅定支持總理衙門「只保要緊數處，即可固守」的海防戰略布局，而「如雲南粵屬之苗瑤土司，越南朝鮮之略奉正朔可矣。」〔註42〕可見，李鴻章認為國防戰略謀劃應分輕重緩急，在當時來說海防重於塞防，只要中越宗藩關係得以維持，對越南問題沒有必要過多過問。

　　另外，李鴻章對各藩屬國的邊防安全價值也擁有獨特見解。同光之際，中越邊防危機與日本侵略朝鮮的活動幾乎同時出現。擔任直隸總督後，李鴻章開始意識到日本的侵略擴張可能對清朝國家安全尤其是中朝邊防安全造成巨大威脅。李鴻章知道「越南勿諸，亦吾華肘腋之患」〔註43〕，然與日本侵朝相比，維護龍興之地與京畿安全顯然更加重要。李鴻章深刻認識到中越邊防對象和邊防任務正在改變，然在國勢危殆、財政拮据情形下只能依舊將「蠻防」置於國家國防戰略布局的次要位置。19世紀70年代，清王朝陷入全面邊疆危機，在李鴻章的國防戰略謀劃中，海防要重於塞防，中朝邊防重於中越邊防。在此認識下，李鴻章主張將「蠻防」安全危機置於中法外交「和局」中協商解決。

　　李鴻章對「蠻防」問題之認識可謂精闢獨到，且在中法戰爭爆發前基本得到統領總理衙門的恭親王奕訢認可。中法戰爭爆發前，在圍繞「蠻防」問題的討論中，清政府基本認同李鴻章關於中越邊防在當時國防戰略布局中居於次要地位之認識，力圖通過中法交涉極力避免與法國主導的越南直接接壤，確保中越邊防不暴露在法國直接威脅下。為此，清政府在中法交涉中極力維護中越宗藩體制，以保證越南北圻繼續留在「以藩為屏」的「蠻防」體系中。中法戰爭以前，清政府中以李鴻章、奕訢等為代表的高層決策者們雖

〔註41〕（清）李鴻章：《李文忠公全集·奏稿》卷十九，第44頁。
〔註42〕（清）李鴻章：《李鴻章全集》（第二冊），海口：海南出版社，1997年，第825～833頁。
〔註43〕世界知識出版社：《國際條約集（1648～1871）》，北京：世界知識出版社，1984年，第433頁。

對法侵越南造成的「蠻防」危機擁有深刻認識，然中越邊防在國家整體安全戰略布局中依然處於次要位置。

2. 中法戰爭以前社會輿論對「蠻防」問題的關注

19世紀70年代後，西方國家對中國及其周邊國家的爭奪進一步加劇。「蠻防」安全危機越發凸顯。同治十三年（1874年），法越簽訂第二次《西貢條約》，否認清政府的對越宗主權。清政府此時正忙於日本侵臺帶來的對日交涉。總理衙門接到法使羅舒雅抄送的條約照會後回絕了法國要求在雲南邊境停船駐泊的無理要求，申明清政府派兵援越剿匪與駐越法軍渺無干涉，然對越南宗主權問題卻無明確的申訴與辯駁。光緒元年（1875年），英國探險隊勘察中緬陸路通道，與雲南「土民」發生衝突，釀成「馬嘉里事件」，並以中英簽署《煙台條約》收場。「蠻防」危機不僅打破了清政府「撫有四夷」的宗藩往來慣例，還使其必須在「蠻疆」直面西方強國帶來的安全威脅。清政府此時忙於應對告警頻頻的邊疆危機，尚無暇顧及越南問題。

實際上，清政府此時對越南危機並非毫不知情。同治十二年 （1873 年）十月二十九日，廣東巡撫劉長佑上《越南積弱不振豫籌保衛邊境疏》提醒清朝最高統治者，「伏查越南之患，法人為最」〔註44〕。劉長佑還在奏疏和書信中多次指出，援越剿匪時要對法國「以憑照料，免生事端」〔註45〕。兩廣總督英翰也向清政府報告稱，法國「意不專指滇省，而實在粵省」〔註46〕。粵督英翰認為法越媾和「難保無因公往來，及隨處遊歷之人，自應先行知會，以昭妥愼」〔註47〕。對於法國之野心，不獨「蠻疆」一線督撫大員心知肚明，在華外人亦有警覺。光緒元年四月十一（1875 年 5 月 15 日），美國駐華副理事柯理士指出，中國「倘與法國稍有不睦之處，則法國不必勞本國兵馬與中國爭，只將法國軍器假於雲南邊界內外賊匪，然後驅入中國，則為害於中國匪淺鮮矣。」〔註48〕

〔註44〕 （清）劉長佑：《越南積弱不振豫籌保衛邊境疏》，《中國近代史資料叢刊‧中法戰爭》（第一冊），上海：新知識出版社，1955 年，第 66 頁。

〔註45〕 （清）劉長佑：《致趙慶池觀察》，《中國近代史資料叢刊‧中法戰爭》（第一冊），第 112 頁。

〔註46〕 郭廷以，王聿均編：《中法越南交涉檔》（第一冊），《總署收兩廣總督英翰函》，臺北：「中央研究院近代史研究所」，1968 年，第 24 頁。

〔註47〕 郭廷以，王聿均編：《中法越南交涉檔》（第一冊）《總署收兩廣總督英翰函》，第 30 頁。

〔註48〕 郭廷以，王聿均編：《中法越南交涉檔》（第一冊）《總署收署理英文館教習柯理士呈》，第 1～2 頁。

19世紀70年代後，除清政府朝臣、邊吏及西方駐華外教人員外，一些報刊也開始關注越南危機及「蠻防」問題。據統計，同治十一年（1872年）到光緒四年（1878年）間，《申報》所刊有關越南問題之報導、社論計有31篇之多。其中，一些文章之論述已深入到法國對「蠻防」安全造成的威脅層面。如同治十二年八月二十（1873年10月13日），《申報》刊文《再論殺法教師事》指出：「毗連安南者廣西，緊接廣西者廣東，廣東爲中國東南最富之區，法人所深垂涎者也。」〔註49〕另外，也有一些文章提到中越宗藩關係對「蠻防」安全的重要價值，認爲國家實力才是決定國家關係模式的基礎。如光緒元年七月初十（1875年8月10日），《申報》提到：「現在國無他釁、人無二心者，惟西藏、蒙古而已。其餘各國則心實忠貞形同離貳，亦迫於事勢之無可如何也。或爲鄰邦所逼處，或爲強國所分據，故至成此局面也。」〔註50〕

此外，《申報》上的一些刊文者還認識到國家實力下降是造成「蠻防」安全危機的根本原因。如光緒元年三月十五日（1875年4月20日），《申報》一篇社論認爲：「自通泰西，諸洋商盡舟航之利，萬里咫尺無遠近，皆得與我爲鄰。如英俄普法等本爲歐洲最強國，今以中國地圖按之」〔註51〕。可見，法國侵略越南不僅在《申報》形成了關注越南危機和「蠻防」安全的社會輿論氛圍，其中一些論者還提醒清政府應對「蠻防」安全危機要做好兩手準備：一方面，要大力振興邊防武備，「內傷廣東善籌保全之策，使銷禍患於未萌也」〔註52〕；另一方面，邊防武備「未振興之前，必須格外致心，不使惹出釁隙」〔註53〕。《申報》對越南危機和「蠻防」安全予以持續關注，且提出不少具體應對之道。仔細看來，《申報》在該問題上的輿論主張與李鴻章、奕訢等代表的官方立場基本一致，即深刻認識到法侵越南帶來的「蠻防」威脅，卻將之作爲19世紀70年代全面邊疆危機中的一部分。實際上，越南問題及其帶來的「蠻防」安全威脅並未引起社會輿論層面的足夠重視。

19世紀70年代，清王朝自官方到民間雖深刻認識到法侵越南對「蠻防」安全造成的巨大威脅，在現實困難與潛在威脅間，清政府卻無過多精力去顧及

〔註49〕《再論殺法教師事》，《申報》，1873年10月13日。
〔註50〕《論中國外藩各國近日情形》，《申報》，1875年8月10日。
〔註51〕《論中國與安緬接界形勢》，《申報》，1875年4月20日。
〔註52〕《再論殺法教師事》，《申報》，1873年10月13日。
〔註53〕《論中國與安緬接界形勢》，《申報》，1875年4月20日。

越南危機。同治十三年（1874 年），《第二次西貢條約》〔註54〕簽訂後，法越殖民當局因人力不足有效管控交趾支那且力不從心，暫時放緩北侵步伐。與此同時，清政府竭盡全力才勉強遏制住農民起義全國爆發的勢頭，且與英、俄、日等國交涉不斷。清政府也傾向於在越南問題上息事寧人，儘量不去刺激法國。

3. 入越剿匪與對法防禦的展開

太平天國運動導致中越朝貢往來阻斷 16 年之久。同治八年二月（1869 年 3 月），越南朝貢使團抵達京師。同治皇帝三次接見並賜宴越使。中越宗藩關係得以恢復。此時，在清軍追剿下逃遁到越境的廣西太平軍餘部依然活躍。同治六年（1867 年），廣西農民軍吳亞忠在清軍追剿下遁入越南，成為「蠻防」安全的重要威脅。阮朝多次組織圍剿，卻敗多勝少。之前，清政府對「遊竄」越境的太平軍餘部尚無暇顧及，越南靠自身力量亦無法剿除。於是，阮朝貢使借通貢之機援舊例請求清政府派兵助剿。法國佔領交趾支那後，越南北圻之安定將直接關係到「蠻疆」穩定和「蠻防」安全。清政府若不援剿，阮朝可能請求法人幫助，使「蠻防」安全受到更大威脅。為此，清政府答應了阮朝貢使的助剿之請。

同治八年（1869 年），廣西提督馮子材奉清政府之命率兵抵達越境布置會剿太平軍餘部，拉開清政府 19 世紀 70、80 年代五次援越剿匪之序幕。〔註55〕同治九年（1870 年），馮子材擊潰吳亞忠餘部。然而，馮子材本次入越剿匪僅是援越剿匪之開始。隨後，清政府又先後四次應越南阮超請求入越剿匪。

其中，同治四年（1878 年）由李楊才事件引發的清軍第四次入越剿匪頗引人注目。李揚才，廣東靈山人，原在廣西提督馮子材麾下任職洴州協鎮，被參革。李揚才入越後率所部積極聯絡此前遁入越南的太平軍餘部，「旬日之間竟已糾眾至十餘萬人」〔註56〕。光緒四年十月（1878 年 11 月），越南阮朝

〔註54〕《第二次西貢條約》（即〈甲戌和約〉），是 1874 年越南阮朝與法國所簽之不平等條約。1873 年，法國人讓・迪皮伊在中越邊境走私被越南拿獲。安鄴大尉奉南圻統使馬里・儒勒・杜白蕾之命，率領法軍前往北圻處理。安鄴未經許可攻破河內，逮捕阮知方，史稱「北圻變故」。不久，法軍在北圻遭越軍和黑旗軍襲擊，安鄴陣亡。杜白蕾派員往北圻交涉。越南交涉官員阮文祥將安鄴之死推給黑旗軍。為讓法歸還河內，越南派阮文祥、黎俊去西貢談判，於 1874 年 3 月 15 日與杜白蕾少將簽訂該約。

〔註55〕許文堂，謝奇懿編：《大南實錄清越關係史料彙編》，臺北：「中央研究院」東南亞區域研究中心，2000 年，第 329 頁。

〔註56〕《粵西近信》，《申報》，1878 年 11 月 5 日。

無力盡剿遂向清政府請援。清政府令廣西巡撫楊重雅會同廣西提督馮子材帶
兵入越追剿。在清軍追剿下，李揚才旋被拿獲歸案。「李揚才事件」之所以引
發多方關注，主要是因爲圍繞入越剿匪問題的討論使清政府對法侵越南造成
的「蠻防」安全威脅認識愈發深入。

　　兩廣總督劉坤一認爲：「越南或委國於法人，將來被其吞噬，從此強鄰逼
處，兩粵邊事益形棘手」〔註57〕。可見，即便阮朝孱弱無以自立且在法國侵
略問題上首鼠兩端，劉坤一依然認爲越南若淪陷必對「蠻疆」穩定和「蠻防」
安全構成更大威脅。劉坤一之認識與清政府軍機處之主張不謀而合。爲此，
清政府針對入越剿匪問題發佈上諭指出：「若不早爲剿平，誠恐別招窺伺，所
關匪細」〔註58〕。在法國佔領交趾支那且站穩腳跟的背景下，迅速剿平北圻
匪患、維持北圻安定和阮朝在北圻的存在成爲避免與法國直接爲鄰的關鍵。

　　清軍入越剿匪期間《申報》等民間媒體對「李揚才事件」和剿匪事宜進
行過持續關注，從中可隱約看到清朝民間對中越邊防對象轉變之隱憂。隨著
剿匪的進行和討論的深入，民間之擔心開始上升到防範法國侵略的「蠻防」
安全高度。如光緒四年十月十二（1878年11月6日），《申報》刊文《再論粵
疆亂事》指出，李逆「如不專在安南，養其焰在內地，恐更見洪逆之禍」〔註59〕。
可見，「李揚才事件」初期，民間輿論尚擔心李揚才率所部竄入內地並引發
像太平天國運動般的大規模動盪。清政府入越平剿李揚才的上諭發出後，民
間輿論開始擔心廣西邊防實力能否擔當起該使命。如光緒四年十月十二
（1878年11月6日），《申報》另一篇題爲《兩粵亂耗迭見宜厚集兵力說》
的文章提醒國人，若兩廣兵力大量調入越南，一旦發生地方叛亂，則可能出
現本省無兵的狀況。〔註60〕看到清軍在越南剿匪進展神速後，民間輿論開始
將討論重點放在防範法國威脅的「蠻防」安全問題上。《申報》刊文認爲，
清政府和阮朝在越南剿匪問題上可與法國合作，因爲「安南無恙，而兩粵之
疆界常寧」〔註61〕。隨後，《申報》認識到在越南剿匪問題上不僅不可與法國

〔註57〕郭廷以，王聿均編：《中法越南交涉檔》（第一冊）《總署收兩廣總督劉坤一函》，
　　　　第87頁。
〔註58〕郭廷以，王聿均編：《中法越南交涉檔》（第一冊）《總署收軍機處交出上諭》，
　　　　第69頁。
〔註59〕《再論粵疆亂事》，《申報》，1878年11月6日。
〔註60〕《兩粵亂耗迭見宜厚集兵力說》，《申報》，1878年11月16日。
〔註61〕《讀派剿李逆上諭恭志》，《申報》，1878年12月25日。

合作，還要極力防範，因爲越南失掉西貢便是法國助越南平剿黃黑二旗之亂所致。法國完全可藉口「李逆不死，安南一日不安」出兵干預。如此一來，越南北圻恐難保全。爲避免「法人所藉口而治其東路」以對「蠻防「安全造成更大威脅，應從速在宗藩體制內將其剿滅，以全力避免法之干預。

光緒八年（1882 年），距離清軍第一次入越剿匪已滿 13 個年頭，距離清軍第四次入越剿匪也已滿 4 個年頭。李揚才匪部雖被剿平，越北匪患卻依然存在，清軍的第五次入越剿匪也遲遲難以落幕。在此過程中，清政府對入越剿匪問題之認識逐步深入，開始將防範法國吞併北圻作爲入越剿匪的首要任務。劉坤一曾明確指出：「李揚才平後，即請撤兵，不肯爲之搜剿沿邊等處土匪者，亦慮道路疏通，以啓法人入滇之志。」〔註62〕顯然，劉坤一之見解頗爲深入。

在法國佔據交趾支那且時刻企圖吞併北圻的當口，清軍入越剿匪已全然不同過往。即便清政府在邊疆危機頻發、中外交涉頻仍和國內大創未復的內外交困中入越剿匪心有餘而力難足，然入越剿匪不僅能有效維護「蠻防」安全，杜絕法國以助越剿匪爲由向北圻發展，還在中法開戰前完成了其在北圻的軍事部署。從「蠻防」安全角度看，清軍的前出部署是戰略上的重大勝利。清軍入越剿匪不僅有助穩定「蠻疆」社會秩序，還在法國未完全吞併北圻挑起軍事衝突前將清軍推進到了傳統習慣線以外的北圻前沿。光緒九年（1883年）七月，岑毓英在奏摺中提到，爲鞏固滇防「參將張永清等二營，現紮山西，並添募二營，分守山西、大灘兩處，與北寧之粵軍，懷德之越軍，聯絡駐防」〔註63〕。清政府也在上諭中明確指出：「法越構兵未已，滇邊防軍自應加意扼守，第法人並未與我失和，我軍總以剿辦土匪爲名，未可顯露助戰之跡」〔註64〕。顯然，入越剿匪對清政府來說具有遠超剿匪本身的價值考量，其中最爲明顯的作用在於通過入越剿匪以提前完成援越抗法的防禦展開。

四、清政府對中越邊防問題的討論

清軍入越剿匪時法國已佔領交趾支那，相當長的時間內法國並未在越南南方站穩腳跟。同治十三年（1874 年）法越條約中雖有今後越南歸法國保護之條款，然限於力量，法國只能在清軍入越問題上睜一隻眼閉一隻眼。阮朝

〔註62〕郭廷以，王聿均編：《中法越南交涉檔》（第一冊）《總署收前兩江總督劉坤一函》，第 186 頁。
〔註63〕《清德宗實錄》卷一六六，光緒九年七月上，第 333 頁。
〔註64〕《清德宗實錄》卷一六六，光緒九年七月上，第 333 頁。

雖無力盡逐法國，亦視交趾支那之失爲奇恥大辱，希望依託中越宗藩關係維持社稷安全。光緒二年（1876年），阮朝依照中越宗藩慣例向北京派出朝貢使團，並在「李揚才事件」發生後將法國撇在一旁，在全國徵兵討伐，請求清政府派兵助剿，還重用黑旗軍。阮朝乞師助剿與清政府入越剿匪無疑在一唱一和中確認和重申了中越宗藩關係的存在。

佔領越南，進圖「蠻疆」是法國路易十六時代制定的戰略規劃，而佔據交趾支那則是其遠東戰略實施的重要步驟。隨後，法國進取北圻遭到中越宗藩體制束縛。爲此，中法戰爭以前法國對阮朝和清政府外交之著力點在於迫使越南結束中越宗藩關係。然而，在剿匪問題上清政府與越南阮朝再次緊密走到了一起。如此一來，不僅同治十三年（1874年）法越所訂關於越南爲法國保護之條款被事實架空，法國遠東戰略之實施亦可能夭折。法國對此必然難以接受，於是選擇了戰爭。面對法國在北圻的步步進逼，清政府內部圍繞越南問題及「蠻防」安全危機展開過兩輪大規模討論，最終確立「保藩固圉」的應對方針，決定以軍事介入方式維持阮朝和中越宗藩體制的存在，以保證屏蔽「蠻防」之北圻門戶依然發揮作用。

1. 法國吞併北圻政策的出臺

光緒五年（1879年），法國共和派剛必達內閣和茹費理內閣相繼上臺，取代企圖復辟的王黨統治。兩屆內閣均主張以強硬外交政策保護法國海外利益。對越南問題，新內閣認爲憑藉之前條約已獲得干涉越南事務的諸多權力，然法國主導越南之地位尚不明確。法國在北圻之地位不僅受到中越宗藩關係束縛，且受到越南阮朝刻意抵制。依照同治十三年（1874年）法越所定條約，法國向越南阮朝提供了5艘兵船及一些武器，阮朝旋即意識到接受法國的小恩惠不僅無法讓越南走向富強，且可能招致社稷覆亡。交趾支那總督羅豐向上級報告稱：「順化朝廷對我們懷有深刻仇恨的感情，只是由於對1858年至1863年的慘敗懷著恐懼的回憶，才不敢把這種仇恨公開地表現出來。」〔註65〕

光緒六年（1880年），越南阮朝再次醞釀向北京派遣朝貢使團，希望通過維持中越宗藩關係加重制衡法國在北圻擴展勢力的砝碼。阮朝嗣德皇帝還致信法國政府要求歸還「南圻六省」〔註66〕。從遠東戰略角度看，法國此時對

〔註65〕中國史學會：《中國近代史資料叢刊續編・中法戰爭》（第三冊）《交趾支那總督羅豐致海軍及殖民地部長播多》，上海：新知識出版社，1955年，第153頁。

〔註66〕即越南南部地區，包括邊和省、嘉定省、定祥省、永隆省、昭篤省和河仙省等六省。

越南之侵略已走到不進則退的緊要關口。顯然，法國共和黨新內閣絕不會輕易放棄北圻，讓佔領交趾支那的戰略收益大打折扣。法國外交部也在內閣會議上瘋狂叫囂，絕對不能在東京問題上繼續猶豫不決了，「否則法國在印度洋和中國海上的威信就要大大降低」〔註67〕。

　　19世紀80年代前後，清政府對法侵越南帶來的「蠻防」威脅已有較深刻認識，時刻關注著北圻局勢變化。光緒五年（1879年），清軍第四次入越剿匪時，廣西巡撫張樹聲便認為法國有進取河內之打算，因為「據河內探報，有洋人欲取越南河內北寧等省，用火船暗運軍器，交與南地各省禮拜堂，多有洋兵駐紮西貢。」〔註68〕光緒六年（1880年），南洋大臣劉坤一向清政府建言：「越南積弱，亦須兩粵隨事提挈，設法彌縫，毋任為法人蠶食。」〔註69〕光緒七年（1881年）後，駐日大臣何如璋、兩廣總督張樹聲等駐外使臣及地方督撫多方搜集情報，提醒清政府注意北圻局勢。出使英法大臣曾紀澤也在密切關注法國外交動態，多次與法國外交部交涉越南問題，對清政府認清法國在越南問題上的不軌圖謀起到重要作用。曾紀澤看到法國故意不告以實情後告知清政府「法之圖越，蓄謀已久，斷非口舌所能挽救」〔註70〕，建議將廣東水師靠近越南駐泊，使法國有所顧忌。

　　直到光緒八年（1882年），法國尚無能力將足夠的實力投放到越南。因為，光緒六年（1880年）到光緒八年（1882年），法國在非洲發動了入侵突尼斯的戰爭。在此期間，法國不斷派人偵查北圻各地，嚴密注視清軍與黑旗軍的剿匪動向。在偵查中，法越間頻頻發生軍事摩擦。法越殖民當局對此大為光火，要求阮朝切實保護法人安全，驅逐劉永福及其黑旗軍。阮朝此時孱弱不堪，將黑旗軍作為抗法自存的重要籌碼，希望借助黑旗軍挫滯法國的北進鋒芒。對於法國驅逐黑旗軍之無理要求，阮朝以黑旗軍有功且已接受整編為由婉拒。事實上，黑旗軍是自中國境內竄入越境的太平軍餘部，阮朝對其招安並量授官職，卻從未真正控制過黑旗軍。法國認識到阮朝不僅無力驅逐黑旗

〔註67〕中國史學會：《中國近代史資料叢刊續編‧中法戰爭》（第三冊）《外交部長在內閣會議上的發言稿》，第249～254頁。
〔註68〕郭廷以，王聿均編：《中法越南交涉檔》（第一冊）《總署收廣西巡撫張樹聲函》，第124頁。
〔註69〕郭廷以，王聿均編：《中法越南交涉檔》（第一冊）《總署俄股抄付南洋大臣劉坤一夾單》，第147頁。
〔註70〕郭廷以，王聿均編：《中法越南交涉檔》（第一冊）《總署收出使大臣曾紀澤函》，第168頁。

軍,且根本沒有此想法。黑旗軍在北圻之存在成為法國北上的重要障礙。於是,法國交趾支那總督盧梅決定武力驅逐黑旗軍,以掃清法國吞併北圻之障礙。

2. 清政府對北圻危機的第一輪討論

鑒於北圻局勢可能惡化之情形,光緒七年十月十五（1881年12月6日）清政府發佈上諭,命李鴻章、周德潤、劉坤一、左宗棠、劉長祐、張樹聲、杜瑞連、慶裕和曾紀澤等中央大員、地方督撫及駐外使臣等籌議越南事宜,開始就越南問題及「蠻防」安全危機進行第一次大範圍內部討論。各相關大臣接到上諭後迅速將意見反饋給清政府最高決策層。直隸總督兼北洋大臣李鴻章認為,朝廷內外交困,國家安全戰略布置亦應分輕重緩急,越南雖為藩屬,關涉「蠻防」安危甚深,然與朝鮮安危相比,其地緣安全價值不可相提並論,主張在北圻危機中「不即不離,隨時設法調停」〔註71〕。積極主張與法開仗的翰林院侍講周德潤認為,方今之勢,在越南問題上應「以理論之,以勢遏之。即借事探詢,相機開導,揭其之非,援公法以折之」,同時「慎密設防,遙作聲勢,先聲而後實」〔註72〕。顯然,周德潤認為清政府要做好兩手準備,在據理聲討的同時還要做好防範部署。兩江總督劉坤一也認為應「先聲後實」,既要與越南合作,更要加重對法威儡,主張「派兵船遊奕越南洋面以壯聲威,派勁旅出關駐紮諒山等處,以剿匪為名,密與該國君臣共籌防法之策」〔註73〕。

北圻存亡不僅關涉廣西「蠻防」安全,且關乎雲南「蠻疆」及廣東欽廉等地之安定,故雲南、廣東督撫大員之意見同樣重要。雲貴總督劉長祐與雲南巡撫杜瑞聯主張:「令滇、桂、粵進兵,派船以遏其後,存賊以拒法,派員密諭越王,或者靜以待之。」〔註74〕兩廣總督張樹聲則建議:「於越南北境增添哨隊,會督南官,駕馭劉永福,使為官軍椅角。」〔註75〕廣西巡撫慶裕之主張與劉長祐頗為相似,認為應「以剿匪為名,增兵邊防」,「援劉抗法」

〔註71〕 （清）李鴻章:《李文忠公全集》,第3148頁。
〔註72〕 郭廷以,王聿均編:《中法越南交涉檔》（第一冊）《總署收軍機處交出周德潤抄摺》,第184～185頁。
〔註73〕 郭廷以,王聿均編:《中法越南交涉檔》（第一冊）《總署收前兩江總督劉坤一函》,第186頁。
〔註74〕 郭廷以,王聿均編:《中法越南交涉檔》（第一冊）《總署收雲貴總督劉長祐雲南巡撫杜瑞聯函》,第204～205頁。
〔註75〕 郭廷以,王聿均編:《中法越南交涉檔》（第一冊）《總署收軍機處交出張樹聲抄摺》,第202頁。

〔註 76〕。出使英法外交大臣都察院左副都御使曾紀澤作為唯一參與討論的駐外使臣，認為清政府應推翻越南此前單方面與法所訂之條約，還從外交層面提出七條應對策略，即允准越南派使節長駐京師、以上國名義諭令越南此後不再擅自與法簽訂新約、開放「紅江」（即今紅河）通商、諭告越南今後凡有剿匪事宜只可求助中國等。可見，曾紀澤的主要目在於維持中越宗藩關係，希望在宗藩體制內將法國勢力排除在北圻以外。曾紀澤還認識到在聯越防法的同時，清政府要主動開放紅河通航貿易。以紅河航道溝通「蠻疆」貿易是法國商人極力鼓動政府佔領北圻的主要目的。曾紀澤作為外交使臣對此比較瞭解，其主張紅河通航通商是理性應對之舉。

　　從上述討論可知，清政府各大臣或主張聯越抗法，認為應在中越宗藩體制內以助越剿匪為名與阮朝共謀抗法之事，或主張增兵邊防加強威懾，如調動海軍近越駐泊，或主張利用劉永福充當抗法幫手，或主張訴諸國際公法，以外交交涉協調應對。光緒八年臘月十三（1882 年 2 月 1 日），清政府對廣西巡撫慶裕奏摺做出批覆，認為慶裕主張以剿匪為名增加邊防駐防力量之建議較為穩妥，然考慮到「劉永福既恐未可深恃，且慮形跡太露，轉致枝節橫生」，故囑託雲南「尤當加意慎密，不可稍涉大意」〔註 77〕。從對慶裕奏摺的批覆中可看到，清政府最高決策層尚不想因重用劉永福造成與法公開對抗局面，然卻暗中支持劉永福對抗法軍。

3. 清政府對北圻危機的第二輪討論

　　佔領交趾支那後，法國政府一度相當滿意，法國商人卻極力主張向北圻發展以打通中國「蠻疆」貿易通道。尤其是法國商人發現經紅河到雲南「蠻疆」水路可通航且其利用該航道進行販運貿易的嘗試遭到阮朝阻止後，其鼓動法國政府佔領北圻的呼聲更加強烈。19 世紀 80 年代初，法國正忙於吞併非洲的突尼斯，尚無力在北圻發動侵略戰爭，然對清政府和黑旗軍的試探活動在共和派內閣上臺後顯得越發積極。光緒七年六月廿七（1881 年 7 月 22 日），法國眾議院通過 250 萬法郎的軍事預算。隨後，法國交趾支那海軍分艦隊司令李維業上校率軍進軍北圻，希望通過增加在北圻的軍事存在實現對越南全境之佔領。光緒八年二月（1882 年 3 月），李維業率軍抵達海防和河內，在與

〔註 76〕中國史學會：《中國近代史資料叢刊續編・中法戰爭》（第三冊）《廣西巡撫慶裕奏覆謀占越南北境豫籌辦法摺》，第 95～96 頁。

〔註 77〕郭廷以，王聿均編：《中法越南交涉檔》（第一冊）《總署收軍機處交出上諭》，第 193 頁。

阮朝河內總督交涉中要求將河內武裝與城防工事交予法國,卻未獲回應。李維業下令攻城,在數小時內佔領河內。法國攻佔河內打破了同治十三年(1874年)以來清政府與法國在北圻基本相安的局面,威脅到清政府的地緣安全核心利益,導致「蠻防」安全危機驟然升溫。

在此背景下,光緒八年二月初七(1882 年 3 月 25 日),清政府指出「論藩屬之義,中國即應派兵救援」,然「撰度情形,勢難籌議及此」,要求李鴻章等「通盤籌劃」〔註78〕,圍繞北圻危機和「蠻防」安全問題展開了第二輪討論。

中樞要員及各省督撫在討論中存在不同看法,基本形成「棄藩自保」的「主和」與「固藩自保」的「主戰」兩種觀點。直隸總督張樹聲認爲「今日中國備邊之策,惟有令滇粵防軍守於域外,仍以剿辦土匪爲名,藉圖進步」〔註79〕,建議調派福建巡撫岑毓英督滇經理越南事務,因爲「多守越南尺寸之土即多增中國尺寸之衛」〔註80〕。署理兩廣總督裕寬認爲:「宜聽越南自爲之.中國不必預聞其事也。」〔註81〕張樹聲與裕寬的主張基本形成了該次關於北圻危機和「蠻防」問題討論中「棄藩自保」與「固藩自保」的爭論基調。

隨後,其他樞臣與督撫大員的意見陸續匯總而來。其中,李鴻章主張「棄藩自保」,認爲中法「兵釁一開」,「敗固不佳,勝亦從此多事」,不如「堅守藩籬」〔註82〕。李鴻章還趁機推銷「海防論」,認爲「自強要圖宜先練水師,建議戶部每歲撥經費四百萬兩加強南北洋海防」〔註83〕。前兵部侍郎郭嵩燾也反對出兵北圻,認爲「馭邊之要,以互市通夷情。使法禁有所弛,省戍守

〔註78〕 中國史學會:《中國近代史資料叢刊・中法戰爭》(第五冊)《總理各國事務衙門奏法越兵端已起魚宜通籌邊備摺》,第 103 頁。

〔註79〕 (清)王彥威,王亮輯:《清季外交史料》卷二七《直督張樹聲奏法越交兵通籌邊備摺》,第 2 頁。

〔註80〕 (清)王彥威,王亮輯:《清季外交史料》卷二七《直督張樹聲奏請命岑毓英經理越南南圻片》,第 23 頁。

〔註81〕 (清)王彥威 王亮輯:《清季外交史料》卷二七《代理粵督裕寬奏越南與法交涉請勿預其事片》,第 24 頁。

〔註82〕 1882 年,朝鮮閔妃黨的貴族勾結日本排擠朝鮮君主大院君,引起朝鮮民眾和軍隊不滿,導致暴動,結果勾結日本的部分貴族和朝鮮軍隊中的日本教練被殺,日本公使館也被焚燒。日本借機擴大侵略,使得朝鮮半島局勢驟然緊張,此即爲「壬午事件」。

〔註83〕 (清)王彥威,王亮輯:《清季外交史料》卷二九《北洋大臣李鴻章奏自強要圖宜先練水師再圖東征摺》,第 24 頁。

費，誠爲有利無弊。」〔註84〕駐英法兩國公使曾紀澤作爲駐外使臣也參與了此番討論，認爲「輕讓屬國即自撤藩籬」，對法必須「堅持不讓之心，一戰不勝，則謀再戰，再戰不勝，則謀屢戰。」〔註85〕可見，曾紀澤屬堅決主戰者。中樞要員陳寶琛認爲「越南之於滇粵，諺所謂輔車相依，唇亡齒寒」，是以「藩籬斷不可撤」〔註86〕。山西巡撫張之洞認爲：「守四境不如守四夷」，「非庇屬國無以爲固我圉之計」〔註87〕。兩江總督左宗棠認爲：「迨全越爲法所據」，「吾華勢將括糠及米，何以待之？」〔註88〕前任雲貴總督劉長祐認爲爲今之計宜先「出兵討日本以復琉球」，後布置「滇桂粵三路出兵抗法保越」〔註89〕。

自福建巡撫任緊急調任雲貴總督的岑毓英會同兩廣總督裕寬、廣西巡撫倪文蔚和前任雲貴總督劉長祐等聯銜會奏，建議清政府既要「保藩屬」，出兵北圻，援越抗法，也要「軟念邊隅」，發動「蠻疆」民眾，「示以威信，籠絡爲用」，以爲「固圉安邊」的萬全之計。〔註90〕此外，侍講學士何如璋與左副都御使張佩綸也屢次上奏，認爲「保藩屬」即「固邊圉」，主張與「法軍決戰」〔註91〕。

從上述奏摺來看，除李鴻章和裕寬主張「棄藩自保」外，其他參與討論的樞臣、疆臣及駐外使臣基本主張「保藩固圉」。此番討論始於光緒八年四月（1882 年 5 月）結束於光緒九年二月（1883 年 3 月），討論內容涉及對法和戰、國防戰略謀劃、「蠻防」危機及邊防策略等問題，在應對法國侵佔北圻問題上基本形成「保藩固圉」的「蠻防」方針。光緒九年正月廿九（1883 年 3 月 8 日），總理衙門匯總群臣建議，擬定「保護藩屬，固守邊疆」之方針並議奏清廷。獲上諭認可後，總署針對北圻防務和「蠻防」安全做出系統部署，著令李鴻章前往廣東督辦北圻事宜，飭令曾國荃、裕寬和吳全美率水師移近越南洋面悉心會哨，調遣徐延續率所部出境進駐北圻。然而，本次河內危機

〔註84〕（清）王彥威，王亮輯：《清季外交史料》卷二九《前兵部侍郎郭篙汽奏法擾越南宜循理處置摺》，第 19 頁。

〔註85〕張振鶴主編：《中法戰爭》（第四冊），北京：中華書局，2002 年，第 263 頁，265 頁，第 268 頁。

〔註86〕張振鶴主編：《中法戰爭》（第五冊），第 105，第 109 頁。

〔註87〕張振鶴主編：《中法戰爭》（第五冊），第 116 頁。

〔註88〕張振鶴主編：《中法戰爭》（第四冊），第 321 頁。

〔註89〕張振鶴主編：《中法戰爭》（第一冊），第 87 頁，第 90 頁。

〔註90〕（清）王彥威，王亮輯：《清季外交史料》卷三十《滇督岑毓英等奏會籌越邊防務摺》，第 2 頁。

〔註91〕（清）王彥威，王亮輯：《清季外交史料》卷三一《侍講學士何如璋奏越南危急請派統兵大員出關籌辦以保屬土摺》，第 25 頁。

卻再度以法越暗中和談解決。如此一來，清軍出境駐紮在法越媾和中似乎顯得多此一舉。實際上，清政府派兵入越之主要目的在於保障「蠻防」安全，清軍繼續駐紮北圻十分必要。

　　光緒八年四月十四（1882 年 5 月 30 日），清政府發佈上諭對如上部署進行確認，要求「籌防各軍即當選派將領統帶進發，扼要分佈，遙爲保勝聲援，毋作閉關自守之計」〔註92〕，強調「如能保護北圻，即以固吾疆域。」〔註93〕然而，越南阮朝之屢弱反覆讓清政府擔心不已。清政府此時出兵越南的基本依據正是中越宗藩體制。阮朝單方面與法國媾和，清政府出境駐防保護「蠻防」安全便失卻合理依據。對此，劉長祐指出：「目前之患已有不可勝言者。」〔註94〕由此可見，清政府出兵北圻主要是爲維護「蠻疆」穩定和保障「蠻防」安全，所謂中越宗藩名分只是維護現實國家安全利益的招牌。即使不受邀請，清政府爲維護「蠻防」安全也可能會積極干預北圻危機。

　　光緒九年四月十五（1883 年 5 月 21 日），清政府發佈上諭，要求粵海關撥付桂越前線 12 萬兩關銀，命四川總督丁保楨調撥 20 萬兩白銀接濟滇越邊防。清政府在法國擴大戰爭前還重點加強了北圻防禦力量，派兵出境駐防中越邊境要隘諒山、高平和北寧等處，「密飭統帶邊關防營黃提督妥爲布置，加意嚴防」〔註95〕，密諭劉永福暗中接應，使黑旗軍與官軍互爲犄角，還準備派員與越南國王執政會商具體事宜。至此，清政府在法國企圖吞併北圻直接威脅「蠻防」安全的情況下果斷做出「保藩固圉」的「蠻防」決策，說明清政府已認識到北圻存亡對「蠻防」安全具有生死攸關之影響。

　　面對越南危機，清政府自 19 世紀 70 年代的猶豫觀望到 19 世紀 80 年代確立「保藩固圉」之「蠻防」決策，既是對列強環伺下地緣政治安全局勢惡化之認識逐步深化的結果，也是在 19 世紀 60 年代後在國家實力有所恢復中做出的理性決斷，表明清政府在應對屬國危機引發的邊防危機時逐漸改變宗藩體制內不干涉屬國內政外交的慣例，開始基於國家安全利益積極調整對外政策，靈活

〔註92〕張振鶤主編：《中法戰爭》（第五冊）《軍機處密寄署直隸總督張樹聲等上諭》，第 112～113 頁。
〔註93〕郭廷以，王聿均編：《中法越南交涉檔》（第一冊）《總署收軍機處交出上諭》，第 482 頁。
〔註94〕郭廷以，王聿均編：《中法越南交涉檔》（第一冊）《總署收雲貴總督劉長祐函》，第 451 頁。
〔註95〕郭廷以，王聿均編：《中法越南交涉檔》（第一冊）《總署收廣西巡撫慶裕函》，第 194 頁。

制定應對之策。清政府在北圻危機中確定「保藩固圉」的邊防策略，表面看來是「天子有道，守在四夷」傳統「蠻防」思維之延續，實際更多體現了清政府維護「蠻疆」穩定、保障「蠻防」安全的現實國家利益考量。此時，中越宗藩體制中「以大字小」之名分及維護阮朝社稷安全的「親親」仁義已成為清政府維護國家安全利益的道義招牌。此外，國家實力也成為清政府做出戰和決策時考慮的現實問題。李鴻章等「主和者」和左宗棠等「主戰者」之立論依據無不基於中法國家實力之對比。法國是西方強國，清王朝國家實力與之相去甚遠。然而，主戰者卻堅信洋務運動武裝起來的近代海軍及大量使用新式裝備且成功鎮壓太平天國的綠營、團練等武裝或許已具備抵禦西方強國之能力。

五、地緣安全危機中的阮朝

　　1840 年以後，中越宗藩關係不僅在清政府一方出現順應時勢之調整，越南阮朝也在對待中越宗藩關係時出現微妙變化。19 世紀中期，清政府與越南間的朝貢往來曾因太平天國運動和第二次鴉片戰爭中斷 16 年之久。直到同治八年（1869 年），越南才恢復對清政府朝貢。此時，清政府與越南面對的國際時勢已發生深刻變化。東亞地緣政治及安全形勢在西方衝擊下處於更為深刻、更加激烈的調整之中。在此 16 年間，法國殖民勢力佔領交趾支那，導致中越宗藩體制受到衝擊。阮朝雖恢復對清朝貢，卻未及時向清政府通報法國侵越進程。〔註96〕面對新的地緣政治安全格局，越南為圖自保也在靈活定位「為中國之牧伯」的傳統角色。同治十三年（1874 年），越南背著清政府與法國簽署《法越和平同盟條約》，以放棄「南圻六省」為代價換取法國對越南「主權獨立」和「領土完整」的虛偽保證。阮朝後來逐步認識到法國吞併整個越南的意圖，不得不再度向清政府求援，在恢復對清朝貢的同時，還提出派遣使節常駐京師、派員隨同清政府出洋留學團隊到西方遊學等條件。從中可見，越南在與法國等西方國家的交往中開始更加理性地看待中越宗藩關係，逐漸生成比較明確的主權國家意識，學會依據國家利益原則在地緣政治博弈中採取更加務實的外交策略。

　　自乾隆四十三年（1778 年）起，歷經 24 年戰爭，阮朝最終於嘉慶七年（1802 年）擊敗西山朝，建國號越南，奠都富春〔註97〕。阮世祖〔註98〕平定西山時，

〔註96〕孫宏年：《清代中越宗藩關係研究》，哈爾濱：黑龍江教育出版社，2006 年，第 44 頁。

〔註97〕即今之順化。

〔註98〕年號「嘉隆」，1802 年～1819 年在位。

越南國內政治腐敗，風紀敗壞。為此，阮世祖在加強內部整頓的同時，對外與中國、暹羅和真臘等國交好，使越南國內局勢漸趨安定。嘉慶九年（1804年），清政府派遣廣西按察使齊布森到越南宣封。隨後，阮世祖以黎伯品為正使赴清致謝朝貢，照例三年一供，貢品為黃金200兩、白銀1000兩、絹紬各百匹、犀角兩座、象牙和肉桂各百斤。〔註99〕

圖4：明命時代（1820～1840年）的越南版圖〔註100〕

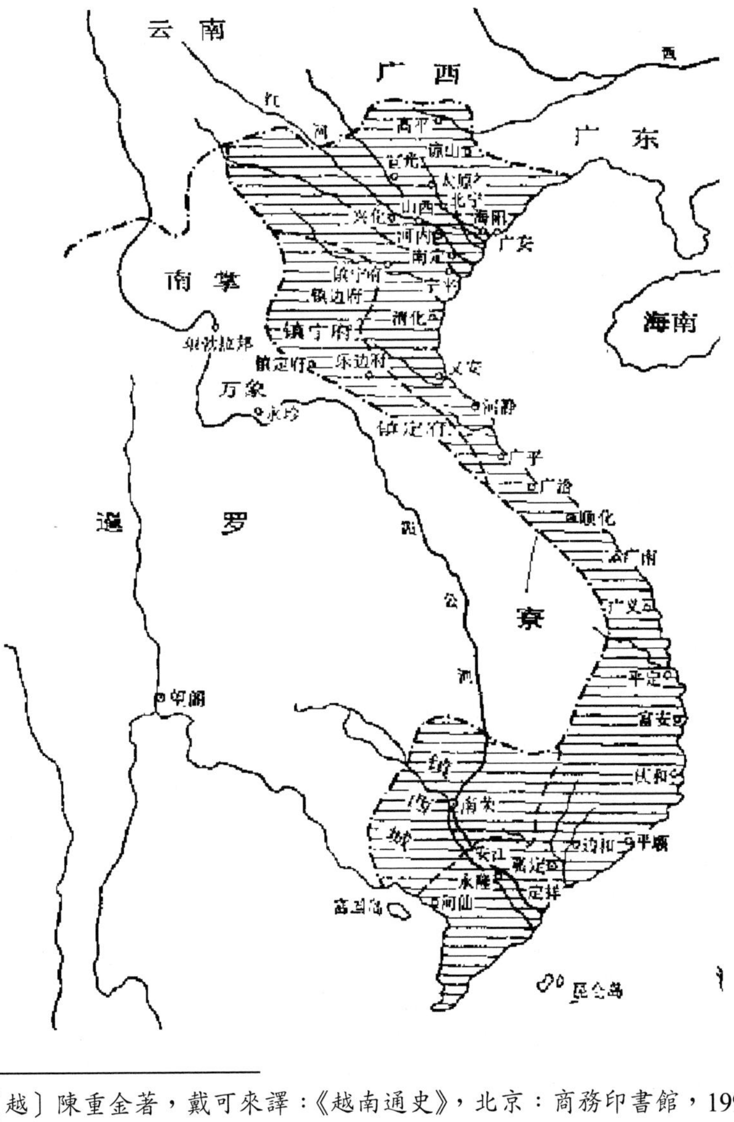

〔註99〕〔越〕陳重金著，戴可來譯：《越南通史》，北京：商務印書館，1992年，第306頁。

〔註100〕〔越〕陳重金著；戴可來譯：《越南通史》，第344頁。

　　爲加強國內統治，阮世祖將越南自北而南分爲 23 鎮、4 營。其中外 6 鎮，即宣光、興化、高平、諒山、太原和廣安等，多與中國直接接壤。阮朝國勢較弱，對北圻統治相對薄弱，對外 6 鎮之統治多委託當地土豪。實際上，北圻在越南屬邊疆地區，轄內多少數民族，且山多林密，越南對該地統治歷來薄弱。在毗鄰中國的北圻各鎮或省，「阮朝委派少數民族酋長任知州，設流官制，即由朝廷委派官吏到山區管轄治理，監督山區酋長之言行。」〔註101〕經歷 17 世紀和 18 世紀的頻繁戰亂，阮朝雖將北圻收復，當地民人卻多思念黎朝，地方叛亂時有發生。如明命二年（1822 年）後，保樂州知州農文雲於宣光發動叛亂，黎氏後裔黎維良等也於寧平起事。其中，農文雲曾一度攻陷宣光、太原、高平和諒山，延續時間達兩年之久。農文雲爲躲避越南官軍追擊還一度遁入中國境內。北圻農氏和黎氏起事雖經平定，越南官軍卻疲於奔命。阮朝除控制中部順化一帶外，對南圻的控制也相當有限。阮朝南北動盪不已的局面必然消弱其對北疆的控制力。中越邊防的越南一側雖有邊防管理機制，防禦能力卻非常有限。究其原因，主要是因爲中越宗藩關係的存在讓越南認爲不需在中越沿邊重兵設防，同時阮朝對外 6 鎮控制力也相對有限。如阮朝規定自廣平至平順各鎮，挑選兵丁實行三丁抽一，邊和以南實行五丁抽一，河靜以北到北城內 5 鎮實行七丁抽一，而在北圻的外 6 鎮僅實行十丁抽一。顯然，十丁抽一與外 6 鎮地處越南北部邊陲的邊防軍事地位不相符合，說明越南在中國邊防方向的防禦能力非常有限。越南當時重文輕武，平時少有人考慮軍兵器械，造冊在籍的兵員數量雖多，實際兵員卻不足額。

　　在宗藩體制內，中越世代親敦，故阮朝允許華人來越經營，以促進越南開發並充實國用。阮朝允許華人來越開採銅、鉛、錫礦以抽礦稅，還准許華人來越建立鄉邑〔註102〕，規定每人每年繳納白銀 2 兩可免除徭役，老弱殘疾者減半。凡清人來越貿易者，凡有物力者，年納錢 6 貫 5 陌，無物力者減半，以三年爲限，期滿繳納全稅。〔註103〕實際上，歷朝歷代中國民人爲躲避戰亂向有移居越南等東南亞國家之傳統。明清以來，中國民人尤其是福建、廣東、廣西等省民人或爲躲避戰亂，或爲出海謀生，移居越南者甚眾。越南政府對徙居華人採取較爲開明的收容政策，而廣大華僑亦爲越南之開發做出了卓越

〔註101〕郭振鐸，張笑梅主編：《越南通史》，北京：中國人民大學出版社，2002 年，第 549 頁。
〔註102〕當時越南人稱華人聚居之村落爲「明鄉」。
〔註103〕〔越〕陳重金著，戴可來譯：《越南通史》，第 308 頁。

貢獻。有些華人甚至官居顯位。如陳踐誠，祖籍福建。清初，其先世爲避戰亂到南越香茶縣寓居。陳氏於明命十九年（1838年）晉陞進士。紹治初年擔任清化按察使。嗣德年間，歷任工部尙書兼順安汛督防、戶部及機密院大臣。嗣德十六年（1864年），當法國全權代表到北京時，阮王以陳踐誠爲欽差全權副使到北京與法國何巴理簽署條約。陳氏一生爲阮朝奔波四十餘載，官至首相，倍受阮朝皇帝崇敬及褒獎。〔註104〕又如《越史通鑑綱目》的編纂者潘清簡（1796年～1867年），祖籍福建漳州，精通中越歷史，尤精宋史，爲越南著名歷史學家和漢史學者。潘氏壯年從政，於聖祖、憲祖和翼宗三朝歷任史官和外交官。〔註105〕

　　阮朝建立後，隨著越南局勢的穩定和中越宗藩關係的發展，中越之間的商貿往來也日趨頻繁。中越兩國山水相連，紅河和湄公河流經兩國，其中「紅河尤爲我國歷史上通越之孔道」〔註106〕。中越間不僅可以通過湄公河和紅河航道開展貿易，還存在傳統的陸路貿易通道。中國商人可由廣西龍州出平而關或水口關到高平鎭的牧馬與越南開展交易。早於乾隆年間，清政府就開放寧明州的山村隘。中國商人由此出隘可直達諒山鎭的驅驢與越南貿易。後來，中國還於諒山的花山市設立商業網點，以方便自平而關出關的商人來越貿易。另外，在雲南，清政府允許中國商人由開化府的白馬關出關與越南進行貿易。〔註107〕越南方面同樣重視與中國的陸路貿易。爲方便中越交易，阮朝在自腹地以達北圻邊陲的越南一側構建有完善的驛站和官道系統，「自南關隘至平順，每4000丈設一驛站於官路之旁，以供官客來往休息。共98站」〔註108〕，不僅有助溝通中國，且具有一定邊防價值。

　　在宗藩體制內，「越南自昔一切制度皆仿我國」〔註109〕，中越兩國的政治交往和文化交流確實比較頻繁，且越南擁有「三年一貢」的特殊地位。然而，越南實際處於獨立地位。凡有邊防問題發生，須經兩國重臣協商方能付諸實行。即便中國使臣前往越南會商某事，越南有時也會予以拒絕。《越南通史》的作者陳重金認爲，「除了中國恃其勢強橫加欺凌的某些時候，如元代、

〔註104〕郭振鐸，張笑梅主編：《越南通史》，第603頁。

〔註105〕郭振鐸，張笑梅主編：《越南通史》，第604頁。

〔註106〕梁啓超：《飮冰室專集》（十八）《越南小志》，第2頁。

〔註107〕郭振鐸，張笑梅主編：《越南通史》，第571～572頁。

〔註108〕〔越〕陳重金著，戴可來譯：《越南通史》，第323頁。

〔註109〕梁啓超：《飮冰室專集》（十八）《越南小志》，第2頁。

明代和清代是例外，然即使在這些時候還有陳興道、黎太祖和阮光中讓中國
人知道：南國本非中國之屬地。」〔註110〕越南認爲該國自古獨立，其恪守向
中國朝貢之例乃是「取小國尊重大國之義」。兩國「發生戰爭之時，即使我們
戰勝中國，待到某姓登基稱帝之後，亦必須遵行此例。而各朝各代也視此條
爲自然之事，因爲朝貢並無多少損失，國家仍保持獨立，且不願與一個比自
己強大的鄰國發生麻煩之事」〔註111〕。爲此，阮朝各代皇帝也因循此例，唯
一與前代不同的是越南不再需要到河內迎接中國冊封使臣，而是改爲順化。
至於朝貢物品，一般不需越南使臣親送中國京師，照例僅需交付兩廣總督，
由其轉交京師。顯然，宗藩體制除具備基本的禮儀形式外實際是一種特殊的
國與國間的關係模式。中越之間理所應當存在相對清晰的傳統習慣線和各自
獨立的邊防管理體制。

越南不僅在清朝的宗藩體制內居於重要地位，且在文化傳統上深受中國
影響，其「自古至今，凡事皆以儒教爲依據，以三綱五常爲處世之本」〔註112〕。
阮朝對儒學傳統文化之固守面對西方文化衝擊時爆發出的捍衛反應並不亞於
中國。西方列強尤其是法國對一國之滲透往往由天主教傳教開始。當法國將
東方的越南視爲侵略對象後一直致力於獲得在越南的傳教自由。阮朝的禁教
政策不僅導致法越矛盾不斷激化，且一度成爲法國逐步擴大侵越步伐的主要
藉口。

早於17世紀的後黎時代，西方國家便開始在安南傳教。無論鄭氏還是阮
氏均對西方傳教諭令禁止。西山朝時，國內動盪，安南朝廷無暇顧及西方傳
教之事，導致西方教會在安南紮根。阮朝統一越南後念及法國曾有襄助之恩，
特許法國天主教於越南各地傳教。後來，越南國勢漸安，阮聖祖關注儒學教
化，視天主教爲左道，強迫教民改邪歸正。爲禁絕天主教，阮聖祖不僅親下
諭旨嚴厲禁教，且將越南境內全部教士送往順化，還將西方書籍譯爲安南文，
用以勸誡國內民眾不可盲從。不獨越南皇帝，阮朝大臣也主張禁教。如此嚴
禁之下，天主教依然在越南傳播。道光五年（1825年），阮聖祖〔註113〕再下
諭令，嚴令教民棄教，規定凡捕獲教士納獻者，朝廷予以獎勵。同年，一名

〔註110〕〔越〕陳重金著，戴可來譯：《越南通史》，第378頁。
〔註111〕〔越〕陳重金著，戴可來譯：《越南通史》，第378頁。
〔註112〕〔越〕陳重金著，戴可來譯：《越南通史》，第313頁。
〔註113〕年號「明命」，1820年～1840年在位。

傳教士在順化被處以絞刑，全越各地捕殺傳教士的事情也時有發生。〔註 114〕
後來，阮朝南北匪患烽起，阮聖祖認為其中必有教民煽惑，更加主張對天主
教嚴加禁絕。道光十四年（1834 年）到道光十八年（1838 年）年間，越南各
地捕殺教士更為普遍。尤其是在嘉定搜捕遊神甫之後，阮朝還開始捕殺教眾。
〔註 115〕

　　1840 年前後，在嚴厲禁教政策下，越南與西方各國之貿易往來也一度停
止，乃至除有幾個西方教士隱秘鄉野外，全境幾乎沒有洋人居住。1840 年後，
隨著法國侵越步伐的加速，天主教在越南傳播呈現氾濫之勢。阮朝對天主教
之禁絕政策一直延續到由法國保護為止。阮憲祖〔註 116〕時，禁教之事稍微
緩和，然傳教士依然被囚禁於順化。道光二十五年（1845 年），法國自一位
美國船長口中得知越南將處死一位法國傳教士，派遣一位少將乘軍艦前往順
化求情未果。道光二十七年（1847 年），法國得知順化已不存在被囚禁的傳
教士後，派遣軍艦前往順化要求阮憲祖放棄禁教政策。雙方協商時，法國軍
艦炮擊越南佈防屯壘，打沉越南船隻多艘。阮憲祖得悉大怒，再降禁教諭旨。
〔註 117〕阮翼宗〔註 118〕即位後，阮朝的禁教政策一如既往，且隨著法國侵佔南
圻並不斷覬覦北圻，法越民族矛盾和文化衝突越來越激烈，使越南全境殺害
傳教士及教民的教案頻發。阮翼宗繼位四年後（1851 年）再下禁教諭旨。該
次禁令較以往更為嚴厲，不僅北圻有幾位傳教士被殺，其他諸省傳教士也大
多遁入深山或挖洞而居。

　　阮朝禁教及殺害法國和西班牙教士的行為也不斷為兩國侵略越南提供
藉口。咸豐八年（1858 年），法國和西班牙海軍 14 艘軍艦，運載 3000 名士
兵貢獻安海城和尊海城。攻打順化遇阻後，兩國決定將進攻矛頭指向富庶的
南圻，最終攻陷嘉定。此時，正值英法聯軍進攻中國。為增援英法聯軍的中
國攻勢，咸豐十年（1860 年），進攻越南的法國海軍與英國海軍匯合後開往
中國。〔註 119〕中國戰事結束後，法國海軍再度捲土重來，直到越南喪失南圻
三省。可以說，南圻陷落前，除禁絕與西方貿易外，阮朝的禁教政策尤其是

〔註 114〕郭振鐸，張笑梅主編：《越南通史》，第 559 頁。
〔註 115〕郭振鐸，張笑梅主編：《越南通史》，第 559～560 頁。
〔註 116〕年號「紹治」，1841 年～1847 年在位。
〔註 117〕郭振鐸，張笑梅主編：《越南通史》，第 561 頁。
〔註 118〕年號「嗣德」，1847 年～1883 年在位。
〔註 119〕〔越〕陳重金著，戴可來譯：《越南通史》，第 363 頁。

持續屠殺教士和教民的行爲爲法國和西班牙進攻越南並不斷擴大侵略成果提供了主要口實。

在嚴厲奉行禁教政策的同時，阮朝也在國勢垂弱的地緣安全危局中認識到富國強兵的重要性。越南國內也有主張變法維新者，希望向西方派遣留學生並進行政治改革。同治五年（1866年），越南人阮德厚、阮長祚和阮條等人前往西方留學。阮長祚歸國後歷陳西方情勢，希望翼宗早圖改革。阮朝廷臣們卻認爲此爲一派胡言。〔註120〕同治七年（1868年），寧平人丁文田上疏要求改革，提出設營田、開金礦及訓練士卒諸項改革措施。結果，阮朝廷臣認爲不合時宜。直到滅亡前夕，阮朝派往各國的使臣不斷向朝廷提及變革之事，結果都被駁回。如有人認爲暹羅之所以能保存社稷主要在於其允許與西方各國通商貿易，不給對方提供侵略口實。〔註121〕光緒七年（1881年），越南人黎挺出使香港後向阮翼宗奏稱，泰西諸國之富強主要在於商業和軍事，不僅日本傚仿泰西，開闢與泰西諸國貿易，中國也亦步亦趨，允許外國人前來貿易，認爲開通與泰西諸國貿易既可致國家富強，亦可保越南國家獨立之權。〔註122〕然而，直至法國侵略北圻行將亡國時，阮翼宗及其朝臣們依然抱殘守缺，固守舊習，不思進取，一概禁絕外國人進入越南貿易。

在嚴厲禁教和抱殘守缺的同時，阮翼宗時越南國內局勢持續動盪。自咸豐元年（1851年）起，境內匪賊持續增多。尤其是北圻地區既存在教民與非教民的衝突，也有舊黎後裔乘機作亂，還有自中國竄入的「太平匪」餘部，以致「沒有哪個朝代的匪賊多如翼宗當皇帝的時期」〔註123〕。面對內憂外患，阮朝無力剿滅北圻匪賊，只得依靠中國軍隊前來征剿。在此背景下，阮朝不僅招撫劉永福黑旗軍，還允許廣西提督馮子材率軍進入北圻。

在北圻匪賊頻發和借師助剿的同時，法國在南圻立穩腳跟後希望打通經北圻通往中國的商道。經過考察，法國發現經紅河可抵中國雲南。法國商人經此航道運輸食鹽等物資進入越南後被官府以違禁物品爲名查扣。此舉引發法軍發動對北圻的第一次進攻。最終，法越雙方簽署《順化條約》，規定越南爲獨立國家，越南不需要臣服某國，實際是要求越南停止向中國朝貢。《順化

〔註120〕〔越〕陳重金著，戴可來譯：《越南通史》，第351頁。
〔註121〕〔越〕陳重金著，戴可來譯：《越南通史》，第351頁。
〔註122〕〔越〕陳重金著，戴可來譯：《越南通史》，第351頁。
〔註123〕〔越〕陳重金著，戴可來譯：《越南通史》，第370頁。

條約》簽訂後，北圻匪亂依舊，不僅有李揚才叛亂，且劉永福黑旗軍事實上
割據北圻，成爲阻斷法國打通中國商道的主要障礙。爲此，法國決定發動侵
佔北圻的戰爭。此時，阮朝雖在《順化條約》中表示不再向某國朝貢，卻依
然定期向中國朝貢。第二次北圻危機發生後，阮朝爲保存社稷向中國求援。
中國爲維護在「蠻疆」的地緣安全利益，決定保藩固圉。在越南史學界看來，
當時向中國求援既是無奈之舉，也是多此一舉。因爲，中國同樣面對嚴峻的
地緣安全危機，自顧不暇，根本沒有能力保護越南安危。即便出兵相助，也
非出自眞誠，實際是另有所圖。兩廣總督張樹聲在給清朝皇帝的密奏中認爲：
「南國與中國接壤，其勢力甚爲衰弱，無法再維持自主，因此我們應借剿匪
之名駐守於上游諸省。等到有變之時，則我們佔領紅河以北各省。」〔註 124〕
最終，越南危機在中法地緣安全利益的博弈中以和局收場，阮朝淪爲法國保
護國。

第二節　1840 年後中緬邊防對象的轉變

19 世紀初，英國率先完成工業革命成爲世界頭號資本主義強國，在全球
範圍積極擴張。截至 19 世紀 20 年代，英國在遠東已征服印度大部，實際控
制印度中南部，還在馬來半島佔據重要據點新加坡，積極擴展在東南亞的勢
力範圍。此時，橫亘在英屬印度與馬來半島之間的緬甸將英國在南亞和東南
亞間的勢力範圍分割開來。佔據緬甸不僅有助英國加強對印統治，還可將兩
大勢力範圍連爲一體，以至獲得通往中國「蠻疆」的通道。然而，當時緬甸
的雍藉牙王朝與清政府間宗藩關係日趨穩定，且是中南半島上面積最大、實
力最強的國家，正致力於向周邊地區開疆拓土。19 世紀初期，「緬甸與英屬印
度之間的邊界衝突不斷升級，成爲戰爭的導因。」〔註 125〕19 世紀 20 年代到
80 年代，英國先後發動三次侵緬戰爭，將緬甸據爲殖民地。緬甸與越南一樣
爲清政府屬國，然因緬甸的「蠻防」安全價值低於越南，中緬宗藩關係無法
與中越宗藩關係相提並論。清政府對緬甸危機的看法、態度和反應迥異於越
南危機。在緬甸危機中，清政府不僅反映遲緩，且自始至終以外交交涉而非
武力干預方式參與緬甸危機解決。緬甸淪陷後，隨著中緬勘界的進行，滇緬

〔註 124〕〔越〕陳重金著，戴可來譯：《越南通史》，第 392 頁。
〔註 125〕賀聖達：《緬甸史》，北京：人民出版社，1992 年，第 224 頁。

邊防不得不直面英國強鄰威脅。「蠻疆」地緣政治及安全局勢大爲惡化,「蠻防」對象轉變,邊防壓力陡增。

一、英國對緬甸的地緣戰略意圖

　　19 世紀 20 年代,英國率先完成工業革命。1814 年,歷時 11 年的拿破崙戰爭以法國失敗告終。英國的世界殖民霸權地位得到進一步鞏固,遂騰出手來加強對東方的侵略。1817 年到 1818 年,英國征服印度馬拉特諸首領,實際控制了印度中部和南部。1819 年,英國佔領新加坡,在東南亞乃至整個東亞獲得了一個非常重要的侵略據點。隨後,英國在馬來半島相繼侵佔檳榔嶼和威利斯省。當英國在南亞和東南亞侵佔各地時早已將緬甸作爲侵略目標。因爲,緬甸的地緣戰略價值非常重要。其位居中印兩大國之間,橫亙於英屬印度與馬來半島英國諸殖民地之間。英國認爲控制緬甸不僅有助鞏固英印統治,還能將英國在南亞和東南亞的殖民地連爲一體,甚至可以借道緬甸打通中國「蠻疆」。1795 年到 1811 年間,英國東印度公司 6 次向緬甸派遣使者,雖未簽署任何條約,卻對緬甸國家情況進行了詳細瞭解。1895 年,英國使者西施姆出使緬甸後指出,緬甸帝國內部被稱爲「勃固」(即下緬甸)的那一部分對英屬印度相當重要。控制這一地區,英國不僅可以獲得緬甸的柚木和產品銷售市場,還能阻止其他國家染指整個緬甸。〔註 126〕1810 年,英國入緬使者坎寧也認爲:「英印方面派出一支軍隊,就足以征服阿拉干,而佔領阿拉干將給英國政府提供極好的機會,取得從吉大港到尼格萊斯灣的廣闊地區。」〔註 127〕

　　顯然,英國的意圖在於侵佔整個緬甸,並由此打通進入中國「蠻疆」的通道,而緬甸沿海則成爲英國侵佔緬甸的首要目標。第一次印緬戰爭〔註 128〕

〔註 126〕〔英〕卡亞尼·巴達亞巴迪耶亞:《緬甸與印度尼西亞》,新德里:英文版,1983 年,第 3 頁。

〔註 127〕〔英〕道勒斯·伍德曼:《緬甸的形成》,倫敦:英文版,1982 年,第 54 頁。

〔註 128〕道光三年(1823 年),緬甸國王孟旣向印度總督阿美士德勳爵要求換取東孟加拉全境以控制吉大港,遭到拒絕。緬甸發動侵緬孟加拉的戰爭。道光四年(1824 年)2 月 24 日,英國對緬甸宣戰,第一次英緬戰爭爆發。道光六年(1826 年)2 月,在付出慘重代價後,英軍長驅直入,佔領蒲甘,逼近緬甸首都。雍藉牙政府中主和派再占上風,喪失抵抗信心,於 2 月 24 日與英國簽訂《楊波達條約》。此即爲「第一次英緬戰爭」。從此,緬甸開始淪爲半殖民地半封建社會。

後，緬甸威脅英屬印度的情形發生逆轉。緬甸不僅割地賠款，喪失大量主權權益，且在國勢衰落中加速向清朝靠攏，迅速推動恢復不久的中緬宗藩關係走上規範化軌道。

　　道光四年正月初六（1824 年 2 月 5 日），英緬間發生了刷浦黎島事件〔註 129〕。英國以此為藉口發動第一次英緬戰爭。英軍分兵三路大舉進攻，雍藉牙政府調動大量軍隊，以班都拉將軍為統帥與英軍展開激戰。英軍一度於阿薩姆戰場和阿拉干一線遭遇緬軍頑強抵抗。在伊洛瓦底江主戰場，英緬戰鬥最為慘烈。緬甸主帥班都拉戰死，緬甸重鎮柳漂和卑謬等相繼陷落。英國在戰爭中也付出了慘重代價，以致有英國學者稱此次戰爭為：「英國軍事史上打得最糟糕的一場戰爭。」〔註 130〕戰爭引起雍藉牙王朝上層震動，主和派最終佔據上風。道光五年八月（1825 年 9 月），雍藉牙政府派代表與英國進行和談。因英方條件過於苛刻，雙方旋又開戰，緬甸卻難挽敗局。道光六年正月十八（1826 年 2 月 24 日）緬甸被迫與英國簽訂《楊達波條約》，規定「把阿薩姆、阿拉干、顛那沙廉割讓東印度公司；規定曼尼普爾、卡恰爾、賈因提亞為公司領地；公司代表駐阿瓦，在適當的時候訂立通商條約」。如此一來，東印度公司便「得以從阿薩姆和緬甸這兩個方向向中國西南邊疆推進」。〔註 131〕

　　在第一次印緬戰爭中獲取大量侵略權益的英國並不滿足。19 世紀 40 年代，英國考慮擴大在緬甸的侵略權益。鴉片戰爭後，英國雖在華獲取大量侵略權益，法國和美國卻趁機進入中國。此時，英國希望通過緬甸打開通向中國「蠻疆」乃至中國西南腹地和長江流域市場的另一條道路。英緬絕交也讓英國感到局面對英國擴大對緬侵略不利。第一次阿富汗戰爭及對印度錫克教徒戰爭的勝利也讓英國得以騰出手來抽調充足的軍事力量再次發動侵緬戰爭。在此背景下，具有瘋狂侵略傾向的大賀胥就任英印總督。大賀胥極力推行擴張政策，以鞏固、拓展英屬印度。大賀胥還對緬甸人持有偏見，認為「在東方所有的民族中，沒有一個民族比緬甸人更為狂妄地表現他們的優越感和

〔註 129〕道光三年（1823 年）2 月，英軍佔領刷浦黎島。緬甸阿拉干總督要求英軍撤離。遭拒後，1000 多名緬軍於 9 月 24 日登陸該島，驅逐英軍。緬軍撤走後，英軍重佔該島。阿拉干總督警告英軍必須撤離，否則使用武力奪回。英方置之不理。道光四年（1824 年）1 月，緬甸班都拉將軍派出軍隊，再度佔領該島，驅逐英軍。不久，英國正式對緬宣戰。此即為「刷浦黎島事件」。

〔註 130〕〔英〕阿·斯圖爾特：《寶塔戰爭》，倫敦：英文版，1972 年，第 35 頁。

〔註 131〕呂昭義：《英屬印度與中國西南邊疆（1774～1911 年）》，第 63 頁。

更爲固執地自行其是了」〔註132〕。

在緬甸沿海站穩腳跟後，咸豐二年二月十二（1852年4月1日）英國對緬甸不宣而戰，發動第二次英緬戰爭〔註133〕。咸豐二年（1852年）底，英國政府單方面宣佈下緬甸歸自己保護。雍藉牙王朝雖不想承認英國吞併下緬甸，此時卻已無力單獨對抗英國，只能默認。雍藉牙王朝的半壁江山已歸英國。緬甸由一個濱海國家變成一個沒有出海口、只保有上緬甸的內陸國家。取得下緬甸且立足漸穩的英國依然沒有滿足，積極籌劃向上緬甸擴張勢力。早於咸豐三年（1853年）四月，大賀胥便在給部下的信中提到，英國絕對不會將美狄（第悅茂）以南地區歸還緬甸，且「阿瓦（上緬甸首都）可能成爲我們的，但是美狄再也不可能成爲他們的了」〔註134〕。雍藉牙王朝上層對英國的侵佔圖謀早有警覺。早於19世紀60年代，雍藉牙王朝便積極謀求與法國和美國等西方國家構建外交關係，卻未獲成功。因爲，法國此時將更多注意力放在越南，對緬甸尚未表現出足夠興趣。〔註135〕

法國於19世紀60年代取得南圻並站穩腳跟後向暹羅和上緬甸擴張的意圖日益明顯。顯然，法國在上緬甸的戰略意圖與英國將上緬甸視爲囊中之物的既定政策必然發生衝突。雍藉牙王朝上層與其他西方國家尤其是法國的接觸迅即引起英國不安。19世紀70年代後，逐漸走出普法戰爭陰影的法國也急需在中南半島找到一個立足之地，在積極佔領越南的同時，開始向上緬甸滲透。英印政府擔心上緬甸落入法國之手，要求英國政府採取積極行動吞併上緬甸。

光緒九年（1883年）七月，緬甸使團來到巴黎。英國駐法國大使對緬法會談公開干涉，向法國政府施加壓力並表示：「由於緬甸鄰近英屬印度及其與

〔註132〕〔緬〕貌丁昂：《緬甸史》，紐約：英文版，1966年，第225頁。

〔註133〕咸豐二年（1852年），英國分艦隊以保護仰光英商利益爲藉口，劫持緬甸船隻，炮擊其岸防工事，還向緬甸發出最後通牒，要求對方作出更大讓步。遭拒絕後，4月5日，英軍開始炮擊馬達班港。如同清王朝在鴉片戰爭中的遭遇一樣，在海岸防禦戰中，英軍炮兵占絕對優勢。雨季過後，英國戈德文將軍統率「阿夫斯克」加強集團軍（包括3個孟加拉步兵旅、12個印度團，連同炮兵、工兵在內共計2萬人）沿伊洛瓦底江溯流而上。10月9日，英軍攻佔卑謬，隨後因作戰計劃規定只佔領下緬甸而退回仰光，戰爭以休戰結束。此即爲「第二次印緬戰爭」。

〔註134〕〔英〕D‧G‧E‧霍爾編：《大賀胥與潘爾通訊集》，倫敦：英文版，1952年，第36頁。

〔註135〕〔英〕奧立維‧波拉克：《衝突中的帝國：19世紀中葉的英緬關係》，倫敦：格林伍德出版社，1979年，第155～156頁。

帝國的關係,緬甸同女王陛下政府的關係,具有一種特殊的地位。有關緬甸的一切問題,女王陛下的政府都給予特殊的關注。」〔註136〕法國當時正忙於在北圻與中國對抗,欲染指上緬甸卻不敢與英國公開對抗。於是,法國外交部長費利向英國表示其「不考慮與緬甸締結特殊的政治聯盟」〔註137〕。法緬會談期間,法國在光緒十年(1884 年)五月吞併柬埔寨。下緬甸英商擔心上緬甸淪入法國之手,於當年十月集會要求政府立即採取行動佔領上緬甸,至少「應該建立一個保護國。因為英屬緬甸與上緬甸的安全和繁榮是聯繫在一起的」〔註138〕。當英國商人得知法國在與緬甸會談中取得開採紅寶石、在伊洛瓦底江組建航運公司、修建鐵路及郵政系統等四項特權後立即督促英印政府通過決議,聲稱:「法國在上緬甸建立排他的或支配一切的勢力,將給我國的緬甸領地和印度造成嚴重後果。我國必須阻止,甚至不惜冒戰爭的危險。」〔註139〕

在阻止法國對上緬甸染指意圖後,光緒十一年(1885 年),英國以「柚木案」為藉口發動第三次英緬戰爭。雍藉牙王朝拒絕了英國吞併緬甸本部的最後通牒。光緒十一年十月初七(1885 年 11 月 13 日),英國對雍藉牙王朝宣戰。經歷兩次英緬戰爭巨大創傷的雍藉牙王朝本就奄奄一息。此時緬甸官軍組織渙散,士氣低落,裝備陳舊,戰術落後,僅半個月後上緬甸即告淪陷。光緒十一年十月廿一(1885 年 11 月 27 日),緬王宣佈向英國投降。兩天後,緬王和王后被英國流放。光緒十二年冬月廿七(1886 年 1 月 1 日),英國政府授權英印當局宣佈緬甸全境歸屬英國。雍藉牙王朝在緬統治就此終結。

二、地緣安全危機中的雍藉牙王朝

在 19 世紀以前的幾個世紀中,緬甸是一個「在東南亞曾起過頗大作用的獨立」國家。〔註140〕18 世紀中後期的緬甸處於雍藉牙王朝統治之下,擴張欲望依然強烈。乾隆四十年(1775 年),緬甸失去暹羅後考慮襲取英屬印度來補

〔註136〕〔印度〕辛哈:《英國的外交和上緬甸的兼併》,新德里:英文版,1981 年,
    第 73 頁。
〔註137〕〔印度〕辛哈:《英國的外交和上緬甸的兼併》,新德里:英文版,1981 年,
    第 73 頁。
〔註138〕〔印度〕辛哈:《英國的外交和上緬甸的兼併》,第 78 頁。
〔註139〕〔印度〕辛哈:《英國的外交和上緬甸的兼併》,第 90 頁。
〔註140〕〔蘇〕B·ф·瓦西里耶夫:《緬甸史綱》,北京:商務印書館,1975 年,第
    29 頁。

償東部領土損失。乾隆四十一年（1776年），緬甸侵入雲南西部，引發了長達4年的清緬戰爭。乾隆皇帝數次調撥大軍征伐緬甸，耗費大量人力物力依然在前三次入緬作戰中慘敗。實際上，第四次清緬戰爭亦以和局告終。乾隆四十四年（1779年），清緬簽署《老官屯協議》，約定雙方撤軍，緬甸入貢。緬甸學界卻認爲該協議中並無緬甸需向清政府稱臣納貢的條款。直到乾隆四十七年（1782年），緬王孟雲派遣使者主動尋求改善清緬關係。乾隆五十三年（1788年）緬王孟雲派出百人使團入清朝貢。翌年，乾隆皇帝賜孟雲爲緬甸王，定「十年一貢」，中緬宗藩關係恢復。在緬甸入貢的同時，清王朝也派遣使者入緬「聘問」，向緬王贈送人參、絲綢等物品。〔註141〕無論在內容還是形式上，中緬宗藩關係都不如中越宗藩關係那般親密。中緬宗藩關係更多流於一種禮儀形式。然而，中緬宗藩關係的建立及雙邊關係的改善無疑有助優化「蠻防」地緣安全格局，減輕「蠻疆」邊防安全壓力。

緬甸與清朝間的宗藩關係不僅確立較晚，且是在緬甸入侵中國並遭到中國反擊後雙邊妥協的產物。在政治、經濟和文化等各個方面，緬甸基本維持固有體制，擁有自身特色，受中國影響相對有限。如在文化上，緬甸舉國信仰佛教，實行政教合一的政治體制，與深受儒學影響的越南不同。雍籍牙王朝時期，小乘佛教在緬族、孟族和撣族人居住地區已深入人心。在北部毗鄰中國雲南的克欽族和欽族人居住地區，佛教也已傳入。雍籍牙王朝利用政府力量推行佛教。雍籍牙在位時便曾派遣5位國師到北部欽族人居住地區宣揚佛教。孟雲即位後也曾派遣大量僧侶到全緬50多個地區傳揚佛教。〔註142〕可見，緬甸的末代王朝——雍籍牙王朝，是一個以佛教文化爲主導的國家。與同樣爲中國藩屬並全面接受儒學的越南不同，其受中國傳統文化影響相對有限。

儘管如此，中緬畢竟地緣相接。清緬戰爭結束後，中緬陸路貿易得以快速恢復。意大利傳教士聖迦曼諾描述中緬陸路貿易情形稱：「雲南的中國人由老官屯沿阿瓦江（即伊洛瓦底江）而下，來到緬甸首都，帶來他們國家的產品，如絲綢、紙張、茶葉、各種水果和各種雜貨，而將棉花、生絲、鹽、羽毛和一種黑漆運回雲南。」〔註143〕乾隆六十年（1795年），東印度公司派

〔註141〕賀聖達：《緬甸史》，昆明：雲南人民出版社，2015年，第213～214頁。
〔註142〕賀聖達：《緬甸史》，第201頁。
〔註143〕〔意〕聖迦曼諾：《緬甸帝國》，紐約：凱利出版社，1969年，第217頁。

往緬甸的使者考克斯談到中緬陸路貿易時也稱：「在緬甸首都和中國雲南之間有著廣泛的貿易，從阿瓦輸出的主要商品是棉花」，「沿伊洛瓦底江運到八莫，同中國人交換商品，後者從水陸兩路把棉花運回雲南」〔註 144〕。道光六年（1826 年），英國入緬考察者克勞福特估計，當時中緬陸路貿易額達到 40 萬英鎊。〔註 145〕雍籍牙王朝前期中緬貿易的一個基本特點是以生產、生活用品為主。緬甸的棉花和食鹽等輸向中國，中國的鐵器、銅器、紡織品和紙張等輸往緬甸。以棉花貿易為例，19 世紀初期緬甸經伊洛瓦底江輸往中國的棉花每年達到 500 萬公斤。〔註 146〕

　　另外，清代以來有大批中國人往來中緬之間，不少華人流落和定居緬甸。法國人梅爾基奧爾‧拉比尤姆估算，18 世紀末期在緬甸定居的華僑數量已多達 60000 人。〔註 147〕華僑在緬甸遍佈南北，其中下緬甸華僑多來自廣東、福建，曼德拉以北之華僑多來自雲南。清緬戰爭結束後，流落定居緬甸的清軍亦為數不少，僅流寓緬甸首都阿瓦的清軍戰俘便有 2500 人。〔註 148〕下緬甸的華僑多從事商業貿易。緬北之華僑除經營商業外，還從事紅寶石和銀礦開採等礦業經營。在上緬甸的阿瓦、八莫和孟拱等城市及礦區都存在華人聚居街區。緬人稱之為「德由謬」〔註 149〕。華僑對雍籍牙王朝時代緬甸經濟發展做出了重要貢獻。華僑與緬甸人還建立了深厚友誼，以致緬人稱華僑為「胞波」〔註 150〕。同一時期，緬人卻將西方人、印度人稱為「卡拉」〔註 151〕。可見，緬甸在政治、經濟及文化上受中國影響雖無法與越南相提並論，卻在民間心理上更加傾向於中國。

　　雍籍牙王朝初期的緬甸，國勢強盛，軍隊開始裝備火槍，其蔑視印度的英國人。第一次印緬戰爭後，緬甸不僅喪失西南海岸大片國土，需支付巨額戰爭賠款，且對英貿易商稅收入大為萎縮。緬甸雍籍牙王朝從黃金時代驟然

〔註 144〕《緬甸地名辭典》（上冊），仰光：英文版，1880 年，第 472 頁。

〔註 145〕〔緬〕欽貌妙：《緬王統治時期緬甸的棉花貿易》，《前衛》1911 年第 9 期。

〔註 146〕賀聖達：《緬甸史》，第 184 頁。

〔註 147〕〔法〕梅爾基奧爾‧拉比尤姆：《1790 年的緬甸情況——法國人梅爾基奧爾‧拉比尤姆的報告》，《緬甸學會學報》第 19 卷第 3 分冊，引自賀聖達：《緬甸史》，第 215 頁。

〔註 148〕〔英〕戈‧埃‧哈威：《緬甸史》，北京：商務印書館，1957 年，第 298 頁。

〔註 149〕緬語意為「中國城」。

〔註 150〕緬語意為「同胞兄弟」。

〔註 151〕緬語意為「外國人」。

顛撲於塵埃之中，國力大損，元氣大傷。從「蠻防」安全角度看，一個具備
一定實力且與清政府存在宗藩關係的緬甸之存在可將「蠻疆」和「蠻防」有
效屏蔽在英國勢力之外。即便處於黃金時代的雍藉牙王朝一直存在領土擴張
野心，且一度對雲南「蠻疆」存在領土訴求，然緬甸在英國侵略下走向衰落
無疑將使「蠻防」面對英國時帶來的壓力相應增強。

面對英國入侵，緬人對英國之態度跟越南看待法國一樣複雜。一方面，
緬甸固有之佛教文化必然難與西方文化調和。第一次英緬戰爭結束後，英國
開始在緬甸首都阿瓦派駐使臣。當時，駐阿瓦英國使臣伯尼曾建議緬甸政府
派遣一些貴族青年到加爾各答學習，以增進緬人對英屬印度的認識，結果遭
堅決拒絕。〔註152〕然而，面對英國的堅船利炮，緬甸雍藉牙王朝上層也開始
接觸、瞭解和學習西方文化，尤其是西方的器物文化。緬甸民族危機之加深
使得雍藉牙王朝上層憂心忡忡，希望通過向西方學習的內部改革走上振興之
路。

咸豐三年正月十一（1853年2月18日），雍藉牙王朝王子敏東〔註153〕廢
黜其兄蒲甘明稱王。敏東王為擺脫民族危機於19世紀60、70年代在緬甸發
動了一場自上而下的改革。緬甸學界稱之為「曼同改革」〔註154〕。咸豐七年
（1857年），雍藉牙王朝遷都曼德勒。緬王敏東在加囊親王協助下推出系列改
革措施，企圖擺脫民族危機，鞏固王朝統治。咸豐三年（1853年），敏東頒佈
法令，消弱采邑主權力。咸豐十一年（1861年），敏東下令取消采邑制。因行
動不堅決和采邑主反對，一些采邑被廢除後旋即恢復。〔註155〕同治元年（1862
年），敏東整頓舊稅制，推行稅制改革，實行統一稅制，按戶計徵，禁止地方
官隱瞞戶數，將全部稅款上繳國庫，由國家給官吏發放薪俸。〔註156〕敏東還
支持發展紅寶石開採業，鼓勵開墾荒地，興修水利，提高農業產量。為學習西
方技術，發展緬甸經濟，敏東還派遣使團出訪歐美各國，派遣90多人留學歐美，
自國外購買機器，修建50多家工廠，建設常備軍，開辦兵工廠。〔註157〕敏東

〔註152〕〔英〕W·德賽：《1826～1840年英國駐縶使館的歷史》，仰光：仰光大學出
版社，1937年，第57頁。
〔註153〕中文中還常譯為「曼同」。
〔註154〕又稱「敏東改革」。
〔註155〕賀聖達：《緬甸史》，第263頁。
〔註156〕賀聖達：《緬甸史》，第263頁。
〔註157〕賀聖達：《緬甸史》，第263頁。

還派人自國外購買輪船，發展內河航運，組織人員編製緬文電碼，開辦電報通訊事業。敏東在曼德勒創辦了第一份緬文報紙，聘請外國教官訓練軍隊，依靠法國技術人員幫助建立鑄幣廠，於咸豐十一年（1861 年）發行孔雀幣。為激發民族情感，增強民族自尊心，敏東還大力提倡佛教。

在學習西方文化推進內部改革的同時，敏東王還力圖打破緬甸的封閉狀態，爭取改善與西方國家的關係並主動學習西方的先進文化。同治十年（1871年），緬王敏東以大臣金蘊敏紀為「緬甸國王外交全權大臣」，率領雍籍牙王朝使團赴歐洲，希望與英國建立密切關係。然而，該使團不僅未受到英國政府承認，且沒能與意大利和法國成功建立外交關係。即便如此，金蘊敏紀卻系統考察了英國、意大利和法國軍隊、司法、行政、財稅及教育等各方面的具體情況，成為雍籍牙王朝第一個開眼看世界的政府官員。同治十二年（1873年），金蘊敏紀再次奉敏東之命出使英國、意大利和法國，意在獲得三國對其政權之承認，並採購西方武器。但是，英國早將此時僅保留上緬甸的雍籍牙王朝視為襄中之物，並對其進行外交封鎖。金蘊敏紀此行雖未實現得到西方國家認可和打破英國封鎖的目的，卻密切了法緬關係。同治十三年（1874 年），敏東王派遣使團前往波斯，希望通過波斯與西方大國俄國建立聯繫。然而，沙皇俄國為避免與英國發生直接衝突，亦未與緬甸建立官方聯繫。

由上可見，雍籍牙王朝時期的緬甸在中緬宗藩體制內雖為屬國，卻無法與越南、朝鮮等相提並論。加之，中緬宗藩關係在一定程度上是清緬戰爭後雙邊妥協的產物，故其多流於禮儀形式，而缺乏軍事互保方面的實質內容。第一次英緬戰爭前，緬甸是一個完全獨立的國家，擁有自身獨特的政治、經濟、文化體制。中緬之間雖存在密切的陸路貿易往來且有大量華人移居緬甸，緬甸各方面受中國影響卻相對有限，並在反抗英國侵略過程中長期孤軍奮戰，直到滅亡。實際上，緬甸地處雲南極邊之外，遠離清王朝統治腹心，地緣安全價值難與越南相比，才是清王朝坐視緬甸存亡的根本原因。在緬甸看來，中緬宗藩關係亦無保衛緬甸安危的實際意義。故英緬戰爭發生以來，緬甸政府未主動向清政府請援。面對英國侵略，同樣固守傳統文化的雍籍牙王朝也曾主動學習西方文化，力圖通過內部改革實現國家振興，以避免亡國滅種，卻未獲成功。即便緬甸向英、法、意、俄等西方國家主動靠攏也未能打破英國的外交封鎖。

三、清政府對英侵緬甸的反應

緬甸在清政府藩屬體系中的地位不可與朝鮮、越南相提並論。中緬宗藩關係直到乾隆末年才得以確立。清代前中期，中緬之間曾經長期觀望，甚至發生過數次邊界戰爭。中緬宗藩關係的正常化、規範化僅是 19 世紀以後的事情。英侵緬甸導致雲南「蠻疆」的地緣政治安全環境惡化。雲南「蠻防」因逐漸失去中緬宗藩關係之保護而暴露在英國勢力影響之下。緬甸雍藉牙王朝與越南阮朝不同，在應對英國入侵中態度堅決，奮發積極，不若阮朝那般首鼠兩端。清政府卻自始至終沒有主動承擔起「以大字小」的宗主職責派兵干預，只是坐視緬甸淪亡。

即便如此，在應對緬甸危機過程中清政府依然在貫徹「保藩固圉」方針，未選擇軍事介入卻從中緬宗藩關係出發對英國開展外交交涉。咸豐二年（1852年），英國發動第二次英緬戰爭佔據下緬甸後，清政府日益感受到英國給「蠻防」安全帶來的威脅。尤其是「馬嘉里事件」和《煙台條約》簽訂後，英國染指「蠻疆」的野心暴露無遺。光緒十一年（1885 年）底，英國發動第三次侵緬戰爭時，清政府通過各種渠道密切注視緬甸局勢變化。光緒十一年（1885年）九月，光緒皇帝在諭旨中提到「緬甸為朝貢之邦，與雲南接壤」，英侵北緬，應一面「著岑毓英、張凱嵩派委妥員，不動聲色，密探英緬近日詳細情形」，一面「相機籌措，固我邊陲，勿得稍涉張皇」。〔註 158〕光緒皇帝命令雲南加強邊防力量和情報刺探的同時還要求曾紀澤「向應外部告以緬係朝貢之國，中華與英友誼相開，盡可設法調處，令滇督等派員向緬開導，改判謝過，以息兵端」〔註 159〕，希望以外交交涉化解緬甸危機。與此同時，滇督岑毓英開始積極籌措邊防，上摺催促各省迅速補齊歷年積欠雲南之兵餉。為加強滇緬邊防，「岑毓英奏請設防，旋遣總兵了槐率師往騰越備之」〔註 160〕。光緒皇帝在上諭中稱：「雲南現在遣撤勇營及辦理一切事宜，需餉甚殷，各省關自應迅速籌解，以資應用」〔註 161〕。

光緒皇帝還一再督促雲南密切關注緬甸局勢。緬甸危機發生後，清政府通過駐外公使曾紀澤瞭解情形。光緒皇帝也在上諭中告誡曾紀澤：「英圖北緬，

〔註 158〕《清德宗實錄》卷二一六，光緒十一年九月下，第 1035 頁。
〔註 159〕《清德宗實錄》卷二一六，光緒十一年九月下，第 1039 頁。
〔註 160〕趙爾巽撰：《清史稿》卷一五四，第 4534 頁。
〔註 161〕《清德宗實錄》卷二一六，光緒十一年九月下，第 1040 頁。

有無規劃進犯，顯然布置情事，著將近所偵查，詳晰電聞，語勿太簡。緬亦朝貢之邦，倘彼謀未定，遽與開談，是啓之也。」〔註162〕清政府認爲「緬甸久爲我屬」，要求駐英公使曾紀澤「向英外部力爭，令存緬祀立盃氏」〔註163〕。光緒十一年（1886年）十二月，雲南巡撫張凱嵩向清政府稟報：「探明英緬現已決戰，並繪進騰越地圖，又奏緬國兵敗，現與英人議和。」〔註164〕緬甸覆亡後，滇緬邊防壓力驟增。作爲西南最高軍政長官的雲貴總督岑毓英憂心忡忡，認爲「此次英緬構兵，實有緬不量力自取挫敗」，建議「籌布邊防」。光緒皇帝認爲應在與英國積極修好和居中斡旋的同時接受岑毓英等人建議，「撫諭野人，授以土都司、守備、千把總之職」，使之「就我範圍」，在「騰緬之間」「添一門戶」〔註165〕。

　　雍藉牙王朝滅亡後，緬甸各地發生反抗英國殖民統治的起義。在臨近雲南的滇緬邊境地區，一些土司組織起來依靠土司武裝反抗英國。因實力有限，有土司向清政府求援。如光緒十二年冬月（1886年1月），緬甸新街地方官密心薀直島派員前來騰躍廳請援稱：「倘蒙天朝垂憫屬國，興師問罪，大兵到境，緬官當獻新街。」〔註166〕光緒十二年正月（1886年2月），岑毓英奏稱：「緬甸土司，因緬王被擄，不忍坐視，已聚兵兩萬，與英人決戰。惟恐力不能支，敬備貢物，求法兵救援。」〔註167〕此時，清政府正讓曾紀澤同英國外務部交涉，希望以外交途徑保障中緬宗藩關係之延續，不願委資英方可能挑起邊境衝突的口實。接到岑毓英奏報後，光緒皇帝在諭旨中告誡岑毓英：「修貢一節，著俟定議後聽候諭旨。」〔註168〕光緒十二年五月（1886年6月），光緒皇帝在一份諭旨中將對緬甸危機的態度表達得更爲明確，其稱：「至該土司等，若再來請示，即諭以現在中國與英人尙未定議，勿庸瀆訴也。將此由四百里諭令知之。」〔註169〕。

　　可見，在緬甸淪亡問題上，清政府從未打算選擇軍事干預，自始至終抱定了外交調處的想法，希望以外交交涉維持中緬宗藩關係之存在。清政府對

〔註162〕《清德宗實錄》卷二一六，光緒十一年九月下，第1034頁。
〔註163〕趙爾巽撰：《清史稿》卷一五四，第4534頁。
〔註164〕《清德宗實錄》卷二二一，光緒十一年十二月上，第1097頁。
〔註165〕《清德宗實錄》卷二二二，光緒十一年十二月下，第1108頁。
〔註166〕（清）岑毓英：《岑襄勤公奏稿》卷二五，第37頁。
〔註167〕《清德宗實錄》卷二二四，光緒十二年二月，第31頁。
〔註168〕《清德宗實錄》卷二二四，光緒十二年二月，第31頁。
〔註169〕《清德宗實錄》卷二二八，光緒十二年五月，第83頁。

英侵緬甸的反應實際依然在貫徹「保藩固圉」方針，只不過在「保藩」的具體方式和「固圉」的介入力度上與越南問題存在不同。

從「蠻防」角度看，緬甸雖與雲南接壤，然滇緬邊防遠離清政府統治腹心，緬甸在中國「以藩爲屏」的邊防體系中的重要性並不突出。1840 年後，面對內憂外困，清政府無力且無心在緬甸淪陷中與英國直接對抗。英國發動三次侵緬戰爭的時機把握都非常恰當。第一次侵緬戰爭後，英國僅佔領緬甸沿海部分地區，雖對緬甸造成傷害，對「蠻防」安全影響卻不大。此時，中緬宗藩關係雖已確立，卻不甚成熟，故清政府未對此作出反應。第二次滇緬戰爭爆發時，太平軍正在中國長江以南數省間東奔西突。清政府爲鎮壓太平軍乃至將雲南綠營調往內地。清政府應對國內蜂起的農民起義且不暇，自然不會爲了緬甸去主動招惹英國。第三次英緬戰爭發生時恰逢中法戰爭結束，清政府雖取得中法戰爭的軍事勝利，實力損耗卻頗大。清政府在中法戰爭以後放棄對越宗主權的做法也讓英國看到其不可能在緬甸問題上做出與英國進行軍事對抗的決策。

另外，英國人在發動第三次侵緬戰爭時採取了較爲靈活務實的外交策略。比如在通商、勘界及入貢等問題上對清政府暫時做出讓步姿態，在麻痺和欺騙中讓其放棄干預想法。發動侵緬戰爭後，英國政府曾以不同渠道釋放各種誘惑言論。如《泰晤士報》曾發文章稱：「提議英國應邀請中國參加友好解決緬甸問題，將中國邊界擴展到八莫，使之能成另一赤塔，並化除中國對朝貢的敏感。」〔註170〕英國外交部工作人員馬格里宣稱：「英國能在緬甸問題上，給中國以比法國在北沂問題所給的更好的條件。」〔註171〕英國首相索爾茲伯里也在倫敦市政府大廈講演時稱：「我們相信，在緬甸的軍事行動中，我們已完全承認大清帝國的全部權利，我們的一切措施，必將先取得中國的同意和友誼合作，對中國的友誼我們是一向高度重視的。」〔註172〕

四、滇緬邊防壓力的出現

1840 年以來，英國不僅以堅船利炮洞開中國國門，憑藉系列不平等條約在華獲取大量權益，且一度成爲中國國家安全的主要威脅。在直接入侵中國

〔註170〕中國近代經濟史資料叢刊編輯委員會主編：《中國海關與緬藏問題》，北京：中華書局，1983 年，第 3 頁。
〔註171〕中國近代經濟史資料叢刊編輯委員會主編：《中國海關與緬藏問題》，第 68 頁。
〔註172〕中國近代經濟史資料叢刊編輯委員會主編：《中國海關與緬藏問題》，第 17 頁。

的同時，英國還意圖借道緬甸以溝通「蠻疆」。英國佔領印度並穩定統治後，在加強對緬甸侵略過程中還一直密切關注著滇緬間的交通通道及通商貿易。咸豐五年（1855 年），英國駐下緬甸專員藩尔來到上緬甸，希望與緬王敏東簽訂一份商約，允許英國借道上緬甸開展對滇貿易。緬王敏東對英存有戒心，拒絕了其建議。〔註 173〕第二次鴉片戰爭後，侵略中國的西方國家越來越多。為確保在華權益優先地位，英國迫切希望打開「蠻疆」門戶。

自廣東經廣西入雲南是清代傳統的入滇通道。受法國牽制，英國基本無法染指。另外，法國人還發現且主導了自越南通往雲南的紅河航道。在此情形下，開通緬甸到雲南的商貿通道是英國將勢力推進到「蠻疆」與法國展開競爭的唯一選擇。為此，「英國和印度的官員、商人固曾將他們的注意力轉向從上緬甸取道厄勒瓦諦江〔註 174〕深入雲南的可能性。這條路現在選擇了在蠻得勒〔註 175〕的厄勒瓦諦江出發，在滾龍渡口渡過薩爾溫江，然後向東北前往大理府。但是在 1874 年時，所有人的眼光都轉向從厄勒瓦諦江上游通航地八莫開始，然後朝東北前往騰越廳，再向東經大理府而到達雲南府這一條路。」〔註 176〕可見，數次勘探滇緬通道後，英國人發現了一條最佳路線。

在勘探滇緬貿易通道的同時，英國還不斷派遣遠征探險隊深入「蠻疆」考察。同治七年（1868 年），英印政府派遣一支由賴斯登上校帶領的遠征部隊進入雲南。同治十三年（1874 年），英印政府派遣柏朗上校率領的第二支遠征隊進入雲南。隨行人員中有自英駐北京領事館抽調的翻譯馬嘉里。同治十三年臘月二十（1874 年 2 月 6 日），該遠征隊自緬甸八莫出發分兩路入境雲南。伊利亞斯帶領小隊人馬取道「孟磨」〔註 177〕前行。柏登上校與馬嘉里帶領大隊人馬前往孟允。因遭遇中國軍民阻抗，柏登上校和馬嘉里被迫帶領大隊人馬返回八莫。正月十二（2 月 28 日），柏登和馬嘉里再次出發，越過滇緬邊界，武裝侵入雲南境內。英國遠征隊的侵略行為激起「蠻疆」各民族的愛國義憤。各族人民自發組織起來對英國侵入者予以痛擊，打死馬嘉里及幾個隨行人員，柏登只得帶領遠征隊再返八莫。

〔註 173〕〔英〕D・G・E 霍爾：《東南亞史》（下冊），北京：商務印書館，1982 年，第 714 頁。

〔註 174〕即「伊洛瓦底江」。

〔註 175〕即「曼得勒」。

〔註 176〕〔美〕馬士：《中華帝國對外關係史》卷二，上海：上海書店出版社，2000 年，第 313 頁。

〔註 177〕即「孟卯」。

　　「馬嘉里事件」發生後，英國國內報刊刊發了大量發動戰爭的輿論叫囂，極力鼓動政府以此爲藉口出兵雲南。《倫敦中國電訊報》叫囂：「我們一次小小的戰爭就夠了——雖然這種戰爭受到許多嘲笑，但仍然是必要的。」〔註178〕《泰晤士報》聲稱：「有人力促派遣一支軍隊，快刀斬亂麻地解決馬嘉理事件。」〔註179〕英國外交大臣德比獲悉馬嘉理等遇害後也電令威妥瑪稱：「這事是受騰越官廳的命令」，「應立即要求中國政府嚴格調查上述事實，並將處理這事的適當步驟報告給我。同時，記住印度政府派柏朗率探路隊往滇的目的」〔註180〕。同時，英國公使威妥瑪、海關總稅務司赫德還配合其他外國使節對清政府施展外交恫嚇。威妥瑪認爲馬嘉里之死乃「騰躍帶兵大員所爲」〔註181〕，要求審訊雲貴總督岑毓英，給清政府施加了莫大的外交壓力。赫德宣稱：「該國現派兵五千人，由緬甸藍貢海口，至雲南交界處所駐紮」〔註182〕。總理衙門在奏報中稱：「探聞英國欲派兵進滇，藉端滋擾，並聞威妥瑪出京時，俄使與之密商，英兵進滇，俄兵亦由伊犁進，使中國首尾不能相顧」〔註183〕。光緒皇帝批覆稱：「英國蓄志在雲南通商已非朝夕，此時適有馬嘉理一案，倘辦理稍有不善，難保不墮其術中。所聞各節，虛實未可知，亟應先事綢繆，豫爲防範。」〔註184〕清政府深知英國侵略「蠻疆」之野心，故對「馬嘉里事件」的處理非常謹愼，認爲「我果能實事求是，則在彼亦無機可乘。總之，馬嘉理無論爲何人所殺，均應徹底確查，秉公辦理，方足以折其心而鉗其口」〔註185〕。清政府告誡雲貴總督岑毓英務必「遴派得力將棄前往駐紮，由該督撫隨時妥爲布置，相機籌辦，以重邊防而彌後患」〔註186〕。負責督辦「馬嘉里事件」的岑毓英對英國侵略企圖早有察覺。該案一發生，岑毓英便上奏清政府建議

〔註178〕《倫敦中國電訊報》，1875 年 8 月 23 日，引自呂昭義：《英屬印度與中國西南邊疆（1774～1911）》，北京：中國社會科學出版社，1996 年，第 115 頁。

〔註179〕《泰晤士報》，1875 年 9 月 15 日，引自呂昭義：《英屬印度與中國西南邊疆（1774～1911）》，第 115 頁。

〔註180〕《英國議會文書・中國》1 號（1876）1 件，電報：德比致威妥瑪，1875 年 3 月 4 日，引自呂昭義：《英屬印度與中國西南邊疆（1774～1911）》，第 110 頁。

〔註181〕（清）李鴻章：《李文忠公全集》卷三，第 1 頁。

〔註182〕《清德宗實錄》卷六，光緒元年三月上，第 154 頁。

〔註183〕《清德宗實錄》卷六，光緒元年三月上，第 154 頁。

〔註184〕《清德宗實錄》卷六，光緒元年三月上，第 155 頁。

〔註185〕《清德宗實錄》卷六，光緒元年三月上，第 155 頁。

〔註186〕《清德宗實錄》卷六，光緒元年三月上，第 155 頁。

警惕英國，認為「縱使此案辦得十分平允，彼意仍在通商。拒之則有兵連禍結之憂，聽之則有蠶食鯨吞之患。」〔註187〕可見，19世紀70年代後，英國在下緬甸立足已穩後，在加緊侵略上緬甸的同時還不斷加強對雲南等「蠻疆」的考察與滲透，乃至派出探險隊開展武裝考察。「馬嘉里事件」雖發生於「蠻疆」邊境，卻在19世紀70年代中國邊疆危機四伏的情形下對「蠻防」安全造成了不小威脅。

面對英國威脅恫嚇，清政府委派李鴻章去煙台同英國人談判。李鴻章既擔心談判陷入決裂，也擔心談判決裂招致戰爭。李鴻章認為「馬嘉里事件」若處置不當「不僅滇邊受害，通商各口先岌岌莫保。」〔註188〕李鴻章之擔憂不無道理。19世紀70年代既是清王朝初步走出農民起義陰霾迅速恢復元氣的關鍵時期，也是列強加緊擴大對華侵略的重要時期。尤其是西方強國開始對中國邊疆表現出領土訴求。這時清王朝邊疆危機頻發，稍有不慎，一個小小的教案或一個不大的邊境衝突都有可能招致戰爭威脅。於是，李鴻章建議清政府在「馬嘉里事件」引發的對英交涉中「委曲求全，設法妥結」〔註189〕。在此千鈞一髮之際，面對當時世界第一強國——大英帝國，清政府只能在對外交涉中儘量選擇妥協。

光緒二年七月廿六（1876年9月13日），中英簽訂《煙台條約》。該《條約》除規定為馬嘉里「平冤昭雪」外，主要內容在於拓展英國在華商業利益，尤其是英國在「蠻疆」的商業利益。《條約》規定：「中英會商滇緬通商事宜，開放大理，英印派員赴滇」〔註190〕對此，《英屬印度與中國西南邊疆》的作者呂昭義認為：「〈煙台條約〉及〈另議專條〉著重點在於商務，商務中又專注由東向西逆長江而上和由緬甸、印度進入中國西南邊疆這兩個相向而行的路線，謀圖在長江上游找到兩路的結合點，以實現貫通英屬印度與長江流域的對華貿易戰略。」〔註191〕從「蠻防」安全角度看，立足中緬宗藩關係的滇緬邊防已被英國人一覽無餘。雲南「蠻疆」的安全危機進一步加深，「蠻防」壓力進一步增大。光緒十一年（1885年），英國發動侵略上緬甸的戰爭後，清政

〔註187〕（清）岑毓英：《岑襄勤公奏稿》，第3頁。
〔註188〕（清）李鴻章：《李文忠公全集》卷三，第47頁。
〔註189〕（清）李鴻章：《李文忠公全集》卷五，第4頁。
〔註190〕王鐵崖：《中外舊約章彙編》（第一冊），北京：生活·讀書·新知三聯書店，1957年，第347頁。
〔註191〕呂昭義：《英屬印度與中國西南邊疆（1774～1911）》，第121頁。

府切實感受到了以強為鄰的邊防壓力。光緒皇帝在得知曾紀澤和李鴻章等關於緬甸近況的奏報後稱:「緬甸為朝貢之邦,與雲南接壤,英人圖其北鄙,不獨屬國受患,尤慮逼近吾圉,不可不豫籌布置,為未雨綢繆之計」〔註192〕。

　　隨著英國加快侵略上緬甸的步伐,滇緬邊防日益暴露在其直接威脅下。實際上,自英國佔據下緬甸始,「以藩為屏」的滇緬邊防便已遭到消弱。在中緬宗藩體系下,屬國實力消長將影響其對宗主國邊防屏蔽效應的發揮。緬甸雍藉牙王朝在英國欺凌下始終保持維護領土完整和主權獨立的鬥志,且未如越南般在宗主國與殖民國間首鼠兩端。在「蠻疆」地緣政治安全環境惡化的大背景下,一個領土完整且頗具實力的緬甸更加有助維持 1840 年後清王朝「以藩為屏」的滇緬邊防。清政府卻沒有在中緬宗藩體制內為保持一個領土完整且頗具實力的緬甸去履行宗藩職責。實際上,總理衙門對英國侵入中國「蠻疆」的圖謀早有警覺。面對內憂外患的地緣安全困局,清政府作為東亞曾經的權利中心也只能力圖自保,故馬嘉理案甫一發生其便要求「岑毓英將此案確切查辦,並著劉岳昭迅即回任,會同該撫持平辦理。勿得稍涉含糊。一面遴派明幹之員帶領得力兵弁前往就近駐紮,借彈壓土司為名,暗杜彼族不側之謀。或騰越一帶本有兵勇屯戍,即由該督撫相機密籌。不可過涉張惶,亦不可稍涉疏忽,總期邊釁可息,後患無虞,方為妥善」〔註193〕。清政府既然未在緬甸危機中履行「以大字小」的宗主職責,就必然要獨自面對英國強鄰帶來的「蠻防」安全壓力。

〔註192〕《清德宗實錄》卷二一六,光緒十一年九月下,第 1035 頁。
〔註193〕《清德宗實錄》卷六,光緒元年三月上,第 154～155 頁。

第四章　1885年後「蠻疆」國界線的形成

　　在宗藩關係時代，中國與越南、緬甸等鄰國之間擁有一條歷史形成的傳統習慣線。清政府在傳統習慣線內側擇要地以邊關、邊卡、邊隘、邊峒等構建了一條軍事邊防線。在宗藩體制下，中國與越南、緬甸等鄰國間是宗主國與藩屬國之間的關係，與近代國家關係存在不同。近代國家間地位平等、主權獨立且擁有劃分明確的邊界線。在宗藩體制中，清王朝對越南、緬甸等藩屬國存有「以大字小」的宗藩職責，可應藩屬國請求出兵入境幫其戡亂等，而越南、緬甸等藩屬國則需對「天朝上國」承擔「以小事大」的藩屬義務，定期朝貢，接受清王朝冊封等。宗藩體制下宗主國與藩屬國之間的「親親」名分決定了清王朝與越南和緬甸等國間的關係不同於近代國與國之間的關係。1885年後，越南和緬甸相繼淪爲法英兩國殖民地，清王朝與越南和緬甸間的宗藩關係事實上終結了。清王朝與法屬越南和英屬緬甸間的關係實際是近代國與國之間的關係。近代國家的一個顯著特點在於擁有明確的主權管轄邊界，即國境線。國界線即國與國之間的界線，國界線上的界碑則是區分國家主權管轄範圍的基本標誌。在宗藩關係時代，從近代國家的角度看，越南和緬甸作爲清王朝藩屬國雖無完全主權，中越、中緬之間的傳統習慣線卻對雙邊政府的管轄範圍做出了相對明確的界分。

　　中越、中緬宗藩關係被清王朝與法屬越南和英屬緬甸間的國家關係取代後，將中越、中緬傳統習慣線確認爲主權管轄範圍的邊界，即國境線，成爲必然需要。中越、中緬間雖擁有相對明晰的傳統習慣線卻在一些地段如桂越

邊界東段十萬大山中的「三不管地」、滇越邊界中的大小符咒河之間及滇緬邊界中的江心坡〔註1〕、片馬等地段的邊界勘劃中存在爭議。如上邊界爭議出現的原因複雜多樣，或因跨境民族歸屬中央王朝與藩屬國共管，或因地形險要、叢林密佈而出現長期控制真空，或因宗藩體制內中央王朝對藩屬國的賞賜與讓步，或因跨境民族變更歸屬導致邊界出現歷史性擺動。在宗藩體制時代，邊界爭議可依託清王朝與藩屬國之間的宗藩名分及處理邊界糾紛的固有機制或維持共管，或維持現狀。中越、中緬宗藩關係終結後，在清王朝與法屬越南和英屬緬甸近代國家確立及國境線的劃分中，如上爭議地段卻成爲雙方主權利益爭奪的焦點。

「蠻防」安全和「蠻疆」穩定與地緣政治安全環境息息相關。在宗藩體制時代，依託「以藩爲屏」的宗藩屏障和軍事邊防線，「蠻防」安全及「蠻疆」穩定擁有相對優良的地緣政治安全環境，故除需維持邊境管理外，長期不需重兵設防。「蠻防」邊防對象改變後，「蠻疆」邊防壓力驟增，籌建近代邊防，鞏固「蠻防」安全成爲當務之急。爲此，在中越、中緬劃界中盡力爭取有助邊防建設的有利地形，優化邊防建設的地緣安全環境，成爲中法、中英邊界勘劃爭鋒的重要內容。慈禧太后在上諭中提醒勘界大臣：「分界事關大局，周德潤等務當設法辯難，多爭一分即多得一分之利益」〔註2〕。有鑑於此，本章擬從地緣政治安全的視角梳理1885年後桂越段、滇越段、粵越段和滇緬段邊界勘劃的基本史實，分析爭議地段勘分對「蠻疆」地緣安全環境及「蠻防」建設帶來的影響。

第一節　中越邊界的勘劃

現今，中越陸路邊界線長達1347公里。中越邊界的形成不僅經歷了漫長而複雜的歷史過程，且具有特殊性。秦漢時期，交趾〔註3〕因秦朝置交趾郡始入中國版圖，此時兩國間尚無邊界概念。秦漢於越北所置各郡疆域四至與清

〔註1〕「江心坡」是指位於雲南高黎貢山以東之恩梅開江及邁立開江間的一個狹長地帶，北起西藏察隅縣，南到緬甸尖高山，是滇緬分界中北段邊界爭議的中心地區之一，現多屬緬甸克欽邦。

〔註2〕近現代中國邊疆界務資料編委會編：《近現代中國邊疆界務資料續編》（第三冊）《中越勘界往來電稿》，北京：線裝書局，2006年，第927頁。

〔註3〕即越南，包括今越南的中部和北部。

代中越傳統習慣線和 1885 年後中法所勘邊界線並不吻合。宋太祖開寶元年
（968 年），丁部領創建大瞿越國，交趾開始擺脫中國王朝直接統治成為藩屬
國。此時，中越間開始以傳統習慣線作為實際控制範圍的界限。宋以後歷代
基本以傳統習慣線為界，該線卻隨中越國內局勢變化及雙邊實力消長而在一
些地段出現歷史性擺動。宋、元、明、清以來，中越傳統習慣線隨中越宗藩
關係的發展、延續及中國王朝「蠻疆」控制能力的增強而越發清晰和穩定。
光緒十一年（1885 年）以前，清政府逐漸完善「蠻疆」邊防的綠營駐防體制
和邊境管理機制，在傳統習慣線內側選擇險要地形設置邊關、邊卡、邊隘和
邊峒，對「蠻疆」邊境進行有效管控的同時還以該軍事邊防線有效捍衛「蠻
防」安全。軍事邊防線或曰邊境管理線不等同傳統習慣線，卻基本框定著傳
統習慣線的大致走勢。無論在宗藩體制內還是在越南成為法國殖民地後的新
型關係框架中，傳統習慣線即為中越邊境線。然而，在中越傳統習慣線的一
些地段因跨界民族存在尚有不少「甌脫」〔註4〕之地，成為中越勘界時中法爭
議的焦點。

一、清政府對中法議界的討論

　　光緒十一年四月二十七日（1885 年 6 月 9 日），中法簽署《越南條約》，
規定簽約之日六個月內，中法應委派人員到北圻勘劃邊界。〔註5〕隨後，清
政府選派內閣學士周德潤、欽差大臣鄧承修等前往「蠻疆」辦理勘界事宜。
〔註6〕與此同時，法國也組成了一個勘界委員會，其成員包括勘界委員會主席
法國外交部總領事布爾西埃・浦里變等。雙方勘界官員約定先選定一處，迨
會面後再具體商定會勘程序及具體事宜。

〔註4〕「甌脫」原指古代少數民族屯戍或守望的土室，如《史記・匈奴列傳》稱：「（東
　　　胡）與匈奴間，中有棄地，莫居，千餘里。各居其邊為甌脫。」清代撥敘在《鷹
　　　坊歌》中也提到：「地偏寂寞少人住，但作甌脫供鷹坊。」另外，「甌脫」還用
　　　來指涉邊地或邊境荒地。清代黃遵憲在《奉命為美國三富蘭西士果總領事》詩
　　　中稱：「如何甌脫區區地，竟有違言為小球。」王國維也在《〈國學叢刊〉序》
　　　中提到：「歷代開疆，尚多甌脫。」該處「甌脫」即為此意。此外，「甌脫」還
　　　指兩國分界的緩衝地帶。如羅惇曧在《中法兵事本末》中提到：「如彼提及，
　　　須由我措置，分界應於關外空地，作為甌脫。」本文所謂「甌脫」即為此意。
〔註5〕王鐵崖編：《中外舊約章彙編》（第一冊），第 466～469 頁。
〔註6〕中國史學會主編：《中國近代史資料叢刊・中法戰爭》卷十七，上海：上海人
　　　民出版社，2000 年，第 2～3 頁。

　　鄧承修等抵達廣西後，清政府在上諭中對其指示：「會勘滇桂邊界，必須通觀全域，詳細統籌，界務與商務相表裏。彼族注意者，尤在商務得佔便宜。曾紀澤、許景澄均曾陳奏及之。我於寬留甌脫一說，必冀實在可行，於事有濟，不宜僅博爭地之名，致令彼於商務有所藉口。」〔註7〕從中越勘界時清政府最高層、總署、李鴻章、張之洞及具體負責勘界談判的鄧承修、周德潤及李秉衡等之間的電報往來可以看出，中法勘界成員正式會面前，清政府內部圍繞力爭「甌脫」、議界地點選擇、北圻及法國局勢、是否在會談時示以兵威及議界談判的具體策略等問題進行了比較充分的討論。

　　首先，清政府一直關注北圻局勢，不僅存有利用阮朝流亡勢力及北圻義民光復失地之想法，且希望利用北圻義民的反抗將法國陷入戰爭泥潭以在議界談判中爭得一些籌碼。如光緒十一年十月二十（1885 年 11 月 28 日），鄧承修在發給總署的電報中提到：「查看聞法兵現駐谷松，而諒山以西越團遊勇充斥，未見法騎」〔註8〕。此前的十月初九，鄧承修在給張之洞的電報中提到，若利用越南流亡廣西的上層勢力「意不欲為人屬」的心態「訓練一軍，必成勁旅」〔註9〕。十月廿五（12 月 1 日）夜，鄧承修收到蘇元春自憑祥發來的電報，內稱：「聞八月間北寧、西山下游各紳豪起義，與法接仗數次。互有勝負，奪得小鬼板一艘，並炮械。現復熾。」〔註10〕蘇元春在第二天給鄧承修的電報中稱：「據蘭管帶本材由隘店隘調筍羅隘，順道來營面稟。昨見諒山幫辦韋文利言及越藩遷甘露時尚有紳民兩萬餘隨行，旋激義憤，調集各路義民與法決仗，得一勝。現聞法調屯梅谷、松原駐各兵回船頭，尚未的確，不敢棄呈。」〔註11〕十月廿九（12 月 9 日），鄧承修在發給總署的電報中稱：「舊越藩五月奔廣治、甘露，從者尚數萬人。號召義團，梁俊秀、呂春葳、韋文李、黃庭經等與法戰，互有傷亡，奪法船一。近逼河內數十里，北寧至諒山道梗，電線為越勇王正仁所毀。又聞南定越提督與法兵戰獲勝，奪象六，法新立越王

〔註 7〕《清德宗實錄》卷二二一，光緒十一年十二月上，第 1091 頁。
〔註 8〕近現代中國邊疆界務資料編委會編：《近現代中國邊疆界務資料續編》（第三冊）《中越勘界往來電稿》，北京：線裝書局，2006 年，第 923 頁。
〔註 9〕近現代中國邊疆界務資料編委會編：《近現代中國邊疆界務資料續編》（第三冊）《中越勘界往來電稿》，第 922 頁。
〔註 10〕近現代中國邊疆界務資料編委會編：《近現代中國邊疆界務資料續編》（第三冊）《中越勘界往來電稿》，第 925 頁。
〔註 11〕近現代中國邊疆界務資料編委會編：《近現代中國邊疆界務資料續編》（第三冊）《中越勘界往來電稿》，第 925～926 頁。

號同覆。偏張告示，人心不付。所放諒高巡撫駐屯梅，未敢到任。」〔註12〕
十一月初四（12月9日），張之洞在給鄧承修的電報中也表達了利用北圻動盪
局勢以爭取在議界中寬留甌脫的想法，其稱駐外公使許景澄提到「論尋常分
界例，諒山應歸中國，法兵多病，疲於奔命，黑旗、古酋無法可施」〔註13〕。
清政府也在上諭中指示：「此次周德潤等摺內所陳，越南兵勢稍張，則事機自
較順手，現在鄧承修、李秉衡已與浦使會晤。即著公同籌商，設法辯論」〔註14〕。
　　可見，當時越北局勢動盪，越南人的零星反抗依然不斷，清政府中一些官
員如鄧承修等尚存在利用在廣西流亡的阮朝上層勢力收復越北失地的想法。
　　其次，清政府高層在正式勘界會談前囑託勘界大臣盡力爭取在中法之間
保留「甌脫」，以爲緩衝。光緒十一年十月初二（11月11日），張之洞在給鄧
承修的電報中節錄上諭稱：「地圖法使所構，有異同應以會典、通志爲主，仍
須履勘詳酌。」〔註15〕北洋大臣李鴻章也在廿四日（11月30日）給鄧承修的
電報中詢問：「或謂諒山宜歸粵界。寬留甌脫，此前所議而未成者，再能設法
爭否？」〔註16〕。十一月初二（12月7日），張之洞在給鄧承修的電報中再次
節錄上諭稱，「上意力爭甌脫，議界以緩爲宜。越亂方熾，待法技窮，方易乘
機進說」〔註17〕。即便北圻義民及遊勇的反抗依然存在，且清軍依然在北圻
駐紮，在議界中爭取北圻數省卻並不現實。十一月初二（12月7日），慈禧太
后在經張之洞轉給鄧承修的電報中提到：「兩諭甌脫，雖津議未成，尚可力爭。
岑奏令退北圻數省，持論甚快，言之晚矣！岑擁重兵攻北圻一隅，旬月不能
下，今約定以口舌令還數省，議必無成，徒貽口實，食言取辱，轉傷國體。」
〔註18〕十一月初八（12月13日），張之洞告之鄧承修：「鄙意擬劃諒山河北驅

〔註12〕近現代中國邊疆界務資料編委會編：《近現代中國邊疆界務資料續編》（第三冊）《中越勘界往來電稿》，第926頁。
〔註13〕近現代中國邊疆界務資料編委會編：《近現代中國邊疆界務資料續編》（第三冊）《中越勘界往來電稿》，第931頁。
〔註14〕《清德宗實錄》卷二二一，光緒十一年十二月上，第1091頁。
〔註15〕近現代中國邊疆界務資料編委會編：《近現代中國邊疆界務資料續編》（第三冊）《中越勘界往來電稿》，第924頁。
〔註16〕近現代中國邊疆界務資料編委會編：《近現代中國邊疆界務資料續編》（第三冊）《中越勘界往來電稿》，第925頁。
〔註17〕近現代中國邊疆界務資料編委會編：《近現代中國邊疆界務資料續編》（第三冊）《中越勘界往來電稿》，第927～928頁。
〔註18〕近現代中國邊疆界務資料編委會編：《近現代中國邊疆界務資料續編》（第三冊）《中越勘界往來電稿》，第929頁。

驢爲我界」,「諒山可得,則諒西之高平,諒東之船頭以下,沿河北岸抵海口,均圓甌脫爲便,皆係順山河之勢,此外洋分界例也.中國豈利曰土?洞所謂歸我界者歸我保護,可以屯兵築壘者也」〔註19〕。十一月初九(12月14日),張之洞再次電知鄧承修:「以諒山河北驅驢爲界,與新約諒山以北不背,此條似可措辭至所議。諒山以南抵船頭諒江河岸爲甌脫,並推及船頭以東,諒江以西,皆順山河之勢,此遵兩次寄。」〔註20〕十一月初十(12月15日),鄧承修致電張之洞表達自己的意見:「驅驢在諒山北,應爭甌脫稍易。劃界難、瘴癘難一,增兵費難二,道遠運難三,安插遊勇難四。甌脫則民無所屬,屬越與法無異,尚費經營。惟例不屯兵築壘,暫彌邊釁。」〔註21〕

十一月十二(12月17日),張之洞致電鄧承修表達了自己對此事的見解,其謂:「新約諒北設關,既可設關,故擬劃界。所謂界者,非欲設官徵賦中朝,豈利越土?前電已言,不過以此爲界,法兵不得逾此耳。若關南諒山僅名甌脫。數年後,法必潛屯兵壘寇,太逼矣。即如中俄接壤東起興安嶺,西至伊犁,皆有內卡倫、外卡倫兩重,中隔數百里,即同甌脫。咸豐以來,俄漸闌入,今與俄分界處即內卡倫也。設無內卡,俄久入邊矣!界寬則勢緩備易。南關如門,諒北如柵,聊設斥堠足矣。即屯數營,出關四十里路,非甚遠,運非甚難,餉非甚巨。可固疆圉,費甚何辭?即不吞營,可其權在我。果使法許甌脫關外,縱橫甚廣,遊勇開礦墾山,足可自給,團結固守,爲我外衞。〔註22〕」對於甌脫內是否駐兵,北洋在給鄧承修的意見中表示:「期兩國有益,自應力爭甌脫。但仿俄界甌脫之意,言明彼此皆不准於甌脫內屯兵、築炮臺,以免日後生釁,似合情理」〔註23〕。在中法議界中留出甌脫之地是《中法新約》之約定內容。清政府希望借由該款規定寬留甌脫。光緒十一年十二月(1886年 1 月),清政府在上諭中稱:「所有滇桂界務,責成周德潤、鄧承修與該督

〔註19〕 近現代中國邊疆界務資料編委會編:《近現代中國邊疆界務資料續編》(第三冊)《中越勘界往來電稿》,第 933 頁。

〔註20〕 近現代中國邊疆界務資料編委會編:《近現代中國邊疆界務資料續編》(第三冊)《中越勘界往來電稿》,第 935 頁。

〔註21〕 近現代中國邊疆界務資料編委會編:《近現代中國邊疆界務資料續編》(第三冊)《中越勘界往來電稿》,第 936 頁。

〔註22〕 近現代中國邊疆界務資料編委會編:《近現代中國邊疆界務資料續編》(第三冊)《中越勘界往來電稿》,第 936～937 頁。

〔註23〕 近現代中國邊疆界務資料編委會編:《近現代中國邊疆界務資料續編》(第三冊)《中越勘界往來電稿》,第 949 頁。

撫等竭力圖維。新約第五款內所載中國邊界指定兩處，一在保勝以上，一在諒山以北，係指通商處所而言。又第三款內有或因北圻現在之界稍有改正，以期兩國公同有益等語。既云改正，則展寬甌脫一層亦屬有詞可措」〔註24〕。清政府內部對於保留甌脫持一致意見，但對是否在甌脫之地駐兵設防擁有不同見解。張之洞認爲甌脫主權在我，應盡力駐兵築壘，而總署和李鴻章則認爲駐兵築壘有違設置甌脫之本意。光緒十一年（1886年）十二月，清政府在上諭中要求鄧承修等「守定改正二字辯論」，「惟須相機進退，但屬越界之地，其多寡遠近，不必過於爭執，總以按約速了，勿令藉端生釁」〔註25〕。

再次，清政府希望將議界談判地點定在「關外」，極力拒絕法使入關之動議。中法勘界大臣鄧承修一直主張議界宜在南關外，以免法人深入洞窺邊防形勢。張之洞對此亦表示贊同。十一月十六（12月21日），張之洞告之鄧承修：「法酋帶兵入關，又在龍過冬，以後藉護商爲名久屯不去矣。商界均受挾制，且必責我會剿遊勇，兩公出關相侯極善，即總署允許宜當執奏」〔註26〕，「法使議界，只可在關外，若令到龍，界務甌脫諸說悉成畫餅。稅關彼意必在龍，既設關即設領事，必留兵護商，是無南關矣！寇已入室，安用邊防？只告以法使來必帶兵衛，我軍將士不免驚疑，設有損轉傷和氣。疆域邊防鑑帥熙帥職守非示以兵威儦，以聲氣斷不能阻，不許帶兵彼自不來」。鄧承修當日向張之洞發電表示：「法人入關當始終堅拒，總署縱允亦必執奏。蘇軍現駐關前，脩等十八抵關，可隨時酌調」〔註27〕。

法國勘界委員會主席浦里燮最終默認中方不讓入關之建議，同意在文淵進行議界會談。鄧承修在十一月二十發給總署的電報中提到，「密詩浦使抵諒後得我不許入關之信，十六即紮文淵，隨有三畫法酋，率遊騎欲入關通信。駐關營官陳桂林止與法酋相見，未令進關」，「十九脩等由幕府抵關門即飭王道至文淵回侯」〔註28〕。十一月廿二（12月25日），張之洞電知

〔註24〕《清德宗實錄》卷二二一，光緒十一年十二月上，第1091頁。
〔註25〕《清德宗實錄》卷二二一，光緒十一年十二月上，第1098頁。
〔註26〕近現代中國邊疆界務資料編委會編：《近現代中國邊疆界務資料續編》（第三冊）《中越勘界往來電稿》，第941頁。
〔註27〕近現代中國邊疆界務資料編委會編：《近現代中國邊疆界務資料續編》（第三冊）《中越勘界往來電稿》，第942頁。
〔註28〕近現代中國邊疆界務資料編委會編：《近現代中國邊疆界務資料續編》（第三冊）《中越勘界往來電稿》，第944頁。

鄧承修，總署已「令李鴻章告知速電浦使在諒等候，不必赴龍」〔註29〕。
十一月廿三（12月28日），李鴻章告知鄧承修：「浦未得信，前已由諒前進，
鴻告切勿國界，似宜約令在文淵或驅驢一帶會晤。」〔註30〕清政府堅拒法
使入關，力爭將議界地點選在關外文淵或驅驢並非迂腐。因爲，在清政府
官員看來，若將議界地點選在關內等同默認以關爲界。從鄧承修等主張以
驅驢及文淵一線爲界與議界地點主張在兩地來看，此絕非巧合，實際隱含
了以議界地點爲界主張。清政府認爲中法議界地點越靠南，對中國越有利。

最後，清政府還密切關注法國議會對北圻的態度，有以兵威懾法人配
合議界的想法。十一月初八（12月13日），張之洞告知鄧承修：「法議籌款
濟越餉，其欲棄北圻，不願籌款者過半，一時未能定。又西貢法報：照津
約法應在附近華界之越地設領事三員。茲聞法廷決意緩辦，俟分界定後再
辦。又頃接許星使本日自法京巴黎來電，法議院棄北圻，政府不願未決。」
〔註31〕鄧承修在當天的覆電對法報提到的歸還諒山一事表示遲疑，認爲「法
報未審確否。若法果棄北圻，北圻越藩果願屬我，則與北圻歸法國保護之
約不符。界務亦須緩議，今法越事未定，法使遽來，彼將執約以爭，緩固
無策，辯亦無詞。鄙意惟甌脫當援初議力爭。」對此，張之洞在覆電中表
示認同，其謂：「法以兵病餉艱，議院欲棄北圻，雖執政未必允，然力拙眾
怨，可知界務或有機會。」〔註32〕十一月廿四（12月29日），鄧承修自李
鴻章得知：「法議院允添撥東京餉，不肯退北圻，似勘界欲甌脫彼必不遵。」
〔註33〕利用駐外使節關注法國議院最新政情表明在中法議界中清政府非常
重視相關情報的搜集工作，有助議界官員隨時依據相關情報調整議界的底
線、訴求及策略。

〔註29〕近現代中國邊疆界務資料編委會編：《近現代中國邊疆界務資料續編》（第三
　　　　冊）《中越勘界往來電稿》，第946頁。
〔註30〕近現代中國邊疆界務資料編委會編：《近現代中國邊疆界務資料續編》（第三
　　　　冊）《中越勘界往來電稿》，第946頁。
〔註31〕近現代中國邊疆界務資料編委會編：《近現代中國邊疆界務資料續編》（第三
　　　　冊）《中越勘界往來電稿》，第932頁。
〔註32〕近現代中國邊疆界務資料編委會編：《近現代中國邊疆界務資料續編》（第三
　　　　冊）《中越勘界往來電稿》，第933頁。
〔註33〕近現代中國邊疆界務資料編委會編：《近現代中國邊疆界務資料續編》（第三
　　　　冊）《中越勘界往來電稿》，第947頁。

　　十一月初八（12 月 13 日）夜，張之洞電知鄧承修，「諭諒山宜歸粵界，或寬留甌脫，令洞等如有所見，詳呈商榷」。〔註34〕十一月十六（12 月 21 日），張之洞致電鄧承修，告其「縱古中外會盟，無不盛兵相見。蘇督辦雖不必有意耀兵，然整飭軍容以示邊備似亦無妨。若止關吏數人，恐竟闖關而入，轉費脣舌，有備無患」〔註35〕。十一月廿六（12 月 31 日），張之洞再次告誡鄧承修：「從古爭界無不藉兵威者，非必戰爭，實相劫制，法亟不願鑑帥與議者，以其有兵也。鐵公力陳極是，洞前奏請馮、蘇會辦總署，不允。乃議留唐爲其帶兵耳，今又不行。彼則擁兵，我禁帶隊。文淵架炮，尤封屯兵，局勢日蹙，有何良策？乞示洞！」，「嚴兵關上，蓄猛虎在山之勢，亦必有用」〔註 36〕。對於是否在議界時屯兵關外，耀武揚威，清政府內部實際存在不同見解。張之洞積極主張以兵威之，不示以弱，以爭取議界談判籌碼，而清政府高層、總署和北洋對陳兵關外一事則相對謹愼，認爲當此之時關鍵在於不要貽人把柄，致節外生枝。

　　綜上，在鄧承修與浦里變舉行正式議界會談前，清政府內部對如何爭取寬留甌脫、分界界限、是否陳兵關外、利用北圻義民反抗及具體的談判策略等問題以電報往來形式進行了較爲充分的討論，還利用駐外使節積極搜集法國及越南關於中法議界問題的最新情報。「蠻防」安全得益於「蠻防」建設，而「蠻疆」邊防是維護「蠻防」安全的重要屏障。邊防安全及邊防建設需要充分利用邊境地區的有利地形。中越邊境山巒起伏、叢林密佈的地理環境非常適於做爲清政府開展「蠻疆」邊防建設的地緣依託。尤其在中法國家實力懸殊的情況下，在議界中爲清政府爭得日後開展邊防建設的有利地形從「蠻防」安全角度看具有相當重要的地緣戰略價值。張之洞、鄧承修等主張以諒山以北之諒河一線爲界，不僅能爲清政府在「以藩爲屏」的傳統「蠻防」體系失效後重建「蠻疆」邊防、維持「蠻防」安全爭到地緣優勢，還可將中越分界線基本固定在北圻的高山峽谷及叢林密菁以南，讓法國在北圻的邊防建設籌劃中無法充分利用越北險要地勢，只能依託諒山高地及其以南的紅河三角洲平原簡易佈防，從而將其對「蠻防」安全的威脅儘量降低。對清政府來

〔註34〕 近現代中國邊疆界務資料編委會編：《近現代中國邊疆界務資料續編》（第三冊）《中越勘界往來電稿》，第 934 頁。

〔註35〕 近現代中國邊疆界務資料編委會編：《近現代中國邊疆界務資料續編》（第三冊）《中越勘界往來電稿》，第 942 頁。

〔註36〕 近現代中國邊疆界務資料編委會編：《近現代中國邊疆界務資料續編》（第三冊）《中越勘界往來電稿》，第 948 頁。

說，依張之洞和鄧承修的劃界主張，中法間一旦有事，清軍完全可以依託中越邊境的有利地形，居高臨下，迅速穿越紅河平原，直接威脅法國在北圻的殖民統治中心——河內。顯然，張之洞和鄧承修等深知北圻寸毫之地在「蠻防」安全上的巨大價值。

此外，清政府還在議界談判前認識到應將桂越東界十萬大山以南的三不要地劃歸中國。十一月十八（12 月 23 日），鄧承修在憑祥路上接到張之洞電報，內稱：「外委劉保林等委弁陶烈武等各告界圖並紳民公稟略言，自思陵土州南境外沿十萬山而南，其處名三不要地，自此沿丈二河東南，行經河東之峒中、永安、雁慕、新安州潭下河、檜河西之舊街，直抵海口，查係前朝古界。因越為屬國，不甚拘限，地由民間開墾，稅納越官，人入欽學在庠甚多，懇勿棄之異域。並云分茅嶺即銅柱分界處，今名坑謝，在桂境北崙隘外，距五日程。查三不要之名確系歷朝舊界，遠憑銅柱，近據學籍，皆應劃歸中華，敢請裁酌辦理至幸。內地山僻較易，惟臨欽濱海之芒街歸海寧府有教堂，尤要須費唇舌耳。」〔註37〕可見，在中越議界談判前，清政府高層、地方大員及議界官員在多爭一寸土地即多得一分利益的國家利益認同上高度一致，並圍繞此原則在正式議界會談前做了充分有效的準備工作。

二、桂越邊界的勘劃

中越邊界分桂越段、滇越段和粵越段，其中桂越邊界和滇越邊界的勘界工作幾乎同時展開。勘界是個複雜的系統工程。中法雙方的勘界人員要經過派人踏勘、分段立約、安設界碑、邊界畫圖、簽訂總約等程序才算完成勘界工作。中越邊界東西綿延幾千里，多崇山峻嶺、煙瘴密林之地。尤其是春瘴一生，勘界工作必須暫時中斷。加之，除鎮南關向東至隘店隘，向西至水口關一線舊界較為精確詳實外，其他舊界或僅為大致山勢走向，或僅憑模糊的文字記述，必需雙方勘界人員親臨履勘再對照相關文字記述才能勘定。在滇段勘界中，舊界中尚有幾十處沿邊卡隘因年代久遠、失修廢棄而難以查找，以致舊界遺漏。因此，滇越邊界的勘劃自 19 世紀 80 年代中期開始，直到 19世紀 90 年代中後期才基本結束，歷時長達 10 年之久。應當說，在當時的交通條件、技術水平下，中法雙方勘界人員能在 10 左右的時間內完成地形如此

〔註37〕近現代中國邊疆界務資料編委會編：《近現代中國邊疆界務資料續編》（第三冊）《中越勘界往來電稿》，第 944 頁。

複雜、界線如此模糊的邊界勘劃工作，不僅效率高，且難能可貴。光緒十二年二月初十（1886 年 3 月 15 日），鄧承修、李秉衡在文淵會見浦里燮，浦認為應「先勘南關舊界」，因「瘴日重」，可「暫不立標」。 中法議界會談在陷入僵局時中方被迫放棄先「更正舊界」主張，同意法方「先勘舊界」主張。雙方商定由南關起勘，東經洗馬關、峙馬隘、支馬隘勘至隘店隘，西勘至水口關。

光緒十二年二月十七（1886 年 3 月 22 日），法方勘界委員狄賽爾等與中方勘界人員王之春、李興銳會勘鎮南關與支馬隘之間區域。三月初八（4 月 11日），雙方一路踏勘而來，行至平而關。鄧承修此時到達水口關等待浦里燮，「因春瘴大起，山水陡發，浦、卜二人皆病，不能前口。彼此議定，至平而關止」〔註 38〕。翌日，東西兩路勘界人員與法方商議南關附近邊界。中方認為南關外西首高山應屬中國，雙方意見難合。〔註 39〕三月初十（4 月 13 日），中法勘界人員就南關至平而關一段邊界「書約畫押」。〔註 40〕在中法雙方踏勘鎮南關至平而關一線的同時，光緒十二年（1886 年）二、三月間，鄧承修在鎮南關與法使議定關外界址，自隘店隘起至平而關止，以中越邊境關隘的外柵及清政府駐防營地所在山峰之山脊為界。三月初十（4 月 13 日），中法勘界人員勘明鎮南關、平而關一帶現界並立約。中法會堪桂越邊界工作暫告一段落，平而關經鎮南關至隘店隘一帶邊界基本會勘完畢。

鎮南關至平而關、隘店隘段邊界，舊界相對清晰，雙方意見分歧並不大，勘界速度較快，然桂越邊界其他段落及滇越邊界之舊界則相對模糊，雙方分歧既多，也因地形複雜、叢林密佈等原因勘劃較慢。光緒十三年臘月十三（1887 年 1 月 6 日），勘界大臣鄧承修協同兩道王之春、李興銳等與法使狄隆、狄賽爾等於芒街舉行第二輪議界會談，約定：兩廣尚未勘定之界，本次可就圖辨認；若彼此圖示一致，便在圖上畫押確認。若不一致，雙方勘界人員再到爭議處履勘定界；若因高山梗阻無法踏勘，則請示本國政府商定日期

〔註 38〕Dr. P. Neis, Translated and with an Introduction by Walter E. J. Tips: "The Sino-Vietnamese Border Demarcation（1885～1887）", White Lotus Press, 1998, pp37.

〔註 39〕Dr. P. Neis, Translated and with an Introduction by Walter E. J. Tips: "The Sino-Vietnamese Border Demarcation（1885～1887）", pp45.

〔註 40〕Dr. P. Neis, Translated and with an Introduction by Walter E. J. Tips: "The Sino-Vietnamese Border Demarcation（1885～1887）", pp50.

將來再勘。〔註41〕該約定中法各存一份，勘界後之「更正」要等到桂越和粵越邊界辨認完畢後再商議。

兩廣未勘兩段邊界與此前所勘之鎮南關以東至隘店隘和鎮南關以西至平而關段邊界不同。一方面，兩段邊界長度較長，自平而關至滇桂交界的各達村，長約一千二百九十七里，自隘店隘至欽州段長度約為三百多里，而平而關至隘店隘長度僅有三百里左右，且舊界清晰；另一方面，平而關至隘店隘一段邊境地形比較平緩，而隘店隘至欽州沿海一段邊境地區的地形較為複雜，如勘定此段邊界需穿越十萬大山，才能履勘「三不要地」〔註42〕。另外，平而關西至各達村段不僅長度逾千里，地形同樣複雜，間有高山峻嶺無數，多原始叢林，會勘難度可想而知。為提高勘界效率，中法雙方對兩段邊界常依圖會勘，能於圖上勘明即儘量依圖勘劃，惟圖示異議時方履勘。在此背景下，中法雙方迅速完成桂越邊界剩餘兩段的就圖勘界工作。二月廿十（3月16日），鄧承修電告朝廷：「桂界早已校竣，稍有展拓」，「由竹山起至雲界，即晚已立草約，彼此畫押」。三月初五（3月29日），中法雙方將桂越段剩餘兩段邊界分作四段分別訂約並繪圖約。〔註43〕

光緒十三年三月初五（1887年3月29日），訂約畫押完畢後，鄧承修提醒法方狄隆「圖內照約尚有應行更正之處」。狄隆建議改日再議。至此，桂越段邊界基本勘劃完畢。桂越邊界之勘劃雖未取得「先更正」再「勘舊界」之預期目標，在實際勘定中亦對諸多爭議地段做出適度「更正」，相比「舊界」

〔註41〕 郭廷以，王聿均編：《中法越南交涉檔》，第3710頁。

〔註42〕 在清代的十萬大山中，有一塊三不管地，又稱「三不要地」，即廣東不要、廣西不要、越南不要之意。實際上，「三不要地」並非無主之地。光緒十一年十一月十八，鄧承修在憑祥路上接到張之洞電報，內稱：「外委劉保林等委弁陶烈武等各告界圖並紳民公稟略言，自思陵土州南境外沿十萬山而南，其處名三不要地，自此沿丈二河東南，行經河東之峒中、永安、雁慕、新安州潭下河、檜西之舊街，直抵海口，查係前朝古界。因越為屬國，不甚拘限，地由民間開墾，稅納越官，入人欽學在庠甚多，懇勿棄之異域。並云分茅嶺即銅柱分界處，今名坑謝，在桂境北侖隘外，距五日程。查三不要之名確系歷朝舊界，遠憑銅柱，近據學籍，皆應劃歸中華，敢請裁酌辦理至幸。」（近現代中國邊疆界務資料編委會編：《近現代中國邊疆界務資料續編·第三冊·中越勘界往來電稿》，北京：線裝書局，2006年，第944頁。）可見，所謂「三不要地」實為中華舊土。

〔註43〕 （清）鄧承修：《語冰閣奏議·中越勘界和來電稿》卷四，1918年鉛印本，第20頁。

稍有展拓，一些地段展拓竟有五十里之多。

　　從「蠻防」的地緣安全環境來看，寸毫國土的展拓都對「蠻疆」邊防建設意義重大。桂越邊界的勘定意味著此段傳統習慣線變成了國境線。對清政府來說，國境線對面不再是宗藩關係下須盡「以小事大」名分和履行「拱衛中國」義務的藩屬國，而是在實力上超越清王朝且擁有侵略野心的法屬越南。因此，桂越邊界的勘定意味著廣西「蠻疆」邊防對象發生改變。清政府需在國界線內依託有利地形籌劃、加強邊防建設以防禦法國。「蠻疆」軍政體制也要適應「蠻防」對象之轉變，爲保障「蠻防」安全作出適當調整。鑒於勘界對「蠻防」安全的影響，鄧承修在議界、勘界中毫釐必爭，在國勢日頹、國力不濟形勢下依然充分利用各種有利因素儘量實現展拓，且在「稍有展拓」的成就下仍在提醒法方「更正舊界」。

三、滇越邊界的勘劃

　　光緒十二年三月（1886年4月），法方勘界委員因春瘴暫停勘界返歸河內。不久，法方勘界成員接到委派其前往紅河上游與中方勘界人員周德潤等會勘滇越邊界的命令。光緒二十一年十月廿五（1895年12月11日），中方勘界大臣周德潤抵開化後與先期抵達的雲貴總督岑毓英會商滇越段勘界事宜。隨後，周德潤對滇越邊境的險要地勢做出梳理總結，初步擬定勘界方略。和鄧承修一樣，周德潤將分界中的毫釐得失看得異常珍重。從其對滇越邊境形勢險要的細緻履勘看，爭取有利「蠻防」安全的險要地勢也是周德潤在分界中秉持的基本原則。然而，清政府鑒於此前鄧承修會勘桂越邊界時曾與法方就「先更正」還是「先勘界」爭議不下，在議界會談前即向周德潤表明可「先勘舊界，再圖更正」。

　　光緒十二年九月廿二（1886年10月19日），周德潤等與法方勘界人員在議界會談中爭論辯駁並就部分爭議地段履勘後，總署慶親王奕劻和工部左侍郎孫毓汶與法駐華大使恭思當對《滇越邊界勘界節略》中仍存異議處及此前稍作更正處經商議後簽訂《中法續議界務專條》，對《節略》中第二段、第五段邊界作出進一步修正。〔註44〕

　　中方經此修正收回小衵咒河以南都竜、南丹一帶部分領土，卻與此前周德潤與狄隆等商談時以大賭咒河爲界之舊議相差甚遠，猛峒山及猛峒三村以

〔註44〕王鐵崖編：《中外舊約章彙編》（第一冊），第514頁。

下地界也被劃歸越南名下。法國此時對北圻控制依然薄弱。早於光緒十年（1884年）援越抗法時，清軍即順馬白關南下控制了大賭咒河以北該片領土。此後，清軍長期駐紮大賭咒河附近的黃樹皮、猛峒及箐門，未撤歸馬白關。光緒十四年（1888年），安平同知馬世麟在奏報中提到，清政府曾應越南請，許小賭咒河爲界。可見，在中越宗藩關係時代清政府曾許越南以小詛咒河爲界，然該處舊界實際在大詛咒河一線。現法占越南，時過境遷，中越宗藩關係事實終結。清政府爲維護「蠻防」安全兼取「蠻防」建設的地緣利益，意在此番勘界修正舊界時收回故土。中法雙方反覆辯論，法國認爲該地面積過大，絕難相讓，拒絕更正，導致該片領土雖在《中法續議界務專條》中劃歸越南，卻因清軍駐紮成爲懸而未決之地。

光緒十六年八月初五（1890年9月18日），法國駐華公使李梅照會總署商談立碑事宜，委派駐朝鮮領事法蘭亭擔任滇越邊界界碑主議大臣。雲貴總督王文韶鑒於「界務輳輾甚多」，決定「遴派印委各員，分段預行履勘」，委派臨安開廣道陳燦、廣南府知府興祿、安平同知馬世麟及蒙自縣令姚鈺等負責臨安、開化、廣南三府界碑安設事宜。光緒十八年十二月十五（1891年1月8日），法使西威儀率同四圈官貲榮、三圈官法雷、二圈官柏爾第等抵開化進行滇越邊界立碑。在界碑安設中，因此前畫勘而未踏勘產生的具體爭執時有發生，導致滇越邊界的界碑安設比桂越段困難許多。雙方爭執主要集中在如下地段：

一是三蓬、田蓬等八寨歸屬問題。在廣南府所屬第四段邊界的立碑選址中，中法雙方嚴格依照此前畫勘約定進行，中國失去三蓬，卻得到了地勢更爲險要而原屬越南上蓬的八個村寨；二是開化府屬第二段邊界的大小賭咒河之爭。大小賭咒河之爭是中法會勘滇越邊界時的遺留問題。清政府主張以大賭咒河爲界，法方認爲應以小賭咒河爲界；三是兩烏之爭。猛烏、烏得原稱猛烏納、猛烏得。明隆慶六年（1572年），車裏宣慰使刀應猛即命所屬十二版納頭目嚮明朝進貢。雍正七年（1729年），元江府所屬車裏宣慰司與兩烏地區在改流中被劃歸思茅廳，歸普洱府管轄。光緒二十年（1894年）底，法國欽命辦事大臣總領事巴威等與寧洱同知黎肇元勘劃兩烏一帶邊界，雙方沿著湄公河東岸一直勘查至南臘河口邊界。黎肇元與刀丕文返回思茅後與思茅同知陳守淑等連日商議後認爲兩烏之地距離思茅茶山僅二百里地，若讓與法國，則茶山地勢盡失，且其地多鹽井，獲利頗豐，當地民人，久經開化，人心向歸中土。陳守淑等決定將實情告知滇督王文韶。王文韶接報後致電總署說明原委，認爲猛烏和烏得絕對不可輕易讓與法人。對法員擅將兩烏劃歸越

南一事，總署心知肚明，雖與法方往復辯論，終未獲滿意結果。此時恰逢「三國干涉還遼」，法國自恃幫中國「爭退遼東」，向清政府索取報酬，要求迅速訂立商約、界約。清政府見法人居功圖報，且逢內憂外困，不得不答應法國請求。

光緒二十一年五月廿八（1895年6月20日），總署最終頂住英國壓力，與施阿蘭簽訂《中法續議界務專條附章》，約定在光緒二十三年五月十四日（1897年6月13日）前將滇越邊界段全部界碑安設完竣。

四、粵越邊界的勘劃

兩廣與越南接壤長度超過1000公里，由廣東防城北崙河口至雲南那坡縣各達村止，其中自北崙河口至呑蒼山為粵越段，自呑蒼山至各達村為桂越段。在鄧承修與浦里變等會勘桂越邊界的同時，粵越段邊界的議界籌備工作在張之洞等的主持下同時展開。法方派出海士等統領的軍事武裝調查隊對粵越邊界考察、繪圖。此時，法國未對北圻局勢進行有效控制。越北的抗法義勇依舊在頻繁活動，且對法國粵越段的勘界準備工作造成了不小影響。法國為在粵越邊界勘劃中逼促中方接受符合自身利益的主張，還對粵越交界地區開展頻繁的軍事滋擾與威懾。粵越邊境距清政府統治腹心更近，地緣安全價值非同一般，既包括陸路邊界，也包括北部灣等海域島嶼的勘分，地域相對狹窄，情況頗為複雜，故中法間的爭鋒與較量也更激烈。

議界會談前夕，法方為造成符合自身利益的既成事實且威懾中方，在邊境地區開展頻繁的軍事行動。如法勘界委員甫到芒街便檢閱軍隊，巡視要塞。臘月初四（12月28日），中方道員王之春與李興銳等赴芒街會晤法勘界委員當天，法方還遣兵前往「飛地」佔領長山〔註45〕，建立軍營，並以長山為據點布置哨所，妄圖控制「飛地」。

光緒十三年臘月初十（1887年1月3日），中法雙方舉行正式勘界會談。中方代表李興銳等就法軍在江平、黃竹開炮並波及中境思勒一事詰問法方。狄賽爾以海士被殺搪塞推諉，後雙方就維護邊境安定達成初步共識，議定「就圖辨認」的勘界辦法。然而，法國企圖吞占江平、白龍尾一帶。中方拿出兩地歸屬中土的確鑿圖證。幾度辯論交鋒後，法方依然百般抵賴致會談陷入停

〔註45〕長山本地處荒蕪，清朝於此並無駐軍，且經張之洞等考證，長山本屬越地，故法軍的軍事行動並未早於清軍抵抗。

滯。此前，法國在粵越邊境的軍事行動並未停止。法兵自河檜前往八莊，沿途數百里焚掠一空，又分兵攻破江平，分屯勾多、石角、白龍尾等處」〔註46〕。臘月廿七（1月20日），中法舉行校圖會議，鄧承修要求法國撤兵。狄隆仍以海士事件搪塞。對於江平至白龍尾一段爭議，鄧承修依圖與狄隆辯論八回。狄隆始終不承認此為中土地界。翌日，雙方覆議後訂草約三條，約定竹山至白龍尾一段請示本國後再定。鄧承修在第三條中要求法國撤軍，狄隆反而要求中方撤軍勿使局勢升級。同日，狄隆再次致電法國外部稱：「對於履勘，我們遇到障礙，除非有對我們有利的特別指示或外交干預，否則我們無法克服這道障礙。」〔註47〕粵督張之洞認為江平地理位置重要，此地若失，東興、思勒將隔絕域外，失掉後路，有事難以支應，建議鄧承修把江平「抽出另議」〔註48〕。

就在雙方辯論難下的同時，法國依然執意強化在江平到白龍尾一線的軍事存在，還貼出此地歸越南的假告示蠱惑民眾，規定：「凡華民來歸者，趕緊向華官求執照，方准居住」。鑒於粵越邊防局勢驟然緊張，張之洞也刻意加強邊防防禦力量，建議「速於思勒要隘處多築臺掘地營，以備扼守」，「陰為法備」，「以此脅之」。〔註49〕在接下來的議界會談中，鄧承修相繼出示英國乃至法國繪製的地圖，其都標明江平至白龍尾一帶確屬中土。狄隆稱繪圖人員水平參差，且非官方版本，拒不採納。為迫使鄧承修接受法國對飛地及海角的領土主張，法國還派兵直接佔領了白龍尾。光緒十三年正月廿六（1887年2月18日），「法以兵輪載越民婦女幼孩百餘人至白龍尾居住」，還「由江平撥兵三、四百名，至該島橫港地方之咸沙木嶺趕造炮臺」。〔註50〕

正當廣東方面的議界會談陷入僵局時，中法高層在北京的外交斡旋傳來轉機。正月十五（2月7日），清政府諭示鄧承修：「凡越界無益於我者，與雖

〔註46〕〔法〕法國外交部檔案：《論文與資料・亞洲》卷六九，參見黃國女、蕭德浩、楊立冰編：《近代中越關係史資料選編》（中），南寧：廣西人民出版社，1988年，第442頁。

〔註47〕〔法〕法國外交部檔案：《論文與資料・亞洲》卷六九，參見黃國女、蕭德浩、楊立冰編：《近代中越關係史資料選編》（中），第443頁。

〔註48〕（清）鄧承修：《語冰閣奏議・中越勘界往來電稿》卷三，第9～12頁。

〔註49〕〔法〕法國外交部檔案：《論文與資料・亞洲》卷六九，參見黃國女、蕭德浩、楊立冰編：《近代中越關係史資料選編》（中），第448頁。

〔註50〕（清）鄧承修：《語冰閣奏議・中越勘界往來電稿》卷四，第11～14頁。

有前代證據而今已久淪越地者，均不必強爭。」〔註51〕法使恭思當也致電法方議界委員稱：「我們認為如果我們不讓步，中國方面將在正式爭議的範圍內，滿足於提些抗議和象徵性的要求。」〔註52〕二月廿十（3 月 16 日），中法勘界委員在芒街會議，鄧承修與狄隆反覆爭論五個小時後訂立草約，簽字畫押，約定「欽州西界之嘉隆、八莊、三不要地、十萬山以及分茅嶺等處劃歸於我」〔註53〕。三月初五（3 月 29 日），中法勘界委員簽訂《中法粵越邊界勘界節錄》，粵越段陸路邊界勘劃基本完成。此後，中法還就北部灣近岸島嶼及海疆劃分進行磋商，在《中法續議界務專條》中對粵越間海島、海角等進行了勘劃。光緒十三年（1887 年）底，粵越段界碑安設也告完成。至此，除個別地界依然懸而未決外，中越邊界勘劃基本完成，為「蠻疆」穩定和「蠻防」安全提供了一個相對穩定的地緣政治環境。

第二節　滇緬邊界的勘劃

1840 年以來，英國在印度半島的統治日益穩固，為經緬甸打開中國的「蠻疆」門戶逐漸加緊侵緬進程。經道光四年（1824 年）到光緒十一年（1885 年）間英緬戰爭後，緬甸雍籍牙王朝滅亡，上下緬甸全歸英國保護。早於乾隆年間清政府與緬甸結束長期對立觀望狀態正式確立宗藩關係。與越南不同，清政府在緬甸淪亡中基本採取坐視態度。英國是當時世界上最強大的工業國家，深陷地緣安全危局且甫經中法戰爭的清王朝既無力也不敢在緬甸問題上挑戰英國。同時，緬甸的地緣安全價值也不同於越南，其緊鄰雲南，距離清政府統治腹心較遠。與越南和朝鮮相比，緬甸的地緣安全價值處於相對次要位置。另外，英國在屯兵上緬甸時還選取了一個非常恰當的時機，即選擇在中法戰爭剛結束時發動第三次侵緬戰爭。清政府此時正忙於與法商議勘劃中越邊界，「蠻疆」形勢未穩，「蠻防」安全尚存在諸多變數，根本不可能在「蠻

〔註51〕中國史學會編：《中國近代史資料叢刊‧中法戰爭》卷七《中法越南交涉資料》《光緒十三年正月十五日軍機處寄辦理勘界事宜鄧承修等電旨》，上海：上海人民出版社，2000 年，第 106 頁。

〔註52〕〔法〕法國外交部檔案：《論文與資料‧亞洲》卷六九，參見黃國女、蕭德浩、楊立冰編：《近代中越關係史資料選編》（中），第 450 頁。

〔註53〕中國史學會編：《中國近代史資料叢刊‧中法戰爭》卷七《中法越南交涉資料》《光緒十三年三月初五日辦理勘界事宜鄧承修等電》，第 111 頁。

疆」方向同時與英法開戰。可見，緬甸的淪亡在 1840 年後東亞地緣政治安全環境的演變中帶有一定必然性。

英占緬甸後隨之強化對「蠻疆」的滲透，因爲「中國西南無限的市場打開一個後門」〔註 54〕。英國在緬甸「積年經理，萃其兵力餉力，勘定土寇，復於緬境外之野人山地，稍用兵威脅服，收其全土。磐石之形已成，藩籬之備亦固」〔註 55〕，還「屢次密派幹員馳往滇緬交界查看形勢，探尋礦產，並有創製鐵路，通接滇邊之意」〔註 56〕。光緒十七年（1891 年），「英兵遊弋滇邊，常有數百人，以查界爲名，闌入界內，來去焂忽，野番土目驚疑異常，英兵常駐之地則有神戶關外之昔董，暨鐵壁關外之漢董。英人用印度武員之謀，窺逼近界，以致延邊騷動，風警頻仍」〔註 57〕。在「今與西洋最強之國爲鄰」〔註 58〕的現實下，滇緬邊防壓力陡增。在宗藩體制內，中緬間存在一條歷史生成的傳統習慣線和一條由邊關、邊卡和邊隘等構成的軍事邊防線，尚無近代意義上的國家邊境線。薛福成在《滇緬劃界圖說》中稱：「臣聞乾隆年間，緬甸恃強不靖，吞滅滇邊諸土司，騰躍、八關之外形勢不全。西南一隅，本多不甚清晰之界」〔註 59〕。緬甸既亡，中緬分界問題緣此而生。爲籌劃「蠻防」，給雲南邊防建設和邊疆開發奠定一個穩定的地緣政治環境，勘劃滇緬邊界成爲清政府亟待解決的重要議題。

一、滇緬分界概況

滇緬界務交涉是清末清政府面對的諸多邊界爭端交涉之一。中英滇緬界

〔註 54〕　〔英〕伯爾考維茨：《中國通與英國外交部》，北京：商務印書館，1959 年，第 124～125 頁。

〔註 55〕　（清）薛福成：《滇緬分界大概情形疏》（光緒十九年七月二十七日），近現代中國邊疆界務資料編委會編：《近現代中國邊疆界務資料》（一），北京：線裝書局，2007 年，第 15 頁。

〔註 56〕　（清）薛福成：《滇緬分界通商事宜疏》，近現代中國邊疆界務資料編委會編：《近現代中國邊疆界務資料》（一），第 9 頁。

〔註 57〕　（清）薛福成：《滇緬分界大概情形疏》（光緒十九年七月二十七日），近現代中國邊疆界務資料編委會編：《近現代中國邊疆界務資料》（一），第 16 頁。

〔註 58〕　（清）薛福成：《派營彈壓野人山地片》（光緒十九年七月二十七日），近現代中國邊疆界務資料編委會編：《近現代中國邊疆界務資料》（一），第 23 頁。

〔註 59〕　（清）薛福成：《滇緬分界通商事宜疏》，近現代中國邊疆界務資料編委會編：《近現代中國邊疆界務資料》（一），第 10 頁。

務交涉以北段未定邊界即尖高山以北一段最爲引人注目。因「滇邊諸土司，雖或久隸中國，然自乾隆以後，往往有私貢緬甸」〔註60〕。在滇緬分界中中英各執其詞，都有支持各自主張的充分理由。直到清朝滅亡，清政府未與英國在滇緬北段議界談判中達成最終協議。滇緬邊界全長超過 2000 公里，分北、中、南三段。直到 20 世紀 60 年代，中華人民共和國才與緬甸完成滇緬邊界的最後勘分。究其原因，主要是因爲清政府與英國間在滇緬分界中的北段片馬、江心坡及南段阿瓦山的班洪、班老一帶存在爭議，且久商難下，成爲清末影響中英關係和威脅「蠻防」安全的重要懸案。然而，此情況之出現並非偶然。光緒十一年（1885 年）後清政府對英國在東南亞鄰國問題上推行強權政治乃至威脅到「蠻疆」安全存在不滿。同時，隨著清政府國家主權觀念的成熟，其在關涉「蠻疆」穩定和「蠻防」安全的滇緬分界問題上更加重視維護自身的地緣政治安全利益。滇緬邊界不僅是西藏的重要門戶，也是緬甸溝通中國「蠻疆」的戰略通道。中英雙方都非常重視其地緣安全價值也是導致滇緬北段邊界勘劃懸而難決的重要根源。

　　光緒十八年（1892 年），曾紀澤在倫敦與英國外務大臣克雷商談緬甸問題，「英許中國稍展邊界，擬以潞江以東南掌、撣人之地。既，曾紀澤又向英外部要求八募之地，不允。英外部侍郎克蕾謂英廷已飭允中國立埠設關收稅，有另指舊八募之說，在八募東二三十里」〔註61〕。曾紀澤「與外部互書節略存卷」後，「暫停不議，旋受代回華」〔註62〕。光緒二十年（1894 年）二月，駐英公使薛福成與英國外務大臣勞思伯利就滇緬分界問題進行會談。中英簽署《續議滇緬界務商務條款》，對滇緬分界做出全面規定，成爲滇緬分界的指導性文件。道光十一年（1885 年）後，中英迅速接觸展開多輪議界會談。光緒十二年（1886 年）六月，慶親王多羅與英國使臣歐格納在北京商議滇緬分界問題並簽署《中英會議緬甸條款》，約定由中英兩國共同委派人員，勘定邊界，通商事宜需另訂章程。

　　光緒十二年（1886 年），緬甸淪陷已成事實，中緬宗藩體制下的傳統習慣線已無法適應中緬新型關係之需要。中緬分界問題開始被中英雙方提上日

〔註60〕（清）薛福成：《滇緬分界大概情形疏》（光緒十九年七月二十七日），近現代中國邊疆界務資料編委會編：《近現代中國邊疆界務資料》（一），第 15 頁。
〔註61〕趙爾巽撰：《清史稿》卷一五四，第 4543 頁。
〔註62〕趙爾巽撰：《清史稿》卷一五四，第 4543 頁。

程，成為清末中英交涉的焦點問題。駐英公使曾紀澤力主將怒江下游以東區域劃歸中國，且得到英政府允諾。清政府卻在與英國會談滇緬分界問題時堅持將保存緬甸王祀和維繫中緬朝貢關係做為首要目標，認為緬甸入貢問題未解決前不適合與英國簽署最終的分界協定。直至曾紀澤卸任駐英公使並於光緒十二年（1886 年）六月歸國前，中英未就滇緬分界問題達成任何協議。曾紀澤曾向清政府奏報建議爭取在「八募」附近展拓邊界。光緒皇帝在上諭中表示：「該大臣前有八募拓界之奏，曾交張凱嵩查覆。前據奏報，新街踞匪殲除，並無領有華人佔據八募之事，自騰越城南三百五十里至蠻允為界。由蠻允至緬甸之新街，計二百八十五里，其間一百六十五里，為野人界。向無管轄，所奏拓界一節，窒礙難行。」〔註 63〕光緒皇帝甚至不知「究竟八募坐落何地，與新街是一是二，其中有無野人間隔」〔註 64〕。可見，在英緬構兵之初，清政府對滇緬邊界具體情形的瞭解相當有限。光緒十二年（1886 年）六月，中英簽署之《中英會議緬甸條約》中亦僅有中英「共同派員勘定滇緬邊界」的隻言片語涉及滇緬分界問題。

　　光緒十五年（1888 年）初春，薛福成擔任出使英、法、意、比大臣。考慮到英國頻繁在滇緬邊境一帶展開偵查及滲透活動威脅到「蠻防」安全，薛福成主動擔綱滇緬分界交涉重任。此前，駐英、法大臣曾紀澤曾奉命與英國外交部交涉。在交涉中，英國曾對曾紀澤表示：一，不會佔領臨近滇緬邊境的緬甸地區；二，以滇緬邊境之大金沙江作為雙方通航的公用之江；三，允許清政府在大金沙江以西之八募附近設立商埠和稅關。曾紀澤鑒於自己對滇緬邊境情勢不甚瞭解表示嗣後再定。然而，光緒十二年（1886 年），英駐華公使在北京與總理衙門所簽之《中英緬甸條約》卻未將英方對曾紀澤的三點表示入列條款。薛福成認真分析卷宗後認為，英國此舉無非是想否認此前的三條表示，以為日後勘分滇緬邊界和侵入「蠻疆」腹地埋設伏筆。果若若此，「蠻疆」穩定和「蠻防」安全將遭受巨大威脅。為此，薛福成照會英外交部，要求其重申 5 年前向曾紀澤承諾之三條協議，還督促英國履行《中英緬甸條約》關於每隔十年英國駐緬甸最高長官須派員向清政府朝貢之條款。

〔註63〕《清德宗實錄》卷二一六，光緒十一年九月下，第 1034 頁。
〔註64〕《清德宗實錄》卷二一六，光緒十一年九月下，第 1034 頁。

圖 5：薛星使滇緬劃界圖〔註 65〕

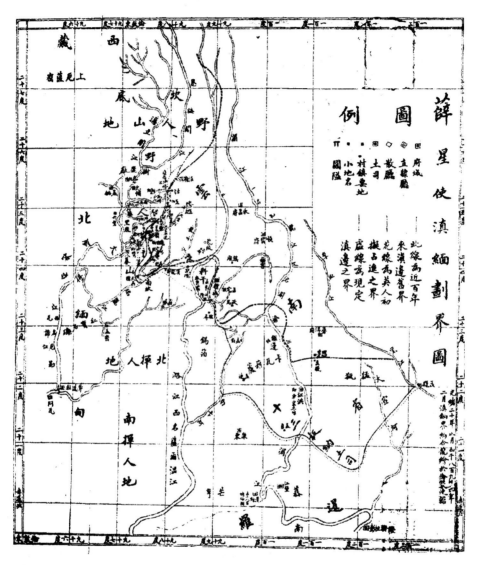

　　光緒十七年（1891 年）二月，薛福成上疏清政府建議由中方主動向英國提出展開滇緬界務及商務商談，以免英國採取強硬行動後強啟談判帶來更大侵害。薛福成上疏稱：「滇緬分界通商亟應豫為籌備，不使英國獨佔先著，以免臨時棘手」〔註 66〕。薛福成還主動要求擔任中方談判代表。對此，清政府

〔註 65〕　（清）薛福成輯：《滇緬劃界圖說》，臺北：成文出版公司，1974 年。
〔註 66〕　（清）薛福成：《滇緬分界通商事宜疏》，近現代中國邊疆界務資料編委會編：《近現代中國邊疆界務資料》（一），第 7 頁。

未予及時重視。直至光緒十八年（1892 年）初，在薛福成於奏疏中數度陳說其中利害後清政府方在批覆中表示同意。爲在中英滇緬議界談判中爭得籌碼，薛福成看到英國在緬工商業界存在與清朝通商的迫切心理，於是在跟英外交大臣的兩輪協商中堅稱，只有劃定滇緬邊界方可啓動滇緬商務談判。爲維護在緬商界利益，英國外交部改變拖延策略，同意開展議界談判。光緒十八年（1892 年）正月，英國將一份劃界備忘錄送達清政府駐英使館。該備忘錄否認三條表示，甚至將中緬分界線劃入中國國境。隨後，中英就滇緬分界問題進行了長達兩年的談判。

薛福成認爲「野人山地綿亙數千里，不在緬甸轄境之內，覆照外務部，請以大金沙江爲界，江東之境歸滇」，而「印度總督不允，出師盡達邊外之昔馬攻擊野人，以示不願分地之意。又欲藉端停商全約。一福成仍促速議。久之，英始允將久淪於緬之漢龍、天馬兩關還中國」〔註 67〕。在議界談判中，薛福成援引國際公法指出大金沙江兩岸長達數千里之野人山實際是「不緬不華」的甌脫地帶，認爲該地應以大金沙江爲界由兩國平分。

光緒十九年（1893 年），薛福成上疏稱：「請以大金沙江爲界，江東之境均歸滇屬」。〔註 68〕滇緬邊境北段大金沙江即伊洛瓦底江兩岸之野人山〔註 69〕一帶「雖不隸郡縣，數百年來，中國以不治治之」〔註 70〕，本爲滇緬之間的甌脫地帶。野人山是連接緬北重鎮八募和滇西北重鎮騰躍的必經之地，且多爲橫斷山脈，自古爲滇西北「蠻防」安全的天然屏障。此地地緣戰略價值突出，英國既已佔領，自然萬難放棄。對此，薛福成心知肚明，其提議以伊洛瓦底江爲界，顯然難以做到，卻可以此爭取讓英國在滇緬中段和南端劃界中略作讓步，即收到「力爭上游，振起全域」之效。事實證明，薛福成策略得當。在薛福成努力下，英國雖「重視野人山地，不願分割」，然「有就滇境東南讓我稍展邊境之說。據稱已與印督商定於孟定橄欖壩西南邊外，讓我

〔註 67〕 趙爾巽撰：《清史稿》卷一五四，第 4544 頁。
〔註 68〕 （清）薛福成：《滇緬分界大概情形疏》（光緒十九年七月二十七日），近現代中國邊疆界務資料編委會編：《近現代中國邊疆界務資料》（一），第 16 頁。
〔註 69〕 「野人山」又名克欽山區、枯門嶺、胡康河谷山，位居江心坡與南坎之間，方圓五六百公里，是邁立開江和親敦江上源各支流之分水嶺。因該地門巴族尚未開化，且曾有野人出沒，故名野人山。野人山在緬語中意爲「魔鬼居住的地方」。
〔註 70〕 （清）薛福成：《派營彈壓野人山地片》（光緒十九年七月二十七日），近現代中國邊疆界務資料編委會編：《近現代中國邊疆界務資料》（一），第 16 頁。

一地日科干」〔註 71〕。《清史稿》提到：「福成以英既不允我地，則英所得於我之權利亦應作廢。相持甚久，始就滇境東南商定於孟定橄欖壩西南邊外讓一地日科干，又自猛卯土司邊外包括漢龍關在內，作一直線，東抵潞江麻栗壩之對岸止，劃歸中國，約計八百英方里。又車里、孟連土司所屬鎮邊廳，係爲兩屬，亦允全讓，並野人山毗連之昔馬亦允讓。至此界務告一結束。」〔註 72〕

　　光緒二十年正月廿四（1894 年 3 月 1 日），薛福成與英國簽署《續議滇緬界務商務條款》，其「共二十條：一、二、三、四，劃定各段界線；五，中國不再索問永昌、騰越邊界外隙地，英國於北丹泥及科干照所劃邊界讓與中國，孟連、江洪之地亦歸中國，惟未定議前不得讓與他國；八，各貨物分別應稅不應稅；十、十一，分別各貨物准販運不准販運；十三，中國派領事駐仰光，英國派領事駐蠻允；十五，定交逃犯例；十七，定中英居在兩國界內相待最優例；又專條內各條款，僅用於兩國所指屬地，不能用於別處」〔註 73〕。光緒二十三年（1897 年），「英外部又以北丹尼、科干兩地原屬緬，爲前薛福成定界時誤畫入華，求索回；又請於騰越、順寧、思茅三處設領事；及緬甸現有及將來續開之鐵路接人中國；又請援照俄、法條約利益，於新疆設領事」。清政府「再三駁論，始允將新疆設埠及援照俄、法利益一節刪去；滇、緬接路一節，改爲侯中國鐵路展至緬界時彼此相接；滇界領事一節，改爲將已設之蠻允領事，改駐或順寧或騰越一處，其思茅領事，係援利益均霑之例，非英獨創；其野人山界線，改爲南坎一處作爲永租，餘侯兩國派員勘定」〔註 74〕。直至清朝滅亡，中英之間依然在滇緬北段和南端邊界劃分中存有未定界。1840 年以來的中英交涉基本以簽署不平等條約了結。在此次中英議界談判中，薛福成卻堅持國際公法迫使英國承認清政府合法主張，是清政府辦理外交以來的重要成功。對此，光緒皇帝稱讚薛福成道：「薛某辦事甚好！」

二、滇緬北段邊界爭議

　　光緒二十年（1894 年），薛福成與英國簽署《續議滇緬界務商務條款》，

〔註71〕（清）薛福成：《滇緬分界大概情形疏》（光緒十九年七月二十七日），近現代中國邊疆界務資料編委會編：《近現代中國邊疆界務資料》（一），第 17 頁。
〔註72〕趙爾巽撰：《清史稿》卷一五四，第 4544 頁。
〔註73〕趙爾巽撰：《清史稿》卷一五四，第 4545 頁。
〔註74〕趙爾巽撰：《清史稿》卷一五四，第 4545 頁。

其第四款載明「北緯二十五度三十五分之北一段，俟將來查明該處情形稍祥，兩國再定界限」，「蓋滇緬界線，當時以尖高山爲起點，向西南勘定。其尖高山以北一段，尚未勘劃」〔註75〕。光緒二十一年（1895年）夏，「中、日和議既成，法索雲南普洱橄外猛烏、烏得兩地。英使歐格訥以兩地屬緬江洪，指爲違約，欲中國將八募北野人山地，由薩伯坪起，東南到盞達，西南順南碗河折向瑞麗江，循江至猛卯，向南至工隆、八關、科干皆在內，讓歸英。不許。英忽請允西江通商，再議野人山地，許之」〔註76〕。此前，中英約定兩烏之地不得讓與他國，將之劃歸中國以留做法屬越南與英屬緬甸間的甌脱地帶。清政府將該地劃屬越南顯然違背此項約定。於是，英國要求清政府在滇緬勘界中對原有約定做出適當調整。甲午戰爭後，法、德、俄三國干涉還遼，清政府爲對法國表示感激在滇越勘界中對法適當讓步，願將車裏土司所屬之猛烏、烏得劃歸越南。然北緯25度35分以北野人山區域的相關規定仍依1894年《續議滇緬界務商務專條》舊議，未作任何改動。宣統三年（1911年），片馬事件發生後，護理四川總督王人文奏稱：

> 滇緬北段界務。斷自尖高山起，西行至恩梅開江，即恩倫卡河。又北行至之非河口，東北上扒拉大山，至山脈盡處止。此外務部原案之藍線也已失我恩梅開江以西之地無算矣。嗣又與英使擬自尖高山起，忽東北經狼牙山，北折經歪頭山張家坡至九角塘河，西上扒拉大山，至山脈盡處止。此黃線也。雖起止無殊，而東西易位矣，且忽越高良工山至山外之九角塘河，而內外殊途矣。嗣又聲明現管地方，以小江爲界。此紅線也。而小江以西，扒拉大山以東，又失地無算。然猶曰指焉而已。擬焉而已，未勘也。至革道石鴻韶竟隨已故英領事烈敦實行履勘。至九角塘河，忽又沿江轉而東行，北勘至板廠山止。此綠線也。而小江以北，板廠山以東之地盡失矣。乃烈敦更貪得無厭，自擬界線。自尖高山起，東經狼牙山，越山橫出搬瓦了口，經茨竹了口，由明光河頭上高麗貢山，直至蘭州土司所轄界止。此紫線也。已貫穿騰越、龍陵、保山、雲龍各土司轄地矣。〔註77〕

〔註75〕《宣統政紀》卷五三，宣統三年四月下，北京：中華書局，1987年，第952頁。
〔註76〕趙爾巽撰：《清史稿》卷一五四，第4545頁。
〔註77〕《宣統政紀》卷五三，宣統三年四月下，第963～964頁。

可見，在北段未定界中，中英雙方爭議的焦點在於邊界線走向，存在所謂「藍線」、「黃線」、「紅線」、「綠線」及「紫線」。實際上，以上各線，中英之間並無成約可循，只是中英在該段邊界交涉中歷史生成的勘界主張。在此情況下，滇緬北段邊界問題一直懸而未決，中英雙方圍繞邊界走向及江心坡、片馬等地歸屬問題爭議不斷。

1. 北段未定界走向爭議

光緒二十年（1894 年），薛福成簽署《續議滇緬界務商務專條》後，清政府未及時派員赴野人山一帶區域做詳細勘察，英國卻接連派遣專業人員到該區域開展多次勘察、測繪和情報搜集活動。經詳細勘察，英國提議以恩梅開江——薩爾溫江分水嶺勘分滇緬北段邊界。總理衙門對滇緬北段邊界形勢不甚瞭解，卻於本年十一月答覆稱「已於本年六月間據來文諮行雲貴總督矣」〔註78〕。英國據此認定清政府默認了如上分水嶺提議。光緒二十三四年間，「緬兵越境滋事，英使竇納樂謂，應先以恩買卡河與潞江中間之分水嶺為暫時從權之界，當因彼所指之分水嶺，在中國界內百有餘里，若從此橫截為界，則其西中國世襲土弁、茨竹、派賴等寨，收歸英屬」〔註79〕。即便英使認為「分水嶺為天然界限」，總理衙門依然堅持中英雙方應「各守現管小江邊界」〔註80〕。光緒二十六年（1900 年）初，英緬當局派官兵進入茨竹、派賴等地與當地少數民族發生衝突。清政府對此表示抗議，還對恩梅開江與潞江〔註 81〕分水嶺以西之領土主張日漸明確，建議在滇緬北段邊界未作明確勘分前以現管之小江為界。英國認為清政府此舉乃推翻前議，提醒其查閱光緒二十四年（1898年）十月對英國公使照會所做之回覆。雙方各執一詞，爭論難下，約定派員聯合勘察。

光緒三十一年（1905 年）春，英駐騰躍領事烈敦與清政府騰躍道臺石鴻召對未定界之恩梅開江下游小江流域進行為期三個月的聯合勘察。在報告中，烈敦基本認同英國政府此前關於清政府在恩梅開江——薩爾溫江分水平以西以前沒有今後也不宜擁有管轄權的觀點，認為小江流域所有村寨僅在名義上處在清政府的撫夷統治下。列敦認為應「由高黎貢大雪山順分水嶺而下，

〔註78〕外交部條約委員會：《中緬邊界交涉文件》，1957 年，第 46 頁。
〔註79〕《宣統政紀》卷五三，宣統三年四月下，第 952 頁。
〔註80〕《宣統政紀》卷五三，宣統三年四月下，第 952 頁。
〔註81〕「潞江」即怒江，其下游為薩爾溫江。

以大啞口爲界」〔註82〕，因爲恩梅開江——薩爾溫江分水嶺作爲一道天然屏障將野人山一帶的克欽族與雲南一側的漢人等民族隔開，除少數幾個村寨外所有的傈僳人和怒族人俱在雲南一側。〔註83〕烈敦還看到雲南所屬之登埂土司權利比預期中要牢固，表示「願仿照前租芒卯三角地成案。所有大啞口以外村寨地方。作爲永租。該革道則按土司治理。主以尖高山起。由磨石河源頭直上歪頭山。過之非河。經張家坡。登高良工山。抵九角塘河。順小江邊上至小江源抵板廠山爲界」〔註84〕，打算用金錢賄買登埂土司，脅迫其放棄對相關區域的管轄權。對於英國主張的恩梅開江——薩爾溫江分水嶺主張，清政府外務部「聲覆不願照允。並據滇省圖說。主以從尖高山起。過青草嶺熊家寨。過狼牙山之非河。登高良工山。抵九角塘。沿小江西岸之浪漾大山。即扒拉大山。接連他夏甲大山。爲分水嶺。甫與提商」，而英國公使蠻橫表示「中國若不允所擬各節。當令緬政府駐守該處。治理一切。無需再商」〔註85〕。

英國政府基本同意列敦報告中的看法，打算誘使清政府接受恩——薩分水嶺。光緒三十二年二月十五（1906年3月9日），英國公使薩道義與清政府外務部大臣王文韶會面時拿出一份協約草案，主張尖高山以北之界「應循伊洛瓦底江及龍江之分水嶺脊，至過龍江上流各溪，再循薩爾溫江及伊洛瓦底江之分水嶺脊，順至西藏邊界之處」〔註86〕。伊洛瓦底江上游即爲恩梅開江，此處分水嶺脊即指恩——薩分水嶺。該協約草案還指出，若清政府願放棄傳統習慣線以西權利，英政府願每年給予一定金錢補償。可見，英國對清政府在恩——薩分水嶺以西擁有權力一事心知肚明，否則不會提議金錢補償。

參與聯合調查的清政府官員石鴻召調查後也提出了自己的邊界主張，認爲自尖高山往東過狼牙山，往北直至九角塘河，逆小江而上到源頭板廠山一線，應爲中緬北段小江流域分界線。與英國恩——薩分水嶺主張相比，該線將大啞口外直到小江一帶的片馬、茨竹和甘稗地等地方劃歸中國。石鴻召線引發了清政府內部爭議。清政府外務部對石鴻召線表示不滿，認爲若以該線

〔註82〕《宣統政紀》卷五三，宣統三年四月下，第952頁。

〔註83〕 Paul Kesaris（ed）:"Confidential British Foreign Office Political Correspondenc, China"（F．Q．371），University Publications of America, 1995, p33.

〔註84〕《宣統政紀》卷五三，宣統三年四月下，第952頁。

〔註85〕《宣統政紀》卷五三，宣統三年四月下，第953頁。

〔註86〕 Paul Kesaris（ed）:"Confidential British Foreign Office Political Correspondenc, China"（F. Q. 371），p33.

第四章　1885年後「蠻疆」國界線的形成

為界，「不獨雲龍州之茶山、雪山險要俱失，且以啓外人凱覦之心」，若「扶綏懷柔」，易令歸化。對於高良工山以西，小江邊之黃鐵、罵章、茅貢等寨，石鴻韶鑒於英國曾在此查辦案件，主張讓屬緬甸。清政府外務部認為即便英國曾於此辦案，據滇省寄存的騰躍圖貼看，滇灘土司轄境原先既至此，該地俱為小江外邊地，劃歸中國完全符合英國此前「各守管小江邊界」之聲明。對烈敦提出的將恩——薩分界線拓展至藏邊的主張，清政府外務部提醒雲南官員，為維護藏邊安全必須預籌防禦策略，應向英國政府申明本次所議僅涉恩梅開江及小江流域的野人山一帶。可見，清政府外務部不僅否定了石鴻召線，還提出一條以恩梅開江至該江與小江匯流處為分界線的主張。

滇督丁振鐸得悉外務部態度後旋即修正此前主張，認為龍榜、噬嘎等地雖曾為土司屬地，然久不過問以致石鴻召以該地為蠻荒之地，棄之不損，而索還反為拖累，此議未曾考慮到英緬得此後可能進窺西藏的弊端。清政府對「蠻疆」劃界問題知之甚少，在邊地勘界問題上多採納疆臣意見，故接受了丁振鐸的折中線。光緒三十二年七月十一（1906年8月30日），清政府照會英駐華代辦，提議以丁振鐸折中線勘分中緬邊界北段未定界。〔註87〕英國對折中線主張自然難以接受。此後，清政府雖與英國多次交涉，卻一直未果。雙方各執一詞，都認為自己的主張更加合理。英國政府還為此展開多次勘察。結果表明，清政府對恩——薩分水嶺以西之少數民族村寨影響相當有限。在當時的統治模式和撫夷政策下，清政府難以對該區域形成有效統治。清政府指出明光撫夷曾對分水嶺以西之派賴、茨竹等地擁有管轄權，然當烈敦與石鴻召調查至此時，當地少數民族頭人卻稱與明光撫夷不存在隸屬關係，僅表示明光撫夷曾答應每年給予25比索和一些彈藥以換取當地少數民族頭人對其商隊過滾馬河時的安全保障，且此酬勞30年前便停止了。當地頭人還表示，此前在一些地方場合中，明光撫夷曾與之交換過禮物，該行為亦在5年前停止了。宣統元年（1909年），「英領事逐藉端干預片馬各寨案件，旋即進兵佔據片馬」。外務部隨之「與英使交涉」，要求「駐英使臣劉玉麟向英政府商令撤兵」，然「英使終執前議。謂不肯以分水嶺」為界，「斷不受商」〔註88〕。對此，清政府外務部要求「滇督李經羲籌商辦法」。李經羲認為「以現所爭執

〔註87〕 Paul Kesaris（ed）:"Confidential British Foreign Office Political Correspondenc, China"（F. Q. 371），p33.
〔註88〕 《宣統政紀》卷五三，宣統三年四月下，第953頁。

—179—

各地為一截。如磋商不成,屆時即交保和會公斷」,「以公斷為最後結果」〔註89〕。
另外,李經義認為「各國於東亞之事。恒視英國之左右為重輕。若以一彼一
此之邊界,明知不敵而重傷感情,似非保持平和之至計」〔註90〕,實際是建
議清政府在此段邊界勘劃中做出一定妥協。

2. 江心坡爭議

江心坡是指雲南高黎貢山以西恩梅開江及邁立開江合流處以北的地區,
北起西藏察隅縣,西含葡萄縣(Putao)盆地,南至緬甸克欽邦野人山與雲南
邊界尖高山以北。江心坡原來分為三部分,上部名叫江頭地,又稱卡枯戛,
中部名叫中石旦,又稱格昂卡,下部名叫下石旦,又稱盧南卡。江心坡地帶
總面積約為 27000 平方公里。江心坡爭議不等同於密支那以北的麥克馬洪線
東段〔註91〕問題。滇緬分界時,清政府認為對「江心坡」地帶主權擁有充分
的歷史依據。永樂十一年(1413 年),明成祖在「蠻疆」設置三宣六慰,控制
範圍幾乎囊括緬甸全境、泰國北部、老撾北部及印度東部毗鄰孟加拉國的地
區。此時,江心坡歸孟養軍民宣慰使司管轄。嘉靖十年(1531 年),緬甸東籲
王朝建立且統一下緬甸後開始頻次進攻明朝屬下各土司管轄區域。

清王朝曾與緬甸發生兩次大規模戰爭。一次是清初清政府曾為消滅南明
殘餘力量入緬作戰。結果,緬甸將南明永曆帝交給清軍後,李定國不久病死。
南明在緬力量瓦解後清軍即返雲南。此次戰爭的目的不在於解決滇緬邊界糾
紛,故對邊境影響不大。直至清軍於乾隆二十七年(1762 年)到乾隆三十四
年(1769 年)間四次入緬作戰。清政府一度規復孟拱、木邦、孟艮及整邁等
土司舊地。緬甸最終向清政府臣服且成為屬國。乾隆五十五年(1790 年),乾
隆皇帝八十大壽時,緬王遣使入賀,請封號。乾隆皇帝封其為「阿瓦緬甸國
王」,賜印信,還賜給木邦、孟干〔註92〕和蠻莫宣撫司印信,事實上將剛收復
的木邦、孟艮、蠻莫又送與緬甸。

〔註89〕《宣統政紀》卷五三,宣統三年四月下,第 953 頁。

〔註90〕《宣統政紀》卷五三,宣統三年四月下,第 955~956 頁。

〔註91〕清政府和民國政府一直認為滇西北領土應包括野人山即今緬甸克欽邦地區。
1914 年,麥克馬洪線出現時,緬甸為英屬印度一省,麥克馬洪線東端已進入
滇緬北段未定界範圍,自底富山口至伊索拉希山口段屬麥克馬洪線東段中滇
緬爭議範圍。所以,有觀點認為滇緬北段未定界即密支那以北的未定界問題
已涉及到麥克馬洪線東段問題。

〔註92〕即今孟艮。

　　光緒十二年（1886 年 7 月），清政府與英國簽訂《緬甸條款》被迫承認緬甸歸英國保護後，中英開始在滇緬邊境出現「共同邊界」及領土糾紛。在駐英公使曾紀澤的對英交涉中，英外交大臣克雷曾向其表示願以大金沙江為「公共之江」，中國可在八莫附近開設商埠，「設關收稅」〔註 93〕。因清政府與英國在緬甸存祀入貢問題交涉中出現僵持，曾紀澤對此三點表示僅與英外交部互書節略存卷，未做正式答允。光緒十二年（1886 年），總署大臣慶親王奕劻與英駐華公使歐格納所簽《緬甸條約》中無一字涉及滇緬邊界，僅約定「中緬邊界由兩國派員會同勘定」。曾紀澤駐英公使一職接任者劉瑞芬，任職三年間竟未就滇緬分界問題與展開任何交涉。

　　光緒十八年（1892 年）初，英外交部向總理事務衙門提出照會，要求開啟滇緬分界談判。薛福成堅決要求英方貫徹此前對曾紀澤的三點表示，發現不可能後退而力爭野人山區域。薛福成認為野人山地區東界騰越、維西兩廳邊外大雪山〔註 94〕，西界更的宛河〔註 95〕西坡之的孟力坡，南界八莫、孟拱，北界西藏米納隆南的曼諸，即現今整個緬北。到清末，江心坡地區事實上在克欽族〔註 96〕、撣族〔註 97〕和獨龍族等土著部落頭目控制下呈現孤立狀態。〔註 98〕光緒十八年（1892 年），薛福成在日記中提到：「由此入華有三道，一通西藏，一通打箭爐，一通永北廳。若淪入於英，則三省邊防疲於奔命，實為隱患」〔註 99〕。薛福成認為明時之「茶山、裏麻兩土司故地」即今之江心坡，是清代滇緬間的甌脫地帶。薛福成看到此地在 1840 年後的「蠻疆」地緣安全危機中的戰略地位日趨重要，主張「按公法云『遇不屬邦國管轄者，無論何國皆得據為己有。』此當以兵力預占，可先入為主也」〔註 100〕。

　　薛福成認為野人山一帶既為甌脫就應依國際公法由中英均分，中方至少可主張四分之一領土，即要求將伊洛瓦底江以東劃歸中國。然而，英國依然

〔註 93〕　（清）薛福成：《出使奏疏》卷下《滇緬分界大概情形疏》，臺北：文海出版社，1972 年，第 28～29 頁。
〔註 94〕　即「高黎貢山」。
〔註 95〕　即清代的「德溫江」，今稱「親敦江」。
〔註 96〕　即「景頗族」。
〔註 97〕　即「傣族」。
〔註 98〕　（清）薛福成：《出使英法義比四國日記》，長沙：嶽麓書社，1985 年，第 680 頁。
〔註 99〕　（清）薛福成：《出使英法義比四國日記》，第 681 頁。
〔註 100〕（清）薛福成：《出使英法義比四國日記》，第 682 頁。

無法接受其提議。雙方爭執良久不果，遂決定暫時擱置。薛福成在野人山劃界中曾力爭以伊洛瓦底江爲界，卻未牽涉伊洛瓦底江上游的恩梅開江與邁立開江匯合處及以北的江心坡區域。在光緒三十二年（1897 年）後中英對於尖高山以北的談判中，清政府提出以恩梅開江爲界，實際放棄了邁立開江與恩梅開江之間的江心坡地區。

光緒二十三年（1897 年）十一月，中英依約會勘滇緬邊界時，尖高山以北的江心坡一帶暫時擱置。此後該段邊界被慣稱「北段未定界」。光緒二十四年（1898 年），中英雙方勘定尖高山以南邊界時，英國對中國官員帶兵進入恩買卡河流域提出抗議，要求中方禁止人員進入恩買卡河與薩爾溫江分水嶺以西地區。清政府外交代辦官員不知「恩買卡河」即「恩梅開江」之音譯，也不知「恩買卡河和薩爾溫江之間之分水嶺」即高黎貢山，表示恩買卡河「查無其名」，未對英國照會據約駁斥，只答覆「已據來文諮行雲貴總督」。英國遂以此爲藉口堅稱清政府已默認以高黎貢山爲界。

光緒二十六年（1900 年），英軍突襲雲南境內茨竹、派賴諸村寨，致中方軍民傷亡逾百。在對英交涉中，雲貴總督魏光燾認爲：「茨竹、派賴土把總所管轄之地，向以小江爲界」。事實上，小江兩岸向屬中國國土，此時滇緬實際分界線應在恩梅開江。恩梅開江區域也從未與緬交界，緬北傳統最北端僅止於密支那。恩梅開江以西的江心坡區域爲「不緬不華」的甌脫之地，正是薛福成此前在對英交涉中力爭的野人山區域。此後，在中英多次往來照會中，清政府主張以小江爲界，英國堅持以高黎貢山爲界。光緒三十一年（1905 年），清政府遣石鴻韶會同英國人烈敦共同勘界。因石韶鴻所堪邊界對英讓步過多，清政府迫於國內輿論壓力拒絕承認。

宣統二年（1910 年），英國在發給清政府的外交照會中聲稱片馬[註101]各村寨爲「緬屬」，稱小江當地居民爲「緬民」，要求清軍撤出小江流域。宣統二年（1910 年）十一月，英軍侵佔片馬地區，引發「片馬事件」。清政府此時正忙於鎮壓武昌起義，僅飭令雲南官員「審時度勢」，以免「輕啓兵端」。此後歷屆中國政府曾就江心坡問題多次與英國交涉，英國卻一直堅持以高黎貢山爲界，然其亦承認片馬、古浪、崗房確屬中國，曾表示願以「銀錢相抵」。

〔註101〕當時包括整個小江流域。

3. 片馬事件

從中英兩國堅持各自主張的依據看，清政府對野人山僅存在理論上的統治權。此區域事實上遠離清政府統治腹心之地，控制力非常薄弱。有些地方早已脫離原屬土司管轄，僅在名義上保留了一定歷史隸屬關係。撫夷政策下相對薄弱的邊境管轄模式在國家強盛時尚可勉強維繫，1840 年後清王朝傳統的地緣政治安全格局持續惡化，邊境危機頻發，導致一些邊疆區域出現一定程度上的控制真空。此種情況恰為英國對一些區域提出領土要求提供了口實。清政府與英國各執一詞，不肯相讓，導致野人山一帶邊界長期懸而未決，成為清末中英爭議的焦點問題。中緬北段未定界的存在也成為滇緬邊防以致整個「蠻防」安全的重大威脅。清末片馬事件的發生便是一例。

宣統元年（1909 年），「奸民奸民伍嘉源等又私以保山縣登埂土司所轄之片馬五寨投英。於是英遂派兵佔據片馬。並分兵經營各寨」〔註102〕。小江河源頭村寨的少數民族頭人將訴狀呈交給英緬當局後，英緬政府將訴狀轉交至英國駐騰躍領事羅斯。訴狀稱登埂土司帶領 500 人對片馬各村寨進行襲擊、焚燒，請求「洋官領事大人」伸冤。收到訴狀，英國於宣統二年（1910 年）底派遣遠征隊對恩梅開江以東的片馬地區開展遠征，引發了曾對中英關係造成重大影響的「片馬事件」。

研究者多認為登埂土司與當地少數民族頭人的衝突為英國作出遠征決定擴大干涉提供了藉口。不可否認，登埂土司此舉確實加速了英國的行動。其實，登埂土司與當地頭人衝突這一偶然事件不過是為英國長期醞釀的政策提供了等待已久的口實。從清末中英交涉滇緬北段未定界的發展脈絡看，英國的干涉帶有一定必然性。早於光緒三十二年（1906 年），英駐華公使薩道義在提交清政府的外交照會中便曾威脅，若中國拒絕恩——薩分界線，英國將停止交涉並派遣軍隊佔領恩梅開江下游到高黎貢山之間地域。宣統三年（1911 年），英國將照會付諸行動，直接出兵佔領，以迫使清政府接受恩——薩分界線。之所以延遲佔領主要是因為英國政府對直接出兵存在爭議。倫敦認為直接佔領的時機尚不成熟，希望以外交壓力逼迫清政府接受。該狀況也與中國內政相關。從英國外務部檔案看，英國在處理滇緬邊界問題時僅將之作為一個地區問題對待，為顧全英國在華整體利益，也在盡力避免在此與清軍發生衝突。光緒三十四年（1908 年），英緬政府曾提交遠征小江流域的軍事行動計

〔註102〕《宣統政紀》卷五三，宣統三年四月下，第 964 頁。

劃。倫敦對此表示同意，卻提醒英緬當局，「在未得到進一步指示前，不要採取任何可能引發衝突的行動」。〔註103〕因天氣原因，遠征隊推遲了行動。英緬當局卻修改原定方案，打算擴大遠征規模，擬對所經村寨徵收貢物，在沿線要地構建永久性軍事哨所。英政府和印度事務部認為此舉將讓英國承擔起對該區域的永久性管理責任，構建軍警哨所將使中英關係陷入困境，進而影響英國的遠東利益，故否定了該計劃。可見，為顧全在華利益，英國更願以外交途徑解決滇緬北段未定界問題。

從英國政府內部的往來函電看，片馬事件之發生主要是因為清政府在「蠻疆」推行邊疆新政被英印、英緬當局理解為一種「前進政策」。遠征片馬不過是英國針對清政府「前進政策」採取的對應措施。面對清末「蠻疆」安全危機，清政府確實採取了一些補救措施，如推行邊疆新政、派遣官員巡視滇緬邊界爭議地區、搜集情報和敦促土司加強邊地管轄等。在此背景下，光緒三十三年（1907年）秋，雲南官員帶領一個50人的小隊出現在之非河谷。〔註104〕清末川滇邊務大臣趙爾豐為加強川滇邊務致電李經羲稱：「滇緬邊界，英執高黎貢嶺為紫線，查此山與多拉岡里嶺同一山脈，以西為桑昂曲宗，雜瑜、波密、工布等處，已收為國有，猶非甌脫之地」〔註105〕。清政府的「蠻疆」新政確實在維護「蠻疆」穩定和加強「蠻防」安全中發揮了一定作用。

在英國眼中，清政府加強「蠻防」安全的合理舉動被理解為帶有侵略性的「前進政策」。登埂土司的行為更被英國視為清政府推進「前進政策」的結果。印度總督和緬甸副總督都認為清政府的「蠻疆」新政是對印度和緬甸的安全威脅。為抵制清政府的「前進政策」，印度總督名托主張將喜馬拉雅山南麓的中印傳統習慣線推進至喜馬拉雅山脈山頂，英緬當局則主張將緬甸東北邊界延展至恩——薩分水嶺。為抵擋中國「前進」，駐華公使朱爾典不僅贊同英國遠征滇緬北段爭議地區，還宣稱：「就可行性來說，我認為現在正是英國表明對這一有爭議地區享有主權的有利時機。」〔註106〕

〔註103〕Paul Kesaris（ed）:"Confidential British Foreign Office Political Correspondenc, China"（F. Q. 371），p417.

〔註104〕Paul Kesaris（ed）:"Confidential British Foreign Office Political Correspondenc, China"（F. Q. 371），p1064.

〔註105〕吳豐培：《趙爾豐川邊奏牘》，成都：四川民族出版社，1984年，第496頁。

〔註106〕Paul Kesaris（ed）:"Confidential British Foreign Office Political Correspondenc, China"（F. Q. 371），p1086.

圖6：滇緬北段未定界圖〔註107〕

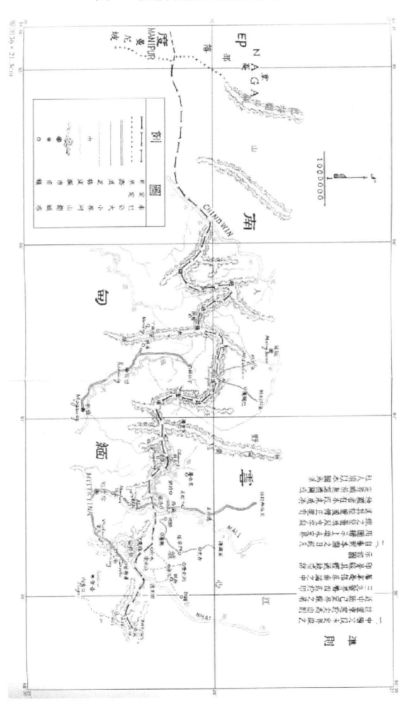

〔註107〕龍雲修；周鍾岳，趙式銘等纂：《新纂雲南通志》（一）卷七，第73頁。

　　可見，朱爾典希望利用中國內部的動盪時機出兵佔領滇緬北段爭議地區以實現永久控制。遠征隊再度因天氣原因被迫撤回後，清政府也打消了準備讓步的想法。在國內輿論要求外爭主權的壓力下，清政府對作出的有限讓步也是以英國承認中國對片馬、古浪和崗房諸地擁有主權爲前提的，而英國的永租建議則被清政府斷然否定。片馬事件發生後，雲貴總督要求積極「籌備」，稱「既力主爭議，則不能不作決裂之準備。欲作準備，不能不以國家之全力赴之」〔註108〕，還建議「博考輿圖」後「秘密」「委派能員，履行界地」，對「山脈水源蟲靁戔椿古蹟，與夫關隘厄塞，碉堡道里」進行「測繪紀載」， 還主張「聯合川邊，力爲協濟，扼要駐軍，犄角佈勢」，「節新政之耗需，購新式之利器」， 其「最要最急之策。則斷斷在乎力爭」〔註109〕，即充分利用「各國通例」及國際公約結合滇緬北段邊界並無成約的事實據理論爭。然而，直到清朝滅亡，滇緬邊界北段爭議也未得到解決。

三、滇緬南段未定界問題

　　光緒二十年（1894年），薛福成與英國新任外務大臣勞斯伯利所簽《續議滇緬界務商務專條》第三條規定：自此沿屬緬甸之瑣麥和屬雲南的孟定分界處界江前行，沿當地少數民族認同的習慣線到江登山以薩爾溫江、湄江〔註110〕和之江分流處爲界，自格林尼治東經 99 度 40 分，自北京西經 16 度 50 分、北緯 23 度，將耿馬、猛董和猛角劃歸中國；在東經 99 度 40 分、北京西經 16 度 50 分和北緯 23 度處邊界線有一高山嶺，即公明山，依山嶺向南，至格林尼治東經 99 度 30 分，北京西經 17 度，北緯 23 度 30 分，將鎮邊廳劃歸中國，沿線自山的西斜坡而下到南卡江，順南卡江而行，過一緯度中得十分路程，將孟連劃歸中國，將孟侖劃歸緬甸。此條約對滇緬南段邊界之規定，文字含混，僅以地理座標標定邊界大致走向，很多地名如分水嶺、山名和行政區劃名稱與實際名稱不符，導致該段邊界在勘分中爭議頗多。〔註111〕

　　光緒二十三年（1897 年）到光緒二十五年（1899 年），清政府與英緬當局三次派人勘察滇緬邊界，埋設界椿。其中，騰沖以北尖高山和阿瓦山區一

〔註108〕《宣統政紀》卷五三，宣統三年四月下，第 966 頁。
〔註109〕《宣統政紀》卷五三，宣統三年四月下，第 964～965 頁。
〔註110〕即瀾滄江。
〔註111〕張振鶤：《中國邊疆研究通報》二集《雲南專號》《近代史上中英滇緬邊界「南段未定界」問題》，烏魯木齊：新疆人民出版社，1998 年，第 84～85 頁。

段邊界因爭議頗大，未完成勘劃。騰沖以北尖高山一段邊界成爲滇緬北段未定界，阿瓦山區一段邊界成爲滇緬南段未定界。滇緬南段未定界主要集中在阿佤山一帶。中國領土班洪、班老便位於雲南一側的阿瓦大山中。阿佤山位於瀾滄江以西、怒江以東，地理座標在東經99度到99度30分和北緯22度到22度30分之間，屬怒山山脈南部餘脈，溫暖濕潤，物產豐饒，自古爲佤族人主要聚居地之一。中國對該地之管轄可追溯到漢代。此後，歷代王朝只要條件具備都對此地進行過有效管轄。1885年後，中國鄰邦緬甸歸英國保護，阿瓦山區亦失去昔日寧靜，被陡然捲入1840年以來的「蠻疆」地緣安全危機之中，成爲中英滇緬界務交涉中的焦點問題之一。

　　光緒二十年（1894年）中英所簽《續議滇緬界務商務專條》和光緒二十三年（1897年）所簽《續論滇緬條約附款》已對滇緬南段邊界作出明確劃分，本不存在「未定界」問題。班洪、班老作爲中國領土亦在兩個條約中得到確認。光緒二十六年（1900年），中英會勘滇緬邊界時，英使臣司格德認爲中方會勘專員所持薛使界圖之經緯度與條約不符，咬定瀾滄江附近的孔明山即爲條約約定的公明山，要求將邊界向中方一側推進100公里。雙方遂起爭執，不得不在會勘界圖上以黃、藍、紫、綠、紅「五色線」來區分難以劃定的「未定界」區域。阿瓦山區遂成爲「未定界」區域。南段未定界的存在也爲日後英國圖謀侵佔阿瓦山區中方一側的班洪、班老設下伏筆。

　　爲抵制清政府的「前進」，英國在滇緬北段未定界區域派遣遠征隊侵佔片馬、江心坡等地的同時，也曾在滇緬邊界南段未定界區域策劃侵佔屬班洪、班老和永邦的爐房一帶。爐房原爲銀礦，面積15平方公里，屬3個佤族部落共管。清初該地屬班老管轄，清末到民國屬班洪管轄。爲解決阿瓦山區爭議，中國勘界人員劉萬勝、陳燦在議界談判失敗後曾向英國勘界委員司格特（G・Scott）提出一條分界線主張。英國稱爲「劉陳線」，中國則稱爲「黃線」。司格特也曾親手繪製一副邊界地圖，附有文字說明。交給中方後，中國稱爲「司格特線」。光緒二十九年（1903年），英國駐華公使奉倫敦之命向清政府外務部發來外交聲明，指出雙方在南段未定界達成正式協議前英國將以「司格特線」爲臨時邊界線，中國官員、軍隊不准跨越此線。然而，「司格特線」與「劉陳線」（即「黃線」）之間區域是阿瓦山區的佤族部落。佤族人世代聚居，兇悍無比，英緬當局未敢擅入，使得英國的實際控制線並未推進到「司格特線」。

　　中緬邊界南端阿瓦山區的未定界直到清朝滅亡亦未予勘定。清政府在清末推行「蠻疆」新政被英國理解爲「前進政策」，對滇緬邊界未定界區域發生的任何事件，英國往往會做出迅速反應，以積極抵制中國的所謂「前進」。在此背景下，中緬邊界南段阿瓦山區的未定界問題一直存在導致邊境衝突的風險，成爲「蠻防」安全的重大威脅。即便屬於未定界且在中國實際控制下，英國在該區域的活動也從未停止。

第五章 1885年後廣西的「蠻防」建設與「蠻疆」開發

　　中法戰爭以前，廣西並非清政府設防的重點方向。在列強圍伺、危機頻發的地緣安全危機中，清政府認爲國家的安全威脅主要來自海疆、西北和東北。尤其是峰起的農民起義及日漸興起的資產階級革命被清政府視爲威脅國家安全的心腹之患，而盤踞越南的法軍雖對「蠻疆」穩定與「蠻防」安全構成威脅，卻非主要威脅。19世紀80年代後，在普法戰爭失敗造成的創巨痛深中恢復元氣的法國在茹費理上臺組閣的短暫時間內改變既往國策，決定加速推進侵略北圻及「蠻疆」的步伐，導致「蠻防」危機迅速上升爲清政府的主要安全威脅。中法戰爭以後，在清政府高層與張之洞、蘇元春等「蠻疆」大員籌劃、支持及策應下，廣西「蠻疆」開展了爲期10年左右的大規模邊防籌建活動。圍繞「蠻防」建設，廣西近代工業、交通和通訊等近代事業次第展開。到清末新政時，廣西各項近代事業得到進一步發展，其近代化開始觸及制度、文化乃至思想領域，在一定程度上優化了地緣安全危機中廣西的「蠻防」安全格局。

第一節　中法戰後廣西「蠻防」的地緣安全形勢

　　桂越邊界東起吞蒼山，西至雲南那坡各達村，沿線基本爲叢林密菁覆蓋之下人跡罕至的崇山峻嶺。清代中越間的聯繫通道主要有鎮南關、水口關、平而關等109個邊關隘卡。光緒十一年（1885年）前，在中越宗藩體制下廣

西陸路邊防長期未得重視，邊防隘卡零星散落，兵員配備數量不足，導致一些段落的邊疆防戍和邊境管理形同虛設。光緒十一年（1885 年）七月，中法戰事結束不久，看到「蠻疆」邊防面對的安全壓力，清政府命令籌劃廣西、雲南邊防，要求岑毓英、張之洞等「一切通盤籌畫，繪圖貼說，縷晰復陳，候旨定奪。」〔註1〕

早於咸豐十一年（1861 年），奕訢等聯銜上《章程六條》分析國內農民起義風起雲湧和外國列強交相侵逼形勢下的國家安全局勢，認爲英法與俄國企圖侵佔中國領土不同，其意在開通商務，屬「肢體之患」。」〔註2〕中法戰爭後，中法立即著手勘分中越邊界。隨著勘界工作的完成，中越傳統的宗藩體制宣告結束。中越宗藩關係轉變成清王朝與法屬越南之間的關係，實際等同中法關係。廣西的傳統地緣安全形勢和「蠻防」安全格局因法據越南而改變，客觀上要求清政府在廣西「蠻疆」迅速籌建近代邊防，增強廣西「蠻防」實力，推進廣西「蠻疆」邊防由宗藩體制下以邊疆管理爲主要任務的傳統狀態向以防禦法國軍事入侵爲主要內容的近代邊防轉變。張之洞、李秉衡、蘇元春等認爲「滇、桂、粵三省皆與越南接壤」，「如將諒山、高平越境悉聽法屯兵，則桂防處處可虞」〔註3〕。

中越勘界完成後，法國積極在越南一側部署兵力，構築軍事設施，對廣西「蠻疆」邊防安全構成重大威脅。梁啓超在《越南小志》中提到，法國佔領越南後設立印度支那總督，在北圻「四萬六千四百方英里」的土地上，有「南人約七百萬人，中國人約三萬三千人」，其中「羅馬教四十萬人」，駐有「法兵八千人，南兵一萬四千人」〔註4〕。爲加強對北圻控制並威懾中國「蠻疆」，法國在中法戰爭後將越南首都自順化遷至河內，還積極籌劃「河內經北寧、諒山至廣西境上關隘之文淵鐵路」。當發現紅河航道無法通行大型商船後，法國積極籌建自越南以達雲南的中越鐵路。顯然，法國在越南尤其是在北圻之經營給中國「蠻疆」帶來了空前的邊防壓力。〔註5〕對此，梁啓超痛心疾首地指出：「老開鐵路既成，雲南已爲法國之俎上肉，蓋長已矣！此後進取

〔註1〕《清德宗實錄》卷二一一，光緒十一年七月上，第978頁。
〔註2〕（清）賈禎等編：《咸豐朝籌辦夷務始末》卷七一《奕訢桂良文祥奏統計全域酌擬章程六條呈覽請議遵行摺》，北京：中華書局，1979年，第2675頁。
〔註3〕（清）張之洞：《張之洞全集》（第三冊）《代李護院致總署》，第1925頁。
〔註4〕梁啓超：《飲冰室專集》（十八）《越南小志》，第9頁。
〔註5〕梁啓超：《飲冰室專集》（十八）《越南小志》，第11頁。

以圖中原，封豕長蛇之勢，且未有艾。我國及今不圖，數年之後，羽翼已就，橫絕四海，則我捨束手待斃之外，更何冀哉？」〔註6〕

　　爲鞏固「蠻防」安全，清政府著手加強「蠻疆」邊防建設，在中越邊境線內側增強、調整軍力部署，修築軍事防禦設施。兩廣總督張之洞鑒於桂越邊界設防薄弱、兵力不足的情形，向清政府提出籌改廣西邊防的三條建議：首先，張之洞主張在中越沿邊地區屯兵設防，因爲中越沿邊山高林密、關隘眾多，僅靠土司、土兵難以固守漫長的邊防線，必須調集官軍駐防。在中越沿邊 109 個關隘中，以鎮南關最爲重要，尤須對該地重兵戍守。張之洞還建議將中越邊防分成東、中、西三路，以百侖隘至剝機隘爲東路，以鎮南關到關前隘做中路，以平而、水口、布局、更花、頻峒、隴邦、平孟、峒隆、剝念到怕懷一線關隘爲西路。在各關隘屯兵設防，編練防軍二十四營，以其中四營防東路，以十二營防中路，以八營防西路；其次，張之洞認爲應在中越邊境沿邊要地及險要之處構築軍事設施，修築永久及臨時防禦工事，增設、安裝新式炮臺，派遣各關隘防兵防守，無事時管轄各自轄區，有事則隨時抽調增援，形成合力；再次，張之洞還建議構建邊防軍事指揮機關，派遣朝中經驗豐富的得力干將親臨沿邊擔任指揮官，將廣西提督自柳州移駐龍州。可以說，張之洞關於籌改廣西邊防的三條建議措置得當，體系完整，構畫了 1885 年後廣西邊防建設的基本藍圖。爲保證三條建議得以切實貫徹，張之洞推薦熟悉廣西邊務且頗具邊防才幹的蘇元春擔任廣西提督，負責廣西邊防籌建具體事宜。

　　清政府此時依然視境外遊匪、境內會黨及農民起義爲「蠻防」安全的重要威脅，然要求訓練精兵、淘汰無用兵員、充實邊防隘卡等主張已具有防禦對面法國軍事入侵的近代邊防內涵。在清政府「蠻防」籌建總方針指導下，張之洞提出籌改「蠻疆」邊防的三條具體建議。隨後，廣西提督蘇元春和雲貴總督岑毓英親自到邊境踏勘且經反覆商議，最終形成了 1885 年後廣西「蠻疆」邊防建設的具體方案。這說明，「蠻疆」邊防面對中法戰後地緣安全壓力仍具有防範境邊匪患等傳統管理性質，然爲保證國家安全而防禦對方軍事入侵的近代邊防屬性亦在加強。

〔註6〕梁啓超：《飲冰室專集》（十八）《越南小志》，第 14 頁。

第二節　中法戰爭後廣西的陸路邊防建設

　　光緒十一年（1885 年）八月，蘇元春鑒於「沿邊千數百里隘卡紛歧，外通越南諒山、高平、太原、宣光等省，實屬防不勝防」之情形，著手推進邊防建設，以應對法國帶來的地緣安全壓力。近代邊防兼具邊疆防禦、邊疆管理、邊務交涉等多重職能，而傳統邊防側重防禁私越、稽捕逃亡、打擊走私等管理職能。蘇元春在廣西「蠻疆」邊防籌建中立足傳統邊防不足，納入防禦法國入侵的新機能，逐漸形成「嚴鎖鑰以扼要衝，築炮臺以備戰守，通水利以利交通，聚民商以實邊疆」的「蠻防」籌建方案，有力推進了廣西「蠻防」的近代化進程，增強了防禦法國入侵的邊防實力。1885 年後，蘇元春主導的廣西「蠻疆」邊防建設主要包括如下幾個方面：

　　一是重修鎮南關，修建大小連城，構築立體化防禦網絡，提升廣西邊防的軍事指揮及後勤保障能力。蘇元春看到建於明朝的鎮南關是廣西「蠻疆」邊防的傳統象徵，地理位置重要，卻非近代邊防的理想陣地，象徵意義大於實際價值。中法戰爭期間，法軍一度佔領並焚毀了鎮南關關城，還豎起「廣西門戶已不復存在」的木牌，激起清軍的巨大義憤。蘇元春立即主持修復中法戰爭期間損毀嚴重的鎮南關，還以關城為核心在右輔山壋築鎮南、鎮北與鎮中三座炮臺，在白雲山、大小青山、鳳尾山與伏波山分別修築炮臺，將鎮南關打造成一座遙相呼應、火力交叉、壁壘森嚴的近代化軍事要塞。蘇元春又將龍州、寧明、大新、崇左和南寧的必經要地大連城修築為邊防一線的軍事指揮及訓練保障中心，在龍州城外 5 公里之遙的將山修築邊防指揮中心小連城，為有「三關鎖鑰」之稱且已闢為商埠的龍州修建城垣，形成以鎮南關為前沿關卡、以大小連城連結東西、控扼鎮南、平而和水口三關的軍事指揮和保障訓練中心和以邊防炮臺為兩翼防禦要點、以龍州為後方保障基地的近代化邊防體系。

　　保障邊防巡查及物資運輸通道安全是近代邊防籌建的重要內容。廣西邊境多崇山峻嶺，叢林密佈，山澗縱橫，夏季多暴雨山洪，保證物資運輸通道安全暢通不僅困難，而且重要。蘇元春立足廣西邊防各路炮臺、碉臺及營房的布局形勢，構建以龍州為中心的後方物資交通網絡，形成以龍州為樞紐，通達靖西縣、那坡縣的西路幹線、溝通寧明的東路幹線、連接鎮南關的南幹線、接通太平府和南寧的北幹線及到達各炮臺群、邊防隘卡的眾多支線，形成以太平府、南寧為戰略後方，以龍州為前方補給中心，東西互聯，南北貫

通，支線密佈的邊防交通運輸網絡體系，極大提升了廣西邊防的物資運輸及後勤保障能力。

二是重視炮臺作用，積極修建炮臺等邊防設施，加強要點防禦。炮臺不僅是清代海防最爲倚重的軍事設施，也是1885年後廣西「蠻防」建設的重中之重。在1885年以前的傳統「蠻防」體系中，清政府不甚重視炮臺作用，僅在鎮南關等少數重點關卡佈設炮臺，不僅數量少，密度不足，年久失修，且炮臺設施落後，火力不強。尤其是炮臺選址不盡合理，難以形成有效的交叉封鎖火力。在中法戰爭後的廣西「蠻防」籌建討論中，張之洞在三條建議中確定了「以炮臺支撐邊防」的基本方針，認爲「桂邊通商，龍州鎖鑰，必有炮臺。桂從無洋炮，守無可恃」，今必須「擇要依山，分築臺壘，可資守禦」〔註7〕。光緒十七年（1891年），廣西巡撫馬丕瑤會同廣西提督蘇元春查勘廣西邊防形勢後連同新任兩廣總督李瀚章一致認爲：「廣西邊防一千七百餘里，處處緊連越壤，三關百隘，防不勝防，全賴扼險憑高，多置炮臺。」〔註8〕爲此，蘇元春將邊防炮臺建設視爲廣西「蠻疆」邊防籌建的骨幹工程，且對廣西「蠻疆」邊防炮臺制定具體規劃：「路寬者築臺安炮，路窄者設卡開蒙，甚僻者掘斷禁阻，戍守預選地營」〔註9〕。

據統計，截至光緒二十二年（1896年），廣西各路邊防共計安設大炮臺34座、中炮臺48座、碉臺83座，安設各種近代火炮119門，初步形成了「工料堅實，遠近形勢相聯，大小高下得法，規模大備，戰守有資」的炮臺守禦體系〔註10〕。蘇元春在廣西邊防炮臺建設中還頗重章法。1885年後，蘇元春主持修建的廣西邊防炮臺一般以大石砌成，於臺外圈築石城，在炮臺內部設置彈藥庫、兵房，各炮臺、炮位間還有塹壕相通。炮臺、炮位構成諸多炮臺群，一個或數個炮臺群又形成諸多守禦嚴密的軍事要塞，由各軍事要塞互聯溝通形成以炮臺爲中心、體系完備、防禦嚴密的炮臺要塞防線。

毫無疑問，蘇元春主持的廣西邊防炮臺建設應當屬於近代邊防軍事體系。然而，近代軍事理論當時雖初步傳入中國，影響卻相對有限。蘇元春等

〔註7〕 （清）張之洞：《張之洞全集》（第三冊）《致總署》，第1951頁。

〔註8〕 （清）馬丕瑤：《馬中丞遺集‧奏稿》卷三，光緒二十四年（1898年）刻本，第2頁。

〔註9〕 （清）蘇元春：《改造廣西邊防奏疏》，參見蕭德浩，蔡中武著：《蘇元春評傳》，南寧：廣西人民出版社，1990年，第63頁。

〔註10〕 （清）譚鍾麟：《譚文勤公奏稿》卷十八，宣統三年（1911年）刻本，第29頁。

邊防軍事將領即便受到一定影響，其認識水平相對不高。從近代軍事防禦理論看，蘇元春主持的近代廣西邊防籌建固然存在一定不足，且在炮臺修築中表現明顯。如蘇元春主持修建的廣西邊防各路炮臺普遍位居山巔，擁有較大射擊死角，難以形成嚴密的交叉性防禦火力網。尤其是炮臺多爲明臺，大炮及輔助設施不得不經受桂南熱帶、亞熱帶季風氣候中炎熱天氣及暴風驟雨的常年洗禮，導致一些鐵質或鋼製器件容易出現磨損、銹蝕。另外，若遇戰事，戰士須在明臺上完成彈藥搬運、填充及射擊等任務，容易遭到對方的火力損傷，造成戰鬥減員和軍事裝備戰損。若遇暴雨、驟風、高溫等極端天氣，戰士將因難以承受惡劣的作戰環境而影響作戰效能的發揮。

除籌建鎮南關炮臺要塞群外，蘇元春還主持修建了大小連城及龍州三個邊防要塞炮臺群。大連城由周圍山上的系列炮臺及山凹中之演兵場、兵房、彈藥庫、機械修理廠和碾米廠等設施構成，小連城由附近山頭炮臺及山下指揮所、糧庫等構成。大小連城相距僅 5 公里，可互通聲氣，相互支持。遇戰事，大小連城可起到控扼要道、指揮全盤及馳援前線的作用。蘇元春還在龍州主持新築分設 8 座城門、長達 5 公里的堅固城垣，雖未超越城垣防守的傳統思路，卻改變了龍州作爲中法戰爭中重要的後方物資補給基地長期無任何防禦設施的狀況。

三是順應桂越勘界後「蠻疆」地緣安全形勢變化，加強和調整廣西邊防各路兵力部署及邊境管理。清政府傳統的國家安全觀向來重北輕南。在宗藩體制下，清政府「蠻疆」及「蠻防」的兵力配置相對有限，且隨八旗、綠營兵制漸趨弛廢，廣西邊防早已存在兵員數量不足、戰鬥力低下問題，導致傳統邊防與新興地緣安全壓力之間的矛盾越發突出。1840 年以來，清政府面對的國家安全威脅不僅來自北方及海上，隨著法、英兩國加速侵略越、緬等屬國，來自「蠻疆」方向的安全壓力與日俱增。1885 年後，張之洞、李秉衡及蘇元春等對廣西邊防兵員不足、形同虛設的實際情況進行過多次磋商，基本確定分路佈防的兵力配屬原則，即以鎮南關爲中心分東、中、西三路設防。

中法戰爭結束後，依張之洞建議，清政府在廣西邊防一線共抽調集結 24 營防兵。清代軍事建制中一營兵力約在 450 到 500 人之間，24 營兵力之數量約爲 10800 到 12000 人。可見，清政府爲應對法據越南帶來的地緣安全危機在防禦法國入侵的廣西邊防一線投入了巨大兵力。廣西邊防空虛的狀況雖難得根本扭轉，卻得以極大改觀。爲優化廣西邊防各路兵力部署，蘇元春接受

張之洞建議，以鎮南關關口、關內之關前隘及憑祥一帶為中路，將廣西邊防24營兵力之12營安紮在此，以重兵集結形成重點防禦。以鎮南關以東油隘、羅隘、愛店隘、百侖隘和剝機隘為東路邊防，以防兵 4 營駐防。以鎮南關以西平而關、水口關、布局隘、龍邦隘、平猛隘和百懷大隘為西路邊防，以防兵 8 營駐防。自廣西邊防三路的兵力配備看，以鎮南關為中心的中路邊防因地勢險要且直面對方諒山等軍事要地需重兵設防，以對北圻的平原三角洲乃至河內形成有效威懾。為此，清政府將廣西邊防24營中的一半兵力即12營約5400到6000人佈防於此。

另外，加強邊疆管理也是蘇元春廣西邊防籌建活動的重要內容。隨著滇越邊界勘界立碑工作的完成，中越宗藩關係下不甚清晰的傳統習慣線轉變為非常明晰的近代國境線。1840 年後，不獨昔日宗主國中國的民族國家意識開始覺醒，曾經的屬國越南也在法國主導下形成擁有明確管轄邊界的政治實體，彼此間領土界線及國家利益觀念顯著增強。中法雙方在滇越邊界勘劃中對爭議領土毫釐必爭便是明證。在此背景下，加強邊境管理，防止邊境匪患等越界侵擾造成涉外糾紛，構建邊境涉外事件的交涉機制，成為廣西邊防建設的重要內容。光緒二十二年（1896年），蘇元春依中法所簽之《中越邊界會巡章程》在崎馬隘、鎮南關、平而關、布局隘、水口關、裏板隘、平猛隘和龍邦隘設立 8 處對汛所，並於龍州水口關設置對汛督辦公署。光緒二十三年（1897 年），蘇元春又在九特隘、那坡、邱匡和苛村設立4處對汛所，構建了由中法兩國共同參與的中越邊境對汛機制。在蘇元春的籌劃建設下，廣西邊防依託邊防要塞、炮臺群和對汛守兵駐防形成了一個擁有重點防禦指向、一定防禦縱深和合理防禦層次的系統化防禦體系，極大改善了中法戰爭以前桂越邊防的空虛狀況。

四是開展屯墾，招攬移民，發展邊貿，繁榮邊疆經濟，穩定邊境秩序。「蠻疆」邊防安全離不開穩定的「蠻疆」社會環境，邊防建設也離不開物資保障。桂越邊境自古「人跡罕至，食息荒涼」〔註11〕，邊防物資供給能力有限，在清代的交通運輸條件下僅靠外部物資供應難以保障戍邊將士日常所需。如此一來，廣西邊防的物資供應更加繁重。僅靠西江水道及附近湖南、雲南、四川及貴州等省的水路輸運，既難保證長期的有效供給，更難應付戰時大宗物

〔註11〕廣西通志館藏：《創修邑耀灘記碑文》，參見蕭德浩，蔡中武：《蘇元春評傳》，南寧：廣西人民出版社，1990年，第76頁。

資的迅速供給。故而,對於桂越邊防來說,保障物資供應的根本之計在於自力更生,即推行移民墾殖,開展衛戍屯墾,發展地方經濟,充裕邊防財力,穩定將士軍心。廣西提督蘇元春認為要給戍邊將士提供一個穩定宜居的環境並提高清軍的邊境控制能力必須繁榮「蠻疆」經濟。蘇元春鑒於廣西「蠻疆」人跡稀少、勞動力匱乏之狀況,一方面鼓勵戍邊將士家屬隨遷邊境附近居住,撥給田宅,給以妥善安置,另一方面招攬欽州、廉州及玉林等地無地少地的鄉村百姓移民實邊,並撥款解決邊民住宅問題,借貸給移民耕牛、種糧等生產資料。

為進一步盤活「蠻疆」經濟,蘇元春還充分利用桂越邊境比鄰越南的區位優勢,鼓勵發展邊境貿易,如開闢從事「蠻疆」商業貿易的專門場所——圩場。另外,八角是生產茴香油的重要原材料。廣西「蠻疆」的地形特點、土壤條件及氣候環境非常適宜八角生長,故八角一直是廣西「蠻疆」重要的大宗商貿物資,不僅行銷國內,還頗受國際市場歡迎。為推進八角貿易,蘇元春成立專門管理八角貿易的八角保衛局。此外,蘇元春還在廣西「蠻疆」籌建煤礦,對繁榮邊疆經濟助益頗大。在蘇元春經營下,桂越邊境面貌煥然一新,在「蠻防」安全、「蠻疆」管理與「蠻疆」開發的良性互動中將桂越邊防推進到一個全新的安全層次。廣西「蠻疆」昔日人煙稀少的崇山密林間開始出現一座座「煙戶相望」的村莊和「商賈輻輳、居然城市」的「圩鎮」。

在繁榮「蠻疆」經濟的同時,蘇元春還非常重視維護「蠻疆」秩序穩定。1840 年以來,桂越邊境匪患長期存在,咸豐初年曾大力清剿,旋因太平軍興起而再度惡化。中法戰爭以後,因清政府裁軍不當,大量被裁兵丁就地為匪,導致匪患猖獗,成為「蠻疆」秩序穩定的重大威脅。同時,法國佔據北圻後長期立足未穩,控制能力薄弱,北圻亦成為匪患滋生的溫床。打擊邊境匪患,防範越境滋亂是維護「蠻疆」穩定並防止涉外糾紛發生的重要內容。光緒二十年(1894 年),越南土匪農文英等越境流竄到歸順州並搶劫百姓,蘇元春將之擒獲後繩之以法。光緒二十一年(1895 年),越南芒街法籍稅務官李約得攜同妻女遭土匪劫持並被裹挾至桂境所轄之十萬大山之中藏匿。蘇元春應法越當局請求及時施以救援,有效化解了這起邊境事件。在諸多邊境事件處置中,蘇元春基本能做到措施合宜,既能充分顧及邊民利益,且能合理顧及國家尊嚴。在蘇元春主政廣西籌建邊防的十幾年中,「蠻疆」邊境軍民關係融洽,社會秩序井然,「蠻防」建設次第開展,桂越邊防安全形勢得以有效加強。

　　蘇元春主持廣西邊務多年，貢獻頗多卻晚景淒涼。光緒二十九年（1903年），廣西巡撫王之春上奏彈劾蘇元春，指其籌邊十年，號稱顯著卻徒具虛名，桂防「營不足額，勇多烏合，通匪濟匪，弊難數舉」〔註12〕。負責查辦蘇元春貪腐案的兩廣總督岑春煊也認為蘇元春「縱匪秧民」，「不斬蘇元春何以嚴武備圖富強」。清政府最終以「縱兵殃民，缺額扣餉」罪名將蘇元春充軍新疆。〔註13〕光緒三十四年（1908年），清政府依兩廣總督張人駿覆查奏報許蘇元春歸鄉。當時為蘇元春案洗白辯冤的文章也大量見諸報端。不論蘇元春貪腐案冤實真假，此案之發生卻對清末廣西「蠻防」建設造成了巨大影響。在蘇元春經營籌劃下，廣西邊防面貌煥然一新。此案發生後，廣西邊防建設隨即陷入停滯。

第三節　中法戰爭後廣西的「蠻疆」開發

　　邊防建設是涉及政治、經濟和文化等各領域的綜合工程，既需中央政府在國防規劃下以國家實力提供堅強後盾，也需地方形成政治秩序穩定、社會經濟發展及文化事業進步的社會環境。「蠻防」建設是廣西近代化進程的一部分，離不開與廣西其他近代事業發展的良性互動。1840年後，廣西雖為邊疆省份卻在國家地緣安全危機中屬較早受到外部衝擊的地區。廣西的近代化同樣經歷了由器物到制度、精神及文化層面的發展過程。光緒十一年（1886年）十二月，翰林院編修鍾德祥鑒於中法戰爭後「廣西與越南接壤，法人逼處北圻，在在均須防範。遊勇匪徒所在多有，深恐內外交訌，辦理費手」的地緣安全局勢，向清政府上奏建議「舉辦團練，以資鎮壓。該省煤礦等礦甚多，均應採辦，以開財源而利器用」〔註14〕。清政府在上諭中稱：「舉行團練，事同創始。開辦礦務，資本需籌。均應詳慎圖維，切實規劃。著張之洞、李秉衡體察該省情形，悉心妥議。」〔註15〕可見，中法戰爭後的廣西不僅面對「以強為鄰」的邊防安全壓力，而且需要充裕「蠻防」建設之財源。1885年後，圍繞「蠻防」建設，廣西近代工業、交通和通訊等近代事業次第展開。到清

〔註12〕庾裕良等編：《廣西會黨資料彙編》（光緒二十九年三月初一日）《廣西巡撫王之春劾蘇元春剿匪不力電》，南寧：廣西人民出版社，1989年，第430頁。
〔註13〕《清德宗實錄》卷五一八，光緒二十九年六月，第840頁。
〔註14〕《清德宗實錄》卷二二二，光緒十一年十二月上，第1099頁。
〔註15〕《清德宗實錄》卷二二二，光緒十一年十二月上，第1099頁。

末新政時，廣西各項近代事業得到進一步發展，開始觸及制度、文化乃至思想領域，在一定程度上優化了廣西的「蠻防」安全格局。

1840年到19世紀60年代是廣西近代化的醞釀階段。此時廣西作爲沿海省份沒有開關對外通商口岸。西方商品經廣州可由西江水道運抵廣西腹地。隨著對外貿易規模的擴大和外貿商品種類的豐富，廣西經濟社會發展也在緩慢發生著不少變化。1885年以前，外國商品在廣西銷售數量依然有限。廣西對西方衝擊的反應相對遲緩，對西方近代事物的認識尚不夠深刻。中法戰爭帶來的地緣安全形勢巨變使廣西加強「蠻防」建設並推進「蠻疆」開發成爲不可迴避的重要問題。廣西圍繞邊防籌建開始推進各項近代事業發展，將「蠻疆」開發推進到一個新層次。

一、桂南邊防與龍州近代化發展的良性互動

龍州是「蠻疆」邊防重鎮，具有重要的「蠻防」安全價值。該地向爲安南、暹羅、占城等國入貢必經之地，其境內之鎮南、平而和水口三關是桂越貿易的主要關口。其中，鎮南關是清政府給越南規定的入貢必經關口。1885年以前，龍州雖已成長爲桂南經濟中心，卻未踏入近代化門檻。中法戰爭期間，龍州在「蠻疆」邊防安全中的地緣價值進一步凸顯，成爲清軍的駐防要塞和後勤保障中心。光緒十一年四月廿七（1885年6月9日），中法所簽之《中法越南條約》規定：「通商所除在中國邊界者，應指定兩處，一在保勝以上，一在諒山以北」〔註16〕，即開關雲南蒙自和廣西龍州爲商埠。1885年，廣西提督衙門移駐龍州。翌年，清政府設龍州道員，允設法國領事館，以廣西提督兼任邊防督辦。龍州的「蠻防」地緣安全價值進一步上升。光緒二十五年五月十三（1889年6月11日），清政府依約開設龍州海關，於鎮南、平而、水口三關設置分關。龍州遂成爲1840年後廣西第一個開埠城市。

龍州的近代開發因地緣位置特殊而具有重要的「蠻防」價值，呈現出「蠻防」安全、商貿拓展與城市發展的互動特點。爲優化龍州的地緣安全格局，蘇元春決定增關龍州新城。經蘇元春、李秉衡及地方士紳反覆商議，新城選址在廣源河東側的龍州北岸。龍州新城以磚石砌石灰爲牆，耗銀8萬兩，用時4年，周長5公里，有東、西、南、北4座大成門及4座水閘門，「有城無

〔註16〕中國史學會編：《中國近代史料叢刊・中法戰爭》（第七冊），第423頁。

壕溝」〔註17〕。光緒二十六年（1890年），廣西巡撫馬丕瑤奏稱：「龍州建造城垣工竣，業經派員驗收，下部知之。」〔註18〕光緒十八年（1892年），廣西邊防炮臺二期工程開啓，蘇元春視龍州爲「蠻疆」堂奧，決定選址龍州城北5公里處將山建築小連城，亦稱小壘城，將邊防督辦大本營駐防於此。小連城居高臨下，扼防龍州，是能有效控馭鎮南、平而及水口三關的水路要衝。

　　新城及城防工事的籌建爲龍州開發提供了可靠的「蠻防」安全保障。龍州各項近代事業在此基礎上迅速展開。光緒十年（1884年），清政府在龍州鎮馱廟街北帝廟設立廣西第一座電報局——龍州電報局。光緒十五年（1889年），清政府依約批准法國在龍州開設領事館。同年，在蘇元春親自籌辦下，廣西有史以來第一所使用近代機械製造、修理槍炮的製造局投產。光緒三十年（1904年），莊蘊寬在龍州開辦的將弁學校是廣西第一所近代軍官學校。光緒三十三年（1907年），廣西邊防法政學堂即廣西第一所政法專科學校在龍州成立。翌年，廣西巡撫張銘岐在龍州鎮南標營成立陸軍講武堂。此爲廣西最早的陸軍學校。另外，廣西全邊對汛公署還在龍州開辦了廣西第一所以培養外事翻譯人才爲主的外語學校——廣西邊務學校。可見，龍州的近代化進程具有顯著的「蠻疆」邊防背景。龍州作爲近代廣西第一個對外商埠，不僅成爲廣西最早接受近代氣息薰陶的城市，且因「蠻防」安全價值重要而成爲一座具有邊防特色的邊疆商貿重鎮。在諸多近代事業上，龍州都開了廣西乃至「蠻疆」諸省之先，尤其是其近代高等教育發展大多圍繞培養邊防、外事人才展開。龍州因之成爲我國「蠻防」邊防人才的培養中心。

　　龍州開埠及其「蠻防」價值的提升也爲其經濟開發提供了機遇。龍州成爲商埠後，不僅「法國貨跟著來了」〔註19〕，英日商貨也「塞滿了龍州市揚」〔註20〕。據統計，光緒三十四年（1908年）龍州海關進口洋貨全由東京〔註21〕運來，洋紗進口量多達936萬擔，而光緒三十二年（1906年）時洋紗進口量僅爲570萬擔〔註22〕。數量漲幅之大，可見一斑。另外，龍州海關進口之洋

〔註17〕　中國史學會編：《中國近代史料叢刊・中法戰爭》（第六冊），第626～627頁。
〔註18〕　《清德宗實錄》卷二八零，光緒十六年二月，第741頁。
〔註19〕　廣西通志館：《中法戰爭調查資料實錄》，南寧：廣西人民出版社，1982年，第308～309頁。
〔註20〕　廣西通志館：《廣西通志・外貿經志》，第18頁。
〔註21〕　此時中國習慣稱越南河內爲「東京」。
〔註22〕　廣西通志館：《中法戰爭調查資料實錄》，第11頁。

布多半是英國貨和日本貨。因洋布比土布便宜，到光緒二十年（1894 年）左右，洋布數量超過土布。城鄉民眾穿洋布成為風氣。大量西方工業品湧入不僅改變了桂越邊貿「不過布帛米鹽」的傳統結構，推動了龍州乃至廣西民眾消費結構之轉變，且對當地手工業尤其是土布生產造成巨大衝擊。除外國貨物經邊貿口岸大量進入龍州外，「自清光緒中葉，中法戰爭，大軍雲集，粵東商賈銜尾而來，及條約締結，闢龍州為通商口岸，粵商遂爭相投資，始成巨埠」。為繁榮「蠻疆」經濟，光緒十五年（1889 年）龍州開埠時，清政府為龍州海關設定了 3% 的全國最低關稅稅率，吸引大批粵商來龍從事邊貿。蘇元春擔任廣西提督時為提振「蠻疆」經濟，鞏固「蠻防」安全，在大量興建邊防軍事設施的同時，還在龍州一帶廣設圩場，活躍工商貿易。如在防邊駐軍營盤附近由政府出資建設市場及店鋪，免費租借或借貸給邊民從事商業貿易，由此招攬大批粵東商民前來經營。據統計，粵東商民僅在大連城內便「開設了三條街，有六間蘇杭鋪，一間魷跋魚蝦米的海味店」〔註 23〕。數年間，大連城成為一座「煙火萬家，有內地熙攘氣氛」〔註 24〕的邊防城鎮。

1885 年後，在「蠻防」建設及「蠻疆」開發推動下，龍州迅速成長為清末桂越邊境最為重要的進出口貿易中心。據《廣西通志・外貿經志》載，自光緒十五年（1889 年）至宣統三年（1911 年），龍州海關進出口額略有波動，除光緒二十一年（1895 年）出超 8352 海關兩 H・K 和宣統二年（1910 年）出超 331388 海關兩 H・K 外，其餘年份均為入超，且入超額度呈逐年下降之勢。如光緒二十七年（1901 年）入超 149436 海關兩 H・K，宣統元年（1909 年）入超 68616 海關兩 H・K，宣統三年（1911 年）入超額度降至 52660 海關兩 H・K。自光緒十五年（1889 年）龍州開埠到宣統三年清王朝覆滅的 23 年間，經龍州海關出口之土貨價值總額為 1454113 海關兩 H・K，洋貨進口總額為 2558681 海關兩 H・K，共計入超 1104568 海關兩 H・K。

隨著「蠻防」戰略地位的提升和邊貿中心地位的奠定，龍州的交通運輸條件也得到極大改善。在前述以龍州為中心的北路、東路、西路和南路等交通乾道及通達各邊防關卡的交通支道構成城鄉交通網絡的同時，在海外交通上經香港、海防、南山、龍州、南寧、梧州再到香港可溝通國外的環形交通線也初具雛形。以龍州為中心經香港中轉可輻射越南北圻及桂西南的世界市

〔註23〕廣西通志館：《中法戰爭調查資料實錄》，第 359 頁。
〔註24〕見今憑祥大連城之《白玉洞碑文》。

場體系基本形成。交通及貿易網絡的完善不僅提升了龍州的「蠻防」價值和邊防實力，還使之迅即成為「蠻疆」的貿易中心。桂越沿邊及左江流域的思樂、寧明、明江、雷平、上思、靖西、德保和鎮邊（即那坡縣）等縣農產品經龍州關匯總後大批出口。光緒十五年（1889 年）至宣統三年（1911 年）間，龍州海關的商品出口結構變化不大，出口規模卻迅速增長。從龍州海關的出口貿易規模發展趨勢來看，自光緒十五年的 12571 海關兩 H・K 到宣統三年的 257196 海關兩 H・K，23 年間增長近 20 倍。〔註 25〕可見，龍州開埠後不僅成為外國商品進入「蠻疆」腹地的進口貿易中心，且成為廣西「蠻疆」土貨重要的出口貿易口岸。

另外，地居左江上游的龍州水路交通向屬發達，能經左江通航域外。左江是珠江水系的重要支流，也是珠江流域唯一的國際航道。左江源於越南，上游為水口河、平而河、明江和黑水河，流域覆蓋扶綏、江州、龍州、寧明、大新、憑祥、天等、上思、靖西和那坡等廣西轄境十幾個縣市，並與越北高平省、諒山省連為一體，下游與右江匯合後匯入鬱江。經左江航道上溯水口河可進入越南高平等地，經平而河道可達諒山等地，經左江下游航道可由西江航道到達貴港、梧州、廣州、珠海、深圳、香港及澳門等地。龍州地處左江上游，可通過左江航道及其他水道與越北、桂南及南粵溝通。

龍州自古為廣西「蠻疆」重要的航道節點，境內左江航道開關較早。秦始皇三十四年（公元前 213 年），秦朝便開關了由湖南零陵經廣西灕江、潯江、鬱江和左江經龍州以達越南的水路航道。從現代水運角度看，左江航道因水流湍急、航道狹窄等因素難以適應大型商船過往，然清末蒸汽動力船隻數量少、噸位小，帆船依然是左江航道最為重要的通航工具，故左江航道及龍州附近大小水路航道的經濟和邊防價值依然突出。廣東檔案館館藏龍州海關資料顯示，民國初年龍州口岸尚有幾十艘船隻常年往返於諒山、高平、海防、河內、南寧、龍州、廣州和香港之間。〔註 26〕經上述口岸，龍州及桂南「蠻疆」出產的各類土貨可運銷世界，西方工業品也可經該航道運銷「蠻疆」大小鄉村。經左江及珠江航道，以龍州為中心的桂南「蠻疆」可相對便捷地參與世界性經濟循環，有力推進了桂南「蠻疆」的對外開放進程。

〔註 25〕　石維有，韋福安：《中法戰爭與龍州城近代化的開啓》，《玉林師範學院學報（哲學社會科學）》2009 年第 1 期。

〔註 26〕　龍州縣地方志編纂委員會：《龍州縣志・貿易志》，南寧：廣西人民出版社，1993 年，第 570 頁。

二、清末廣西鐵路籌建中的邊防考量

　　鐵路作爲近代文明的產物在西方資本的世界擴張中發揮著舉足輕重的作用。鐵路延伸之處，舉凡當地政治、經濟、文化及國防建設等都受到深刻影響。19 世紀 30 年代鐵路興起後，西方各國都將修建鐵路作爲國防建設的重要內容。鐵路不僅可在戰時承擔大宗戰略物資運輸，且能有效降低物流成本，推動經濟發展。廣西「於黔滇、南越，亦有屏藩掩護之固，故形勢險要，關係重大」，且清末以來「成爲外人垂涎侵略之邊疆」和「中國抵抗外人侵略之國防要地」〔註 27〕。廣西「蠻疆」的地緣安全價值隨越南淪陷後法國強鄰的出現更顯突出。

　　1885 年後，北圻淪歸法國保護，清政府依約闢龍州爲商埠。法國頻頻以剿匪爲名在越北驅趕黑旗軍及抗法義軍，企圖侵吞桂越邊境爭議地區，導致廣西邊防直接暴露在法國軍事威脅之下。爲加強對廣西「蠻疆」腹地的滲透及控制，法國一直希望承攬「蠻疆」的鐵路修築權，曾計劃修建一條由越北諒山經鎮南關前各隘到關後百攬村的鐵路。法國希望此路平時可運輸大宗貨物，戰時可向桂越邊境乃至「蠻疆」腹地輸送大批士兵及武器裝備。若此路修通，龍州及廣西「蠻疆」的地緣安全形勢將大爲惡化。光緒三十年（1904 年）五月，法駐華公使呂班照會清政府外務部，要求將光緒二十四年（1898 年）中法互換照會時約定允其修建「自北海不至南寧而至別處」的築路權脩改爲「由北海無論至何處之鐵路」的築路權，並曲解認定法國已取得廣西全境的鐵路修建權。〔註 28〕

　　清政府對法國企圖修建鐵路以洞穿「蠻防」並加強對「蠻疆」滲透的圖謀早有警覺。在法國積極謀求廣西鐵路修築權的同時，清政府對自主興建廣西鐵路長期未形成深刻認識。光緒十五年（1889 年），張之洞致電廣西巡撫馬丕瑤與廣西提督蘇元春指出：「龍州邊防必宜籌備完固，歷年餉絀，炮臺未得辦齊。鄙人雖去粵，此心耿耿」〔註 29〕。由此可見，張之洞、蘇元春等主持的廣西「蠻防」籌建重心在於炮臺，而鐵路籌建尚未引起足夠重視。在廣西「蠻防」建設中鐵路之所以長期未受到足夠重視還與清政府對鐵路與邊防關

〔註 27〕廣西省政府十年建設編纂委員會：《桂政紀實》上冊， 1940 年編印，第 2 頁。
〔註 28〕臺灣「中央研究院」近代史研究所編：《中國近代史資料彙編・海防檔・戊・鐵路》，臺北：藝文印書館，1957 年，第 429 頁。
〔註 29〕苑書義、孫華峰、李秉新等編：《張之洞全集》第七冊，第 5383 頁。

係的認識水平有關。鐵路傳入中國時，清政府官員中能接受該近代事物的人並不多。

　　隨著國家安全危機的加深，清政府中部分官員開始接受鐵路，卻認為鐵路宜建在邊地而不適合建在腹地。後來，隨著清政府對鐵路建設與國家安全關係認識的加深，一些官員轉而認為鐵路宜自邊地修建以達於腹地。如湖南道監察御史石長信認為：「考之列強造路，無不由腹地造起，以達邊陲。」〔註30〕宣統三年（1911年）四月，清政府郵傳部明確指出：「近年以來，邊防日亟，疆臣輒以籌造邊陲鐵路為救國第一策。然欲修邊路，必先通腹路。」〔註31〕可見，鐵路修建宜起自腹地而後達於邊地是清政府鐵路主管部門對鐵路建設與國防安全關係形成的基本認識。廣西地處南疆，屬「蠻疆」邊地，依照郵傳部見解在腹地鐵路未修通前不宜過早興建鐵路。

　　光緒二十一年（1895年）後，法國極力主張將越北鐵路延展至廣西「蠻疆」腹地，企圖以鐵路洞穿廣西邊防。因干涉還遼，為圖回報，光緒二十一年八月初四（1895年9月26日），法國公使施阿蘭向清政府提出修建龍州鐵路的要求。八月十三（10月1日），總署照會施阿蘭：「查此事極關重要。現在中國腹地鐵路未成，何能先辦邊境？」〔註32〕此時清政府開始認識到在法國壓力下籌建龍州鐵路勢難阻擋，但讓法國承建還不如自建。清政府於是通過總署以自建為由拒絕了法方提議由法國費務林公司承建的要求，對外宣稱龍州鐵路自主籌建業已啟動。在法政府及駐華公使施阿蘭百般糾纏下，清政府只得准許由費務林公司在龍州鐵路局監管下承建龍州至同登一段鐵路，然考慮到「需款過巨，漸近內地」果斷拒絕了其承建龍州至百色一段鐵路的要求。〔註33〕

　　隨後，清政府與法國就龍州鐵路運營模式及軌道制式問題展開進一步談判。清政府一些官員認為鐵軌寬窄可由龍州鐵路局依據實際情形自行決定。總署卻認為：「此次龍州鐵路，自應統歸一律，不得參差，且於中越邊境方能劃清界限。」〔註34〕法國為獨攬越南治權並考慮到越北桂南多崇山峻嶺，認

〔註30〕宓汝成編：《中國近代鐵路史資料》第三冊，北京：中華書局，1963年，第1234頁。

〔註31〕宓汝成編：《中國近代鐵路史資料》第三冊，第1235頁。

〔註32〕臺灣「中央研究院」近代史研究所編：《中國近代史資料彙編‧海防檔‧戊‧鐵路》，第244頁。

〔註33〕宓汝成編：《中國近代鐵路史資料》第二冊，第477頁。

〔註34〕宓汝成編：《中國近代鐵路史資料》第二冊，第477頁。

為若修築寬軌鐵路不僅工程難度大，且耗資高昂，主張修建窄軌簡易鐵路。顯然，總署主張修建寬軌鐵路可有效規避法國對廣西「蠻疆」安全帶來的潛在威脅，考慮到日後與國內鐵路連軌問題，亦不無道理。然在當時工程技術條件下，在廣西「蠻疆」的崇山峻嶺間修建寬軌鐵路，工程設計之複雜，耗費之艱巨，清政府既難承擔，經濟效益亦值得考量。

自主修建廣西鐵路問題雖長期未被納入清政府討論議程，然對於籌建廣西鐵路的諸多動議卻大多與「蠻防」安全相關。法國在越南北圻站穩腳跟後對廣西「蠻疆」的滲透持續加強，要求獲得廣西鐵路修築權願望日顯迫切。20世紀初，法國不僅在越南境內完成南北幹線的修建規劃，溝通雲南「蠻疆」與北圻的滇越鐵路也已動工。法國此前在「蠻疆」取得的鐵路修築權若全部建成將對「蠻疆」形成戰略包圍態勢。

在此背景下，自主籌建廣西鐵路成為清政府破解「蠻疆」地緣安全危局的必然選擇。光緒三十一年（1905年），廣西留日學生林紹年指出：「以軍事言，我所以自辦鐵路者，其目光益注於法人」，「法人鐵路已築至鎮南關外，戰事一開，朝發夕至，我遲彼速，未戰而勝敗可預決矣。」〔註35〕為防止法國攫取「蠻疆」鐵路修築權，廣西當地士紳、學生及商界人士紛紛要求自主商辦鐵路。光緒三十年（1904年）七月，兩廣總督岑春煊向外務部指出：「廣東鐵路已歸商人承辦，請將廣西鐵路迅為自行興築，以杜外人覬覦之心。」〔註36〕隨後，光緒三十一年（1905年）到光緒三十二年（1906年），廣西各界為自籌商辦鐵路組織多次會議，結果招致法國干涉。光緒三十二年九月廿七（1906年11月13日），法駐華公使巴斯德照會外務部：「現聞擬為興築廣西各鐵路之事，內與北海間有相關，現下正開會議。」〔註37〕光緒三十三年冬月廿八（1907年1月12日），法駐廣州領事致電兩廣總督稱：「現為北海至西江鐵路一事，中國地方官示意與廉州紳士等就地開議會多次。」〔註38〕

在以自籌商辦鐵路動議防止法國爭奪廣西鐵路修築權的過程中，廣西官員對鐵路修建在「蠻防」安全中的重要性的認識也逐步深入。光緒三十二年（1906年），正在全州家鄉丁憂的翰林院編修趙炳麟指出，要改變廣西「邊患

〔註35〕宓汝成編：《中國近代鐵路史資料》第三冊，第1136頁。
〔註36〕《申報》，1904年8月12日。
〔註37〕宓汝成編：《中國近代鐵路史資料》第三冊，第677頁。
〔註38〕宓汝成編：《中國近代鐵路史資料》第二冊，第678頁。

未已」的局面除「大興實業無以拯內地之民生，非自修鐵路無以杜外人之口實」〔註39〕。宣統元年四月初五（1909 年 5 月 23 日），張銘岐致電廣西鐵路公所所長梁廷棟指出，桂邕鐵路「爲龍州行軍後路，命脈所關，極爲重要，必須趕緊興築以杜覬覦。」〔註40〕爲通過修建鐵路優化廣西的「蠻防」體系格局，張銘岐曾打算以南寧爲樞紐建成通達雲南、梧州、湖南的西南鐵路網絡。在廣西鐵路建設規劃中，張銘岐力圖避免激起法國外交干預，認爲「廣西腹地之鐵路，我自有主權，法人斷不能干涉」〔註41〕，對郵傳部表示「岐前次力請籌修桂邕者，原思由內及外以杜外人陰謀」〔註42〕。可見，在清末廣西的鐵路修建和「蠻防」安全籌劃中，張明岐對法國的防範戒備心理一直存在，憚於法國日益強大的實力，主張在自主修建廣西鐵路中極力避免產生涉外交涉。宣統元年十月初四（1909 年 11 月 16 日），法駐華公使馬士里向外務部指出：「廣西鐵路前經商允中法合辦之路線，如中國籌借法款興修，可仿照津浦鐵路章程辦理，不必拘定前議。」〔註43〕可見，法國對廣西「蠻疆」鐵路修築權的覬覦並未因清政府自主修建的動議而停止。

除張銘岐等官員外，廣西各界尤其是宣統元年（1909 年）成立的廣西諮議局對自主籌建廣西鐵路也非常重視，成爲清末新政期間推動廣西鐵路籌建的另一中心。在清末新政中以陳勤光等爲代表的廣西士紳對鐵路籌建在「蠻防」安全中的重要性之認識越發深入。爲優化「蠻疆」的地緣安全格局，廣西士紳還要求將桂省省會遷至南寧，並向張銘岐上建議書指出：「籌策邊防而不肯遷省南寧是必桂邕鐵路今日造成而後可，且必桂衡鐵路今日告成而後可，並粵漢鐵路今日告成而後可。」〔註44〕實際上，將桂省省會自桂林遷於南寧是同盟會會員居中策動的結果。同盟會會員、諮議局秘書蔣敦世連同廣西各界人士 1511 人要求將籌建桂全鐵路的經費移作遷移省會之用，並得到蒙經及黃宏憲等議員支持。在一些地方士紳看來，廣西省會若不遷到南寧，就須建成桂邕、桂衡鐵路以與蘆漢鐵路接軌。其所需經費

〔註39〕《東方雜誌》1907 年第 4 卷第 6 期，第 86 頁。
〔註40〕《申報》，1908 年 5 月 26 日。
〔註41〕《申報》，1907 年 9 月 1 日。
〔註42〕宓汝成編：《中國近代鐵路史資料》第三冊，第 1141～1142 頁。
〔註43〕臺灣「中央研究院」近代史研究所編：《中國近代史資料彙編·海防檔·戊·
　　　　鐵路》，第 793 頁。
〔註44〕《申報》，1910 年 1 月 18 日。

之巨,廣西乃至清政府斷難承擔,故上述鐵路興建籌議實屬空談。修建鐵路既然難以付諸實施,不如將省會遷到南寧,同樣可以起到優化廣西「蠻疆」地緣安全格局的效果。其實,將桂省省會自桂林遷至南寧的思路與此前清政府將提督衙門自桂林遷至龍州的思路基本一致,因爲南寧與桂林相比距中越邊境更近。然而,同盟會借籌辦鐵路之機鼓動廣西士紳提議遷移桂省省會的目的卻是爲了方便革命勢力對外聯絡,以消弱清政府對廣西的控制力。

通過遷移省會優化「蠻防」地緣安全格局的觀點難免牽強,自然難以獲得廣西巡撫張銘岐的認同。張銘岐對鐵路修建在「蠻防」安全中的巨大作用之認識基本體現在其廣西鐵路網絡規劃之中。張銘岐奉清政府之命負責籌建桂全鐵路,然先修建桂邕鐵路卻是其一貫主張。光緒三十四年(1908 年)四月,張銘岐向清政府提議先修建桂邕鐵路,未獲允准。不久,郵傳部會同度支部、陸軍部商定廣西宜先修建桂衡鐵路,再修建桂邕鐵路。同年七月,張銘岐再次向郵傳部表示廣西應先修建桂邕鐵路。郵傳部在回覆中表示將派員勘察廣西鐵路。章祐等調查後得出的結論與郵傳部主張一致,認爲應先修建桂衡鐵路。可見,即便在張鳴岐一再奏請下郵傳部遣派章祐、錫幾炳、曾鯤化及林炳華等前往調查廣西鐵路,且郵傳部已意識到鐵路對廣西「蠻疆」邊防安全的重要性,但依然堅持先修建桂衡鐵路。〔註 45〕最終,郵傳部爲緩和與張鳴岐的爭議要求章祐先修建桂衡鐵路並同時勘定桂邕鐵路。

後來,張銘岐暫時擱置修建桂邕鐵路的主張,然觀點卻非常明確,即廣西鐵路修建首先要著眼於外向聯繫,而桂邕鐵路更加有助加強「蠻疆」對越北及其沿海地區的溝通。宣統二年九月廿七(1910 年 10 月 29 日),張銘岐升任兩廣總督。當年十一月張銘岐再度向清政府提議先修桂邕鐵路,仍未獲批准。宣統三年三月初九(1911 年 4 月 7 日),在張銘岐舉薦下,清政府委派趙炳麟接辦桂全鐵路籌建事宜。三月十四(4 月 12 日),趙炳麟在《廣西鐵路宜統籌全域摺》中指出:「如長永鐵路遙遙無期,則廣西鐵路當先修梧州至桂林一線,此線運道方便,且由桂林通至梧州,由梧州乘輪船可旁通南寧、潯州,直達廣東,交通便捷,利息較優。」〔註 46〕趙炳麟主張先修桂梧鐵路顯然更

〔註 45〕郵傳部:《郵傳部奏議類編續編》,臺北:文海出版社,第 1695~1696 頁。
〔註 46〕沈雲龍編:《近代史料叢刊三編》第四九三冊《兩廣官報》第一期,臺北:文海出版社,1977 年,第 919~920 頁。

為看重該路對廣西出洋入海、溝通外界的通道作用，從籌建難度及經濟效益看也頗為務實。郵傳部認真討論趙炳麟建議後指出「桂梧一線，為南路往來之要衝，亦應修築」，而「該省路線實以桂全為最急」。〔註 47〕在革命形勢風氣雲湧的時局下，趙炳麟的提議遭到郵傳部否定。為推進廣西鐵路修建，趙炳麟不得不改變初衷與張銘岐統一主張，建議先修桂柳鐵路。

宣統三年（1911 年）六月，趙炳麟與廣西巡撫沈秉堃商議後認為廣西應先修桂柳鐵路，並在福建會館召集 700 多人召開鐵路大會。趙炳麟派人刊發傳單，聲明上奏清政府的奏稿已經擬定，大有以輿論造勢倒逼清政府允准之勢。隨後，廣西革命黨人活動日趨活躍，巡撫趙炳堃以「桂防吃緊」為由向兩江總督張銘岐請援。十月，清政府允准沈秉堃將桂全鐵路籌建經費挪為「餉需」。如此一來，廣西鐵路籌建雖經多方討論，然直到清朝覆亡並未破土動工。對於鐵路修建的各種主張說明，廣西各界對鐵路修建與「蠻防」安全關係的認識不斷深化。

三、廣西電報事業的舉辦

通訊是國防建設的重要內容。兵員物資調動、戰時信息傳遞等都離不開通訊機制的構建。1840 年以來，清政府在應對邊疆危機時日益感到信息傳遞手段落後成為制約國防建設及戰時通訊的重要瓶頸。西方電報通訊的飛速發展讓清政府看到信息瞬息可至的軍事威力。在 1840 年以來的中西對抗中，清王朝在軍事調度中常顧此失彼，因信息轉遞遲滯或無法把握瞬息即逝的戰機，或延滯軍事情報的傳遞，傳統驛傳體制與近代國防安全需要之間的矛盾愈發突出。為此，舉辦近代電報電訊事業成為鞏固國防安全中亟待解決的重要問題。在洋務運動中，清政府開始創辦電報事業。中法戰爭前後，為滿足戰事需要，近代電報事業發展步入高峰。在此背景下，以廣西、雲南為主的「蠻疆」也開始架設電線，設置電報局、站，形成電報網絡，步入電報業發展的黃金期。電報傳入「蠻疆」推動了「蠻防」通訊由傳統驛傳向近代電傳的轉變，在一定程度上提升了「蠻防」實力。

中法戰爭前後，兩廣總督張之洞等提議籌建廣西電報事業。中法戰爭前，李鴻章上奏指出：「廣東距粵西邊境數千里，粵西距雲南邊境又數千里，其間

〔註47〕沈雲龍編：《近代史料叢刊三編》第四九三冊《兩廣官報》第一期，第 197～199 頁。

非驛站正道文報往返動須數月，聲氣隔絕，消息難通。」〔註48〕光緒十年（1884年）七月二十二日，清政府命滇粵督撫籌辦廣西到越南電線。清政府派員會同廣西地方官員勘查後認為滇越交界山路崎嶇，工程太大，耗資過多。〔註49〕經過論證，清政府認為若改由湖北經四川、雲南再到越南的話，沿途木料砂石搬運較易。該方案經李鴻章奏請後，清政府批覆：「今奉諭旨李鴻章奏議籌雲南電線擬改接鄂線由川入滇。」〔註50〕如此一來，廣西錯過了通往越南的電線。隨著北圻局勢日趨惡化，廣西急需加強與鄰省聯繫。光緒九年（1883年），法越構兵導致「蠻防」安全受到威脅。廣西需及早籌備以備不時之需，但緊急軍報靠驛站傳遞過於遲緩。兩廣總督張樹聲、廣東巡撫裕寬和廣西巡撫徐延旭於是奏請將廣東電線延展到龍州。清政府遂命熟悉電報經辦事宜的直隸候補道盛宣懷奉箚委辦廣州到龍州電線。光緒十年閏五月（1884年），在盛宣懷組織協調下廣州到龍州電線自兩端同時動工，不到半年即告完成。該線全程800公里，耗銀102000多兩〔註51〕，是廣西有史以來的第一條電報線，開啟了「蠻疆」電訊事業發展的先河。

　　中法戰爭後，廣西亟需籌建邊防，同時為兼顧勘界及商務事宜，接通廣東至梧州、南寧及龍州等地電線成為急需。光緒十二年（1886年）十月，張之洞委派電報局委員候選直隸州知州沈嵩齡籌建梧州經昭平、平樂、陽朔至桂林電線。該線全程超過320公里，於光緒十三年（1887年）四月十五日竣工，並在桂林設置電報分局一所。鑒於線路過長，沿途多崇山峻嶺，維護保養不便，還在中途昭平設報房一所。隨後，清政府考慮到「欽州至東興仍需由驛站投遞。嗣因傳遞勘界官報所關甚巨，當於去年十月間飭委員沈嵩齡分飭趕造。」〔註52〕

〔註48〕　臺灣「故宮博物院文獻館」：《清光緒朝中法交涉史料》《北洋通商大臣李鴻章密陳越南邊防事宜摺》（光緒九年四月），臺北：文海出版社，1967年，第55頁。

〔註49〕　（清）岑毓英：《岑襄勤公遺集》卷二二《光緒十年九月初二日陳覆滇粵商接電線片》，第2343～2344頁。

〔註50〕　（清）岑毓英：《岑襄勤公遺集》卷二五《光緒十一年十月十三日會勘川滇安接電線片》，第2653頁。

〔註51〕　（清）張之洞：《張文襄公全集·奏稿·奏議十二》《光緒十一年七月初一日廣西梧州至龍州展設電線動用經費開單報銷摺》，臺北：文海出版社，1970年，第1100～1103頁。

〔註52〕　（清）張之洞：《張文襄公全集·奏稿·奏議二十四》《光緒十三年十一月二十七日忝設各路電線摺》，第1867～1868頁。

　　隨著各路電線的架設，廣西不僅形成了溝聯省內的電報網，且經跨省電線與雲南、貴州等省初步組成「蠻疆」電報網絡，還經廣東與華南電線連爲一體，極大改善了廣西「蠻疆」訊息閉塞僅靠驛站傳遞的傳統格局。中法戰爭前後，廣西電報線路架設情形如下：

表 8：中法戰爭前後廣西電線架設統計〔註 53〕

開通日期	發起人	起迄點	所經地	長度／km	局（或報房）設地
光緒十年（1884 年）	盛宣懷	廣州－龍州	梧州、南寧	800	廣州
		橫州－廉州	靈山、合浦、北海	172	
光緒十一年（1885 年）	張之洞	廉州－瓊州	逐溪、海康、徐聞、海安所、天尾村、海口	305	廉州、北海、雷州、瓊州、欽州、潯州
		廉州－欽州		100	
		龍州－幕府	潯梧	50	
光緒十三年（1887 年）	張之洞、沈嵩齡	梧州－桂林	昭平、平樂、陽朔、	350	桂林、昭平
		瓊州－黎崗	定安、萬州、屯昌、令門、盤鄉、毛西村、打運、毛站、萬充、儋州、昌化、那大、南豐、番爺、萬州、陵水、崖州	800.5	崖州、屯昌、萬州、陵水、嶺門、那大、儋州、昌化、凡陽
		岸步－高州	石城、化州	120	高州、雷州
光緒十二年（1886 年）	沈嵩齡	欽州－東興	防城、茅嶺	160	東興
光緒十四年（1888 年）	張之洞、岑毓英	南寧－剝隘	百色	400	百色、剝隘

　　據統計，中法戰爭前後清政府在廣西、雲南等「蠻疆」省域所架電線達幾千里。岑毓英在奏報中稱：「近年該省開辦電工，除由廣西梧州分達南寧、龍州等處外，又造梧州通桂林之線、南寧達剝隘之線，而廣東則由高、廉安線以達欽州、瓊州，縱橫三千九百餘里。」〔註 54〕廣西電報網絡的完善初步

〔註 53〕 曾繁花：《中法戰爭前後西南邊疆地區電報業興辦述評》，《重慶郵電大學學報（社會科學版）》2014 年第 3 期。

〔註 54〕 中國史學會編：《洋務運動》（第六冊）《光緒十四年二月二十日雲貴總督岑毓英奏》，第 398 頁。

改變了傳統驛傳體系通訊遲滯的局面，實現了廣西「蠻疆」與廣東、雲南、湖南及貴州等鄰省的電訊互聯，在「蠻疆」電報網絡組建中不僅實現了區域電報網與華南、華中等電報網絡的聯通，還可以電報直通京師，有力提升了廣西「蠻疆」的邊防訊息傳遞速度。廣西「蠻疆」電報架線所經多為崇山峻嶺、叢林密菁之地，勘測設計、運料施工著實不易，如「南寧至剝隘一路，該處山嶺崎嶇，人煙稀少，逆水轉運將及千里，其艱險亦復相同，殊為備極勞瘁」〔註 55〕。清政府克服畏途，篳路藍縷，舉辦廣西電報事業，足以看出電報通訊對「蠻防」安全之重要性。

在逐步完善「蠻疆」電報線路網絡的同時，清政府還就架設中越電線的可行性與法國展開籌商。中法戰爭後，法國提議架設中越電線。熟悉電報事宜經辦的盛宣懷奏稱：「中國陸線如與接連，則價目較海線便宜。以上各處電報，皆可由此線轉遞獲利，誠於中國有益。」〔註 56〕李鴻章認為架設中越電線有利商務，稱：「商民之轉輸貿易者亦可藉此以速致有無，而廣收利益。」〔註 57〕可見，在中越電報線路接通問題上，李鴻章和盛宣懷的主張大體一致。中法戰爭結束後不久，盛宣懷與法駐天津領事林椿商談中法電報線路接通的具體章程，規定：「所有電報，由中法相接之旱線收發傳遞者，均照萬國公例所定歐洲以外電報章程辦理。」〔註 58〕對於接通中越電線，也有人從「蠻防」安全考慮提出過不同見解。兩廣總督張之洞認為「中國自設電局，本無一事，何苦而為此也！」〔註 59〕。

將廣西、雲南「蠻疆」電線與英法相接反映出李鴻章等希望推進「蠻疆」融入世界的努力。中法戰爭以後，中西交通逐漸走向深入，「蠻疆」開展對外商貿、勘劃近代邊界、交涉邊境事宜等都需與英法兩國加強溝通。自「蠻防」安全角度考慮，清政府尚在一定程度上對與英法電線相接存有顧慮，深怕訊

〔註 55〕（清）張之洞：《張文襄公全集・奏稿・奏議二十四》《光緒十三年十一月二十七日忝設各路電線摺》，第 1873 頁。

〔註 56〕（清）張之洞：《張文襄公全集・奏稿・奏議二十四》《光緒十三年十一月二十七日忝設各路電線摺》，第 2643～2644 頁。

〔註 57〕（清）李鴻章：《李肅毅伯奏議》卷十《創設電報請獎摺》，臺北：文海出版社，1968 年，第 2379 頁。

〔註 58〕（清）李鴻章：《李肅毅伯奏議》卷十一《光緒十四年十一月十二日中法接線摺》，第 2653 頁。

〔註 59〕中國史學會編：《洋務運動》（六）《光緒十四年十二月二十日兩廣總督張之洞奏》，第 415～416 頁。

息相通會威脅「蠻防」安全。中法戰爭以後，法國極力接通「蠻疆」電線的主要目的在於開拓「蠻疆」商務，獲取所需資源。雲貴總督岑毓英曾指出：「由該處（奠邊府）修路到雲南之元江、他郎、普洱各府廳州縣交界地方，意在窺伺滇省五大茶山及箇舊錫廠。」〔註60〕

　　廣西地處「蠻疆」，經濟社會發展帶有顯著的「蠻防」屬性，在接通中越電線時維護「蠻防」安全成爲清政府官員必須考慮的重要問題。兩廣總督張之洞在廣西「蠻疆」電報規劃及舉辦中首先考慮的問題便是如何以電線架設助益「蠻防」安全。此種考量不僅體現在梧州到桂林、欽州到東興等邊防線路架設上，還體現在中越接線問題的多方討論中。隨著電報線網的完善，廣西「蠻疆」封閉的傳統地緣安全格局被逐漸打破。電報通訊不僅密切了「蠻疆」各地的訊息往來，還加強了「蠻疆」與其他省份尤其是京師的溝通聯繫，優化了「蠻防」安全的信息傳遞機制。龍州開埠後，廣西「蠻疆」與世界範圍內的商務經濟往來日趨頻繁，而中越電線的接通則將「蠻疆」電線網絡與世界連爲一體，爲廣西「蠻疆」溝通域外和融入世界提供了橋樑。

四、桂西南「蠻疆」的移民實邊

　　入清以來，在內地人口迅速滋長背景下，隨著「蠻疆」「改土歸流」的推進，長江流域民眾大量深入廣西、雲南等「蠻疆」腹地，開荒墾殖，設廠採礦，經商置業，形成移民「蠻疆」的潮流。1840 年以來，清王朝的地緣安全危機持續加深，然全國人口總量依然在緩慢增長中維持龐大體量。據統計，道光二十五年（1835 年）時，清王朝人口突破 4 億。清朝人口體量雖大，人口分佈卻極不平衡。一些開發程度較高的地區人地矛盾已相當突出，而「蠻疆」等邊遠地區卻依然地廣人稀，乃至無人營業。如嘉慶二十五年（1820 年），廣東人口密度最高的珠江三角洲人口密度高達 300 多人每平方公里，而直到 19 世紀 80 年代，桂西南「蠻疆」的人口密度仍不足 20 人每平方公里。1840 年以來，或因時局動盪，或因礦產枯竭，長江流域諸省民人移民「蠻疆」的潮流逐漸停息。中法戰爭後，隨著「蠻疆」勘界的完成和英法強鄰的出現，以邊疆開發鞏固「蠻防」安全成爲必然需要。然而，廣西「蠻疆」人口稀少的現狀卻成爲制約「蠻疆」開發和鞏固「蠻防」安全的重要瓶頸。爲此，在

〔註60〕　（清）岑毓英：《岑襄勤公遺集》卷二八《光緒十三年二月初二日探報緬越邊事片》，第 2919～2929 頁。

桂西南等廣西「蠻疆」推進移民實邊成為推進「蠻疆「開發和鞏固」蠻防「安全的必然需要。

桂西南地接越北，屬「蠻疆」腹地，向被視為蠻荒之地，人煙稀少，「除龍州稍稱富庶外，餘如思樂、明江、寧明、憑祥、上金、雷平、靖西、鎮邊等處，交通梗阻，地瘠民貧，千百年來，不獨中原士夫視諸化外，即本省人士，亦多裹足不前」〔註 61〕。中法戰爭以後，在「蠻疆」和「蠻防」建設過程中，張之洞、蘇元春等為繁榮「蠻疆」經濟，鞏固「蠻防」安全出臺一系列具體措施以推進桂西南「蠻疆」的移民開發。

一是廣泛招募遊勇、流民前來墾殖。中法戰爭期間，清政府用於戰事一線的軍隊數量最多時達到 90 餘營 40000 多人。其中，大部分清軍為臨時招募，戰事結束不久即須裁撤。光緒十三年（1887 年），中法戰爭期間臨時徵募的清軍基本裁撤完畢，實際裁兵數量達到 3 萬多人。在裁兵中，清政府「發給一年餉銀、兵米，俾資改業」〔註 62〕。在實際操作中，因清政府財政拮据及各級軍官剋扣，被裁兵丁所得無幾，以致一些被裁兵丁所得不資路費，或離家經久實已無家可歸。於是，不少被裁兵丁聚集「蠻疆」邊境，成為打家劫舍、嘯呼山林的兵匪遊勇和威脅「蠻疆」穩定與「蠻防」安全的重大隱患。廣西提督蘇元春認為，若將遊勇召集起來予以妥善安插，令就地墾食，安家落業，則「此輩區處得所，為我捍蔽，勝於十萬師矣」〔註 63〕。廣西按察使李秉衡贊同蘇元春主張，決定「博採眾議」，還草擬一份招墾章程，規定「有來認墾者，由局驗明計口授田，給資搭蓋茅屋，酌發牛種農具，責令耕作」，在「足敷安插千餘戶口」〔註 64〕之地招募包括被裁遊勇在內的無家可歸者開荒就食。

在蘇元春悉心經營下，清政府移民實邊的政策既為遊勇安插提供了出路，也吸引了大量移民前來墾殖。數年間，桂西南「蠻疆」的憑祥邊隘等地便呈現出「商賈輻輳，居然成市」〔註 65〕的繁榮景象。1840 年以前，憑祥一帶少有漢人居住。1885 年後在清政府移民實邊政策推動下憑祥漢人數量顯著增加，其中「客家人來自合浦的廉州、浦北的小江及欽州、防城、玉林、博

〔註 61〕 李紹雄：《廣西邊防》，桂林：廣西史地學社，1946 年，第 1 頁。
〔註 62〕 戚其章輯：《李秉衡集》，濟南：齊魯書社，1993 年，第 61 頁。
〔註 63〕 中國史學會編：《中國近代史資料叢刊・中法戰爭》（四），第 528 頁。
〔註 64〕 戚其章輯：《李秉衡集》，濟南：齊魯書社，1993 年，第 81 頁。
〔註 65〕 憑祥市志編纂委員會：《憑祥市志》，廣州：中山大學出版社，1993 年，第 619頁。

白和陸川等縣」〔註66〕。不獨憑祥，桂西南「蠻疆」其他各縣客家人數量也顯著增加。《寧明縣志》曾提到，寧明本地向無漢人，今漢人規模已躍居全縣第二，數量僅次於壯族，其人「多來自廣東肇慶、小江和區內防城、欽廉、玉林、博白、陸川等地」。〔註67〕李秉衡和蘇元春以移民實邊鞏固「蠻防」安全所取得的成績還得到了清政府的高度認可。光緒十六年（1890 年），廣西巡撫馬丕瑤在《請獎李秉衡摺》中稱，李秉衡在中法戰爭結束後「與蘇元春整軍扼要，資遣沿邊游勇回籍，查還越南被擄子女，開屯田以實曠土，減夫役以固民心，廣醫藥以恤士卒，清內奸，遏外匪」，「功在邊防」，請求清政府賞以「頭品頂戴」〔註68〕。

　　二是鼓勵官兵攜帶家眷，吸引商民經商定居。中法戰爭結束後，依張之洞部署，桂越邊防東、中、西三路共駐防清軍 24 營，人數超過 1 萬人。為讓廣大官兵安心駐守，蘇元春鼓勵防邊官兵攜帶家眷，定居墾殖，由政府配給住房、耕牛、農具和種糧等生產、生活資料。在「蠻疆」邊防籌建中，蘇元春意識到官兵文化素質對「蠻防」建設至關重要。為此，蘇元春等捐資興建了同風書院等教育設施，讓邊防將士及邊民子弟接受近代教育。在系列優惠政策推動下，桂西南「蠻疆」過去人煙稀少的憑祥等邊地隨軍定居人口越來越多。據相關部門調查，當今憑祥大連城、隘口大新寶圩及龍州水口關附近諸多漢民很多都是當年隨蘇元春參加中法戰爭日後定居留此的清軍後裔。因蘇元春及防軍統領馬盛治等都是永安洲蒙山鎮人，當地一些漢族百姓至今依然能講蒙山話。

　　在鼓勵駐防將士攜帶家眷的同時，蘇元春還出臺政策推進桂西南「蠻疆」商業發展，吸引外地商民前來經商定居。光緒十一年（1885 年），蘇元春令人在駐地攔崗閘〔註69〕建造房屋，開闢圩場，鼓勵防邊將士家眷及移民經商，規定凡是趕圩民眾，每人每次獎給銅錢 5 文，挑擔遊走鄉間的流民貨郎擔，願意留居隘口者，政府為之提供房屋等基本設施。在此政策吸引下，慕名前往隘口經商定居的商人越來越多。憑祥隘口逐漸成為「蠻疆」中商賈雲集、

〔註66〕憑祥市志編纂委員會：《憑祥市志》，第 543 頁。
〔註67〕寧明縣志編纂委員會：《寧明縣志》，北京：中央民族學院出版社，1988 年，第 666 頁。
〔註68〕沈雲龍編：《近代中國史料叢刊一輯》（第 574 冊）《馬中丞遺集》卷二《請獎李秉衡片》，光緒十六年八月十六日，第 166 頁。
〔註69〕今憑祥隘口。

店鋪林立的市鎮。除隘口外，憑祥大連城、那坡平孟圩、靖西葛麻圩和龍州水口圩、下凍圩及布局圩等「蠻疆」圩場紛紛興起。鼓勵商民前往定居並出臺優惠政策外，蘇元春還鼓勵商民充分利用「蠻疆」地接越南等鄰國的區位優勢開展邊境貿易。

在此背景下，桂西南「蠻疆」邊境一帶在當時來說謀生不難，成爲吸引內地民眾前來墾殖經商的沃土。很多人在此安家立業，累世定居。桂西南「蠻疆」人口數量得以顯著增加。20 世紀 80 年代，廣西相關部門做過調查，據當地年過花甲的老人回憶，1911 年辛亥革命前桂西南大新縣的桃城鎮仍稱養利州，19 世紀 80 年代到 20 世紀 30 年代該地共有商戶 26 家，除 7 家爲宋皇祐初年隨狄青南下的漢民後裔外，其餘 19 戶俱爲 19 世紀 80 年代後自廣東、福建等省及南寧、扶綏、扶南、桂平和龍州等州縣遷來。如光緒末年，桃城鎮僅有的 3 家鐵匠鋪便是從永淳、鎮結等地遷來的外地商民，還有幾家銀匠鋪的經營者是由南寧遷來。清末民初，整個大新縣共有鐵匠鋪、翻砂廠等手工業作坊近 50 家，幾乎全由外地商民創辦經營。

三是妥善安置越南難民，維護「蠻疆」邊境穩定。中法戰爭期間，越南北圻「官民攜眷潛進關內者相率於道」〔註 70〕。爲穩定「蠻疆」邊境秩序，廣西按察使李秉衡派人「勘度荒地，願留者發給籽種、耕具、蓋屋之資，令其開墾，沿邊安插，以繫流亡之心」〔註 71〕。戰事結束後，除部分越南人回歸北圻家鄉外，其餘越南流民已在廣西「蠻疆」避難期間與壯族或漢族居民結婚生子，不願回到越南。清政府本著「於內附者無使失所，安土者聽其自然」的原則予以妥善安插，並納入戶籍管理，讓其安居落業。〔註 72〕據 20 世紀 80 年代廣西相關部門的調查顯示，現今廣西「蠻疆」邊境許多地方如龍州城的南街、西街和新街、憑祥市的蒙家村等，當地京族人中有相當一部分都是中法戰爭期間爲避戰亂而移居出境的越南人後裔。顯然，清政府妥善安插越南流民的做法有助維護「蠻疆」穩定和「蠻防」安全。

從「蠻防」安全角度看，「蠻」雖是清政府的防禦對象，然「蠻」也可以轉化爲維護「蠻疆」穩定和「蠻防」安全的依賴力量。在廣西「蠻疆」邊境地帶，跨界民族大量存在。若民族政策失當很容易導致「蠻疆」動盪，進而

〔註 70〕中國史學會編：《中國近代史資料叢刊・中法戰爭》（第四冊），第 438 頁。
〔註 71〕中國史學會編：《中國近代史資料叢刊・中法戰爭》（第六冊），第 526 頁。
〔註 72〕中國史學會編：《中國近代史資料叢刊・中法戰爭》（第六冊），第 526 頁。

威脅「蠻防」安全。然而，若民族政策恰當則能充分發揮跨境民族守鄉衛土乃至保家衛國的積極性，進而爭取讓「蠻疆」穩定和「蠻防」安全的社會環境得到優化。「蠻疆」人口的增加為「蠻防」安全奠定了人力基礎，有力提升了廣西「蠻防」的防禦實力。如大連城原為「粵系邊地，世目為不毛」，向來「蠻煙深鎖，叢莽塞門，人跡尤少」。在移民經營下，大連城迅即成為一座聚「生靈億萬」、「煙火萬家」而「有內地熙攘氣象」的「蠻疆」邊城。〔註73〕又如《大新縣地名志》稱，僅光緒年間大新縣新增的移民村屯便有 90 多個。〔註74〕顯然，廣西「蠻疆」人口的增加與移民直接有關，而人口之增加、繁衍不僅為「蠻疆」開發提供了豐富勞動力，還為桂越邊防建設提供了穩定兵源。因此，移民實邊是「蠻防」建設中「蠻疆」開發、「蠻疆」管理和「蠻防」安全良性互動機制構建中的關鍵環節，而移民的到來也確實將「蠻防」安全推進到了一個新的層次。

移民的增加還有助完善「蠻疆」行政建制，進而增強清政府的「蠻疆」控制力。隨著「蠻疆」人口增加，清政府為加強「蠻疆」管理開始調整並健全一些移民聚集地區的行政建制。光緒十二年（1886 年），清政府將歸順土州升級為直隸州，將小鎮安廳〔註75〕改為鎮邊縣，將下雷土州〔註76〕和鎮邊縣一起歸入新設的歸順直隸州管轄。光緒十三年（1887 年），清政府接受兩廣總督張之洞建議在廣西「蠻疆」邊境設置太平歸順道〔註77〕，轄太平府和歸順直隸州。光緒十八年（1892 年），又將上思直隸廳劃歸太平歸順道管轄，並於同年底將太平歸順道更名為太平思順道。當年，清政府還改憑祥土州為彈壓，於宣統二年（1910 年）將其升級為憑祥廳。

土府、土州到直隸州、直隸廳建制及名稱的改變實際是明代中期以來「改土歸流」的繼續。行政建制及其名稱的「去土化」意味著清政府需在新「改土歸流」之地採取與內地相同或相近的統治模式，即完善版籍，徵收賦稅，佈設汛塘，駐防清軍。1840 年以來，清政府在廣西「蠻疆」的「改土歸流」活動實際依然在延續，而漢民的增加則成為此時「改土歸流」的直接驅力。

〔註73〕 憑祥市志編纂委員會：《憑祥市志》，第 615 頁。
〔註74〕 黃忠源編：《大新縣地名志》，大新縣地方志編纂委員會，1991 年，第 21 頁，第 147 頁。
〔註75〕 今廣西那坡縣。
〔註76〕 今廣西大新縣。
〔註77〕 治所在今廣西龍州縣龍州鎮。

與 1840 年以前的「改土歸流」相比，此時廣西「蠻疆」的「改土歸流」主要是邊疆漢民增加及由此帶來的社會經濟發展的結果，而此前的「改土歸流」則主要體現爲統治者爲加強「蠻疆」控制力而強制推行的一種自上而下的改革。從「蠻防」角度看，無論「改土歸流」的動力來自哪裏，是自發抑或強制，其結果都有助清政府維護「蠻疆」穩定，鞏固「蠻防」安全。

第六章　1885 年後雲南的「蠻防」建設與「蠻疆」開發

　　1840 年以前，隨著雍正年間大規模「改土歸流」的推進，雲南政治統治漸趨強化，「蠻疆」開發進程亦呈加速之勢。雲南開始步入「蠻疆」開發、「蠻疆」管理與「蠻防」安全的良性互動發展軌道。1840 年後，雲南「蠻防」安全因地緣安全局勢惡化開始面臨英法等國威脅，「蠻疆」開發也在人口銳減、農業衰敗和廠礦倒閉中逐步限於停滯。以「滇銅」生產爲例，民國時期著名地質學家丁文江在《雲南東川銅礦》一文中提到，「1738 年到 1758 年間，東川的產銅量不低於 60 萬噸，此數約占到 1911 年全世界銅產量的三分之二」，然「1858 年，所有的採礦活動都停止了」，且「1858 年至 1874 年間」受雲南回民起義影響，東川「斤銅未產」。〔註 1〕雲南「蠻疆」開發減速與「蠻防」地緣安全局勢的惡化基本同步。雲南「蠻疆」經濟社會發展的停滯既與各族人民起義造成的動盪局勢有關，更與英法對越南、緬甸等鄰國的入侵及由此帶來的「蠻防」安全威脅緊密相關。

　　1885 年後，隨著中越、中緬勘界工作的推進，雲南「蠻防」傳統地緣安全格局的改變已成定局。滇越和滇緬邊界線不僅終結了雲南「蠻防」在傳統宗藩關係下不需重兵設防的地緣安全優勢，還使其不得不面對以強爲鄰的地緣安全現實。滇緬邊界直到清王朝滅亡尚在北段和南段存在未定界，導致滇緬邊防的中英對峙長期存在。英國將清末雲南「蠻疆」新政理解爲一種「前進政策」並有意抵制，積極在滇緬邊境爭議地區設置哨所，屯集軍隊，乃至

〔註 1〕黃汲清，潘雲唐，謝廣連編：《丁文江選集》，第 53~54 頁。

越界侵擾，成為清末「蠻防」安全的重大威脅。為鞏固雲南「蠻防」安全，岑毓英等不僅在勘界談判中據理力爭，爭取有助「蠻防」建設的安全地形，還積極推進「蠻疆」新政，淘汰老弱防兵，強化防軍訓練，健全「蠻疆」邊境管理機制，完善邊防設施，有力維護了「蠻疆」穩定並在一定程度上優化了新地緣安全形勢下的「蠻防」安全格局。

第一節　中法戰爭後雲南的地緣安全局勢與邊防建設

雲南地處西南邊疆，其廣南府、開化府、臨安府、普洱府、順寧府、永昌府和騰躍直隸廳分別與越南、老撾、緬甸三國毗連，邊境線超過 1000 公里。1885 年以前，越南是清政府「三年一貢」的傳統藩邦，緬甸也在乾隆末年與清政府確立「十年一貢」的宗藩關係，老撾雖屬暹羅亦與清政府存在宗藩關係。雲南遠離清政府統治腹心，地緣安全價值在整個國家安全戰略中居於相對次要位置，且在宗藩體制下雲南「蠻疆」邊防的地緣安全格局相對優良，基本不需重兵設防。在英法勢力未影響到「蠻疆」以前，雲南與越南、緬甸等鄰國間雖存在傳統習慣線及由邊防卡、隘構成的軍事邊防線，邊防設施卻多年久失修，邊防實力大為萎縮。

1885 年後，在法占越南和英占緬甸的地緣安全格局變化下，雲南「蠻疆」邊防開始面對以強為鄰的地緣安全現實。在此背景下，籌建雲南邊防，鞏固「蠻防」安全，成為擺在雲貴總督岑毓英等面前的重要課題。「馬嘉里事件」後，岑毓英便意識到「英法二國皆視滇省各廠為利藪，英人欲由緬甸入滇，法人欲由越南來滇。故前有安鄴，後有馬嘉理士」〔註2〕，然「通商之患小，而傳教之患大」〔註3〕，必須堅決制止英法染指雲南。光緒九年（1883 年），岑毓英在中法戰爭前夕指出「法人集議，志在全踞北圻」〔註4〕，力主「保藩固圉」，援越抗法。中法戰爭期間，做為陸路西線統帥的岑毓英曾兩度率清軍出關抗法。面對雲南「蠻疆」的地緣安全危局，岑毓英密切注視英法在緬甸、越南的侵略動向及對「蠻防」安全構成的威脅，積極推進雲南邊疆新政，維護「蠻疆」穩定和「蠻防」安全。

〔註2〕（清）岑毓英：《岑襄勤公遺集》卷十二，第 1 頁。
〔註3〕中國史學會編：《中國近代史資料叢刊·中法戰爭》（第五冊），第 384 頁。
〔註4〕（清）岑毓英：《岑襄勤公遺集》卷十八，第 23 頁。

一、訓練練軍、勇營，充實內外駐防

　　1840年以前，清政府重視邊防而輕視海防。自康熙年間起，清政府陸續在陸路邊疆以綠營及八旗駐守，在推進邊疆經營開發的同時完善邊疆驛站及軍臺設施，逐步形成比較完善的邊防巡防機制。雲南邊防在清朝國家安全戰略中處於次要位置，清政府卻依然在康熙、雍正年間依託「蠻疆」邊境各府、廳、州、縣的綠營駐防及土司土兵劃分汛塘，分段戍守，沿傳統習慣線中國一側形成了一條由邊關、邊卡、邊隘和邊峒等要塞構成的軍事邊防線。歷乾、嘉兩朝，滇緬和滇越邊境的邊防巡防機制在「蠻疆」開發推動下臻於完善。1840年以後，雲南「蠻疆」邊防在「承平日久」中日漸出現「百度俱馳」局面。面對主要來自海上的非傳統安全威脅，清政府在1840年後相當長的時間內開始將國防建設的重心自「塞防」轉向海疆。太平天國起義爆發後，清政府又大量抽調雲南等「蠻疆」數省駐防清軍參與圍剿太平軍，導致雲南邊防實力萎縮。隨著地緣安全危機的加深，清政府開始將國防建設的注意力向雲南等「蠻疆」省份傾斜。

　　清軍中並無正式邊防軍建制，駐防「蠻疆」各省清軍除須承擔分汛駐守的「內防」任務外，還要承擔管控邊境及防禦入侵的邊防重任。「蠻疆」各省邊境府、廳、州、縣所屬綠營及八旗駐防實際等同邊防軍。清政府在雲南駐防全爲綠營，由雲貴總督和雲南巡撫總攬闔省軍政，下設提督、總兵，統帥所屬標、協或營，在各府、廳、州、縣分守駐防。營下設汛，駐防、分守所屬行政地域。汛下分塘，是更低一級的駐防單位。清政府以邊境各府、廳、州、縣綠營分汛設塘防守、管理滇越和滇緬邊境，形成了一條由關、卡、隘、峒等要塞組成軍事邊防線，成爲宗藩體制下維護「蠻疆」邊防安全的基本保障。

　　爲應對「蠻防」安全危機，岑毓英等在財政拮据的情況下依然有意加強雲南「蠻防」建設。光緒元年（1875年），鎮壓杜文秀等農民起義後不久，岑毓英開始在雲南編練練軍。19世紀70年代，清政府內部圍繞「海防」與「塞防」安全危機展開大規模討論，在國家安全戰略上達成「海防」與「塞防」兼重的基本認識。光緒元年（1875年），清政府接受內外大臣裁汰綠營、選練陸軍的建議，同時考慮到清軍存在分散駐防、難以集中的弊端，要求各省「各就地方形勢，量更舊汛，合營並操，劃一訓練，限一年辦理就緒」〔註5〕。清

〔註5〕張俠等合編：《清末海軍史料》（光緒元年四月二十六日）《著李鴻章沈葆楨分別督辦南北洋海防諭》，北京：海洋出版社，1982年，第12頁。

政府的練軍編練政策恰好迎合雲貴總督岑毓英希望通過整飭清軍以鞏固雲南「蠻防」安全的想法。當年，岑毓英下令自督標、撫標及各地綠營駐防中抽調馬步兵計 7300 名，集中昆明訓練。此後，鑒於雲南「蠻疆」邊防壓力與日遞增，岑毓英主導的雲南練軍規模略有擴充。除岑毓英外，劉長祐也鑒於「滇省防軍不敷分佈」的局面在光緒五年（1879 年）向清政府奏請「減玉武營楚勇薪糧，改設兩營練軍，以資撙節而慎邊防」〔註6〕。

到光緒九年（1883 年）時，雲南練軍計有戰兵 9000 人、守兵 2000 人。岑毓英鑒於雲南塘汛卡隘零星散佈、地方巡防緝捕亟需練軍充實的現狀，將練軍集中訓練一年後旋即分散駐防到原抽訓單位。中法戰爭前夕，岑毓英看到雲南「蠻疆」面臨嚴峻的邊防壓力。為增強邊防力量，其果斷採取應對措施，決定在滇南的中越主要通道馬白關及蒙自分別增派一營兵力。為增強滇南管控能力，岑毓英還規定每年冬春兩季臨元鎮總兵和開化鎮總兵都要移駐蒙自，熟悉邊情，加強操練。

中法戰爭以後，中越、中緬宗藩關係終結，滇越、滇緬邊境「以藩為屏」的傳統邊防體制瓦解。面對藩籬盡失的地緣安全新格局，鞏固雲南邊防，防範英法強鄰，成為岑毓英必須正視的重大安全問題。鞏固「蠻防」安全需加強雲南邊防建設，而邊防建設離不開有利的邊防地形。為此，岑毓英在滇越界務交涉中據理力爭，收回頗具安全價值的一些地段。岑毓英認為雲南綠水河被卡在該河之西，地形平坦，無險要地形可憑，對岸越南的高馬白地勢高亢，俯視綠水河之西的廣闊地區，若以綠水河為界將對雲南邊防安全造成威脅。岑毓英力主將此段邊界線劃在綠水河以東。經反覆交涉辯論，法國做出讓步，同意將此段邊界線劃在綠水河以東。〔註7〕此舉不僅為清政府爭得 20 公里國土，還為雲南邊防建設爭取到頗為有利的地形。鑒於廣南府所屬三蓬之地的重要安全價值，岑毓英還積極主張收回該地。為此，岑毓英命三蓬當地居民蓄髮易服，派遣地方官勘察邊情，繪製邊疆地圖，調派防軍長期駐紮，最終迫使法國將三蓬一帶部分有利邊防籌建的地帶退還中國。岑毓英在滇越分界中的地緣安全意識及為此做出的努力無疑有助雲南邊防籌建的展開。光緒十五年（1889 年），中法勘界立碑時法國印度支那總督指出：「1886 年時的

〔註6〕（清）朱壽朋編：《光緒朝東華錄》卷三十，光緒五年八月到九月，第 112 頁，總第 800 頁。

〔註7〕劉啓強：《岑毓英與中法滇越界務交涉 1885～1887》，廣西師範大學碩士論文，2005 年，第 44 頁。

雙方委員會和 1887 年 6 月 26 日北京協定所指定的邊界線，從防衛觀點看弊
端是很多的。」〔註8〕岑毓英雖於當年去世，其在滇越分界交涉中爲優化雲南
邊防地緣安全形勢而做出的努力卻得到了法國對手認同。

　　在優化雲南邊防地緣安全環境的同時，岑毓英還積極整飭、籌建邊防駐
防體系。中法戰爭後，岑毓英切身感到滇越邊防安全壓力陡增，決定增加蒙
自駐防兵力，重點防守蒙自及馬關，以優化滇南邊防防禦格局。岑毓英認爲
中法通商「以蒙自爲衝，沿邊千里處處錯壞，留防之兵一萬六千人」，需「以
白馬關隸開化鎮總兵、蒙自隸臨元鎮總兵，每年瘴消之際親赴邊陲簡閱營伍」
〔註9〕。岑毓英還看到「箇舊錫廠規模宏大，廠丁數萬人，漢姨雜處」，須加
強控制，「乃增設同知一員，移臨元之都司營兵駐防箇舊調」。〔註 10〕爲鞏固
滇越駐防，岑毓英非常重視邊將用人，如當時開化、廣南、臨安三府與越南
交界關隘的鎮守將員道員陳席珍等不僅是援越抗法中身經百戰的將才，還擁
有強烈的愛國守土責任感。

　　在鞏固滇越邊防的同時，岑毓英還密切關注著英緬戰況及其對滇緬邊防造
成的安全威脅。在英國侵佔上緬甸期間，岑毓英令滇緬邊防擇要駐防，以防不
測。光緒十一年底（1886 年）英國宣佈呑併緬甸後爲在分界談判中實現自我主
張頻繁在滇緬邊境製造事端，對雲南「蠻防」安全構成重大威脅。岑毓英認爲
「因緬爲英有，騰永邊隘亦加意戒備」〔註11〕方能穩定滇緬邊境安全局勢。英
緬開戰前夕，岑毓英不僅委派副將袁善及李文秀入緬勘察情報，還飛命騰越、
龍陵兩廳注意查勘緬甸情形並馳報最新動態。岑毓英認爲「英緬既起兵端，滇
緬交界誠恐奸宄乘機竊發」，「無重兵鎮攝不足以固眾志而靖戒心」，遂命正駐
防馬白關的新授貴州古州鎮總兵丁槐〔註12〕率帶自緬甸撤歸的 2000 兵丁前往
騰越駐防，令其聯絡土司武裝，相機籌布，擇要據守，以爲警備。

　　岑毓英還針對綠營累年弛廢、不足爲用的通病在雲南綠營中裁弱留強，
加強訓練，推進雲南新軍建設。對雲南新練「戰兵」，岑毓英依據邊防及內防
需要做出統籌部署，以優化「蠻防」防禦格局。

〔註 8〕蕭德浩，黃錚：《中越邊界歷史資料選編》，北京：社會科學文獻出版社，1993
　　　年，第 507～508 頁。

〔註 9〕趙爾巽：《清史稿》（第十四冊）卷一百三十七《兵八》，第 4073 頁。

〔註10〕趙爾巽：《清史稿》（第十四冊）卷一百三十七《兵八》，第 4074 頁。

〔註11〕蔡冠洛：《清代七百名人傳》，臺北：臺灣明文書局，1985 年，第 1086 頁。

〔註12〕（清）岑毓英：《岑襄勤公遺集》卷二五，第 32～34 頁。

光緒十四年（1888 年），岑毓英奏稱：

> 當經奏請將開邊勇營及練軍綠營一一概考驗裁併。挑留精壯，
> 補足十成戰兵一萬九千三百五十一名。至綠營守兵仍設五成，馬兵
> 暫缺。以五成戰兵分佈關旁，以五成留防內地，遇有徵調，除酌留
> 操防外，仍有勁旅萬人可以隨徵。惟調五成戰兵需編成營哨，其營
> 員哨弁薪水以及雜費年約需銀十餘萬兩。比較舊額雖增，然所幸向
> 年餉費計可節省七十餘萬兩。奉旨交部議准在案。當將關旁勇營，
> 內地練軍，擇其年力強壯，久經戰陣者，共挑得九千六百六十九名，
> 以符雲南通省五成戰兵之數。〔註13〕

　　隨後，岑毓英結合滇省的安全形勢對新練「戰兵」做出統籌部署，令「現
署雲南提督開化鎮總兵蔡標統帶本標及所轄各營戰兵，紮馬白關、交趾城、
橋頭木廠、田篷、長嶺崗。臨元鎮總兵何秀林統帶本標所轄各營戰兵，駐紮
新安所、窯頭、水田、蠻耗、新街、箇舊廠。署騰越鎮貴州古州鎮總兵丁槐
統帶本標及所轄各營戰兵，駐紮迤西至南甸、平巖、蠻允、杉木籠等處地方。
又分防昭通、東川堵禦黑蠻，分駐尋甸、平彝，保護餉道」，對「新添五成戰
兵」做出全面部署，以優化雲南的「蠻防」安全局勢。〔註14〕

　　另外，岑毓英鑒於「滇省地處極邊，控馭蠻夷，從前設兵至董，只以綠
營廢弛日久，遂至不能得力。咸豐同治年間平定全滇，轉藉民力，現在西南
強鄰逼處，內奸不時竊發」的「蠻防」安全形勢，打算「於舊設五成戰兵內
再挑出三成，仍照練兵章程，另設統帶營哨官弁水伙夫簡練督操以專責成，
統共八成戰兵一萬五千五百七十九名。除分防騰越、蒙自、開化各邊外，其
餘即屯紮於大理、永昌、順寧、普洱、省城，並分防緊要營汛，通衢道路，
以期內外周密，邊腹一氣，仍互相更調，輪班換防」〔註15〕。為提升防軍戰
鬥力，岑毓英制定槍炮打靶之制，以 300 步為標準，副將以下、外委以上不
論候補、實缺，凡省城各員每月都必須親赴訓練場檢校一次。外標也要輪流
調考，「以明定賞罰，使知勤懲，於邊防之策不無裨益」〔註16〕。岑毓英認為

〔註13〕 （清）朱壽朋編：《光緒朝東華錄》卷八十，光緒十四年二月，第 15 頁，總
　　　　 第 2421 頁。

〔註14〕 （清）朱壽朋編：《光緒朝東華錄》卷八十，光緒十四年二月，第 15～16 頁，
　　　　 總第 2421～2422 頁。

〔註15〕 （清）朱壽朋編：《光緒朝東華錄》卷八十，光緒十四年二月，第 16 頁，總
　　　　 第 2422 頁。

〔註16〕 （清）岑毓英：《岑襄勤公遺集》卷二八，第 11 頁。

「今邊防日亟,造就人材,槍炮尤為制勝之具」〔註 17〕。滇軍普遍使用的弓箭藤牌及火繩槍與英法軍隊的近代化槍炮相比,火力相差甚遠。岑毓英下令全部淘汰練軍的弓箭藤牌,一律改用槍炮操練。為解決槍械不足問題,岑毓英雇請工匠來滇製作銅冒比碼,派人到上海、香港等地購置先進的後躺槍。

在岑毓英主導下,經前後三次集中訓練,雲南練軍規模接近八成,約 15500多人。雲南「蠻防」在國勢危殆、財政拮据形勢下得到有效充實。岑毓英認為雲南邊境隘口眾多,地形複雜,僅靠 1840 年以前構築的軍事邊防線難以形成足夠的邊防威懾力。同時,滇南邊防的河口、三猛及紅河沿岸諸地,氣候濕熱,煙瘴彌布,防邊將士難以長期固守,需依靠熟悉地形並適應氣候的土勇才可實現長期固守。於是,中法戰爭結束後,岑毓英考慮到「沿邊隘口甚多,內地戰兵不敷分佈,且煙瘴要害如河口、三猛、紅江沿岸各隘卡,仍非粵勇不能相宜」,於「光緒十一年冬季奏准改勇為兵後,仍請暫留粵勇六千名駐防瘴地」〔註 18〕。光緒十二年(1886 年)冬間,岑毓英決定「將此項粵勇裁撤以節餉需」,卻考慮到「此項粵勇本係吳亞終、黃崇英暨總兵劉永福舊部,流落越南將及廿年,今若一旦遣散,必至無家可歸,後患有不堪言者,請分別暫緩裁撤」〔註 19〕。為解決「粵勇」問題,岑毓英奏請清政府「將打仗勇敢年力強壯者另行挑出,仍食勇餉。其久居越南,能耐煙瘴,攜有家室,堪以就近屯墾者,編為土勇。現經各將領悉心挑並,共編為粵勇十三營,土勇十五營。查前奏留粵勇六千名編為二十八營」〔註 20〕。

至此,雲南駐軍的練軍規模已占到額設兵員的八成,即 77 營。若加上留防廣西的 13 營滇勇、由土兵組成的 6 營「猓黑」防兵及駐屯滇南邊防的 25營土勇,雲南駐軍總量超過 120 營。以每營 220 人左右的一般建制規模估算,雲南此時的駐防兵力約在 25000 人左右。1885 年後,雲南駐防軍隊人數與 1840年以前 40000 人左右的駐防規模相比可謂銳減,然戰鬥力卻大為增強。歷經汰整、編練且大量使用西式武器裝備的練軍在一定程度上提升了雲南的「蠻防」實力。

〔註17〕　(清)岑毓英:《岑襄勤公遺集》卷二八,第 14 頁。

〔註18〕　(清)朱壽朋編:《光緒朝東華錄》卷八十,光緒十四年二月,第 16 頁,總第 2422 頁。

〔註19〕　(清)朱壽朋編:《光緒朝東華錄》卷八十,光緒十四年二月,第 16 頁,總第 2422 頁。

〔註20〕　(清)朱壽朋編:《光緒朝東華錄》卷八十,光緒十四年二月,第 16 頁,總第 2422 頁。

二、構建近代化邊防及管理機制

1840 年以來，雲南「蠻防」因地緣安全危機加深面對的內防、邊防壓力顯著增強。第一次工業革命完成後，英法在世界範圍內開闢產品銷售市場及原料產地的願望更加強烈。緬甸、越南及中國「蠻疆」逐步成為英法侵略擴張的對象。在英法加緊侵佔緬甸、越南等鄰國的同時，其對中國「蠻疆」的滲透也與日遞增，改變了雲南「蠻防」傳統的地緣安全格局，導致「蠻疆」出現「以強為鄰」的邊防壓力。1840 年以來，尤其在太平天國起義後，雲南各民族起義和邊境匪患頻發，嚴重衝擊了雲南「蠻疆」統治秩序，使雲南「蠻防」的內防壓力驟增。為此，加強「蠻防」建設，應對內防和邊防壓力，成為封疆大吏岑毓英必須面對的重要課題。

中法戰爭結束後，岑毓英認為缺乏電報通訊延誤軍事情報傳遞是造成中法戰爭「勝而乘敗」的重要原因。考慮到英法兩國逼近「蠻疆」，岑毓英主張「架設電報以速邊防」。中法戰爭期間，岑毓英雖看到電報通訊的重要性，然「粵滇兩軍，糧餉支絀，兵勇多有欠餉」〔註 21〕，無財力架設雲南電報線路。戰事結束後，岑毓英認為「現在軍務稍鬆，軍餉逐漸可省」，「由廣西南寧架設旱電線直至雲南，或在湖南接設至貴州以達雲南」〔註 22〕的條件已經具備，遂派員連同廣西委員查勘沿途地形，在光緒十二年（1886 年）底至光緒十三年（1887 年）二月動工興建了自蒙自經昆明、宜威、貴州畢節，北到瀘州、東到貴陽滇川電線。滇川線是雲南架設的第一條電線。岑毓英還在蒙自主持開辦雲南電報局。英國侵佔上緬甸後，隨著滇緬邊防壓力的驟增，岑毓英迅即組織架設由蒙自經建水到通海的電報線，以加強滇緬邊防、滇越邊防與雲南腹地的電訊溝通，為清政府及時掌握英緬戰局及邊防安全形勢奠定了通訊基礎。與此同時，為便利雲南邊防及商貿信息傳遞，岑毓英還在雲南省內架設自昆明通達省內各地的電報支線，並於光緒十五年（1889 年）蒙自開埠後命雲南電報局在蠻耗大商號「永同安」後院內設立電報分局，逐漸完善起雲南的電報通訊網絡。

中法戰爭後，清政府與法國商定在蒙自開埠通商。光緒十一年（1885 年）到光緒十五年（1889 年）間，蒙自雖未正式開埠，然外事商務交流日益增多。

〔註 21〕（清）岑毓英：《岑襄勤公遺集》卷二二，第 20 頁。
〔註 22〕（清）岑毓英：《岑襄勤公遺集》卷二四，第 33 頁。

岑毓英認為「中外交涉必須有監司大員常川駐紮，方足以資控馭。」〔註23〕此時滇越邊境三府分屬兩道管轄，在對外交涉中存在管理弊端，且「二道所轄府廳州縣，漢夷雜處，均屬地方緊要，未便移駐。」〔註24〕岑毓英於是建議清政府增設臨安開廣道，將毗鄰越南的臨安、開化、廣南三府歸入該道，添設道員一名，令駐紮蒙自縣城，監管關稅相關事宜，以加強滇越邊境三府管理並統一事權。光緒十三年（1887年），清政府接受岑毓英建議批准設立臨安開廣道。臨安開廣道是清政府在中法戰爭後為鞏固滇南統治而對既有軍事、行政機構作出的整合調整。臨安開廣道道尹兼領兵備道職銜，統領滇越邊境三府邊防防務，同時監管關稅事務。臨安開廣道設立後，歷任道尹在轄區內逐步完善邊防汛卡駐防制度，有效抵制了法國以紅河航道加強滲透的圖謀。蒙自開埠後，外國人到此遊歷、經商、傳教者漸多，外交糾紛也隨之增多。對此，臨安開廣道歷任道尹立足實情，依中外條約公允處斷，既維護了國家尊嚴，也有效化解了外事糾紛。如光緒十五年（1889年），一位法國監工企圖窺視箇舊錫礦資源，臨安開廣道道尹湯壽茗依約嚴詞拒絕。〔註25〕可見，臨安開廣道的設置有力加強了滇南邊境管理，在一定程度上優化了滇越邊防管理機制。

為鞏固雲南邊防，岑毓英還積極在滇緬和滇越邊防籌建近代邊防設施。1885年以前，清政府在雲南邊境設置的關、卡、隘、峒等邊防要塞構成了一條防禦鄰國侵擾的軍事邊防線。到1885年時，綠營衰落已成定局，實際駐防雲南邊境各塘卡的防兵基本為土兵、土勇。土兵、土勇雖難與訓練有素、裝備更優的正規軍相比，然其熟悉邊地地形，擁有強烈的愛國熱情及守鄉衛土的責任感。因此，岑毓英在籌建雲南邊防時非常重視發揮土司及土兵、土勇的作用。另外，岑毓英還力圖改變雲南邊防要塞年久失修、殘破不堪及兵員不齊的情形，在成立碉築營和修建炮臺的同時，增調官兵、土兵、土勇充實各段哨、卡，並於在馬白、蒙自兩路之間的交趾城、長嶺岡、古林箐、水田、窯頭及蒿枝地等隘口增設營房、碉臺、炮樓和圍牆等軍事邊防設施，以應對法國威脅。〔註26〕此外，岑毓英還在中越滇越段勘界過程力爭取收歸的國土上及時分兵駐屯，以軍事存在鞏固爭議地區的統治。

〔註23〕 （清）王文韶：《續雲南通志稿》卷八六，光緒二十七年（1901年）四川岳池刻本，第5頁。
〔註24〕 （清）岑毓英：《岑襄勤公遺集》卷二八，第35頁。
〔註25〕 陳元惠：《從臨安開廣道的設立看雲南的近代外交》，《學術探索》2004年第3期。
〔註26〕 （清）岑毓英：《岑襄勤公遺集》卷二六，第26～27頁。

　　1885 年後，面對滇越、滇緬邊防傳統地緣安全局勢的轉變，雲貴總督岑毓英積極籌建雲南邊防，嘔心瀝血，不計個人得失，爲穩定雲南「蠻疆」秩序和鞏固「蠻防」安全做出了突出貢獻。在滇越勘界前，岑毓英爲在分界談判中爭得先機積極出謀劃策，還親赴滇越交界的崇山峻嶺和叢林密菁之間實地踏勘。在分界談判過程中，岑毓英抱病親自參與商談，密切關注法國使節動向，配合中方談判人員據理力爭，收回部分國土。爲籌建雲南邊防，岑毓英通盤籌劃，不遺餘力，編練精兵，勘定匪亂，興建電報事業，完善邊境管理機制，籌建近代邊防設施，顯著優化了雲南「蠻防」安全、「蠻疆」管理和「蠻疆」開發的互動機制。

三、後岑毓英時代的雲南邊防

　　中法戰爭後，在岑毓英的籌建下，雲南邊防自 1840 年以來的空虛狀況得到較大改觀。迭經甲午戰爭摧殘和八國聯軍蹂躪的清王朝到 20 世紀初時雖企圖通過自上而下的新政變革振興國家實力，成效卻不大。相反，清政府對「蠻疆」的控制能力隨國家實力下降進一步減弱，「蠻防」面對的地緣安全危機更趨嚴重。地居西南邊疆的雲南隨著英、法在緬甸和越南統治秩序的穩定，面對的安全威脅不斷加大。光緒三十一年（1905 年），同盟會甫成立，孫中山與滇籍同盟會員李根源、楊秋帆、羅鎔先、趙直齋、呂志伊五人討論籌辦《雲南雜誌》時指出：「雲南最近有兩個導致革命之因素：一是宮吏貪污，如丁振鐸、興祿之貪污行爲，已引起全省人民之憤慨，另一是外侮日亟，英占緬甸，法占越南，皆以雲南爲其侵略之目標。滇省人民在宮吏壓榨與外侮憑陵之下，易於鼓動奮起，故籌辦雲南地方刊物爲刻不容緩之任務。」〔註 27〕可見，在清末日益嚴重的邊防危機下，不獨清政府，長期致力於推翻清政府的孫中山也對雲南「蠻疆」邊防危機予以關注。19 世紀 90 年代末，滇越邊界基本勘劃完畢且立碑工作亦告完成，故滇越邊境相對安定。中緬邊境卻因北部、南部未定界地區爭議問題的存在一直面對英國的軍事壓力。英國將清政府加強滇緬防務和邊境管理的新政舉措視爲「前進政策」，傾向於在邊境糾紛中採取強硬對策，導致滇緬邊防壓力一直存在，成爲雲南「蠻防」安全的主要威脅。

〔註 27〕中國人民政治協商會議雲南省委員會文史資料委員會編：《雲南文史資料選輯》（第四十一輯）《辛亥革命在雲南》，昆明：雲南人民出版社，1991 年，第32 頁。

　　呂昭義在《英屬印度與中國西南邊疆》一書中認為,「英國完成對印度和下緬甸的征服後,又瓦解了印度的封建經濟,建立起了附屬於英國的工業、種植業、交通運輸業,尤其是印度茶業的興起和鐵路幹線的鋪設,這就為英屬印度提供了可以灌銷西藏的廉價印茶(與川茶在西藏的售價相比)和跨越天然屏障大規模運輸商品的物質力量」,而斯普萊提出「修築一條從仰光到雲南思茅的鐵路的設想」將英國人的注意力逐漸轉移到「打開中國西南後門」上來,英國政府與商人「經過辯論,形成了貫通滇緬、貫通藏印,連結英屬印度與長江流域,經由一條英國獨擅其利的道路,建立英國在華優勢地位,與其他資本主義強國爭奪中國市場的商業戰略設想。」〔註28〕。可見,英國雖對滇緬邊境存在領土訴求,在滇緬邊界談判中卻頗有耐心。因為,英國既不願因過分開罪清政府而讓法國人獨享「蠻疆」權益,也不願因過度刺激清政府而影響其在滇、川、藏等地的實際利益,故傾向於在處理與清政府或云南地方關係時奉行以商業貿易利益為核心的原則。英國考慮到其他殖民地反抗鬥爭一直存在且愈演愈烈,既無力也無意在滇緬邊境挑起與清王朝的真正戰爭。英國認為即便此時清王朝已虛弱不堪,若通過戰爭佔領並治理中國「蠻疆」,尚難做到。英國對滇政策不僅在於對清政府的滇緬邊防保持必要的軍事威懾,還在於積極拓展雲南「蠻疆」的商業貿易。為此,英國在瀕臨雲南邊境的密支那、臘戌等地開通鐵路,其伊洛瓦底江輪船公司還存在一支擁有1000條船的船隊可直溯八莫。

　　雲南「蠻疆」是英國中國西南戰略的一部分,故滇緬邊防面對的壓力實際與四川和西藏的安全威脅連為一體。清末以來,英國為吞併西藏頻繁在川邊藏區製造事端,授意傳教士掠奪藏民土地,挑撥藏漢民族矛盾,乃至屠殺當地百姓。為加強滇緬邊防,光緒二十二年(1896年),四川總督鹿傳霖「以維西協所屬阿墩子汛地,界接廳川邊之巴塘,左臨瀾滄江,右抱金沙江,地勢至要,英緬鐵路所經,相距漸近,僅四五日程。乃協商四川疆臣,酌設重鎮,並於川、滇交界處,兩省各設文武員弁,協力防邊」〔註29〕。即便如此,「雲南自英據緬甸,法奪越南,防守兩難」,「光緒之季,西南騰越又臨安兩路,創設團練,稍資捍衛。而餉絀兵單,邊防漸弛」的問題愈顯突出。〔註30〕

〔註28〕　呂昭義:《英屬印度與中國西南邊疆(1774~1911)》《緒論》,第4頁。

〔註29〕　趙爾巽撰:《清史稿》卷一三七,第4073頁。

〔註30〕　趙爾巽撰:《清史稿》卷一三七,第4074頁。

光緒二十九年（1903 年）十月，四川總督錫良爲抵制英國對川邊藏區的侵略、滲透，決定在川邊招民屯墾，「保藏固川」，在西藏、滇川及川藏沿邊推行「新政」。英國認爲清政府在「蠻疆」推進邊疆新政意味著「中國已來到了印度的大門口，必須正視和處理這一問題」。〔註31〕

　　宣統二年（1910 年），爲抵制清政府的「前進政策」，英印總督明托提出「戰略邊界」計劃，不僅在中印邊界東段採取行動，還加強了對滇緬邊境北段的侵擾，乃至引發片馬危機。早於吞併上緬甸前，英國人古柏就看到「假使中國政府可以被誘而允許闢重慶爲自由商埠，則以重慶爲中國西部商業中心之地位，再以水路交通之發達，農產品及許多礦產資源均可以從附近攜取」〔註32〕，遂向政府提議開通八莫到大理的茶葉商路。光緒十六年（1890 年），英國政府在委派伊利奧特調查伊洛瓦底江上游後表示「密支那是緬甸省行政區域所達的極限」，數年後卻提出以高黎貢山作爲中緬界線的主張。對此，清政府無法接受。片馬地區遂出現領土爭議。清政府多次主張會勘片馬爭議地區所屬滇緬北段未定界，盡快劃定邊界，以結束爭議。光緒三十一年（1905 年），署理騰越關道石鴻韶與英駐騰越領事列敦會勘時發生激烈爭論。英國提議永租片馬遭到拒絕。烈敦派人大肆宣揚片馬歸屬緬甸的言論，還在宣統元年（1909 年）炮製徐麟祥等向英緬政府「乞伏做主」的不法勾當。無論英國採取何種手段，清政府一直堅持對片馬地區擁有主權。於是，英國決定武裝侵佔片馬，造成「片馬事件」。

　　在「片馬事件」造成的邊防危機中，中國各界民眾積極支持片馬地區的民族武裝抵抗英國侵略，使英軍逐漸退出該地區。「片馬事件」及其造成的邊防危機是對清末雲南邊防建設的一次檢驗。全國各界人士的愛國熱情及所激發的民族意識最終匯成一種強大的邊防能力，對英國侵略片馬的行徑形成堅決抵制。如雲貴總督李經羲派李根源潛入瀘水片馬地區調查，爲收復片馬做準備。宣統三年臘月廿八（1911 年 1 月 28 日），李根源等經半年多調查後撰成《滇西兵要界務圖注》一書，內著「圖略，附注百二十有六副，圖目一卷」，對包括片馬等在內的滇西邊境的路線、設防、風土等內容分別詳細介紹，爲清末民初鞏固滇西邊防、促進「蠻疆」開發提供了珍貴借鑒。

〔註31〕趙雲田：《清末川邊改革新探》，《中國藏學》2002 年第 3 期。

〔註32〕龍雲主修；周鍾岳，趙式銘等纂：《新纂雲南通志》（第七冊）卷一六八《外交考五》，第 598 頁。

　　與此同時，清政府爲應對英國對滇緬、中印邊防帶來的安全壓力也採取了一些必要措施。光緒三十四年（1908 年），慈禧太后與光緒皇帝相繼去世。宣統皇帝即位後，其父醇親王載灃攝政。載灃在軍政上堅持光緒生前所定的「編練新軍，開辦軍事學校」主張，認爲雲南處於英、法包圍下正面臨嚴重的安全危機，其存亡與否，關係甚大，應加強新軍建設。爲此，載灃委派滿洲大員錫良到雲南接替丁振鐸擔綱雲貴總督，負責組織、編練雲南新軍。錫良發現雲南號稱巡防軍過萬，卻分駐三迤，所用武器僅爲獨響毛瑟、九響毛瑟和土製銅冒搶槍，甚至尚有士兵使用戈矛。另外，雲南巡防軍編練方式也很陳舊，所謂訓練僅是學會打槍而已，其對西方戰略戰術的運用基本茫然無知。爲改變現狀，錫良決定組織第十九鎮新軍，還動用雲南藩庫現金數萬兩自德國採購步槍、馬槍、機關槍、手槍和管退炮等新式武器。爲提升第十九鎮新軍戰力，錫良下令採用新式編制，在軍中設鎮統一人，鎮下設二協統，協下設二標統，標下設三管帶，管帶下設四隊官，隊官下設四哨官，每哨統兵五六十人。從第十九鎮新軍的編制及武器配備來看，錫良確實將之打造成了一支戰鬥力頗強的近代化軍隊，且在人數上也比四川、貴州及廣西等鄰省要多。爲給第十九鎮新軍培養新式將官等人才，錫良還籌備成立了雲南陸軍講武堂。

　　西方國家的入侵讓清政府在國家安全危機的深切體認中逐漸意識到傳統邊防對象和邊防任務都已改變，且邊防近代化對「蠻疆」穩定和「蠻防」安全非常重要。在向西方學習的洋務實踐中，無論早期的曾國藩、李鴻章等還是後來的袁世凱、張之洞等，俱將製造、採購和使用西式武器、設立軍事學堂做爲首要內容，使國防軍事領域成爲實物層面較早開展近代化的領域。以軍事教育爲例，在國家面對地緣安全危局背景下，清末留學日本、學習軍事蔚然成風。然而，到清朝滅亡時，雲南青年仍將留學日本視爲畏途，導致其近代軍事人才相當匱乏。雲南陸軍講武堂設立後，錫良聘請日本人擔任教習等職，不僅讓雲南青年就近接受近代軍事教育，且爲雲南新軍發展提供了人才支撐。雲南陸軍講武堂不僅能在教學內容上適應新式戰爭需要作出及時更新，還在軍校編制、機構設置、教學方式等方面成爲中國近代軍事教育的典範。

　　另外，雲南陸軍講武堂還非常重視軍人道德教育，有力提升了雲南新軍的榮譽感、道德感及使命感。民國三年（1914 年）春，唐繼堯在發起陸軍將校講習會時演講指出，道德、名將和法制是軍人的靈魂，給軍人講道德是爲

陶冶其性情，講名將是爲提高其道德水平，講法制則是爲了規制其身心。總之，在地緣安全格局日趨惡化的「蠻防」危機中，雲南不僅在新軍建設及近代軍事教育方面走在了全國前列，也爲近代「蠻防」籌建及在民初複雜的國內國際形勢發展中保持雲南邊防的必要威懾力提供了支撐。

第二節　滇越鐵路及其「蠻防」影響

雲南自古生產五金，尤以錫、銅久負盛名。1840 年以來，雲南豐富的礦產資源和重要的地緣價值令英、法等國垂涎不已。早於咸同年間，法國便希望經由雲南「蠻疆」進入中國內地。咸豐十一年（1861 年），法國商人奧賽與張得比溯紅河來到雲南，經勘察發現雲南不僅物產豐饒，且地緣價值突出。回國後，二人將雲南所見詳細介紹給法國人。〔註33〕同治五年（1866 年），一支法國探險隊在特拉格與安鄴帶領下自西貢出發，溯湄公河進入雲南，發現該河不適合通航後再次將目光轉向紅河。同治十年（1871 年），法國探險家堵布益自越南東北深入雲南探險，以爲清政府鎮壓回民起義採購軍火爲名勘察紅河，證實該河可以通航。同治十二年（1873 年），堵布益再度溯紅河來到雲南，與雲貴總督劉長祐簽訂軍火和鹽供貨合同，又在雲南收購銅、錫而歸。然而，堵布益的貨船後被越南阮朝邊防查獲。阮朝拒絕法國經紅河將滇貨運至越南，法國以此爲藉口出兵攻陷河內。同治十三年（1874 年），法越在西貢達成《和平同盟條約》，法國取得紅河通航權。

光緒九年（1883 年），法國佔領越南東京後，總督杜梅開始全力開拓紅河航道，然紅河水位時有漲落，難行大船，運輸能力並不理想。杜梅於是希望修建一條鐵路溝通滇越以克服紅河的運量限制。實際上，早在同治十二年（1873 年）法國第一次攻佔北圻後，安鄴就曾設想：「我們如能從這裡開闢一條又經濟又迅速的路徑通往雲南和四川，則我們在商務上所取得的利益，將是不可估計的。」〔註34〕在此背景下，在越南與中國「蠻疆」間修建一條鐵路成爲法國以越南爲據點進而面向中國「蠻疆」拓展商業往來之急需。鐵路是關乎國防安全的重要設施。在「蠻疆」地緣安全危機日趨惡化的背景下，在中越之間修建鐵路勢必對「蠻防」安全產生重要影響。

〔註33〕束世徵：《中法外交史》，上海：商務印書館，1928 年，第 58～60 頁。

〔註34〕中國近代史資料叢刊編輯委員會：《帝國主義與中國海關》（第四編）《中國海關與中法戰爭》，北京：科學出版社，1957 年，第 12 頁。

一、滇越鐵路帶來的地緣安全壓力

中法戰爭後，清政府不僅承認法國保護越南，同意在「蠻疆」開闢商埠與法通商，還被迫賦予法國在「蠻疆」修建鐵路的權利。在中法交涉中，法國建議清政府「給法日後造鐵路地段，賠費作罷。」〔註 35〕法駐華公使巴德諾提出：「本國於東京之事，必須中國照律約辦理。看中國現雖不予賠款，必須予以別項，即係或中國允由東京至滇省添造鐵路，並允於滇省通商所造鐵路之費，中國應行襄助，按每年須還本國造鐵路修路之費，還至十年為期。」〔註 36〕隨後，在《中法合訂越南條約》第七款中清政府與法國約定：「由法國在北圻一帶開闢道路，鼓勵建設鐵路。彼此言明，日後若中國酌擬創造鐵路時，中國自向法國業此之人商辦，其招募人工，法國無不勸助。」〔註 37〕光緒二十一年（1895 年），清政府與法國在《中法續議界務商務專條》第五款中約定：「至越南之鐵路，或已成者，或日後擬添者，彼此議定，可由兩國酌商，妥訂辦法，接至中國界內。」〔註 38〕至此，法國取得了在雲南「蠻疆」修建鐵路的權利。

英國侵佔緬甸後也在醞釀修建一條緬甸到雲南「蠻疆」的鐵路。為贏得先機，法國改變修建自越南北圻到廣西「蠻疆」鐵路的初衷，決定修建滇越鐵路。如此一來，法國不僅能夠加強對雲南「蠻疆」的影響，還能在一定程度上以滇越鐵路阻斷英國對滇南的覬覦。法國駐蒙自領事 W.deb.Batie 曾明確指出：「自北圻至雲南中心之鐵路，宜早建築，不可久延時日，恐住緬英人爭奪。」〔註 39〕光緒十三年（1897 年），法駐華公使施阿蘭照會總署指出「自東京至雲南府之鐵路由法國築造」。總署在給法國政府的覆照中「允准（法國）自越南交界起由百色河一帶或紅河上游一帶，修造鐵路，以達省城。」同年，法屬越南總督杜梅私自派人分兩路勘探滇越鐵路線路。一路由布金榮大尉帶領，勘察蒙自到昆明線路，一路由郭士南帶領勘察海防到老街線路。光緒二

〔註 35〕中國史學會編：《中國近代史資料叢刊・中法戰爭》（第五冊）《中法越南交涉資料》（上），第 541 頁。

〔註 36〕中國史學會編：《中國近代史資料叢刊・中法戰爭》（第五冊），第 551～552 頁。

〔註 37〕（清）許同莘，汪毅，張承棨編：《光緒條約》卷十五，清末楊氏珍藏閣本，第 9～10 頁。

〔註 38〕（清）王彥威，王亮輯：《清季外交史料》卷一一四，第 5 頁。

〔註 39〕中國科學院歷史研究所編：《雲南雜誌選輯》，北京：科學出版社，1958 年，第 484～485 頁。

十四年（1898 年），發駐華代辦公使呂班照會總署稱：「一、車裏、雲南、廣西、廣東等省應照長江之例，不得讓與他國；二、中國郵政局總管令法員充補；三、由越南往雲南省城修造鐵路；四、法國在中國南省海南設立夏船之所」。〔註40〕結果，法國擬於雲南修築鐵路的要求遭到英國反對。

　　英國向來認為雲南「蠻疆」是聯通印緬殖民地與中國內地長江流域的鎖鑰之地，早就考慮修建緬甸至雲南的鐵路。道光十一年（1831）年，斯普萊上尉便設想修建一條自緬甸海港馬達班至雲南景洪的鐵路，即「斯普萊線」，然該線經詳細勘測後被否定。同治七年（1868 年），英國政府派斯萊登上校再行勘察。經詳細勘察，斯萊登上校提出由緬甸八莫至騰躍、大理的鐵路線。光緒二十三年（1897 年），中英所簽之《續議滇緬條約付款》「第十二條載明中國答允將來審量在雲南修建鐵路與貿易有無裨益，如果修建，即允與緬甸鐵路相接。是該處中國境內鐵路應由中國自行審量」。〔註41〕光緒二十八年（1902 年）二月初三日，「准薩前大臣照稱本國署理騰越烈領事不日將往雲南府，與滇督面商鐵路邊界各事宜，滇緬鐵路相接為振興商務之舉，凡在滇省，允給法商之利益，應一體允給英商。本部當以原照所稱面商鐵路邊界各事宜，又稱滇緬鐵路相接，曰邊界，曰相接，均係按照原約立論，故於是月初七日以據諮滇督也。嗣於本年正月准滇督文，稱準英務領事照會，接烈領事來電，奉緬政府電，擬由新街達騰越修造一鐵路，以便商人運貨，先派公司勘明可否能修，再議商辦」〔註42〕。本年（1902 年）五月，「滇督奏請修理騰越小鐵路。籌款自辦，奉旨允准。原期中國雲南境內次第修建，以符與緬路相接之權。乃貴大臣來照，以為英政府得有承造新街至騰越鐵路之權，並引二十八年二月初七日之文為據，而以允給法商之利益相比例，實與中緬附約暨本部迭次照會之意不符」。〔註43〕從中可見，此前中英所定協議約定嗣後允將滇緬鐵路相接，而非允許英國在雲南修建鐵路。清政府不僅聲稱將自籌自建滇境鐵路，且援引此條拒絕了英國修建騰越鐵路的無理要求。

　　綜合權衡工程技術及成本收益等方面因素，英國的滇緬鐵路修建計劃直到清朝滅亡一直未付諸實施，卻在一定程度上刺激了法國修建滇越鐵路的步

〔註40〕（清）王彥威，王亮輯：《清季外交史料》卷一三一，第 3 頁。
〔註41〕趙爾巽撰：《清史稿》卷一五四，第 4552 頁。
〔註42〕趙爾巽撰：《清史稿》卷一五四，第 4552 頁。
〔註43〕趙爾巽撰：《清史稿》卷一五四，第 4553 頁。

伐。面對英國反對，清政府左右為難。法國再次向清政府施壓，聲稱：「山東允德借地及鐵路數道，法獨向隅，議院不平，請派艦重辦，所開四條，必須照准，如中國和商，法必顧大局，否則不得不籌辦法。」面對法國壓力，清政府最終妥協。總署在給法國駐華公使呂班的覆照中表示：「中國國家允准法國國家或所指法國公司，自越南邊界至雲南省城修造鐵路一道。中國國家所應備者，惟有該路所經之地，與路旁應用地段而已。該路現正查勘，以後另由兩國合計，再行會同訂立章程。」

　　光緒二十五年（1899年）底，駐法公使慶常向清政府報告稱：「法國越南總督杜梅擬借款興造滇越鐵路，已於本月初三日經議院覆核允准。大致越境以內各處鐵路，估用法銀二萬萬佛朗。又由雲南保勝邊界至雲南省城修路一道，約用法銀七千萬佛朗，均以越南賦稅作抵，不由本國作保。惟邊界一路，每年由法保給債利三百萬佛朗」，法議院還批准「駐越總督籌借法銀二萬萬佛朗，專充越南地方建造鐵路之用，限七十五年之內償還」，凡「招商承造各鐵路應用物料，如越南地方無此出產，應購用法國物料。至運載物料應用法船」。〔註44〕光緒二十七年（1901年）夏，越南總督杜梅與東方匯理銀行、巴黎依士公特銀行、推廣法國工商銀行、工商總銀行簽訂《海防雲南府鐵路合同》，將滇越鐵路修築權轉讓給以上公司，規定在經政府批准該合同 3 個月後成立滇越鐵路公司，該公司督理必須由法人擔任，滇越鐵路的運行與管理由該公司全權負責。滇越鐵路公司最高機構設在巴黎，河內設分管，下設採購、管理等科和鋼廠等附屬設施。

　　為推動滇越鐵路修建盡快付諸實施，法國還及時與清政府商籌滇越鐵路章程。光緒二十四年（1898年），清政府外務部參照吉林、黑龍江及山東等省鐵路合同，提出七條辦法，希望「此路地主，係屬中國所有」，「遇有戰事，不守局外之例，悉聽中國調度」，若干年後，中國有權收回路權，此路納稅及所運商貨，中國有權抽釐，「工匠、巡兵人等全用華人，鐵軌尺寸由中國自定，所用材料，先盡中國所產」〔註45〕。顯然，清政府的意願與法國修建滇越鐵路初衷相背，法國僅承諾給清政府提供兩億法郎無息貸款。為日後收回路權，清政府拒絕了貸款，表示願以鐵路佔地作價 200 萬輛白銀入股。光緒二十九年（1903年），清政府批准外務部提交的《滇越鐵路章程》。該《章程》計有

〔註44〕　（清）王彥威，王亮輯：《清季外交史料》卷一一四，第4頁。
〔註45〕　（清）王彥威，王亮輯：《清季外交史料》卷一五四，第18～19頁。

三十四款，規定：滇越鐵路修建所需資金由法國提供，各級管理人員俱用外
人擔任，「公司執事人員、工匠、人夫等，均歸總監工管理」，「公司有權組織
軍隊於沿線擇要駐紮」，以「彈壓工匠、人夫」，其所需一切物料完全免稅進
口，運價由公司「自行核定」，「可在幹線上接修枝路」，80 年後中國可贖回
該路。〔註46〕至此，法國修建滇越鐵路的條件已完全具備。

　　從經濟效益上看，滇越鐵路運力有限且運價高昂。法國修建此路的主要
目的在於加強對雲南的滲透，以與英國角逐「蠻疆」控制權。滇越鐵路是英
法角逐雲南「蠻疆」控制權的結果，其修建必然導致滇緬邊防面對的法國壓
力相應增大。滇越鐵路管理權名義上歸滇越鐵路公司執掌，實際由法國政府
控制。法國政府不僅利用該路在雲南派駐武裝，向雲南境內各站點隨時運送
火藥、炸藥等軍需物資，在雲南儲存、偷賣武器軍火，還在各車站築設碉堡，
儲存彈藥，駐防軍隊，成為法國控制雲南的工具和「蠻防」安全的重大威脅。
對於中越鐵路給雲南邊防安全造成的空前壓力，梁啓超在《越南小志》中曾
一針見血的指出，「四十年前，鐵路之用未廣，故狡焉思侵略者，惟注重航路，
西貢條約第十一款，汲汲以得紅河航運之權為務，凡以窺雲南也。然法國海
軍大佐拉克里氏曾以三年間溯航湄公河，欲以上雲南，將河流之實相細細調
查，知其上游不適宜航運」，今「列強皆以鐵路政略，為侵略之不二法門，於
是法人亦集全力以注於此一點」〔註47〕。

二、滇越鐵路的近代化效應與邊防價值

　　滇越鐵路共分兩段，海防至老街為「越段」，全長389公里，光緒二十七
年（1901年）開修，光緒二十九年（1903年）竣工，蒙自至昆明為「滇段」，
全長465公里，光緒三十年（1904年）動工，宣統二年（1910年）竣工。全
線採用一米單軌，是全國僅有的兩條窄軌鐵路之一。滇越鐵路在增大法國對
「蠻防」安全威脅的同時還極大優化了雲南的對外交通結構，促進了雲南的
對外貿易發展。滇越鐵路修通後，雲南所產大錫、生絲、皮革、鎢砂和豬鬃
等物資經蒙自出口的數量大增，乃至川、黔、藏也開始經滇越鐵路出口貨物。
滇越鐵路在一定程度上改變了雲南貨物運輸依靠人挑馬馱的傳統面貌，使大

〔註46〕《雲南近代史》編寫組：《雲南近代史》，昆明：雲南人民出版社，1993年，
　　　　第116頁。
〔註47〕梁啓超：《飲冰室專集》（十八）《越南小志》，第11～12頁。

宗貨物的批量運輸成為可能。1885 年後，雲南蒙自、思茅和騰越相繼被辟為商埠，位於滇越鐵路上的蒙自海關的對外貿易總額長期居三關之首。通過滇越鐵路，雲南貨物可直接運抵越南海防港，進而轉口銷往世界。

滇越鐵路對雲南「蠻疆」而言不僅是一條彌足珍貴的出海大通道，更是雲南溝通海外、聯通世界的橋樑。在該路刺激下，雲南對外貿易額顯著增長，對外貿易範圍明顯擴大，出口貨物的種類逐漸增加。滇越鐵路修通後，雲南風氣漸開，西方工業技術及成套設備的進口成為可能。為適應國際市場需求，雲南以手工業製品及農產品為主的商品生產及出口結構開始改變，經過初級乃至精緻加工的初級工業品開始出現。如雲南所產大錫，雖聲名遠揚，加工製造工藝卻長期落後，尤其是純度不高制約了其出口效益。滇越鐵路開通後，為大力開拓出口市場，箇舊附近的一些大錫生產廠家開始引進西方先進的製錫工藝，逐步將大錫的純度提高到 99.99%，使之迅即成為國際市場暢銷品。從表 9 可知，滇越鐵路開通後，沿線各地引進西方生產設備以升級生產工藝漸成風氣。可以說，雲南出口商品結構的改變與升級不僅得益於滇越鐵路開通後帶來的國際市場需求，更得益於滇越鐵路為西方大型機器設備的進口提供了便捷通道。

表 9：清末經滇越鐵路進口設備所屬企業統計表〔註48〕

企業名稱	開辦時間	投資額	產權屬性	進口設備
雲南機器局	1884 年	—	官辦	1924 年由省政府籌資100萬元自日本進口機器設備生產子彈。
箇舊錫務公司	1904 年	250 萬元	官商合辦	1910 年自德國進口價值超過100萬馬克的洗砂、冶煉、電動機、檢驗和架空鐵索等機械設備。
耀龍電燈公司	1909 年	約27萬元	商辦	自德國西門子公司進口兩臺240KW 的水輪發電機組和送電及配電設備。
芷村鎢銻公司	1911 年	25 萬元	商辦	經香港引進一套冶煉設備。

滇越鐵路對雲南「蠻疆」近代化的影響還充分體現在其產生的科技示範效應上。近代西方科學技術在雲南的大範圍傳播始於滇越鐵路修建，而西方

〔註48〕 車轔：《滇越鐵路與近代西方科學技術在雲南的傳播》，《昆明理工大學學報（社會科學版）》2006 年第 4 期。

科學技術正是推進雲南邊防近代化的主要動力。滇越鐵路帶來的科學啓迪、技術溢出、技術示範和技術載體效應有力推動了雲南的近代工業化進程，奠定了雲南近代化早期的工業技術水平。如滇越鐵路修建帶來的近代測繪工程學及海防高程系統正是雲南籌建近代邊防亟需的新學問、新學科。在滇越鐵路科技溢出效應影響下，宣統三年正月十五（1911 年 2 月 13 日），雲南成立陸軍測地局。民國初年，雲南省地政局、省公路總局及省水資源委員會等部門也開始陸續添設測繪機構，並結合軍事、政治、生產及民生建設陸續在全省範圍內開展地形測繪、控制測量、交通線路勘測及水道疏濬等測繪工作，在此過程中形成的雲南境內假定高程系統後在諸多工程建設中得到廣泛應用。

在滇越鐵路刺激推動下，雲南官方及民間一度興起興辦鐵路及工礦企業的熱潮，且所建企業主要集中在滇越鐵路沿線尤其是鐵路所經各通商口岸，如昆明、蒙自、河口、開遠和箇舊等地。滇越鐵路引發的「蠻防」安全危機還直接促成了滇蜀騰越鐵路公司的成立。即便該路未曾動工，卻起到了啓迪民智、保護路權、提倡科學和開導風氣的作用。爲促成滇蜀騰越鐵路修建，清政府不僅公開發行股票，還於光緒三十四年（1908 年）和宣統二年（1910 年）在昆明成立速成鐵路學堂和雲南省會高等工礦學堂。

此外，爲保障滇越鐵路修建及運營，法國也陸續在雲南開設與之相關的近代學堂。光緒二十七年（1901 年），法屬越南總督府提供經費在昆明開辦了由法國領事直接領導、監管的中法學校，以爲法駐滇機構及滇越鐵路的修建、運營和管理培養人才。光緒三十二年（1906 年），法國與蒙自地方聯合籌辦中法學堂，培養鐵路修建、勘測、管理及外語人才，畢業生可直接分配至滇越鐵路公司工作。鐵路不僅是技術集成要求非常高的基礎產業，其正常運營還離不開專業管理人才。滇越鐵路的運營管理也是一個西方科學技術在雲南廣泛溢出的過程。宣統二年（1910 年），爲保障滇越鐵路運行，法國在滇越鐵路公司滇局段設立機務處，下設機務總段、總車房及車房，負責滇越鐵路機車等機械設備的輪修及養護。在此過程中，法國的科學技術及企業管理知識逐漸被部分中國產業工人掌握。

滇越鐵路的修建、運營及管理不僅產生了顯著的技術示範效應，還促成雲南陸軍測繪學堂、速成鐵路學堂、滇蜀騰越公司等一批近代教育或企業機構的成立，有力推動了雲南近代工程技術學科的發展。經由滇越鐵路，雲南可相對便捷地進口西方的發電機組、採礦冶煉裝備、機床、採礦及紡織機械

等大型機器設備，極大推進了雲南的近代工業化進程。西方科學技術、生產設備及其帶來的工業生產能力正是清政府推進雲南「蠻防」近代化的重要動力。滇越鐵路開通雖導致雲南地緣安全環境進一步改變，在一定程度上加劇了雲南的「蠻防」安全危機，然滇越鐵路修建及其帶來近代化效應不僅帶動了一批近代教育機構、工礦企業在雲南落地生根，還使雲南的域外溝通條件得到改善，對外貿易規模顯著擴大又反過來在一定程度上優化了雲南「蠻防」建設、「蠻疆」管理和「蠻疆」開發的互動發展格局。

第三節　晚清雲南的「蠻疆」開發

從「蠻防」安全角度看，1840 年以來雲南在英法等西方國家衝擊下陷入地緣安全危局，然「蠻防」安全能力卻在英法衝擊下的自強努力中得到加強。1885 年以後，法國在修建滇越鐵路的同時還在雲南各地廣泛投資，興辦工礦企業，逐漸將雲南裏挾進世界資本市場。英國侵佔緬甸後也積極尋求開闢新商路，並於光緒三十三年（1907 年）強迫清政府將騰越闢爲商埠。英法商品憑藉廉價優勢及關稅與子口稅特權暢銷我國內地，「洋貨之始入中國也，初不過鐘錶、呢布之類。自有機器，洋貨日多，土貨不敵十一，窮鄉僻壤，未有不用洋貨者」〔註49〕。據統計，光緒二十七年（1901 年）雲南經蒙自、思茅兩口岸進出口的貨物價值便分別達到 3748339 海關兩、3066943 海關兩和299381 海關兩、35268 海關兩〔註50〕。在外國商品衝擊下，雲南本地手工業受到不小衝擊，雲南一些地方的農民爲圖生計開始種植罌粟，使「雲土」如同清代前中期的「滇銅」一樣很快在全國頗具盛名。尤其是清末新政期間，雲南力圖通過邊疆新政將 1840 年以來日益惡化的「蠻防」安全格局重新引入邊疆開發、邊境管控和邊防安全的良性互動軌道。在以英法爲鄰的地緣安全危機中，爲穩定「蠻疆」秩序，鞏固「蠻防」安全，雲南在籌建「蠻防」、加強「蠻疆」控制的同時，還積極推進「蠻疆」開發，電報、鐵路、教育、工礦等近代事業次第展開。

〔註49〕 沈雲龍編：《近代中國史料叢刊初編》（一輯第 398 冊）《張中丞奏議》卷三《遵旨籌議開源節流十條摺》，臺北：文海出版社，1966 年，第 387 頁。

〔註50〕 中國科學院歷史研究所第三所編：《雲南雜誌選輯》，北京：社會科學出版社，1958 年，第 430 頁。

一、風光難再的滇銅業

19 世紀中期後，英法在對「蠻疆」鄰國越南、緬甸等加強侵略滲透的同時，還頻繁開展對雲南礦業資源的系統調查。雲南得天獨厚的礦業資源開始成爲英法覬覦的對象。光緒二十八年（1902 年），英法聯合成立「隆興公司」〔註51〕。該公司與清政府達成的《雲南隆興公司承辦七府礦務章程》確定了英法對雲南臨安、開化、元江、楚雄、永北及雲南七府的礦業開發權，約定期限爲 85 年。〔註52〕若該《章程》付諸實施，國人將喪失在雲南開辦礦業企業的權利，雲南民間礦業也將出現無礦可採的局面，還會對清末雲南的「蠻疆」新政造成重大衝擊。爲此，雲南各階層民衆要求清政府收回七府礦權，確保「礦自我開」、「保我利權」。清政府迫於民衆保衛路權運動之壓力，最終收回七府礦權。雲南豐富的礦產資源一直是「蠻疆」經濟開發的重要內容。以銅礦開採冶煉爲主的雲南礦業曾是清代前期雲南「蠻疆」經濟開發的重心所在。1840 年後，礦業同樣是雲南「蠻疆」開發的重要內容。從「蠻疆」穩定和「蠻防」安全角度看，雲南礦業開發顯然有助充裕「蠻防」建設經費和維護「蠻疆」社會穩定。

表 10：清代東川銅礦產量及價格統計（1697 年～1911 年）〔註53〕

年　份	產量／擔	價格／兩	年份	產量／擔	價格／兩
1697～1725	—	—	1874～1887	5000	10.3
1726～1737	45000～50000	5.4	1889～1892	10000	10.3
1738～1753	80000～100000	5.8	1893～1897	10000	11.3
1754～1772	100000	5.7～7.0	1898～1899	10000	13.2
1773～1822	100000～130000	6.4	1900～1906	10000	14.0
1823～1858	80000～100000	7.45	1907～1911	13000	17.0

自咸豐六年（1856 年）到同治十三年（1874 年），雲南迭經 18 年戰火洗禮，「兵燹之餘，薪碳日昂，人工益少，承辦員紳節不諳習礦務，不能不聽命於爐戶，以故辦理十餘年，仍難獲效」〔註54〕，各地礦區屢遭破壞，殘敗不

〔註51〕亦稱「英法七府礦務公司」。
〔註52〕王丹：《西方列強在中國劃分勢力範圍的重要開端》，《雲南社會科學》1989 年第 2 期。
〔註53〕黃汲清，潘雲唐，謝廣連編：《丁文江選集》，第 55 頁。
〔註54〕（清）朱壽朋編：《光緒朝東華錄》卷八十，光緒十四年五月，第 47 頁，總第 2453 頁。

堪。爲防杜英法野心，振興「蠻疆」經濟，清政府在鎮壓杜文秀等農民起義後著手恢復「滇銅」開發。然而，因資源枯竭、資金不足、人才匱乏、技術落後等原因，清代中期以來「滇銅」開發的頹勢一直未得到根本扭轉。

　　清代前中期雲南銅業之繁榮除與雲南的資源稟賦相關外，還得益於清政府源源不斷的財政扶持。滇銅是生產制錢的珍貴原料，關乎清王朝的金融安全與社會穩定。清政府雄厚的財政實力及財政扶持可以保證滇銅在不計成本的狀態下持續開採。1840年以來，清政府在支付賠款、戰爭軍費和興辦洋務過程中走向財政拮据，不可能再出現由戶部每年撥款上百萬兩白銀用以支持滇銅生產的現象。另外，清代前中期滇銅的繁榮還得益於內地民人不斷前往雲南爲滇銅開採帶來了豐富勞動力。清代雲南銅礦業繁盛之時，民間曾流傳過「丁由利集，銅由丁出」的諺語。在手工作坊時代，充裕的「銅丁」無疑是在土法開採冶煉條件下維持銅礦業發展的重要保證。清代前期，尤其是乾隆年間，隨著長江流域諸省「流民」的到來，雲南銅礦業所需「銅丁」開始擁有可靠保障。

　　1840年以後，雲南銅礦資源的枯竭及日益惡化的資本困境使得「廠利不豐，外省民無利可圖」，於是長江流域諸省民眾遷移雲南的高潮漸趨平息，而曠日持久的回民起義不僅波及各大礦區，還使雲南戶口銳減，直到清朝滅亡雲南人口數量仍未恢復到道光前的水平。在西方生產技術及設備未廣泛普及的條件下，1840年後的雲南銅礦開發依然需要充足的勞動力資源，而勞動力匱乏恰成爲制約晚清雲南銅礦開發的重要障礙。

　　即便面對眾多困難，清政府依然希望恢復「滇銅」生產。光緒九年（1883年），法越構兵造成的邊防安全危機讓清政府意識到必須早做預防，面對日益嚴峻的財政危機，清政府除督促各省協撥款項外還希望利用各地的資源優勢，廣開利源。雲南山多田少，但礦產資源豐富，「滇銅」採煉在乾隆、嘉慶年間不僅供給本省爲用，還專供「京局」，且各省採購「滇銅」每年都有定額。1840年以來，隨著資源枯竭，「滇銅」生產風光不再。

　　光緒皇帝面對財政危局，希望雲南督撫大員等重振「滇銅」業。光緒九年（1883年），光緒皇帝在上諭中指出：

> 該省銅政，久經廢弛，本應整頓規復，以資鼓鑄，而利民用。
> 此外金銀鉛鐵各礦亦復不少，均爲外人覬覦，自亦早籌開採，以廣
> 中土之利源，即以杜他族之窺伺，實爲裕國籌邊至計。惟經費較巨，

> 籌款維艱。近來各處開採煤礦,皆係招商集股,舉辦較易。若仿照
> 辦理,廣召各省殷實商民,按股出資,與官本相輔而行,則眾擎易
> 舉,事乃克成。前據岑毓英等奏,整頓銅政章程五條,業經戶部議
> 覆准行。〔註55〕

顯然,光緒皇帝對恢復雲南礦業生產的認識已不局限於充裕餉源及提供鑄幣原料,而是將其提升到了振興「蠻疆」經濟和鞏固「蠻防」安全的戰略高度,希望以礦業開發扭轉雲南民生凋敝、邊防空虛的局面。

可以說,清政府以礦業開發「裕國籌邊」的想法完全符合時代潮流,然資金不足、人力匱乏等問題卻成為擺在雲貴總督岑毓英等面前的重大難題。同治十三年(1874 年),清政府開始「試辦京銅」,並於光緒九年(1883 年)「設立招商局接辦」,然長期存在「須預發底本乃能陸續繳銅」的窘境。為解決籌款難題,清政府還「設礦務局,招募鉅股」〔註56〕。然而,自同治十三年(1874 年)到光緒十六年(1890 年)長達 16 年的時間內,雲南銅料解往京師僅有 8 起,計 837 萬斤。〔註57〕自光緒十六年(1890 年)到光緒二十三年(1897 年)的 8 年間,滇銅產量有所增加,計產銅 830 萬斤,將此前年產50 萬斤的水平提高到了 100 萬斤。即便如此,此時「滇銅」產量也僅相當於乾嘉年間的十分之一。〔註58〕此後,「滇銅」年產量再未增加。可見,同治十四年(1874 年)以後的滇銅產能確實在嚴重下降,其產量對龐大的國內需求而言也確實微不足道。實際上,嘉慶後雲南各地銅礦的資源枯竭才是同治十四年(1874 年)後「滇銅」產量難以恢復的主要原因。面對資源枯竭窘境,即便沒有農民起義衝擊,滇銅業無疑也是夕陽產業,再也不可能重現乾嘉時代的風光。

光緒年間,受洋務風氣影響,雲南通過引進外資、購買西方採礦冶煉設備及招聘外籍礦業人才克服上述困難,才使得「滇銅」生產的窘境有所改觀。光緒三年(1877 年),為恢復雲南礦業開發,雲貴總督劉長祐認為應在「參用西洋採礦機器以助人力之不足,並延雇熟習礦路之師匠以補中法之未備」的

〔註55〕《清德宗實錄》卷一六六,光緒九年七月上,第 331 頁。
〔註56〕(清)朱壽朋編:《光緒朝東華錄》卷八十九,光緒十四年五月,第 47 頁,總第 2453 頁。
〔註57〕黃汲清,潘雲唐,謝廣連編:《丁文江選集》,第 55 頁。
〔註58〕(清)朱壽朋編:《光緒朝東華錄》卷八十九,光緒十四年五月,第 47 頁,總第 2453 頁。

同時，舉借外債「專備開礦之用」〔註59〕。光緒八年（1882年），面對英國加緊侵略上緬甸和法國力圖吞併越南北圻帶來的「蠻疆」邊防壓力，清政府調派岑毓英擔任雲貴總督。岑毓英認爲穩定「蠻疆」秩序和充裕「蠻防」經費都需以「蠻疆」開發振興「蠻疆」經濟。爲解決礦業開發的融資難題，岑毓英吸取李鴻章籌辦開平礦務局的經驗，打算面向國內發股籌資，以購買西方先進的開採及冶煉設備。光緒九年（1883年），左幅都御史張佩綸上奏指出：「招集商股，開採滇礦，爲富強本計」。光緒皇帝認爲張佩綸所提「不爲無見」，認爲岑毓英和唐炯等必能「留意講求，實心經畫」，希望其能「詳細會商，妥速籌辦」，並要求將「籌款招商等事」交由新任藩司龔易圖「妥爲辦理」〔註60〕。在此背景下，光緒九年（1883年），岑毓英主持成立雲南礦務招商局，是爲近代雲南首家官督商辦的礦業企業。〔註61〕該局在昆明設立總局的同時，還在上海設立分局負責招股集資、籌措經費。

　　與清代前中期的雲南礦業開發相比，西方機器設備的引入及募股集資的融資方式顯然在雲南「蠻疆」開發中具有劃時代的意義。早於光緒九年（1883年），光緒皇帝便在敦促岑毓英等恢復「滇銅」業的上諭中便認識到近代機器在礦業開採中的重要性，建議「至各處礦苗，應如何先行相度，或仍應購買外洋機器，以利開採，均著豫爲籌議」〔註62〕。岑毓英花費重金遠至上海購買西方礦業開採及冶煉設備主要是爲了振興東川礦業「雄風」，重拾「滇銅」美譽。然而，此時昔日「滇銅」的主要產地東川，銅礦資源業經清代前中期以來的持續開採已近枯竭，即便引進西方機器設備也難以應對「硐老山空」的資源瓶頸。另外，「雲南礦務招商局」在募股集資中因「信用不著，商賈裹足」而迅即陷入資本困境。唐炯擔任「雲南礦務督辦」以來，雖力主「創立私營公司」，「使用現代辦法開採這些礦藏」，成效卻並不理想。民國地質學家丁文江在《雲南東川銅礦》一文中稱，唐炯爲恢復東川礦業，曾「雇用了四五個日本工程師負責開採設計，並訂購了一些鍋爐和高爐，以使冶煉現代化。他擁有20萬兩流動資金，其中的大部分由他借自一個雲南銀行富翁。不幸的是他的日本專家不稱職，絲毫未做勘探和開發工作，就到處亂挖巨大的橫巷

〔註59〕中國史學會編：《洋務運動》（第七冊）《光緒三年三月二十一日雲貴總督劉長祐等奏》，第10頁。
〔註60〕《清德宗實錄》卷一六六，光緒九年七月上，第331頁。
〔註61〕《清德宗實錄》卷一六六，光緒九年七月上，第331頁。
〔註62〕《清德宗實錄》卷一六六，光緒九年七月上，第331頁。

和斜井。一年多過去了，耗資萬餘兩，卻粒銅未見」〔註63〕。顯然，即便採用私營公司的新型組織形式，採用機器等近代採礦手段，東川銅礦也難以再現乾嘉年間的繁榮景象。即便岑毓英想依靠西方先進的生產技術及裝備系統重振雲南礦業，且募股集資方式也完全符合近代企業的創辦思路，「雲南礦務招商局」自身管理運作、資源匱乏、人力不足等現實問題卻讓雲南礦業開發難見起色，以致該局存在不逾 5 年便宣告倒閉。

為扭轉清末「滇銅」開發困境，光緒十三年（1887 年）岑毓英推薦唐炯擔任雲南礦務督辦。唐炯認為振興雲南礦業應對礦業經營方式進行調整。尤其是要讓股東參與管理，以增加募股數量。光緒十三年（1887 年）七月，唐炯主持成立「雲南礦務招商公司」〔註64〕。為保證信譽，該公司不僅與當時雲南最大商號天順祥建立合作關係，還委派得力人等「分赴川、廣、漢口、寧波、上海等處招股」，規定凡入股該局，所有股本「週年六釐行息，三年結算，再分紅利，皆於天順祥號憑折支取」〔註65〕。與「雲南礦務招商局」相比，「雲南礦務招商公司」不僅與雲南最大商號順天翔進行融資合作，還確定了非常明確的股東分紅規則，信譽擁有保證，收益分配也公正合理。得益於此，「雲南礦務招商公司」迅即在礦業開發融資上打開局面。光緒十六年（1890年），「雲南礦務招商公司」在短短 3 年時間內便為雲南礦業開發籌集資金 70多萬兩。〔註66〕

為提升開採及冶煉水平，唐炯還「延聘日人多名為工程師，購置機器，籌劃自設煉爐」〔註67〕。光緒十三年（1887 年），「雲南礦務招商公司」成立以來在招股集資、引進西方生產設備及日本礦業開發人才恢復生產的同時，還著手恢復滇銅京運銷售渠道。光緒三十二年（1906 年），唐炯辭去雲南礦務督辦一職，「雲南礦務招商公司」旋即停辦。該公司存在時間長達近 20 年，是晚清雲南經營時間最長、生產規模最大的官督商辦企業。據統計，截至光緒二十四年（1898 年），經「雲南礦務招商公司」運抵京師的「滇銅」達 1000

〔註63〕 黃汲清，潘雲唐，謝廣連編：《丁文江選集》，第 54 頁。
〔註64〕 又稱「雲南礦務公司」。
〔註65〕 中國史學會編：《洋務運動》（第七冊）《光緒十四年閏四月雲南礦務大臣唐炯奏》，第 32 頁。
〔註66〕 中國史學會編：《洋務運動》（第七冊）《光緒十六年十一月十八日唐炯片》，第 32 頁。
〔註67〕 中國史學會編：《洋務運動》（第七冊）《光緒十四年閏四月雲南礦務大臣唐炯奏》，第 32 頁。

萬斤，平均每年 110 多萬斤。此產量雖無法與乾嘉年間每年近 1000 萬斤的滇銅京運量相提並論，相比 1840 年以來滇銅開發的困境來說，足以說明清末「滇銅」開發已略現復蘇之色，然「滇銅」開發風光難再卻已是不爭的事實。

二、異軍突起的箇舊錫業

岑毓英等在雲南回民起義平定後即著手復興「滇銅」業，因銅礦資源匱乏、資金不裕、「銅丁」銳減及技術落後等原因，「滇銅」產量卻並未恢復到乾嘉時的水平。毫無疑問，素稱雲南礦業「巨擘」的「滇銅」業已是末日黃花。「滇銅幾遍天下」的局面風光難再。然而，當東川「滇銅」生產一蹶不振時，箇舊錫業卻異軍突起，取代「滇銅」成爲雲南礦業開發的首要礦產和提振「蠻疆」經濟發展的新興力量。

箇舊錫業在乾隆年間已名聞天下，實際產量卻相對有限。蒙自開埠前，箇舊大錫每年產量不過「數十張」。按每張錫重 1.5～1.8 噸估算，年產量不過數十噸之多。〔註 68〕光緒十五年（1889 年）蒙自開埠後，箇舊大錫產量迅速增加。蒙自開埠當年，箇舊大錫產量便由過去之數十噸增長到 256 噸。光緒十六年（1890 年），其產量迅速躍升至 1315 噸，且此後逐年增加。

表 11：清末箇舊錫產量統計（1902 年～1911 年）〔註 69〕

年　份	產量／噸	年　份	產量／噸
光緒二十八年（1902 年）	3320	光緒三十三年（1907 年）	3450
光緒二十九年（1903 年）	2317	光緒三十四年（1908 年）	3675
光緒三十年（1904 年）	3413	宣統元年（1909 年）	4743
光緒三十一年（1905 年）	3627	宣統二年（1910 年）	4980
光緒三十二年（1906 年）	3790	宣統三年（1911 年）	6347

由上表可見，蒙自開埠後的 20 年間箇舊大錫產量迅速增長數十倍以至數百倍，成爲清代雲南礦業開發中繼乾嘉時代東川「滇銅」傳奇之後最爲引人注目的現象。箇舊錫業在雲南「蠻防」安全危機日益加深的背景下能夠異軍突起，其中原因值得探究。

〔註 68〕蘇汝江：《雲南箇舊錫業調查》，國立清華大學國情研究所，1942 年，第 18 頁。

〔註 69〕黃汲清，潘雲唐，謝廣連編：《丁文江選集》，第 223 頁。

　　首先，對礦業開發來說，資源稟賦是基本前提，箇舊豐富的錫礦資源為錫業崛起提供了資源保障。1840 年以來「滇銅」在頹勢中難見昔日榮光風光的根本原因在於銅礦資源經清代前中期持續開採已近枯竭。箇舊地區不僅擁有豐富的錫礦資源，且蒙自開埠前從未大規模開採。雲南通志館館長周鍾岳在 20 世紀 30 年代出版的《新纂雲南通志》中稱，清末箇舊「本省產錫。有箇舊、宣威、滬西等縣，而以箇舊獨著盛名。統計縣境縱橫不過數百方里之地，而重要錫廠共有六十處之多，子廠且有加無已焉，可謂盛已。」〔註 70〕可見，清末箇舊錫廠不僅數量多，且分佈集中。若無豐富的錫礦資源，很難出現如此景象。憑藉資源稟賦，自蒙自開埠直到當今雖歷經 100 多年，箇舊作為中國「錫都」的地位卻一直沒有動搖，足見箇舊錫礦資源之豐富。另外，箇舊錫礦的品質也相當高。民國時期，著名地礦專家丁文江在《雲南箇舊附近地質礦務報告》一文中稱，箇舊「礦質之成，如上所言者為濾入（infiltration）礦質。箇舊之礦，屬於此種無疑，共多寡成分，大率視石縫之大小形狀為定。土人往往謂礦床狀頗似瓜，礦脈細長，是為瓜藤；忽逢石穴，礦質較豐，是為瓜實，即是故也」〔註 71〕。

　　其次，箇舊地區屬喀斯特地貌，石灰岩地質構造普遍存在。石灰岩的化學特徵及自然地貌非常適宜土法開採，尤其是有助人們沿著喀斯特地貌生成的岩穴山洞尋找礦脈。在手工工場時代，礦井或礦洞中的通風及排水曾是制約礦產開採的重要技術難題。乾嘉年間，東川的銅礦開採若遇到極端天氣或礦難，動用的排水「礦丁」乃至多達數千人。龐大的人力、物力消耗常令廠民難堪重負，故須有雄厚的政府財政供給方能維持。

　　實際上，滇銅生產在一定程度上來說是不計成本的，其中原因主要是因為相對於清政府發行銅質制錢所取得的豐厚利潤來說，其完全有能力去承擔由此產生的一切成本。另外，為維護銀錢比價穩定，清政府必須保證銅料供應的充足和穩定。因而，清代「滇銅」的繁榮在很大程度上得益於幾乎可以不計成本的政府扶持。箇舊地區的石灰岩地質構造使採礦中很少出現複雜的排水難題，喀斯特地貌中溶洞系統的發育也讓通風很容易解決。因而，與東川的銅礦開採相比，箇舊錫礦開採成本要低的多。20 世紀 30 年代，丁文江經

〔註70〕龍雲主修；周鍾岳，趙式銘等纂：《新纂雲南通志》卷一四六《礦業考二・錫礦》，第 139 頁。
〔註71〕黃汲清，潘雲唐，謝廣連編：《丁文江選集》，第 214 頁。

詳細勘察後稱，箇舊「今日有石礦之廠，皆在與花崗石極近之地，蓋花崗石來自地底，其源極深，初爲水成岩所覆，蓋必經擠壓，始侵入水成岩石中。積之既久，水成岩爲風雨侵蝕，河流沖削，花崗石始得見天日」〔註72〕。丁文江所謂「水成岩」即石灰岩，石灰岩中間裂縫很多，完全漏水，故採礦者即便土法入礦硐亦不懼水患，且地面空氣自天然地縫流轉硐中，通風也不困難。

　　再者，1840 年以來國際市場錫料需求迅速增加，有力刺激了箇舊錫業發展。箇舊錫礦與東川「滇銅」相比，資源稟賦及開採條件更加優異，成本更爲低廉。既然如此，1840 年以前箇舊錫業發展爲何會裹足不前呢？對此，有人認爲清末箇舊大錫產量驟增主要與新式機器設備使用有關。機器生產作爲近代文明的產物，若普及使用的確可帶來迅速攀高的產量。事實卻是直到清末雲南雖在洋務運動風氣引導及滇越鐵路示範效應影響下已認識到機器生產的重要性，機器生產卻僅在東川「滇銅」生產中進行過有限嘗試，而箇舊錫礦開採中幾乎未採用機器生產。由表 9 可知，宣統二年（1910 年）時「箇舊錫務公司」才自德國進口價值超過 100 萬馬克的洗砂、冶煉、電動機、檢驗和架空鐵索等機械設備，建成一座鼓風爐及煤氣燃料反射爐，屬冶煉環節相關設備，而非採礦設備。據《雲錫紀實》載，設備引進不久因「滿清末季滇中大吏鑒於以上各弊，於是有箇舊錫務公司之設，購置煉錫洗沙機器，安設架空鐵索，移礦山之塸以洗於箇舊，改用煤氣以輕成本，意至善也。乃是宣統元年，迄今 6 載，成效毫無，虧折累累」，不得已依然沿用土法，然「土法所煉之錫中，含雜質甚多，運至香港復需淨煉，且每片成色不齊，往往一滬所熔，優劣互見，故不能直接銷之洋商」〔註73〕。

　　既然清季箇舊錫業異軍突起實與機器使用渺不相干，那麼其真實原因是什麼呢？錫在古代作爲一種有色金屬，基本用途無外乎二：一是用來鑄造或打造少量生活器皿或用作奢飾品的表面塗層；二是爲降低制錢成本、提高鑄幣質量而作爲添加劑來使用。顯然，從基本用途來看，古代錫的需求量相對有限。除個別情況下政府爲降低制錢中的銅料含量以節省鑄幣成本外，制錢用錫量也相當有限。制錢中錫的比例畢竟存在一個上限。若添加過多，不僅制錢質量無法保障，還會因銀錢比價升高而導致物價升高，乃至給制錢流通

〔註72〕黃汲清，潘雲唐，謝廣連編：《丁文江選集》，第 214 頁。
〔註73〕黃汲清，潘雲唐，謝廣連編：《丁文江選集》，第 47 頁，第 224 頁。

帶來困難。即便政府有意增加制錢中的錫含量，也會因制錢流通中的銀錢比價變動規律而得到自動更正。因此， 1840 年以前錫的國內市場需求十分有限，產量自然不會很高。

1840 年以來，隨著工業革命的推進，錫成為冶金、化工及機械等生產行業中一種應用廣泛的珍貴原料，不僅國際市場需求廣闊，價格還是當時鐵價的幾十倍以上。丁文江在《雲南箇舊附近地質礦務調查報告》一文中提到：「自箇舊設廳以後，礦務大臣設礦務公司於個，以專收錫銷川之利。然名為公司，實則無營業性質也。至前清光緒二十九年，個廠為土匪周雲祥所擾，損失甚巨。礦務公司遂即停歇，其明年個廠大旱，數月不雨。大亂之後，繼以凶年，廠商之困，不言可知。時為救商困。」〔註 74〕蒙自開埠後，箇舊錫業在國際市場需求和高額利潤的驅動下將優越的資源稟賦及開採條件充分釋放了出來，在「蠻防」安全危機日益惡化和「蠻疆」開發的背景下異軍突起。

學界有人認為清末箇舊錫業繁榮具有西方資本輸出及原料掠奪屬性，且評價不高。的確，隨著滇越鐵路開通，箇舊錫業經蒙自關和滇越鐵路與世界資本主義市場相連結，難以避免西方國家通過操控國際市場壟斷箇舊錫業定價。如當時香港市場上錫料的價格基本由西方國家操控。然而，我們應當看到清末箇舊錫業發展實際完全處在中國主權範圍以內。英法等國企圖謀奪雲南礦業開發權卻長期未能得逞。光緒二十八年（1902 年），清政府將雲南七府礦業開發權出讓給了英法，最終卻迫於國內民眾壓力將之收回。從箇舊錫業資本結構看，清末箇舊錫業發展主要得益於「官本」及國內商人集股，未出現西方國家投資箇舊錫業現象。如光緒三十一年（1905 年），「由藩庫出款 3 公萬，合商本 20 萬，組織官商公司，隨時借款於爐戶」，「有不能以現款歸還者，則收其錫作抵。一年之內，錫價時有漲落。故公司盈絀，子金以外，又視轉售時機之良否為定。較之礦務公司，已稍具商業性質」〔註 75〕。宣統元年（1909 年），雲貴總督錫良「議定集資 250 萬元。以官商公司改組錫務公司，設開採製煉兩部。購置機器，以及洗砂熔錫之用。其官商公司舊有營業，如放帳收錫等事，仍以商業部接續進行」〔註 76〕。在此過程中，從未見到英法資本蹤影。

〔註 74〕黃汲清，潘雲唐，謝廣連編：《丁文江選集》，第 223 頁。
〔註 75〕黃汲清，潘雲唐，謝廣連編：《丁文江選集》，第 223 頁。
〔註 76〕黃汲清，潘雲唐，謝廣連編：《丁文江選集》，第 223 頁。

　　清末箇舊大錫大量出口，成爲雲南出口創匯的支柱產品，表面看來似有西方國家掠奪中國原材料之嫌。實際上，清末箇舊錫業發展及錫料大宗出口是在國內錫料消費市場尚未形成而國際消費市場需求廣闊的情況下清政府及雲南民間爲出口創匯自主自願開展的一種生產與貿易活動。即便箇舊大錫出口在銷售價格和鐵路運輸等方面受到西方國家干涉乃至控制。從產業所有權及經營權上來說，箇舊錫業發展完全在中國主權範圍以內。尤其需要強調的是，若無廣闊的國際市場需求，清末箇舊錫業一定不會異軍突起，滇越鐵路開通及蒙自開埠也在一定程度上爲箇舊大錫走向海外提供了條件。

三、其他近代事業的相繼開展

　　1840 年以來，向西方學習成爲部分開明士紳或知識精英的共識。隨著清朝地緣安全危機的加深，國人向西方學習的範圍不斷拓展，從器物、制度到思想層面逐漸走向深入。從向西方學習的初衷來看，該社會思潮本身便具有濃鬱的國防內涵。馮桂芬便在《校邠廬抗議》中發出「師夷長技以制夷」的呼聲，導引了以自強求富爲目標的洋務運動。實際上，面對西方強國強勢東來帶來的地緣安全危機，無論出於主動抑或被動，向西方學習過程中的諸多現象、事件及活動一般都有助加強國防建設。1840 年以來，在中西之間的衝撞與磨合中，雲南「蠻疆」的時代命運和「蠻防」安全格局開始緊密地與國際國內局勢發展糾纏在一起，成爲近代西方事物傳入「蠻疆」腹地的重要通道。近代西方事物的傳入又在一定程度上優化了雲南「蠻防」建設、「蠻疆」管控和「蠻疆」開發的互動格局。

　　在此背景下，除礦業及滇越鐵路外，雲南各種近代事物大量出現，各項近代事業次第開展。洋務運動期間，雲貴總督岑毓英便開始雲南創辦近代軍火工業。同治十二年（1873 年），受李鴻章等創辦江南製造總局啓發，雲貴總督岑毓英在昆明創辦「雲南機器局」。該局規模不大，僅有 300 多名工人。「雲南機器局」與其他早期洋務企業一樣採用官辦模式，在生產中不計成本，然其畢竟採用機器生產，生產工藝及雇傭制度也符合近代企業發展潮流。限於規模，「雲南機器局」對「蠻疆」經濟開發和「蠻防」建設影響有限，然其風氣引導作用卻值得稱道。清末，興辦實業以振弱起強漸成各界共識，還在清政府主導的「新政」中獲得引導和扶持。在此背景下，雲南相繼出現「箇舊錫務股份有限公司」、「騰越礦務股份有限公司」、「東川礦物公司」、「寶華公

司」和「雲南製革廠」等一批官商合辦的近代企業，初步奠定了雲南近代工礦業發展的基礎，也將雲南「蠻疆」開發、「蠻防」安全和「蠻疆」管控的互動格局推進到一個更高的層次。

興辦工礦企業而外，為促進商務，助益邊防，便利交涉，雲南電報業也開始興起。中法戰爭以前，雲南與京師間的信息傳遞主要依靠傳統的驛傳系統經滇黔大道北送，甚為不便。中法戰爭中，親赴前線指揮的岑毓英切身感到以電報傳遞信息的便捷性。中法戰爭甫結束，岑毓英便上疏清政府建議在雲南架設電線。光緒十一年（1885 年），清政府在上諭中指出：「滇省程途較遠，文報稽遲，嗣後邊防商務均關緊要，自應安設電線，以期迅速」。〔註77〕清政府認為電報業關乎「蠻防」大計，旋即批准岑毓英之建議。

中法戰爭前夕，清政府為提高軍事信息傳遞速度接通了廣州至南寧的電線。雲南與京師間的信息傳遞不再依靠滇黔大道，開始將往來文書經剝隘、百色一路傳至南寧，再以電報經廣州轉至京師。此舉較以前速度提高不少，卻依舊相當不便，難以滿足中法戰爭後雲南的「蠻防」建設需要。於是，清政府決定將廣西電線接入雲南，要求李鴻章與岑毓英籌商辦理。光緒十二年（1885 年），滇督岑毓英便向清政府建議架設雲南電線，未獲恩准。光緒十三年（1886 年），滇督岑毓英復言：「由緬人滇，以騰越為入境門戶，猶蒙自之於越南也。今英國有開辦通商之請，自當先事籌維。擬就粵西工匠到滇之便，即將省城至騰越一路安設電線，以通英緬聲息。」〔註78〕張之洞也建議：「廣西南界接壤滇邊，桂、滇皆西鄰越南，滇則西接緬甸。若僅恃由鄂人滇一線傳達電音，設有雷雨折斷電杆，阻滯堪虞。且遇有軍務之時，由滇、川、滬、鄂展轉至粵，恐有交會壅滯之患。已商之滇督，自剝隘至蒙自，由粵接造，並增騰越之線。」〔註79〕

雲南架設電線的最初方案是將南寧電線接至蒙自。經過勘測，清政府發現該線耗費頗多，難以承支。雖然該線後來在張之洞主持下得以貫通，然雲南電線的初架方案卻改為自湖北漢口經四川瀘州接至滇東北。光緒十二年（1886 年），雲南第一條電報線路架設工程開工。光緒十三年（1887 年）工程竣工後，清政府在昆明設立「雲南電報總局」，附設電報學堂以培養專業電

〔註77〕《清德宗實錄》卷二一一，光緒十一年七月上，第 974 頁。
〔註78〕趙爾巽撰：《清史稿》卷一五一《交通三》，第 4464 頁。
〔註79〕趙爾巽撰：《清史稿》卷一五一《交通三》，第 4464 頁。

報人才。隨後，連接全滇各地的電報線路逐漸得到完善。清政府還陸續在蒙自、思茅及騰越等地設置電報分局。宣統末年，雲南設立的電報分局已達 30 處，不僅覆蓋全滇的電報網絡基本成型，雲南還能通過廣西、廣東、四川及湖北等省電線溝通全國，訊通海外。

　　與電報一樣，鐵路亦是標示近代文明的重大成就。1840 年以來，凡來華之西方強國無不希望得到中國的鐵路修築權乃至運營管理權。與傳統運輸方式相比，鐵路擁有風馳電掣的速度和大宗人員、物資的龐大運力，在一國經濟發展和國防建設中的作用不容小覷。西方拿到中國的鐵路修築權不僅能獲得大規模的資本或產品輸出機會，若能同時得到通車後的經營管理權，還可對中國的經濟社會發展乃至國防安全建設進行控制。中法戰爭後，英法兩國都意圖在中國「蠻疆」修建鐵路以加強對「蠻疆」的滲透與控制。在法國修通滇越鐵路的同時，英國也想修建一條緬甸至雲南的鐵路。為保護路權，助益邊防，清末以來雲南各界也要求自主修建滇緬鐵路。

　　英國在吞併緬甸過程中曾設想修建一條自緬甸八莫經騰沖、大理、昆明以至四川長江上游地區的鐵路。騰沖與大理間令人生畏的三大峽谷卻一直束縛著英國人修建滇緬鐵路的步伐。光緒三十四年（1908 年），英國人 Colonel H・R・Davis 經 6 年勘察後提出自緬甸沿滇西南班洪、孟定附近之南丁河谷向東北經雲縣、南澗、彌渡再到大理以東雲南縣〔註80〕的鐵路修建方案，即「南丁河谷方案」。該方案避開了騰沖與大理間的三大峽谷，且得到英國官方認可。英國政府卻迫於中國國內風起雲湧的路權運動而將該方案束之高閣。

　　與此同時，雲南商界人士一直認為滇越鐵路路權之丟失是莫大恥辱，積極主張以官商合股、自籌民股方式自建滇蜀鐵路。光緒三十一年（1905 年），「滇蜀鐵路公司」成立後立即著手籌備滇蜀鐵路修建。光緒三十一年（1906 年），英國看到法國籌建的滇越鐵路即將告成，便援引「利益均霑」原則要求修建滇緬鐵路。此舉對正在積極自籌興建滇屬鐵路的雲南各界無異當頭一棒。於是，雲南各界民眾紛紛抗議示威，希望清政府拒絕英國要求。「滇蜀鐵路公司」決定將原計劃中四川宜賓至雲南昆明的線路規劃延展到迤西騰沖以抵制英國的「南丁河谷方案」。

　　雲南各界爭路權不僅是為抵制英國的侵略圖謀，還希望以鐵路改善雲南交通閉塞的傳統狀態。為此，除昆明至敘州宜賓的滇蜀線和昆明至騰沖的昆

〔註80〕今稱祥雲縣。

騰線外，「滇蜀鐵路公司」還計劃修建昆明至南寧的滇邕線。該線自昆明經羅平、邱北、廣南、剝隘、百色以至南寧，基本沿滇桂傳統通道百色大道穿延。三線若全部修通，不僅能形成以昆明為中心的雲南鐵路網，還能極大優化「蠻防」的交通條件、推進雲南「蠻疆」開發進程。然而，沿線地質條件之複雜、工程規模之浩大和投資額度之龐大決定了三條線路修建規劃在當時雲南「蠻疆」的財政、技術和地緣安全條件下斷難實現。

結　語

　　中華民族是歷史上不同民族長期融合的結果。在此過程中，作爲中華文化主要締造者的華夏族與周邊民族既進行友好的和平交流，也因社會經濟及文化發展水平高於周邊民族而存在相對優越感，進而在夷夏之防的心理下努力防止「以夷變夏」現象的發生。實際上，「夷夏之防」雖赫然存在，而夷夏之間的身份定位從歷史發展進程來看並非一成不變。隨著諸夷不斷接受中原的經濟生產方式、文化價值觀念和中原漢人不斷四徙，在漢族與諸夷的彼此交流中不同民族逐漸走向融合，諸夷的存在範圍也在「用夏變夷」的進程中不斷縮小。「夷」是古代華夏族實際是漢族對周邊異族的泛稱。原多指東方民族，春秋以後演變爲對中原以外各族的蔑稱，其後發展爲對「南蠻」、「東夷」、「北狄」和「西戎」的通稱。在中國古代的天下國家觀念中，「夷夏之防」一直存在。所謂「夷夏之防」就是要嚴格區分華夏族與周邊異族的界限，嚴密防範周邊異族的入侵，只能由華夏族同化其他異族卻不容許其他民族影響華夏族，造成「以夷變夏」的結果。「夷夏之防」理論是古代民族矛盾在中原民族文化心理上的反映。早於西周末年，戎狄等民族成爲以華夏族爲主體的周王朝的主要威脅，最終犬戎滅掉西周，對華夏族造成重大打擊。在此背景下，「夷夏之防」理論應運而生。可見，「夷夏之防」理論最初具有反侵略、禦外侮的積極含義。然而，在後來的歷史發展和民族融合中，其也被融入了一些大漢族主義的成分。

　　「蠻」是中國古代對南方民族的稱謂，而「蠻防」也應當是「夷夏之防」傳統理念的產物，既具有防範「蠻」侵略的正義性，也體現了中原王朝在大漢族主義下嚴格區分民族界限的文化優越感。在民族融合的歷史進程中，隨

著長江以南社會、經濟及文化的發展，尤其是大量漢族人口的不斷南徙，「蠻」在長江以南的存在範圍在中原王朝「以夏變蠻」的過程中不斷縮小。清代，長江以南的江浙、閩粵、湖湘及四川等地，其社會經濟文化發展水平與過去的中原相比併不遜色，且我國的經濟文化重心在宋代以後轉向長江以南。「蠻」在長江以南的實際存在範圍僅局限於西南地區以雲南、廣西等省份為主的腹裏以外地區及宗藩體制下「蠻疆」傳統習慣線以外的越南、緬甸等藩屬國。因此，清代「蠻防」不僅包括防範廣西、雲南等西南邊疆地區諸少數民族的「內防」，而且包括防範越南、緬甸等西南藩屬國的「邊防」。

「蠻防」安全是「蠻疆」地區壓倒一切的大事，舉凡政治設置、經濟開發、文化推進等都往往圍繞內防穩定和邊防安全展開。自古有國必有邊，有邊必有防，邊寧則國安，邊弱則國頹，邊國相安是亙古不變的道理。安定、繁榮和統一的國家局面可為「蠻防」安全提供強有力的保障，同時「蠻防」安全與否也直接關係到國家社稷安危。顯然，維護「蠻疆」內防與邊防安全是清王朝的國家核心利益。為此，清政府在內防和邊防兩個層面上構建了相應的安全防禦機制，在一定歷史時期內和歷史條件下有效鞏固了「蠻防」安全和「蠻疆」穩定。

1840年以前，中原王朝依靠宗藩體制對境內之「蠻」推行安撫、羈縻政策，如漢唐的邊郡制度、宋代的羈縻州制度、明清的土司制度等。在羈縻安撫政策下，境內之「蠻」大多臣服中原王朝，其首領或由中原王朝冊封任命，或在中原王朝允許下世襲罔替，並肩負一定的納稅義務和拱衛之責。隨著中央集權的強化，中原王朝對境內之「蠻」的控制力逐漸增強。在「蠻疆」邊防上，1840年以前，中原王朝通過與越南、緬甸等鄰國建立宗藩關係，將其納入宗藩體制，構建了一種「以藩為屏」的東方式邊防體系。在宗藩體制下，中原王朝與越南、緬甸等屬國間存在一條界限相對清晰的傳統習慣線，且中央政府沿傳統習慣線中方一側擇險要地形以關、卡、隘、峒等軍事要塞構築有一條軍事邊防線。然而，受宗藩體制雙邊「親親」的禮儀名分影響，「蠻疆」邊防的主要任務雖具有防範境外之「蠻」的邊防性質，卻因清王朝與越南、緬甸等國力量懸殊，遭受對方直接軍事入侵的可能性不大，實際承擔的多為防禁私越、緝捕流亡等邊境管理職責。清代中期鄂爾泰等在「蠻疆」大規模推進「改土歸流」後，隨著流官制度、綠營駐防和汛塘體系等在「蠻疆」內防和邊防中的確立，清政府在「蠻疆」逐步構建起「蠻疆」管理、「蠻疆」

開發和「蠻防」安全的良性互動機制。1840 年以前，該機制一直在維護「蠻防」安全和「蠻疆」穩定中發揮有效作用，成爲清政府維護「蠻防」安全的基石。

1840 年以後，清王朝在西方列強衝擊下逐漸陷入內憂外患的地緣安全危機。在王朝頹勢中，清政府面對來自海防和邊防的雙重安全壓力，對「蠻疆」的政治及社會控制力相對減弱。尤其是隨著英法等西方國家勢力介入西南鄰國及「蠻疆」，「蠻防」安全危機成爲清王朝面對的國家地緣安全危機中非常重要的組成部分。早於 1840 年以前，在英法兩國的東方戰略中便分別制定了以印度、緬甸和越南等藩屬國爲戰略基地逐步拓展在華商業利益和勢力範圍的前進方略。1840 年後，緬甸和越南相繼淪爲英法兩國殖民地。中越、中緬宗藩關係的事實終結宣告清王朝依託宗藩體制所建立的「以藩爲屛」的傳統邊防體系已難以在維護「蠻防」安全中發揮作用。

1885 年後，隨著中越、中緬勘界工作的推進，中越、中緬宗藩關係演變爲中國與英屬緬甸和法屬越南間的近代國家關係。「以強爲鄰」成爲清政府在「蠻防」安全中必須正視的地緣安全現實。在此背景下，清政府在宗藩體制下於傳統習慣線中方一側依託邊關、邊卡、邊隘和邊峒等軍事要塞構建的軍事邊防體系不僅需要承擔嚴禁私越、緝捕流亡等傳統的邊疆管理任務，還需承擔起防禦對方軍事入侵的近代邊防職責。「蠻疆」邊防地緣安全環境的改變決定了中越、中緬邊防性質、邊防對象和邊防使命的轉變，而防禦對方軍事入侵成爲「蠻防」安全的頭等大事。在此背景下，蘇元春、岑毓英作爲「蠻疆」大員，分別在廣西和雲南方向以編練新軍、汰整綠營、購置新式槍械、修建邊防炮臺等做法增強「蠻防」的軍事防禦能力，在一定程度上增強了以強爲鄰地緣安全現實下的「蠻防」安全實力。

20 世紀初，在清末新政背景下，爲進一步維護「蠻防」安全，邊疆新政在「蠻疆」得到提倡和推進。隨著鐵路、電報、新式學堂、近代工礦業等一系列近代事業的開辦及清政府爲加強「蠻疆」控制能力在行政機制和邊防管理機制中不斷做出諸多探索，1840 年後在西方勢力介入和衝擊下被打破的「蠻防」安全、「蠻疆」管理和「蠻疆」開發的良性互動機制在邊防近代化的道路上開始步入一個艱難的調適進程。「蠻防」在新的地緣安全環境下雖未走出危機的陰霾，卻在清政府以邊疆新政推動的邊防近代化努力中爲多民族國家的統一和安定發揮著重要作用。

　　結合歷史與現實，探究晚清「蠻防」安全問題，對於完善中國近代邊防思想及實踐不無裨益。晚清「蠻防」既具有邊防安全問題的一般特點，也在特殊的歷史條件和地緣安全背景中具有自己的獨特性。我認為，總結並分析其特點依然能對現實的邊防建設提供寶貴的歷史鏡鑒。

　　第一，邊防建設、邊防管理和邊疆開發良性互動機制的建立是邊防安全的基本保障。「蠻防」並非孤立的存在，不僅與清王朝的國家大勢緊密相關，且與「蠻疆」地區的政治安定、經濟發展和文化進步等因素密切相連。可以說，「蠻防」安全是一定的地緣安全背景下「蠻疆」社會經濟文化等系列因素綜合作用的結果。具體來說，「蠻防」安全的實現既需要以「蠻防」建設為「蠻疆」穩定提供必要的軍事防禦能力保障，也需要通過不斷加強政治統治能力以增強對「蠻疆」基層社會的控制能力，還需要不斷推進「蠻疆」的經濟開發進程，以為「蠻防」建設和「蠻疆」控制提供必要的物質保障。另外，「蠻疆」經濟開發與「蠻疆」社會安定也是相輔相成的關係。「蠻疆」經濟開發水平越高，清政府為增強「蠻疆」控制能力所需付出的統治成本便會越低，「蠻疆」各民族對清王朝的國家認同感及對中華民族的內向凝聚力也會越強，「蠻防」安全的經濟基礎和社會基礎也會更加牢固。

　　1840 年以前，清政府對「蠻疆」控制能力的加強正是得益於「改土歸流」後「蠻防」建設、「蠻疆」開發和「蠻疆」管理良性互動機制的建立。雍正皇帝任用鄂爾泰等在「蠻疆」大力推進「改土歸流」，不僅將政府權力對「蠻疆」的統治以流官之設、綠營駐防和汛塘布置等形式推進到基層，而且為「蠻疆」的經濟開發提供了最基本的安全保障。尤其是以「蠻疆」控制能力的加強和開發進程的推進為「蠻防」安全提供了穩定的社會基礎和物質保障。1840 年以後，西方勢力對「蠻疆」的介入在政治、經濟、文化等方面對 1840 年以前清政府構建的三者良性互動機制構成衝擊，導致傳統的「蠻防」安全機制在清政府的王朝頹勢和「蠻疆」的社會發展危機中趨向失靈，使「蠻防」在地緣安全危機中日趨惡化。1885 年後，隨著中法會勘中越邊界和中英會勘中英邊界工作的推進，以強為鄰的地緣安全現實讓清政府認識到推進「蠻防」近代化的重要性。在加強「蠻疆」邊防建設、邊境控制和推進「蠻疆」開發的過程中力圖在近代化的軌道上重建邊防建設、邊疆控制和邊疆開發的良性互動機制。顯然，邊防絕非邊疆的孤立存在，而是與邊疆的社會統治、經濟開發等羔恰相關的共同體，在任何時代的邊防建設中都應將邊防安全問題納入邊疆政治、經濟、文化協調發展的整體進程中予以統籌考量。

　　第二，在晚清「蠻防」安全形勢改變和清政府維護「蠻防」安全的戰略抉擇中，國家主權意識及國家利益原則得以凸顯。對於一個國家來說，領土和安全屬於國家核心利益。在宗藩體制內，清王朝與越南、緬甸等藩屬國存在本著「親親」原則的宗藩名分和事實義務。在處理雙邊關係時，清王朝往往本著「以大字小」原則不計利益得失，對藩屬國謙恭忍讓，而越南和緬甸等屬國也要本著「以小事大」原則對清王朝恪守定期朝貢、接受冊封等宗藩職責。在宗藩體制下的雙邊關係模式中，清王朝與越南、緬甸等屬國也存在邊境糾紛和領土爭端，但在「以藩爲屏」的傳統「蠻防」體系下一般不會對清王朝的國家安全構成嚴重威脅。清政府在處理雙邊領土糾紛時往往不會將尺寸得失視爲國家核心利益，更不會將之上升到威脅「蠻防」安全的高度。

　　1840 年以後，隨著英法等西方強國介入「蠻疆」，「蠻防」安全的地緣環境逐漸發生轉變。傳統的「以藩爲屏」的「蠻防」安全體系也隨著中越、中緬宗藩關係的終結趨向失靈。面對「蠻防」地緣安全形勢的轉變，清政府在處理越南、緬甸等屬國存亡問題和在確定「保藩固圉」基本策略的同時，民族國家意識逐漸凸顯，國家利益原則日益成爲清政府處理「蠻疆」地緣安全危局時最爲重視的問題。例如，在面對越南危機時，清政府認爲越南存亡關乎國家根本利益，在越南阮朝腐敗墮落、首鼠兩端的情況下依然選擇「保藩固圉」，援越抗法。在緬甸面臨生死存亡的關頭，即便雍籍牙王朝擁有一定實力且希望得到援助，清政府依然漠然視之，不管不問。究其原因，是因爲清政府認爲緬甸遠離統治腹心，與越南存亡相比，對國家安全的影響相對不大。可見，1840 年以後雖然中越、中緬宗藩關係在一定時期內依然存在，然隨著「蠻防」地緣安全形勢的變化，清政府在戰略決策中的國家利益原則日漸凸顯，宗藩關係下的禮儀名分和道義職責雖然存在，其實質內涵卻在消弱。國家利益原則還明顯體現在中法會勘中越邊界和中英會勘中緬邊界中。清政府邊界會勘人員在諸多地段毫釐必爭，視寸土爲國家核心利益，儘量爭取將有利邊防建設的地形劃歸中土。這些足以說明隨著「蠻防」安全危機的深化和地緣安全環境的改變，清政府的民族國家及國家利益意識不斷覺醒，並成爲處理「蠻防」安全問題的基本原則。

　　第三，地緣安全環境的改變決定了「蠻防」思想及政策要依據邊防性質、邊防對象及邊防任務的改變做出適時調整。地緣政治是政治地理學中的一種理論，主要依據各種地理要素及政治格局的區域形勢分析並預測世界及區域

內的戰略形勢及相關國家的政治行爲。地緣政治學視地理因素爲決定國家政治行爲的一個基本因素，因而又稱「地理政治學」。其中，地緣安全是地緣政治中的重要內容，即地緣安全要受到區域各種地理要素及政治格局變化的影響。「蠻防」作爲區域視角下的安全問題，同樣必然受到區域地緣政治尤其是區域地緣安全環境變化的影響。清政府作爲維護「蠻防」安全的政治實體，在確定「蠻防」安全思想、安全戰略、安全政策時也必然要立足區域地緣安全環境的改變這樣一個最基本的現實。從世界範圍來看，中國地處亞歐大陸東部，與多個陸地國家爲鄰。從地緣政治學的角度看，中國古代之所以能在少數民族部落進擊下生存自立並保持「天朝上國」地位，關鍵在於中原地區先進的科技和文化使之在競爭中能夠保持優勢。

1840 年以前，清王朝國家安全的主要威脅依然來自北方，而「蠻防」安全的地緣形勢得益於諸多因素相對優良：一是「蠻疆」地區與中原腹地相比雖相對落後，卻與緬甸、越南等陸地鄰國相比依然具有文化及科技上的優勢。清王朝與緬甸、越南等鄰國相比，懸殊的國家安全實力令其望而生畏；二是宗藩體制的存在爲「蠻防」奠定了安全基石。在東亞特有的宗藩體制國家關係模式中，清王朝通過與越南、緬甸等鄰國建立宗藩關係，將之納入「以藩爲屏」的傳統「蠻防」體制，極大減輕了「蠻防」的區域安全壓力。中越、中緬之間存在的邊境領土糾紛基本能在宗藩體制內憑藉特有的「親親」關係及由此形成的問題解決機制得以化解或至少讓其處於抑而不發的狀態；三是清王朝除依靠宗藩體制將越南、緬甸等鄰國納入「以藩爲屏」的宗藩體制並以此優化「蠻防」地緣安全環境外，還在事實上沿中越、中緬傳統習慣線構建了一條綿延數千里的軍事邊防線，將國家實力以事實存在的形式推進到保障「蠻防」安全的邊防一線，在優越的地緣安全環境下又爲「蠻防」安全提供了硬實力保障。

地緣安全環境的改變涉及諸多因素。1840 年以後，「蠻防」地緣安全環境在英法等西方國家的介入下開始發展顯著改變。一方面，越南、緬甸等藩屬國陸續淪爲法國和英國的殖民地，「蠻防」安全不僅失去了宗藩體制下「以藩爲屏」的安全屏障，而且隨著中法、中英會勘中越、中緬邊界工作的推進，清王朝還不得不面對以強爲鄰的地緣安全現實。過去，依託先進的科技、文化和強大的國家實力所形成的「蠻防」安全優勢已不復存在。在「蠻防」地緣安全環境改變的同時，「蠻防」的邊防對象、邊防性質及邊防任務也隨之發

生相應改變。爲維護「蠻防」安全，清王朝開始改變傳統的「蠻防」思想，在邊防戰略、邊防政策上做出一定調整，不僅本著國家利益和「蠻防」安全至上原則在邊界勘劃中寸土必爭，而且以邊防近代化之路努力籌建自主邊防，力圖在邊疆新政中通過「蠻疆」控制、「蠻疆」開發和「蠻防」建設將「蠻防」安全推進到一個新的層次。清政府面對「蠻防」地緣安全環境改變做出的諸多努力，即便不能稱之爲完美，卻在1840年後地緣安全環境日趨惡化的現實中有力維護了「蠻防」安全。清王朝在「蠻防」地緣安全環境及邊防性質、邊防對象、邊防任務改變時適時調整邊防思想、邊防戰略及邊防政策的做法顯然對當今的西南邊防建設依然擁有寶貴的借鑒價值。

　　第四，妥善處理「蠻疆」民族關係，減輕「內防」壓力，以國家認同感和民族凝聚力的提升優化「蠻防」安全的社會基礎。在「蠻疆」地區生活著壯、苗、彝、傣、哈尼、怒、獨龍等少數民族，各少數民族宗教不同，風俗各異，民族和宗教政策是否恰當直接關係到邊疆穩定和邊防安全。對此，清王朝亦擁有一定認識。在「天朝上國」和「夷夏之防」的文化優越觀下，清王朝雖視少數民族爲異類，卻在政策施行中較爲理性，雖不排除擁有民族歧視、民族壓迫的因素，其在「蠻疆」推行的土司制度及安撫、羈縻政策卻在一定程度上給予少數民族發展以充足的自由空間。同時，中央王朝與土司之間的義務職責規定又確保諸少數民族隸屬於中央王朝管轄，即便此種管轄的實際控制力相對薄弱，卻可以在一定程度上起到優化「蠻防」安全社會基礎的作用。至少，在安撫、羈縻的民族政策下，「蠻疆」諸少數民族很少成爲直接對抗中央王朝的敵對勢力，由此使得「蠻疆」的內防壓力相對減輕。「改土歸流」後，清政府對少數民族地區的直接控制空前加強，在等同內地的行政控制、社會控制、安全控制及文化控制下，「蠻疆」各少數民族在保持民族風貌的同時，其中華民族的認同感及凝聚力相對增強，且隨著「蠻疆」開發進程的加速及「蠻防」建設的推進，「蠻疆」面對的內防壓力大爲減輕，「蠻防」安全的社會基礎也在「蠻疆」控制、「蠻疆」開發及「蠻防」建設的良性互動中得到進一步優化。

　　從「蠻防」安全的角度看，1840年以前，清政府在「蠻疆」面對的安全壓力主要來自諸邊疆少數民族帶來的內防壓力。究其原因，主要是因「改土歸流」中各少數民族反抗或抵制所致。隨著「改土歸流」後「蠻疆」社會秩序的穩定及政府控制能力的加強，清政府在「蠻疆」面對的內防壓力也隨之

減輕。1840 年後，清政府在「蠻疆」面對的安全壓力既有內防壓力，也有邊防壓力，然邊防壓力卻成爲地緣安全格局不斷惡化下最主要的安全壓力。1840年以來，廣西各地土匪、會黨活動不斷，且多有少數民族參與其中，雲南也在 1856 年爆發了杜文秀領導的各族人民大起義，然與「蠻疆」面對的邊防壓力相比依然屬於肘腋之患。相反，在「蠻疆」地緣安全環境日趨惡化和邊防壓力漸增的背景下，各少數民族的國家認同感和中華民族凝聚力大爲增強，成爲維護「蠻疆」邊防安全可以依仗的重要力量。無論在「馬嘉理事件」中還是在「片馬事件」中，邊疆少數民族都成爲抵制西方侵略和維護國家安全的一線力量。今天，西南邊疆地區依然是少數民族聚居之地，妥善處理民族關係，增進邊疆少數民族的國家認同、中華民族認同，對於優化邊防安全的社會基礎依然具有重要意義。

參考文獻

一、檔案、資料類

〔1〕（明）張廷玉：《明史》，北京：中華書局，1974 年版。

〔2〕趙爾巽等纂：《清史稿》，北京：中華書局，1977 年版。

〔3〕《清聖祖實錄》，北京：中華書局，1985 年版。

〔4〕《清世宗實錄》，北京：中華書局，1985 年版。

〔5〕《清高宗實錄》，北京：中華書局，1985 年版。

〔6〕《清仁宗實錄》，北京：中華書局，1985 年版。

〔7〕《清宣宗實錄》，北京：中華書局，1985 年版。

〔8〕《清文宗實錄》，北京：中華書局，1985 年版。

〔9〕《清穆宗實錄》，北京：中華書局，1985 年版。

〔10〕《清德宗實錄》，北京：中華書局，1985 年版。

〔11〕《宣統政紀》，北京：中華書局，1987 年版。

〔12〕（清）朱壽朋：《光緒朝東華錄》，北京：中華書局，1984 年版。

〔13〕〔越〕阮朝國史館官修：《大南實錄》正編第 1 紀，日本慶應義塾大學版。

〔14〕〔越〕潘清簡等纂：《欽定越史通鑒綱目·正編》。

〔15〕清朝國史館：《清史列傳》，北京：中華書局，1987 年版。

〔16〕中央研究院編歷史語言研究所編：《明清史料：庚編》，北京：北京圖書館出版社，2008 年版。

〔17〕中國社會科學院近代史研究所近代史數據編輯室編：《太平天國文獻史料集》，北京：中國社會科學出版社，1982 年版。

〔18〕太平天國歷史博物館編：《太平天國史料叢編簡輯》，北京：中華書局，1961 年版。

〔19〕中國第一歷史檔案館編:《清政府鎮壓太平天國檔案史料》,北京:光明日報出版社,1990 年版。

〔20〕庾裕良等編:《廣西會黨資料彙編》,南寧:廣西人民出版社,1989 年版。

〔21〕中國史學會編:《中法戰爭》,上海:上海人民出版社,1961 年版。

〔22〕邵循正:《中法越南關係始末》,石家莊:河北教育出版社,2002 年版。

〔23〕邵循正等編:《中法戰爭》,北京:新知識出版社,1955 年版。

〔24〕張振鵾主編:《中法戰爭資料叢刊》,北京:中華書局,1996 年版。

〔25〕沈雲龍主編:《清光緒朝中法交涉史料》,臺北:文海出版社,1966 年版。

〔26〕郭廷以:《中法越南交涉檔》,臺北:精華印書館,1962 年版。

〔27〕臺灣「中央研究院近代史研究所」編:《中法越南交涉檔》,臺北:文海出版社,1983 年版。

〔28〕臺灣「故宮博物院文獻館」:《清光緒朝中法交涉史料》,臺北:文海出版社,1967 年版。

〔29〕廣西通志館:《中法戰爭調查資料實錄》,南寧:廣西人民出版社,1982 年版。

〔30〕中國近代史資料叢刊編輯委員會編:《中國海關與中法戰爭》,北京:科學出版社,1957 年版。

〔31〕許文堂,謝奇懿編:《大南實錄清越關係史料彙編》,臺北:「中央研究院」東南亞區域研究中心, 2000 年版。

〔32〕近現代中國邊疆界務資料編委會編:《近現代中國邊疆界務資料續編》,北京:線裝書局,2006 年版。

〔33〕蕭德浩,黃錚主編:《中越邊界歷史資料選編》,北京:社會科學文獻出版社,1993 年版。

〔34〕黃國女,蕭德浩,楊立冰編:《近代中越關係史資料選編》,南寧:廣西人民出版社,1988 年版。

〔35〕外交部條約委員會:《中緬邊界交涉文件》,1957 年版。

〔36〕臺灣「中央研究院」近代史研究所編:《中國近代史資料彙編》,臺北:藝文印書館,1957 年版。

〔37〕宓汝成編:《中國近代鐵路史資料》,北京:中華書局,1963 年版。

〔38〕中國史學會編:《洋務運動》,上海:上海人民出版社,1961 年版。

〔39〕陳眞編:《中國近代工業史資料》,上海:生活‧讀書‧新知三聯書店,1961 年版。

〔40〕（清）王錫祺：《小方壺齋輿地叢鈔》，光緒十七年（1891 年）上海著易堂鉛印本。

〔41〕（清）王彥威，王亮輯：《清季外交史料》，北京：書目文獻出版社，1987 年版。

〔42〕王鐵崖：《中外舊約章彙編》，北京：生活‧讀書‧新知三聯書店，1957 年版。

〔43〕（清）寶鋆等修：《籌辦夷務始末》，北京：中華書局，1979 年版。

〔44〕（清）盛康輯：《皇朝經世文續編》，清光緒三年（1897 年）思補樓刻本。

〔45〕（清）許同莘，汪毅，張承棨編：《光緒條約》，臺北：文海出版社，1974 年版。

〔46〕方國瑜主編；徐文德，木芹，鄭志惠纂錄校訂：《雲南史料叢刊》，昆明：雲南大學出版社，2001 年版。

〔47〕中國社會科學院近代史研究所藏：《錫良任石貴總督時辦理滇緬界務案》，《致外務部函稿》。

〔48〕臺北故宮博物院藏：《宮中檔乾隆朝奏摺》。

〔49〕廣西省巡撫衙門編：《廣西官報》，1908 年第 33 期。

〔50〕郵傳部圖書通譯局官報處：《交通官報》，1909 年第 26 期。

〔51〕沈雲龍編：《近代中國史料叢刊三編》（第 493 冊），《兩廣官報》，臺北：文海出版社，1977 年版。

〔52〕法國檔案館海外部檔案：《印度支那》，F155。

〔53〕法國外交部檔案：《論文與資料‧亞洲》。

〔54〕廣西省政府十年建設編纂委員會編：《桂政紀實》，桂林：廣西政府十年建設編纂委員會，1940 年版。

〔55〕《廣西諮議局第四次報告書》，宣統三年（1911 年）刻本。

〔56〕中國第一歷史檔案館編：《清代檔案史料叢編》，北京：中華書局，1982 年版。

〔57〕桂林圖書館藏：《廣西諮議局第一屆決議案》。

〔58〕中國科學院歷史研究所編：《雲南雜誌選輯》，北京：科學出版社，1958 年版。

〔59〕（清）金鉷等修：《廣西通志》，臺北：臺灣商務印書館，1986 年版。

〔60〕（清）阮元等修；王崧，李誠纂：《雲南通志》，清道光十五年（1835 年）刻本。

〔61〕（清）王文韶修，唐炯纂：《續雲南通志稿》，光緒二十七年（1901 年）刻本。

〔62〕（清）何福祥纂：《歸順直隸州志》，臺北：成文出版社，1968 年版。

〔63〕（清）陳如金修，華本松纂：《百色廳志》，臺北：成文出版社，1968年版。

〔64〕廣西通志館：《廣西通志》，南寧：廣西人民出版社，1997年版。

〔65〕龍州縣地方志編纂委員會：《龍州縣志》，南寧：廣西人民出版社，1993年版。

〔66〕黃忠源編：《大新縣地名志》，大新縣地方志編纂委員會印，1991年版。

〔67〕雲南省地方志編纂委員會：《雲南省志》，昆明：雲南人民出版社，1996年版。

〔68〕憑祥市志編纂委員會：《憑祥市志》，廣州：中山大學出版社，1993年版。

〔69〕寧明縣志編纂委員會：《寧明縣志》，北京：中央民族學院出版社，1988年版。

〔70〕（清）李昆修，袁筠纂：《蒙自縣志》，北京：中華書局，1995年版。

〔71〕龍雲主修；周鍾岳，趙式銘等纂：《新纂雲南通志》，昆明：雲南人民出版社，2007年版。

〔72〕（清）鄂爾泰，尹繼善修：《雲南通志》，乾隆元年（1736年）刻本。

〔73〕周宗洛等纂：《順寧府志》，臺北：成文出版社有限公司，1975年版。

〔74〕（清）謝啓昆修，胡虔纂：《廣西通志》，南寧：廣西人民出版社。

〔75〕（清）林則徐等修，李希玲纂：《廣南府志》，臺北，成文出版社，1967年版。

〔76〕（清）范承勳，吳自肅纂修：《雲南通志》，北京：北京圖書館，1998年版。

〔77〕（清）魏源：《聖武記》，北京：中華書局，1984年版。

〔78〕（清）楊錫紱：《四知堂文集》，嘉慶十一年（1806年）刻本。

〔79〕（清）吳其濬：《滇南礦廠圖略》，道光二十四年（1844）刻本。

〔80〕（清）王文治：《王夢樓詩集》，影印清乾隆六十年（1795年）食舊堂刻本。

〔81〕（清）王昶著，陳明潔等校：《春融堂集》，上海：上海文化出版社，2013年版。

〔82〕（清）蘇鳳文：《堂匪總錄》，光緒十五年（1889年）刻本。

〔83〕（清）謝山居士：《粵氛紀事》，臺北：文海出版社，1969年版。

〔84〕（清）李星沅：《李文恭公文集》，上海：上海占籍出版社，1995年版。

〔85〕（清）岑毓英：《岑襄勤公遺集》，武昌督糧官署，光緒二十三年（1897年）刻本。

〔86〕（清）劉長祐：《劉武慎公遺書》，臺北：文海出版社，1968 年版。

〔87〕（清）李鴻章：《李文忠公全集》，上海：商務印書館， 1921 年版。

〔88〕（清）李鴻章：《李鴻章全集》，海口：海南出版社，1997 年版。

〔89〕（清）鄧承修：《語冰閣奏議·中越勘界和來電稿》，1918 年鉛印本。

〔90〕（清）薛福成：《出使英法意比四國日記》，長沙：嶽麓書社，1985 年版。

〔91〕（清）薛福成：《滇緬分界大概情形疏》，《出使奏疏》，臺北：文海出版社，1972 年版。

〔92〕苑書義，孫華峰，李秉新等編：《張之洞全集》，石家莊：河北人民出版社，1998 年版。

〔93〕（清）張之洞：《張文襄公全集》，臺北：文海出版社，1970 年版。

〔94〕（清）李鴻章：《李肅毅伯奏議》，臺北：文海出版社，1968 年版。

〔95〕（清）譚鍾麟：《譚文勤公奏稿》，臺北：文海出版社，1969 年版。

〔96〕戚其章輯：《李秉衡集》，濟南：齊魯書社，1993 年版。

〔97〕（清）馬丕瑤：《馬中丞遺集》，桂林：桂林圖書館，1965 年抄本。

〔98〕（清）魏源：《魏源全集·皇朝經世文編》，長沙：嶽麓書社， 2004 年版。

〔99〕吳豐培：《趙爾豐川邊奏牘》，成都：四川民族出版社，1984 年版。

〔100〕沈雲龍編：《近代中國史料叢刊初編》（一輯第 398 冊）《張中丞奏議》，臺北：文海出版社，1966 年版。

〔101〕中國人民政治協商會議雲南省委員會文史資料委員會編：《雲南文史資料選輯》，昆明：雲南人民出版社，1991 年版。

〔102〕周光倬：《滇緬南段未定界調查報告》，臺北，成文出版社，1967 年版。

〔103〕清陸軍部檔案：《清陸軍部檔案資料彙編》（第一冊），北京：全國圖書館文獻縮微複製中心，2004 年版。

〔104〕〔英〕D·G·E·霍爾編：《大賀胥與潘爾通訊集》，倫敦 1952 年英文版。

〔105〕黃汲清，潘雲唐，謝廣連編：《丁文江選集》，北京：北京大學出版社，1993 年版。

〔106〕蘇汝江：《雲南箇舊錫業調查》，昆明：國立清華大學國情研究所，1942 年版。

〔107〕徐素華選注：《籌洋芻議——薛福成集》，瀋陽：遼寧人民出版社，1994 年版。

〔108〕（清）黃鴻壽編：《清史紀事本末》，北京：北京圖書館出版社，2003 年。

二、專著、譯著類

〔1〕吳愨：《廣西邊務沿革史》，桂林：廣西省政府編譯委員會，1938 年版。

〔2〕（清）孟森：《廣西邊事旁記》，上海：商務印書館，1905 年版。

〔3〕王遜志：《廣西邊防紀要》，桂林：廣西史地學社，1946 年版。

〔4〕陳旭麓主編：《中國近代人物文集叢書》，北京：中華書局，1981 年版。

〔5〕張鳳岐：《雲南外交問題》，上海：商務印書館，1937 年版。

〔6〕陸韌：《交融與變遷——明代雲南漢族移民研究》，昆明：雲南教育出版社，2001 年版。

〔7〕方國瑜：《彝族史稿》，成都：四川民族出版社，1984 年版。

〔8〕（清）錢儀吉纂：《滇南碑傳集》，昆明：雲南民族出版社，2003 年版。

〔9〕謝興堯：《太平天國前後廣西的反清運動》，北京：三聯書店，1950 年版。

〔10〕簡又文：《太平天國全史》，香港：簡氏猛進書屋，1962 年版。

〔11〕〔越〕陳重金著，戴可來譯：《越南通史》，北京：商務印書館，1992 年版。

〔12〕呂昭義：《英屬印度與中國西南邊疆（1774－1911 年）》，北京：中國社會科學出版社，1996 年版。

〔13〕梁英明，梁志明等著：《近現代東南亞（1511～1992）》，北京：北京大學出版社，1994 版。

〔14〕〔英〕季南：《英國對華外交（1880～1885 年）》，北京：商務印書館，1984 年版。

〔15〕〔英〕戈·埃·哈威：《緬甸史》，北京：商務印書館，1973 年版。

〔16〕張雁深：《中法外交關係史考》，長沙：史哲研究社，1950 年版。

〔17〕〔英〕菲利浦·約瑟夫著，胡濱譯：《列強對華外交》，北京：商務印書館，1954 年版。

〔18〕〔越〕陳輝燎：《越南人民抗法八十年史》（卷一），北京：生活·讀書·新知三聯書店，1973 年版。

〔19〕〔英〕Henry MoAleavy："Black Flags in Vietnam（The Story of a Chinese Intervention）", London, 1968.

〔20〕孫宏年：《清代中越宗藩關係研究》，哈爾濱：黑龍江教育出版社，2006 年版。

〔21〕世界知識出版社：《國際條約集（1648～1871）》，北京：世界知識出版社，1984 年版。

〔22〕賀聖達：《緬甸史》，北京：人民出版社，1992 年版。

〔23〕〔英〕D・G・E 霍爾：《東南亞史》（下冊），北京：商務印書館，1982年版。

〔24〕〔英〕馬士：《中華帝國對外關係史》卷二，上海：上海書店出版社，2000版。

〔25〕〔英〕Dr. P. Neis ，Translated and with an Tntroduction by Walter E. J. Tips: "The Sino-Vietnamese Border Demarcation（ 1885～1887）" ， White Lotus Press, 1998.

〔26〕尹明德：《中英滇緬界務交涉史》，《雲南邊地問題研究》（上冊），昆明：昆華民眾教育館，1993年版。

〔27〕〔英〕Paul Kesaris（ed）："Confidential British Foreign Office Political Correspondenc, China"（F.Q.371），University Publications of America, 1995.

〔28〕張振鵾：《近代史上中英滇緬邊界『南段未定界』問題》，《中國邊疆研究通報・二集・雲南專號》，烏魯木齊：新疆人民出版社，1998年版。

〔29〕蕭德浩，蔡中武著：《蘇元春評傳》，南寧：廣西人民出版社，1990年版。

〔30〕蔡冠洛：《清代七百名人傳》，臺北：臺灣明文書局，1985年版。

〔31〕〔英〕伯爾考維茨：《中國通與英國外交部》，北京：商務印書館，1959年版。

〔32〕李紹雄：《廣西邊防》，桂林：廣西史地學社，1946年版。

〔33〕雲南近代史編寫組：《雲南近代史》，昆明：雲南人民出版社，1993年版。

〔34〕束世徵：《中法外交史》，上海：商務印書館，1928年版。

〔35〕孔慶福：《建國前雲南鐵路系統興辦教育情況》，昆明：盤龍文史資料（第六輯），1991年版。

〔36〕日南條，高楠：《法國之南清經營》，中國科學院歷史研究所第三所編：《雲南雜誌選輯》，北京：社會科學出版社，1958年版。

〔37〕〔俄〕納羅奇尼茨基等：《遠東國際關係史》（第一冊），北京：商務印書館，1976年版。

〔38〕〔英〕卡亞尼・巴達亞巴迪耶亞：《緬甸與印度尼西亞》，新德里 1983年英文版。

〔39〕〔英〕道勒斯・伍德曼：《緬甸的形成》，倫敦 1982年英文版。

〔40〕〔英〕阿・斯圖爾特：《寶塔戰爭》，倫敦 1972年英文版。

〔41〕〔緬〕貌丁昂：《緬甸史》，紐約 1966年英文版。

〔42〕〔英〕奧立維‧波拉克：《衝突中的帝國：19 世紀中葉的英緬關係》，倫敦：格林伍德出版社，1979 年版。

〔43〕〔印度〕辛哈：《英國的外交和上緬甸的兼併》，新德里 1981 年英文版。

〔44〕〔蘇〕Ｂ‧φ‧瓦西里耶夫：《緬甸史綱》，北京：商務印書館，1975 年版。

〔45〕〔意〕聖迦曼諾：《緬甸帝國》，紐約：凱利出版社，1969 年版。

〔46〕《緬甸地名辭典》（上冊），仰光 1880 年英文版。

〔47〕〔英〕Ｗ‧德賽：《1826～1840 年英國駐縶使館的歷史》，仰光：仰光大學出版社，1937 年版。

〔48〕郭振鐸，張笑梅主編：《越南通史》，北京：中國人民大學出版社，2002 年版。

三、學術論文類

〔1〕傅郎云：《〈南蠻源流史〉評價》，《中央民族學院學報》1989 年第 4 期。

〔2〕戴可來：《略論古代中國和越南之間的宗藩關係》，《中國邊疆史地研究》2004 年第 2 期。

〔3〕李桂華、齊鵬飛：《中越邊境問題研究述略》，《南陽問題研究》2008 年第 4 期。

〔4〕劉忠明：《中越關係中的領土爭端》，《國際資料信息》2010 年第 8 期。

〔5〕李國強：《中越陸路邊界源流述略》，《中國邊疆史地研究導報》1989 年第 1 期。

〔6〕木芹：《清代中越邊界雲南段述評》，《中國邊疆史地研究報告》1991 年第 1～2 期。

〔7〕龍永行：《中越界務會談及滇越段勘定》，《中國邊疆史地研究報告》1991 年第 3～4 期。

〔8〕龍永行：《中越邊界桂越段會談及其勘定》，《東南亞研究》1991 年第 4 期。

〔9〕龍永行：《中越界務（粵越段）會談及其勘定》，《中國邊疆史地研究報告》1992 年第 1～2 期。

〔10〕劉啓強：《岑毓英與中法滇越界務交涉（1885～1887）》，廣西師範大 2005 年碩士學位畢業論文。

〔11〕錢桐：《哀片馬》，《地學雜誌》1912 年第 11、12 期第 3 卷。

〔12〕賀紹章：《片馬交涉感言》，《東方雜誌》1911 年第 7 期第 8 卷。

〔13〕李培棟的《滇緬交涉慟史》，《東方雜誌》1917 年第 7 期第 14 卷。

〔14〕張子健：《『片馬事件』研究回顧》，《雲南民族大學學報（哲學社會科學版）》2004 年第 4 期。

〔15〕朱昭華:《清末片馬事件的發生及其影響》,《史學月刊》2005 年第 12
期。

〔16〕余繩武:《近代中緬北段未定界問題的由來》,《中國邊疆史地研究報
告》1992 年第 3～4 期。

〔17〕鍾霞:《清末廣西新政研究》,廣西師範大學 2003 年碩士學位畢業論
文。

〔18〕王曉軍:《1919 年以來蘇元春研究綜述》,《廣西社會科學》2006 年第
9 期。

〔19〕尹海全:《論晚清地緣政治困局》,《史學月刊》2005 年第 7 期。

〔20〕吳志剛:《地緣政治危機與晚清政府邊防理念的轉變》,《鄭州航空工
業管理學院學報》2008 年第 4 期。

〔21〕陳元惠:《從國防外交機構到特別行政區——清末民國雲南對汛督辦
的設立與演變》,《中國邊疆史地研究》2008 年第 2 期。

〔22〕秦樹才:《綠營兵與清代的西南邊疆》,《中國邊疆史地研究》2004 年
第 6 期。

〔23〕秦樹才:《論清初雲南塘汛制度的形成及特點》,《雲南社會科學》2004
年第 1 期。

〔24〕徐松巍:《19 世紀邊疆史地研究的時代精神》,《中國邊疆史地研究》
1998 年第 2 期。

〔25〕孫宏年:《清代中越海難互助及其影響略論（1644～1885）》,《南洋問
題研究》2001 年第 2 期。

〔26〕〔美〕李中清:《1250～1805 年西南移民史》,《社會科學戰線》1983
年第 1 期。

〔27〕周漢章:《滇緬南段未定界附近之地理》,《地理學報》1936 年第 3 期。

〔28〕丁文江:《東川銅礦的歷史》,《獨立評論》1936 年第 85 期。

〔29〕李霞:《英緬戰爭與緬甸殖民化》,《汕頭大學學報（人文科學版）》1997
年第 1 期。

〔30〕石維有,韋福安:《中法戰爭與龍州城近代化的開啓》,《玉林師範學
院學報（哲學社會科學）》2009 年第 1 期。

〔31〕黃嘉謨:《清季的廣西邊防》,《廣西文獻》第 82 期。

〔32〕陳暉:《湘桂鐵路運輸經濟論》,《廣西建設研究》1939 年第 1 卷第 5
期。

〔33〕陳元惠:《從臨安開廣道的設立看雲南的近代外交》,《學術探索》2004
年第 3 期。

〔34〕楊斌：《盧漢爲雲南省政與蔣介石孔祥熙等來往函電》，《民國檔案》
2008 年第 1 期。

〔35〕趙雲田：《清末川邊改革新探》，《中國藏學》2002 年第 3 期。

〔36〕車轔：《滇越鐵路與近代西方科學技術在雲南的傳播》，《昆明理工大
學學報（社會科學版）》2006 年第 4 期。

〔37〕王丹：《西方列強在中國劃分勢力範圍的重要開端》，《雲南社會科學》
1989 年第 2 期。

〔38〕曾繁花：《中法戰爭前後西南邊疆地區電報業興辦述評》，《重慶郵電
大學學報（社會科學版）》2014 年第 3 期。

〔39〕〔緬〕欽貌妙：《緬王統治時期緬甸的棉花貿易》，《前衛》1911 年第 9
期。

後　記

　　2007 年 7 月，我自山東師範大學文學院畢業後曾短暫從事初中教學工作，後於 2008 年 9 月考入山東師範大學歷史系，師從田海林教授修習中國近現代思想文化史。2011 年 7 月碩士畢業後，我考入山東一所中學擔任歷史教師，後在導師田海林教授推薦下於 2012 年 9 月考入中國近代史專業著名學者王宏斌教授門下攻讀中國近現代史專業博士學位，潛心攻研中國近現代國防、外交問題。不知不覺，自 2003 年離家求學已歷 13 載，其中風風雨雨依然歷歷在目，然收穫最為豐富者卻是能有幸投奔在導師王先生門下學習 4 年。風雨四載，先生不僅在學術上為我指點迷津，傳授方法，亦在為人處世中為我樹立楷模，在傳道且授業中為我開啓學術研究的新篇，讓我懂得人生的價值和學術的真諦。想來，在先生門下學習的四載及其間的收穫必是我人生中最寶貴的財富，定讓我受益無窮。先生學術成就蜚聲學界，治學之嚴謹，可為學界楷模。博士論文選題《晚清「蠻防」研究》確定後，自論文開題、結構安排、資料選用到論文的修改完善，先生俱給予細緻入微的指導並提出具體修改意見。蒼天之下，厚土之上，師恩同父恩，四載之間，點點滴滴，豈是一個「謝」字可了？在博士論文即將完成之際，謹向我的恩師王宏斌先生致以崇高敬意和無限感激！

　　在論文開題、資料搜集、具體寫作及預答辯過程中，河北師範大學歷史文化學院的董從林教授、張同樂教授、戴建兵教授、徐建平教授、武吉慶教授等都給予了重要的指導和竭誠的幫助。在此，表示衷心的感謝。我的同門師兄、石家莊學院青年教師袁秉澍博士傾其所有，為我的博士論文撰寫提供了大量珍貴資料，既為兄長，又為學友，對袁師兄提供的幫助感念終生。此

外，河北師範大學歷史文化學院谷更有教授、門玥然老師、賀軍妙老師及學院資料室諸位老師和同學，都對我博士論文的寫作及學業的完成給予了重要幫助。我的同窗張倩博士、宋坤博士、雷鴻謙博士、程慧博士、董旭博士、李曼玥博士等不僅與我一同見證了博士論文的寫作過程，且在論文寫作及學業完成的整個過程中一直給予鼓勵和幫助。

在論文的外審、評閱、預答辯及答辯過程中，相關專家學者在百忙之中認真審閱我的博士論文，且給予具體完善建議。其中，數位老師還專門自外地趕來親自參與我的畢業答辯會，不僅給予我的博士論文以很高評價，還提出了諸多寶貴意見。在此，謹向各位老師表示感謝。

學無止境，學海無涯。我的博士論文算是完成了，可學術探究的腳步卻絕非止於此，更何況本文尚在一些方面存在不足，依然存在需要修改完善之處。在此，誠懇盼望學界方家能夠提出批評指正，助益我在學術道路上繼續前行。

最後，我還要感謝我的家人，沒有他們的支持，我必然無法順利完成學業。我父母雖為農民，卻在多年的讀書求學中一直給予默默扶持。博士論文即將完成之際，我想這份學業成果的取得應當有他們的一份功勞。在此，我想對他們也說一聲：辛苦了，謝謝你們！